中華文化思想叢書・近現代中華文化思想叢刊

近代中國的鄉誼與政治

唐仕春　著

李序

　　同鄉關係是中國人自古及今一直看重的人際關係，特別是那些離開家鄉到外地闖蕩的人，同鄉關係往往是他們在異地他鄉立足謀生、尋求幫助和感情慰藉的主要渠道和紐帶。在不同時代和社會條件下，同鄉關係的表現形式及功能有所不同。特別是在近代以來社會變動及轉型時期，同鄉關係及其組織形式，往往或隱或顯地參與社會變動並發揮作用，因此這是我們考察近代社會變動時不應忽視的重要因素。

　　會館，是明清直至近代長期存在並興盛一時的一種同鄉兼同業的民間組織，在近代社會政治和經濟活動中，往往可以看到它的身影，所以是歷史學者一直關注的一個課題。二十年前唐仕春考入近代史所跟我讀碩士研究生，他到北京市檔案館查閱資料，看到不少有關北京會館的檔案，萌生了對這一問題進行研究的想法。我們經過討論，覺得由會館考察同鄉關係的實際運作是個值得研究的課題，便確定了以此作為他碩士學位論文題目。他最後完成了論文並通過答辯、獲得學位，這個課題也成為他走上學術研究道路的第一個臺階。迄今二十年間，他雖然研究專題有所變動，如研究近代基層司法等問題，但他始終沒有放棄對會館同鄉關係問題的探索和思考。現在他把這一延續二十年的研究成果集結成書，作為對這一問題探索的一個階段性總結，可喜可賀。由於我與他因這項研究而結下師生緣，故而他在書稿完成後，詢我為序。實則我對會館問題沒有下過專門研究的功夫，只能就閱讀書稿所引發的一些思考提出來以為呼應。

　　會館的興起，源於跨地域從事商貿行業活動的同鄉人，在異地他鄉為了互相保護及互相幫助，設立互助性設施，名之為會館或公所。一般為商人或行業設立的同鄉會館，大多由當地經商或客居的同鄉人

員集資建造館舍，作為聚會議事、年節祭祀、聯絡鄉誼、提供互助的設施，有的也為來往暫住的同鄉商旅、士紳學子等提供食宿服務。這種商人同鄉會館，往往設立在同鄉商幫的主要商路或交通要道的城鎮，且隨著該商幫商務活動的興衰而存廢。我們今天在全國各地城鎮，還可以看到不少明清以來留存下來的會館舊跡，諸如山陝會館、四川會館、廣東會館、安徽會館之類，由於這些地域商幫較為發達，商路通達各地，故在各地最為多見。這類商人同鄉會館的功能，主要是為同鄉商人的商務和生活服務，他們在這裡交流商務行業信息，介紹生意用工機會，商議行業保護措施，解決內部商事糾紛，以及年節祭祀聚會、傳達家鄉信息、接待家鄉人員等等。這是在中國重農輕商傳統下，既沒有社會地位、缺乏官府保護，在異地他鄉又缺乏社會資源的外來商人們，依靠故鄉的地緣鄉誼而自保互助的民間組織。本書的主題是研究會館等同鄉組織與政治的關係，所以上述這類比較單純的商人會館的商務活動不是其關注重點，其所聚焦的是與政治關係比較密切的會館及這方面的活動與運作，這一視角確乎是以往會館的研究者所較少關注的。

　　同鄉會館除了上述這類比較單純的商人會館之外，在一些較大的省城直至京城，若來自某地域客居的同鄉仕宦較多，他們也往往參與會館事務，有的與商人合作，有的就是由仕宦主導而建。特別是在明清都城北京，由於朝廷衙署聚集，官吏員職眾多，加之地方官員考職、任官、謀差以及舉子會試等等，各類人員或客居、或流動，圍繞官場仕途，儼然也成為一種「行業」。這些來自各地會集京城尋求仕途上進的仕宦人員，也往往需要藉助同鄉關係以求得幫助與關照。本書所述北京會館即多屬此類，由書中可見這些仕宦人等是如何通過會館，利用鄉誼關係，用擔保、請託等方式尋求同鄉的幫助或與官府打交道，這些活動有些是依制度規則合法進行，有些則是按約定俗成的

做法或暗中利益交換而操作。總之，會館所承載的同鄉關係，是仕宦人員求得在仕途生存與發展所依賴的一種重要社會資源，而且得到「行業」內從制度到習俗的認可。由北京會館與官場人員的這些關係及其運作，我們可窺見血緣、地緣的家族鄉里關係，如何延伸、滲透到政府官僚中樞系統，反映了政治制度與家族鄉里制度的連接與互滲。

到了近代，城市發展，商貿興旺，新興商人階層興起，加之輪船、鐵路使交通更便利，郵政、電報使通訊更迅捷，報刊輿論使信息交流更活躍，人們跨地域流動增多，各方面社會流動都大為增強，會館的活動與功能也更加多元且活躍。特別是清末民國以後，政治變動劇烈，各種政治力量爭鬥不已，同鄉會館及其聚集的商人或仕宦勢力也往往成為各種政治勢力爭奪的重要社會資源。本書所述的一些政治勢力爭鬥中，各派政治力量與外地同鄉會館的聯繫與互動，爭取其支持以及這些會館的反應，都可看到會館這一民間組織與政治變動的深層聯繫，其中又往往糾結著與各派政治力量之間複雜交織的關係。

從本書所述的這些會館、同鄉會等同鄉組織與明清至民國政治的關係中，我們可以看到，從政治的中心，無論是京城的官場，還是政治勢力的中心，與山川遠隔的家鄉，通過會館這個紐帶織成的同鄉網絡，形成血脈相連、經絡交織的人際關係網，成為影響中國近代政治變動的一種無形而強固的力量。於此，我們對同鄉關係在中國人際關係和社會運作中的作用，以及中國人所稱之「家國」的情感，有了更深切的體認。同鄉關係，確乎是影響中國人、中國社會的一個重要人際關係。上述只是由閱讀這本書的實證研究所引發的一些非實證的遐想，提出聊供參考，謹以為序。

李長莉

二〇一九年五月廿七日序於京北書齋

目錄

李序 ……………………………………………………………………… i

緒論 …………………………………………………………………… 001
    第一節　研究綜述 ……………………………………………… 001
    第二節　基本概念 ……………………………………………… 033

第一章　鄉誼流動的啟動 ………………………………………… 037
    第一節　桑梓與利益：鄉誼流動中的權衡 …………………… 037
    第二節　滿足需要與服務社會：鄉誼流動的動機 …………… 059
    第三節　交通與通訊：鄉誼流動的物質條件 ………………… 067
    第四節　輿論：鄉誼流動的重要武器 ………………………… 072

第二章　近代中國鄉誼流動的擴展與分化 ……………………… 081
    第一節　鄉誼流動的擴展 ……………………………………… 081
    第二節　鄉誼流動的分化 ……………………………………… 117
    第三節　鄉誼流動的分歧 ……………………………………… 125

第三章　鄉誼流動與制度建構⋯⋯⋯⋯⋯⋯⋯⋯⋯⋯⋯⋯153

　　第一節　出仕、保證與同鄉：明清同鄉京官印結⋯⋯⋯⋯153

　　第二節　會館稟請與衙門給示⋯⋯⋯⋯⋯⋯⋯⋯⋯⋯⋯192

　　第三節　政府對會館的管理、改造與接收⋯⋯⋯⋯⋯⋯⋯222

第四章　鄉誼流動與政治的互動⋯⋯⋯⋯⋯⋯⋯⋯⋯⋯⋯⋯277

　　第一節　鄉誼流動對政治的順應與挑戰⋯⋯⋯⋯⋯⋯⋯⋯277

　　第二節　鄉誼流動與租界當局的協作與衝突⋯⋯⋯⋯⋯⋯291

　　第三節　政府對鄉誼流動的響應及限度⋯⋯⋯⋯⋯⋯⋯⋯306

結論⋯⋯⋯⋯⋯⋯⋯⋯⋯⋯⋯⋯⋯⋯⋯⋯⋯⋯⋯⋯⋯⋯⋯315

參考文獻要目⋯⋯⋯⋯⋯⋯⋯⋯⋯⋯⋯⋯⋯⋯⋯⋯⋯⋯⋯321

　　一　資料部分⋯⋯⋯⋯⋯⋯⋯⋯⋯⋯⋯⋯⋯⋯⋯⋯⋯⋯321

　　二　研究文獻⋯⋯⋯⋯⋯⋯⋯⋯⋯⋯⋯⋯⋯⋯⋯⋯⋯⋯328

後記⋯⋯⋯⋯⋯⋯⋯⋯⋯⋯⋯⋯⋯⋯⋯⋯⋯⋯⋯⋯⋯⋯⋯345

緒論

第一節　研究綜述

　　重視人際關係是中國社會的突出特點，利用同鄉關係等渠道解決社會生活諸問題，這是中國人的一種社會生活方式，它不僅盛行於古代社會，即便在今天也依然大行其道。圍繞會館等同鄉群體進行的請託與受託，促使同鄉資源在同鄉網絡上流動便是鄉誼流動。[1] 近代中國，在中西碰撞下，中國的社會生活方式和治國方式都發生了改變，鄉誼流動越來越多地介入政治。近代的鄉誼流動反映了中國傳統社會生活方式的近代轉型，亦體現了治國方式隨著中國社會變遷而做出的調適。從鄉誼流動與政治的互動正可觀察到近代歷史的律動。

　　鄉誼流動最基本的載體是會館等同鄉群體構建的網絡。明清時期，同鄉群體中最為重要的團體是會館、公所。會館是旅居外地城鎮的同籍貫或同行業的人所設立的組織，一般建有館所，供同鄉同行集會寄寓之用。它主要有同鄉會館、同業會館和移民會館等類型。[2] 會館既是一種社會組織，又指社會組織建立的館所，本書所謂會館側重其社會組織屬性。已有研究顯示，中國的會館最早興起於明永樂年間。

1　本書中的鄉誼流動僅指以會館等同鄉群體為中心的鄉誼流動，暫不涉及其他類型的鄉誼流動。
2　會館、同鄉會、同鄉組織、同鄉群體、行會、地緣網絡這些名詞及其具體指代物既存在差別，又有共性。本書主要關注他們的共性——「同鄉」，再加上已經有不少學者論述了它們的差異，因此，行文中不再特別區分會館、同鄉會、同鄉組織、同鄉群體、行會、地緣網絡等，而常常在「同鄉」這個意義上用會館、同鄉群體、同鄉組織等概念。

會館在明清兩代一直在旅外人員的生活中占據著重要地位。到了清末民國時期，由於社會的大變動，會館又有新的發展，出現興盛局面。清末，一些地方開始成立同鄉會，有的同鄉會與會館合而為一，有的同鄉會與會館並存。中華人民共和國成立後，同鄉會被取締，隨著社會主義改造運動的進行，會館財產被政府接收，其歷史終告一段落，前後共存在五百多年。除了會館、公所、同鄉會，印結局也是明清時期活躍於京師的重要同鄉群體，民國建立後即退出歷史舞臺。

　　對鄉誼流動的研究主要圍繞會館等同鄉群體而展開，大體始於十九世紀末、二十世紀初。最近一百多年裡，中外學人對會館等同鄉群體的研究持續不斷，相關論著不斷問世，研究成果的數量驚人，而且其中不乏對這個同鄉組織的精彩解讀。現在以「會館」、「同鄉」為主題詞或關鍵詞在中國知網可檢索到數千篇期刊文章。已經有學者對會館等同鄉群體史的主要研究成果進行了較為詳細的概括，為了便於較少接觸會館史的讀者瞭解本書的學術脈絡和基礎，在此仍對相關成果作一些介紹，以勾勒出會館等同鄉群體的粗略歷史面貌和既有研究的主要內容。[1]會館等同鄉群體的研究最初比較關注會館與行會，會館與商業、商人的關係。二十世紀四〇年代，已經出現了從社會史視角研究會館的專著，如一九四三年竇季良出版了《同鄉組織之研究》。[2]二

---

[1] 王日根所著《鄉土之鏈——明清會館與社會變遷》一書分析總結了一九九五年之前會館史的研究成果（天津：天津人民出版社，1996年）。一九九三年至二〇〇〇年的會館史綜述見馮筱才《中國大陸最近之會館史研究》一文（《中國近代史研究通訊》第30期，臺北：中研院近代史研究所，2000年9月）。郭緒印在《老上海的同鄉團體》中論及前人研究成果（上海：文匯出版社，2003年）。朱英主編《中國近代同業公會與當代行業協會》第一章《中國同業公會研究的回顧與分析》較多涉及會館史研究成果（北京：中國人民大學出版社，2004年）。諸多相關博士、碩士論文也對此有所梳理。

[2] 為省文，書中涉及的各位研究者均直呼其名，而不加「先生」等尊稱。

十世紀九〇年代，中國大陸學者受現代化視角的影響，在傳統與現代化的脈絡中觀察會館，討論會館與商會、同鄉會的關係。一部分學者通過會館討論國家與社會、市民社會、公共領域、國家政權建設等問題。二十一世紀之後，會館的建築文化、公共空間特性被越來越多的研究者關注。對會館等同鄉群體的研究大體圍繞人與建築這兩個方面展開。本書側重點在人，而非建築，在此先對會館建築的研究略作介紹，之後重點介紹會館等同鄉群體的研究。

一　對會館建築的介紹與研究

會館史研究初期，對會館建築本身進行探討並沒有成為學者們的研究重心。近些年隨著物質文化研究熱潮的興起，這種狀況有了很大改觀，從建築技術、藝術、文化、公共空間等方面研究會館建築的論著開始增多。郭廣嵐、宋良曦的《西秦會館》從建築、棚、石雕等方面，勾畫出了自貢鹽產業發展中的會館百態。[1]駱平安、李芳菊、王洪瑞的《商業會館建築裝飾藝術研究》討論了明清商業會館的建築設計及裝飾藝術。[2]趙世學的《傳統會館建築形態比較研究——以重慶湖廣會館與河南山陝會館為例》和《傳統會館雕刻藝術研究——以山陝會館為例》從現存會館中木、石、磚、彩等裝飾的人文內涵角度，考析了會館裝飾作品的內容及所體現的中華傳統文化內涵。[3]中國建築藝術

1　郭廣嵐、宋良曦：《西秦會館》，重慶：重慶出版社，2006年。
2　駱平安、李芳菊、王洪瑞：《商業會館建築裝飾藝術研究》，開封：河南大學出版社，2011年。
3　趙世學：《傳統會館建築形態比較研究——以重慶湖廣會館與河南山陝會館為例》，長春：吉林人民出版社，2014年。趙世學：《傳統會館雕刻藝術研究——以山陝會館為例》，長春：吉林人民出版社，2014年。

全集編輯委員會編的《中國建築藝術全集・會館建築・祠堂建築》[1]，馮驥才主編的《古風——中國古代建築藝術：老會館》[2]，介紹了全國各地具有代表性的會館建築之藝術成就。社旗縣文化局等編撰的《社旗山陝會館》、《中國古代建築・社旗山陝會館》和李芳菊的《走馬飛舟賒旗鎮》以社旗（古賒店）山陝會館建築格局為引線，展現了社旗山陝會館建築群內精美的雕刻、繪畫、楹聯等建築藝術精品。[3]除此之外，介紹、分析各地的會館建築還有不少論著。[4]

會館建築作為公共空間，其間的祭祀、演戲和其他集會活動也受到關注。如王日根的《論明清文化的世俗化》、《論明清時期的商業發展與文化發展》、《論明清會館神靈文化》，李剛、曹宇明的《明清工商會館神靈崇拜多樣化與世俗性透析——以山陝會館為例》等論述了會館中的文化活動。[5]王東傑考察了四川會館的崇祀對象，認為被視作移

1　中國建築藝術全集編輯委員會編，巫紀光等主編，柳肅等攝影：《中國建築藝術全集・會館建築・祠堂建築》，北京：中國建築工業出版社，2003年。
2　馮驥才主編，王貴祥冊主編，王貴祥、賀從容著文，卞志武等攝影：《古風——中國古代建築藝術：老會館》，北京：人民美術出版社，2003年。
3　社旗縣文化局編著：《社旗山陝會館》，北京：文物出版社，1988年。河南省古代建築保護研究所、社旗縣文化局編著：《社旗山陝會館》，北京：文物出版社，1999年。河南省古代建築保護研究所、社旗縣文化局：《中國古代建築・社旗山陝會館》，北京：文物出版社，2010年。李芳菊：《走馬飛舟賒旗鎮》，鄭州：鄭州大學出版社，2007年。
4　姜曉萍：《明清商人會館建築的特色與文化意蘊》，《北方論叢》1998年第1期。孫紅梅、鄧學青：《河南明清時期會館及其建築特徵》，《中原文物》2007年第5期。
5　王日根：《論明清文化的世俗化》，《社會科學輯刊》1993年第3期。王日根：《論明清時期的商業發展與文化發展》，《廈門大學學報（哲學社會科學版）》1993年第1期。王日根：《論明清會館神靈文化》，《社會科學輯刊》1994年第4期。李剛、曹宇明：《明清工商會館神靈崇拜多樣化與世俗性透析——以山陝會館為例》，《西安文理學院學報（社會科學版）》2011年第1期。〔日〕田仲一成：《清代會館戲劇考——其組織・功能・變遷》，《文化藝術研究》2012年第3期。

民原鄉認同的「鄉神」，往往被賦予超地域性，使其能夠容納新認同。[1]

二 對會館等同鄉群體的研究

對會館等同鄉群體的研究大體可以分為三大類：

第一類介紹、分析會館等同鄉群體的結構與功能，澄清相關史實。

大量論著對同鄉組織本身的沿革、種類、經費、組織、事業等內容進行介紹。這不僅涉及中國大陸很多地方的會館，而且諸如新加坡、馬來西亞等地的華人會館也被關注。綜論性如陳清義的《中國會館》[2]，周均美主編的《中國會館志》[3]，王熹、楊帆的《會館》等[4]。關於北京同鄉組織的論著和資料集有胡春煥、白鶴群的《北京的會館》[5]，湯錦程的《北京的會館》[6]，白繼增的《北京宣南會館拾遺》[7]，葉宗寶的《同鄉、賑災與權勢網絡：旅平河南賑災會研究》等[8]。關於上海同鄉組織的論著和資料集有郭緒印的《老上海潮州商幫》[9]、《老上海的同鄉團體》[10]，宋鑽友的《同鄉組織與上海都市生活的適應》[11]，

---

1 王東傑：《「鄉神」的建構與重構：方志所見清代四川地區移民會館崇祀中的地域認同》，《歷史研究》2008年第2期。
2 陳清義：《中國會館》，香港：華夏文化出版社，1999年。
3 周均美：《中國會館志》，北京：方志出版社，2002年。
4 王熹、楊帆：《會館》，北京：北京出版社，2006年。王日根：《明清民間社會的秩序》，長沙：岳麓書社，2003年。王日根主編：《中國老會館的故事》，濟南：山東畫報出版社，2014年。
5 胡春煥、白鶴群：《北京的會館》，北京：中國經濟出版社，1994年。
6 湯錦程：《北京的會館》，北京：中國輕工業出版社，1994年。
7 白繼增：《北京宣南會館拾遺》，北京：中國檔案出版社，2011年。
8 葉宗寶：《同鄉、賑災與權勢網絡：旅平河南賑災會研究》，北京：中國社會科學出版社，2014年。
9 郭緒印：《老上海潮州商幫》，香港：香港藝苑出版社，2001年。
10 郭緒印：《老上海的同鄉團體》，上海：文匯出版社，2003年。
11 宋鑽友：《同鄉組織與上海都市生活的適應》，上海：上海辭書出版社，2009年。

於珍的《近代上海同鄉組織與移民教育》[1]，潘君祥著《上海會館史研究論叢》[2]，薛理勇的《老上海會館公所》等[3]。北京、上海等地有較多同鄉組織，其相關研究成果也較多。山西、陝西在外地的同鄉組織較多，所以山陝會館之類的研究成果也較多。如陳清義、劉宜萍所編《聊城山陝會館》，韓順發的《關帝神工：開封山陝甘會館》[4]，山西省政協《晉商史料全覽》編輯委員會所編《晉商史料全覽‧會館卷》[5]，張明亮主編的《晉商會館》[6]，姚洪峰、楊蔚青的《洛陽山陝會館保護與修復圖說》[7]，劉成虎、韓芸所編《會館浮沉》等[8]。四川移民組織很多，相關研究有王雪梅、彭若木的《四川會館》[9]，趙逵的《「湖廣填四川」：移民通道上的會館研究》[10]，重慶湖廣會館管理處編的《重慶會館志》等[11]。其他地方的會館論著有周昭京的《潮州會館史話》[12]，劉正剛的《廣東會館論稿》[13]，梁連起主編的《保定會館志》[14]，卞伯澤的《會澤文化之旅：會館文化》[15]，唐凌、侯宜傑等著《廣西商業會館研究》

1　於珍：《近代上海同鄉組織與移民教育》，北京：社會科學文獻出版社，2009年。
2　潘君祥：《上海會館史研究論叢》第1輯，上海：上海社會科學院出版社，2011年。
3　薛理勇：《老上海會館公所》，上海：上海書店出版社，2015年。
4　陳清義、劉宜萍編：《聊城山陝會館》，香港：華夏文化出版社，2003年。
5　韓順發：《關帝神工：開封山陝甘會館》，開封：河南大學出版社，2003年。
6　山西省政協《晉商史料全覽》編輯委員會編：《晉商史料全覽‧會館卷》，太原：山西人民出版社，2007年。
7　張明亮主編：《晉商會館》，太原：山西教育出版社，2009年。
8　姚洪峰、楊蔚青：《洛陽山陝會館保護與修復圖說》，北京：文物出版社，2009年。
9　劉成虎、韓芸編：《會館浮沉》，太原：山西教育出版社，2014年。
10　王雪梅、彭若木：《四川會館》，成都：巴蜀書社，2009年。
11　趙逵：《「湖廣填四川」：移民通道上的會館研究》，南京：東南大學出版社，2012年。
12　重慶湖廣會館管理處編：《重慶會館志》，武漢：長江出版社，2014年。
13　周昭京：《潮州會館史話》，上海：上海古籍出版社，1995年。劉正剛：《廣東會館論稿》，上海：上海古籍出版社，2006年。
14　梁連起主編：《保定會館志》，保定：河北大學出版社，2009年。
15　卞伯澤：《會澤文化之旅：會館文化》（上、下），昆明：雲南人民出版社，2011年。

等[1]。周宗賢著《血濃於水的會館》[2]，陳運棟著《臺灣的客家人》，石錦著《近代中國社會研究》[3]，北京市臺灣同胞聯誼會編著的《臺灣會館與同鄉會》[4]，對臺灣地區的會館進行了研究。

同鄉組織的論著數量龐大，最近一、二十年出版勢頭尤其迅猛。這些論著良莠不齊，有的提供了相關資料，有的考訂了相關史實，也有的粗製濫造。在研究的地域範圍方面，學者們逐漸從北京、上海、蘇州等商業較為發達的城市，轉到關注其他普通城鎮以及邊疆城鎮的會館等同鄉群體。

第二類是在經濟史框架下的會館等同鄉群體研究。對會館等同鄉群體的研究最初在經濟史框架中進行。從行會史、資本主義萌芽史、現代化史等視角下分析會館的形成與分布、性質和功能，並討論會館與行、行會、公所、商幫、近代同業公會、商會的關係。以上研究路徑是近三十多年中國大陸學者對會館等同鄉群體研究的主要取向。

首先，會館的性質。十九世紀後期開始興起關於會館的研究。當時出版了瑪高溫著《中國的行會》，馬士著《中國行會考》，日本東亞同文會編《中國經濟全書‧會館及公所》，湖南人編《湖南商事習慣報告書‧會館》等論著。[5]這些論著通常把中國的會館比附於西方基爾特，比較關注其中的商業行會，並認為會館公所的市場壟斷權力十分強大。瑪高溫著《中國的行會》在一八八六年發表於上海出版的《亞洲

1　唐凌、侯宜傑等：《廣西商業會館研究》，桂林：廣西師範大學出版社，2012年。
2　周宗賢：《血濃於水的會館》，臺北：臺灣行政院文化建設委員會，1985年。
3　陳運棟：《臺灣的客家人》，臺北：臺原出版社，1978年。石錦：《近代中國社會研究》，臺北：李敖出版社，1990年。
4　北京市臺灣同胞聯誼會編著：《臺灣會館與同鄉會》，北京：北京大學出版社，2012年。
5　瑪高溫：《中國的行會》，《亞洲文會雜誌》，1886年。馬士：《中國行會考》；日本東亞同文會編：《中國經濟全書‧會館及公所》；湖南人編：《湖南商事習慣報告書‧會館》等書，轉引自彭澤益：《中國工商行會史料集》，北京：中華書局，1995年。

文會雜誌》，是西文著作中有關中國行會歷史問題的著名文獻。該書指出：「會館，最初多建於大都市裡，是官員們為在同鄉中實現互助互衛之目的而設立的。後來，商人們以此為楷模，也建立起自己的行會。」《中國的行會》雖然更多關注商業行會，但顯然，該書已經注意到會館至少有同鄉性質的官員會館和商人行會。之後一百多年裡，學者不斷地爭論會館的性質到底是同鄉的會館還是商人的行會，其實《中國的行會》對此已經有所提示。

關於會館的性質、起源，每個學者關注點不同，往往各執一端。一九二二年，日本學者和田清依據日本東亞同文會調查資料及其他中國文獻資料，[1]對中國的會館公所進行研究，他發表了《關於會館公所的起源》一文，他認為會館、公所的起源可追溯至唐宋的「行」，是商人經濟組織。[2]一九二七年，日本加藤繁發表《唐宋時代的商人組織——行》一文，提出與和田清相似的觀點，認為作為會館先驅的行在唐宋時代已經存在。[3]一九二五年，鄭鴻笙的《中國工商行業公會及會館、公所制度概論》，論證了工商行業公會、會館、公所的差異，並指出會館同時具有財產團體和公益團體的雙重性質。[4]

一九二八年，大谷孝太郎撰文《上海的同鄉團體及同業團體》，指出近代上海商人團體的發展，時間越靠後其鄉土結合越凝固，這種鄉土結合實際上是在分割市場，阻礙了資本的聚集。[5]

---

1 清末民初，日本東亞同文會組織各期學生徒步在中國開展社會經濟調查，並將調查記錄彙編成《中國別省全志》和《中國經濟全省》等資料，其中就涉及晚清中國各省會館的調查記錄。
2 〔日〕和田清：《會館公所の起源に就いて》，《史學雜誌》1922 年第 33 卷第 10 期。
3 〔日〕加藤繁：《唐宋時代の商人組合「行」》，《白鳥博士還曆紀念東洋史論叢》，1927 年。〔日〕加藤繁：《中國經濟史考證》，吳傑譯，北京：商務印書館，1959 年。
4 鄭鴻笙：《中國工商行業工會及會館、公所制度概論》，《國文週報》1925 年第 2 卷第 19 期。
5 〔日〕大谷孝太郎：《上海的同鄉團體及同業團體》，《中國研究》1929 年第 19 期。

根岸佶的視野集中在工商性質的會館，但是他對會館又做了一般性的全面研究。一九三二年，根岸佶發表了《中國的行會》，對中國會館與政府權力之間的關係進行了探討，認為政府將部分管理經濟的權力讓渡給商人。根岸佶實地考察了上海等地的工商行業會館，一九五一年出版了《上海的行會》。[1]

　　一九三四年，全漢昇的《中國行會制度史》出版。他在該書中論及明清時期的行會制度時，用的章節標題為「會館」，而且內容也全是關於會館的，諸如會館的沿革、產生原因，客幫與會館，會館的內部運作、事業活動等。[2]

　　一九三五年，加藤繁發表《論唐宋時代的商人組織「行」並及清代的會館》。他認為歐美學者將中國會館視為西方的基爾特，「但是相當於基爾特的卻是行」，「所謂會館是明代嘉靖、隆慶以後，集中在北京的各省官吏、士子等按照他們鄉籍的差別而設置的憩息燕集場所，似乎北京以及各省的商人會館也是模仿這種性質的……商人會館的產生，難以說是本地的行發展壯大的必然的結果，而顯然是因為和其他都市的通商關係密切起來，其他地方的商人定居下來的人有所增加，也就是商業更加發展的緣故」。[3]一九四二年，他又發表《清代北京的商人會館》，並指出：「會館，大體上可以區分為一般同鄉人的會館和商人的會館。」[4]

1　〔日〕根岸佶：《中國ギルドの研究》，東京：斯文書院，1932 年；〔日〕根岸佶：《上海のギルド》，東京：日本評論社，1951 年。

2　全漢昇：《中國行會制度史》，上海：新生命書局，1934 年。

3　〔日〕加藤繁：《論唐宋時代的商業組織「行」並及清代的會館》，《中國經濟史考證》第 1 卷，吳傑譯，北京：商務印書館，1962 年。原文發表於昭和 10 年（1935 年）4 月《史學》第 14 卷第 1 期。

4　〔日〕加藤繁：《清代北京的商人會館》，《中國經濟史考證》第 3 卷，吳傑譯，北京：商務印書館，1962 年。

早期中外學者對會館的研究主要圍繞商人會館、會館與基爾特（行會）的關係而展開，十九世紀二〇、三〇年代已有學者論證了會館與基爾特之間的差異，他們注意到了會館等同鄉群體，但不是研究的重點所在。

二十世紀四〇年代之後，日本學者繼續發表了不少關於中國會館、行會的論著。仁井田陞對會館的研究成果集中在《中國的社會和行會》一書中，他指出應將中國的基爾特組織與西方行會組織作比較研究，為深層次把握中國會館的特質，應先理解中國社會的內部構造，從而將會館研究向社會史方向拓展，這是日本學界在會館問題研究方面的重大突破。[1]今堀誠二是研究會館成果頗多的日本學者，發表了《行會史》、《中國商工行會的素描——以內蒙古農村機構向行會過渡為中心》、《河東鹽業同業公會的研究》、《中國行會商人的構造》、《近代開封的商業公會——崩潰過程中的封建社會形勢》《中國的自耕農基爾特的構造——小商品生產階段的歷史作用》等論著，集中探討了工商業行會、會館在城市社會經濟發展中的重要作用。[2]橫山英著《中國商工業勞動者的發展和作用》[3]、幼方直吉著《幫、同鄉會、同業公會和他們的轉化》[4]、澤崎堅造著《北京市商會的同鄉性》[5]、宮崎市定著《明

1　〔日〕仁井田陞：《中國の社會とギルド》，東京：岩波書店，1951年。

2　〔日〕今堀誠二：《行會史》，《現代中國辭典》，1950年。〔日〕今堀誠二：《中國商工行會的素描——以內蒙古農村機構向行會過渡為中心》，《史學研究紀念論叢》，1950年。〔日〕今堀誠二：《河東鹽業同業公會的研究》，《史學雜誌》第55卷第9、10期，第56卷第1期。〔日〕今堀誠二：《中國行會商人的構造》，《近代中國的社會與經濟》，1951年。〔日〕今堀誠二：《近代開封的商業公會——崩潰過程中的封建社會形勢》，《東洋的社會》，1948年。〔日〕今堀誠二：《中國的自耕農基爾特的構造——小商品生產階段的歷史作用》，《社會經濟史學》第18卷第1、2期。

3　〔日〕橫山英：《中國商工業勞動者的發展和作用》，《歷史學研究》1952年第160號。

4　〔日〕幼方直吉：《幫、同鄉會、同業公會和他們的轉化》，《近代中國的社會與經濟》，1951年。

5　〔日〕澤崎堅造：《北京市商會的同鄉性》，《經濟論叢》1941年第52卷第5期。

清時代的蘇州和輕工業的發展》[1]、白山反正著《中國行會和它的獨占政策》[2]、增井經夫的《會館錄數種》等，也討論了中國的行會、會館[3]。

一九四九年之後，特別是二十世紀七〇年代末開始，中國學者對會館、行會重新展開研究。李華的《明清以來北京的工商業行會》[4]，洪煥椿的《論明清蘇州地區會館的性質和作用——蘇州工商業碑刻資料剖析之一》等，把會館研究集中在了工商會館這一類型上[5]。

一九八二年，呂作燮撰文《明清時期的會館並非工商業行會》，指出中國會館並非工商業行會，且早期會館與工商業毫無關係。北京、上海、蘇州、漢口等地會館資料顯示，會館多為地域性質同鄉組織或行幫組織。之後，他又相繼發表了《明清時期蘇州的會館和公所》和《南京會館小志》兩文，進一步指出會館是地域觀念的組織，其成員有官員、工商業者、農民等各色人；公所是同業組織，成員僅為工商業者。[6]呂作燮的觀點在學界引起較大反響，掀起了學界關於會館概念、性質界定的激烈爭鳴。一九八二年，胡如雷出版了《中國封建社會形態》一書，他在該書中寫道：「明清之際，我國才真正形成了類似西方行會的工商業組織，或稱會館、或稱公所、或稱行或稱幫。」他認為會

---

1 〔日〕宮崎市定：《明清時代的蘇州和輕工業的發展》，《東方學》1951 年第 2 輯。
2 〔日〕白山反正：《中國行會和它的獨占政策》，《北海道學藝大學〈學藝〉》1951 年第 2 卷第 2 期。
3 〔日〕增井經夫：《會館錄數種》，《東亞問題》終刊號，1944 年。
4 李華：《明清以來北京的工商業行會》，《歷史研究》1978 年第 4 期。賀海：《北京的工商業會館》，《學習與研究》1981 年第 5 期。
5 洪煥椿：《論明清蘇州地區會館的性質和作用——蘇州工商業碑刻資料剖析之一》，《中國史研究》1980 年第 2 期。
6 呂作燮：《明清時期的會館並非工商業行會》，《中國史研究》1982 年第 2 期。呂作燮：《明清時期蘇州的會館和公所》，《中國經濟史研究》1984 年第 2 期。呂作燮：《南京會館小志》，《南京史志》1984 年第 5 期。

館、公所是工商業組織。[1]汪士信的《明清商人會館》認為，會館就是工商業行會組織。[2]吳慧的《會館、公所、行會：清代商人組織演變述要》也討論了會館、公所與行會的關係。[3]

　　日本學者川勝守發表了《明清時代的北京、蘇州、上海之廣東會館》一文，他認為商人會館是對士大夫會館的一種模仿，分析了明清社會變革中商與士的關係；他運用會館的地域分佈強弱來分析地域性商幫在某地實力的強弱。[4]寺田隆信在《關於北京歙縣會館》一文中指出，北京的歙縣會館主要為服務於科舉而建，但是會館發展中商人資本發揮了重要作用，將會館問題與科舉、商業資本問題聯繫起來，其研究視野進一步擴大。[5]鄒怡認為，明代後期，歙縣會館及義莊由商人集資創建和維護，服務同鄉士商，但清代中期以後，會館資金轉而依賴力圖步入政界的商人，甚至獲得鹽務部門的資助，與之相應，會館的服務對象也縮小為科舉考生和官員。義莊雖然保持了民捐民用，但其內部管理和對外交涉均需政府力量的介入。歙縣會館的發展表明，傳統中國的國家與社會並非如西方般呈現為對立制約，在行政主導的政治傳統中，兩者表現為垂直粘連、交叉利用，國家對社會進行分類控制。[6]

　　二十世紀八〇年代，國內外學者仍在持續關注中國工商性質的會館，但研究路徑已經拓展。由於國內學者對會館研究差不多是重新起

1　胡如雷：《中國封建社會形態研究》，北京：生活・讀書・新知三聯書店，1979年，第271頁。
2　汪士信：《明清商人會館》，《平準學刊》1986年第3期。
3　吳慧：《會館、公所、行會：清代商人組織演變述要》，《中國經濟史研究》1999年第3期。
4　葉顯恩主編：《清代區域經濟史研究》，北京：中華書局，1992年。
5　〔日〕寺田隆信：《關於北京歙縣會館》，《中國社會經濟史研究》1991年第1期。
6　鄒怡：《善欲何為：明清時期北京歙縣會館研究（1560-1834）》，《史林》2015年第5期。

步,一些學者對二十世紀八〇年代之前的會館學術史並不熟悉,之前已經有學者探討會館與行會、基爾特之間的同異。一些外國學者轉向探討會館與社會經濟發展關係時,此時,部分中國學者還在集中討論會館與行會、基爾特的異同。此時,會館研究的地域範圍仍然集中在北京、上海、蘇州、廣州等工商業發達的城市。

其次,會館與公所的關係。

一般認為,會館、公所是傳統社會組織,一些研究者往往將其視為結構和功能迥異的兩類社會組織:會館為同籍移民的同鄉組織,公所則為同業的行會組織。不過,范金民認為,對會館與公所的關係不能一概而論,應區別對待,「會館和公所都有地域性和行業性兩類」,「會館與公所不但在側重點上有所不同,而且在產生時間上也有較為明顯的先後」。[1] 王日根認為,「會館與公所在很多場合往往不易區分,倘若真要說出二者的區別,其主要點當在於:會館往往較多地講究儀貌,公所則更多地注重實效……公所往往是中小商人謀求發展的處所,會館則往往是大商人躋身仕途或攀附仕途的根據地。而中小商人則既可棲身公所,又可寄居會館」。[2]

徐鼎新在《舊上海工商會館、公所、同業公會的歷史考察》中認為,上海的同鄉會館與行業公所之間有著密切聯繫,同鄉會館表現出同行業組合的特點,同時同業公所中又包括若干地域商幫。他指出,到二十世紀初,會館、公所等傳統組織,少數演化為純同鄉團體,而大多數改組為同業公會。[3] 高洪興認為,清末民初,近代上海的同鄉會館、公所逐步向同鄉會館轉化,而那些完全按行業組合的會館、公所

---

[1] 范金民:《清代江南會館公所的功能性質》,《清史研究》1999 年第 2 期。
[2] 王日根:《中國會館史》,上海:東方出版中心,2007 年,第 68-69 頁。
[3] 徐鼎新:《舊上海工商會館、公所、同業公會的歷史考察》,《上海研究論叢》第 5 輯,上海:上海社會科學院出版社,1990 年。

則由於其封建行會性成為社會發展的障礙而逐漸趨於沒落，最終於二十世紀二〇年代後期被同業公會所取代。他指出，同鄉會興起後，會館、公所逐漸變成只為死者服務的慈善組織，而同鄉會則相應變成為生者服務的組織，體現了兩類同鄉組織功能分工的不同。[1]王笛在《清代重慶移民社會與社會發展》一文中指出，重慶的會館、公所和同業行會也體現了同鄉與同業雙重組合的結構特徵。會館不僅是同籍移民舉辦各種社會活動的場所，也對城市政治、宗教、社會的發展起到重要作用，它幾乎參與了涉及城市管理和建設的各項事務。[2]彭澤益認為，「會館公所名雖說不同，實則性質無異」[3]。

上述觀點，均有資料可以證明其合理性，但又難以涵蓋所有會館、公所的關係，因此要客觀辯證看待。正如嚴昌洪指出的：「不應以會館或公所的名稱來區分這類社會組織的性質，應該按各個組織的組建動機、人員構成、活動內容來確定其性質，是同鄉會還是行會，是商人組織還是手工業組織，或者兼而有之。」[4]

最後，會館與商會、同業公會的關係。二十世紀二〇、三〇年代，學者們已經注意分析會館與商會之間的關係。八〇年代之後，一些學者將研究重點集中在會館與商會、行會、同業公會的互動關係上。如宋鑽友的《從會館、公所到同業公會的制度變遷——兼論政府與同業組織現代化的關係》[5]，彭南生的《近代中國行會到同業公會的

---

1 高洪興：《近代上海的同鄉組織》，《上海研究論叢》第 5 輯，上海：上海社會科學院出版社，1990 年。
2 王笛：《清代重慶移民社會與社會發展》，天津社會科學院主辦：《城市史研究》第 5 輯，上海：上海社會科學出版社，1993 年。
3 彭澤益：《中國工商行會研究的幾個問題》，《中國工商行會史料集》上冊，第 15 頁。
4 嚴昌洪：《中國近代社會風俗史》，杭州：浙江人民出版社，1993 年。
5 宋鑽友：《從會館、公所到同業公會的制度變遷——兼論政府與同業組織現代化的關係》，《檔案與史學》2001 年第 3 期。

制度變遷歷程及其方式》¹，黃福才、李永樂的《論清末商會與行會並存的原因》²，韓曉莉的《新舊之間：近代山西的商會與行會》³，分析了不同時期不同地域間會館的演變歷程。

一些學者強調會館與商會的區別，而否定了他們之間的聯繫。朱英認為，會館與商會是明顯不同的兩種商人社團。不少會館、公所是舊有的商人組織或以商人為主的組織，商會是新式的商人組織。即使商會成立之後，會館、公所還與之長期並存，從經濟史視角觀察到的會館、公所往往被看作行會，會館、公所的其他內涵則被忽略。最初，一些研究者認為，商會的根本宗旨、基本職能、組織結構和總體特徵都與行會截然相異，近代商會的產生，是對傳統行會的一種歷史否定。當然，他們在強調商會與傳統行會的本質區別的同時也注意到二者還是存在一些聯繫。⁴丁長清認為，會館與商會是兩種不同的組織，「商會與會館不同，已不是以地緣為紐帶組成的某地區、某幫商人組織，而是各幫商人的全國性組織」⁵。

九〇年代以來的一些研究者注意到了會館、公所組織自身的近代化過程。八〇年代至九〇年代初期，邱澎生等已經開始討論會館與商會的聯繫。邱澎生認為，會館與商會在組織經費來源、管理方式等方面有相似之處，且商會成立之後與會館聯繫密切；商會相比較會館而

1　彭南生：《近代中國行會到同業公會的制度變遷歷程及其方式》，《華中師範大學學報（人文社會科學版）》2004 年第 3 期。
2　黃福才、李永樂：《論清末商會與行會並存的原因》，《中國社會經濟史研究》1999 年第 3 期。
3　韓曉莉：《新舊之間：近代山西的商會與行會》，《山西大學學報（哲學社會科學版）》2005 年第 1 期。
4　馬敏、朱英：《淺談晚清蘇州商會與行會的區別及其聯繫》，《中國經濟史研究》1988 年第 3 期。馬敏、朱英：《傳統與現代的二重變奏：晚清蘇州商會個案研究》。
5　丁長清：《試析商人會館、公所與商會的聯繫和區別》，《近代史研究》1996 年第 5 期。

言，其規章制度具有全國統一性和結構完整性，成員組成具有跨行業性。[1]虞和平等人認為，商會之所以能容納行會，是因為行會具有一些近代化或者進步的特點，因而才能和現代的或者旨在發展資本主義的商會兼容。虞和平指出，公所等行會組織具有與商會相類似的協調、管理、商事仲裁等功能，它們之間有著被包涵與包涵、互相依賴的聯繫。因此，虞和平反對一方的興起必然以另一方的衰落為前提的看法。[2]王日根甚至認為，工商性會館與商會有一些共同的職能，會館組織是一種有效的社會整合組織，而商會卻先天孱弱，在許多地方不如會館那樣具有凝聚力。[3]他還指出，會館、商會都是社會變遷中社會組織建設的反映，「其中勢必有一些不同，但絕不是涇渭分明，毫無傳承共通之處的」[4]。范金民指出，會館與商會是發展與進一步發展的關係，商會成立之後並沒有取代會館，而是通過會館來發揮自身作用。[5]王翔在有關蘇州雲錦公所的研究表明，在商會的影響下，公所會館在選舉、日常管理等方面的民主特色有所增強，組織結構也開始發生變化。[6]付海晏等考察蘇州商事公斷處理案後指出，民初商會、公所、會館等商人團體之間的團體認同要遠勝於所謂的新舊對立。[7]

除了上述比較集中的幾個領域，還有一些論著也不再侷限於就會

1　邱澎生：《十八、十九世紀蘇州城的新興工商業團體》，臺北：臺灣大學出版委員會，1990年。
2　虞和平：《鴉片戰爭後通商口岸行會的近代化》，《歷史研究》1991年6期。虞和平：《商會與中國早期現代化》，上海：上海人民出版社，1993年。
3　王日根：《近代工商性會館的作用及其與商會的關係》，《廈門大學學報（哲學社會科學版）》1997年第4期。
4　王日根：《中國會館史》，上海：東方出版中心，2007年，第82頁。
5　范金民：《明清江南商業的發展》，南京：南京大學出版社，1998年，第273、275頁。
6　王翔：《從雲錦公所到鐵機公會》，《近代史研究》2001年第3期。
7　付海晏、李國濤：《團體認同——民初商人組織與糾紛的解決》，《城市史研究》第22輯，上海：上海社會科學院出版社，2004年。

館論會館，而更多地將會館等同鄉群體置於社會經濟發展進程中，聯繫地、動態地、全面地考察會館等同鄉群體與社會經濟變遷的關係。相關論文不勝枚舉，如劉正剛致力於四川移民會館的研究[1]，許檀透過會館剖析清代河南商業城鎮的商業發展狀況[2]，宋倫等研究了山陝會館[3]，藍勇在《明清時期雲貴漢族移民的時間和地理特徵》一文中，對雲南省的江西、四川、湖廣、廣東、福建、秦晉、江南和貴州會館分佈數量做了統計，認為清代雲南共有一百五十一所移民會館[4]。薄井由在《清末以來會館的地理分佈——以東亞同文書院調查資料為依據》一文中，以東亞同文書院調查資料為依據分析了二十世紀初至三〇年代中國各地會館的地理分佈。[5]羅群在《從會館、行幫到商會——近代雲南商人組織的發展與嬗變》一文中，指出近代雲南商人組織經歷了

---

1 劉正剛：《清代四川的廣東移民會館》，《清史研究》1991 年第 4 期。劉正剛：《試論清代四川南華宮的社會活動》，《暨南學報》1997 年第 4 期。劉正剛：《清代四川的廣東移民經濟活動》，《中國社會經濟史研究》1992 年第 4 期。

2 許檀：《清代河南朱仙鎮的商業——以山陝會館碑刻資料為中心的考察》，《中國社會科學》2000 年第 3 期。許檀：《清代中葉洛陽的商業——以山陝會館碑刻資料為中心的考察》，《天津師範大學學報（社會科學版）》2003 年第 4 期。許檀：《清代河南北舞渡鎮——以山陝會館碑刻資料為中心的考察》，《清史研究》2004 年第 1 期。許檀：《清代河南賒旗鎮的商業——基於山陝會館碑刻資料的考察》，《歷史研究》2004 年第 2 期，等。

3 宋倫、李剛：《明清工商會館「會底銀兩」資本運作方式探析——以山陝會館為例》，《江蘇社會科學》2007 年第 2 期。李剛、宋倫：《明清工商會館「館市合一」模式初論——以山陝會館為例》，《中國社會經濟史研究》2004 年第 1 期。李剛、宋倫：《論明清工商會館在整合市場秩序中的作用——以山陝會館為例》，《西北大學學報（哲學社會科學版）》，2002 年第 4 期，等。

4 藍勇：《明清時期雲貴漢族移民的時間和地理特徵》，《西南師範大學學報（哲學社會科學版）》1996 年第 2 期。

5 薄井由：《清末以來會館的地理分佈——以東亞同文書院調查資料為依據》，《中國歷史地理論叢》2003 年第 18 卷第 3 輯。

會館、行幫、商會三個發展階段。¹

　　傳統──現代二元分析框架給會館等同鄉群體史研究帶來一種新的思路和分析手段，但在研究初期往往相對忽略會館組織本身的複雜性、區域性，忽略其與現代社會組織相聯繫的一面，造成研究的簡約化、表面化傾向。在初期的會館等同鄉群體研究中，一些研究者傾向於把近代商會與公所、會館等傳統商人組織作為兩種對立的組織來看待，認為前者是對後者的歷史否定與突破，商會所表現的近代法人社團性質與公所、會館等所體現的觀念是截然不同的。後來一些研究成果對此予以修正，認為商會與公所、會館等存在相互依賴和相互影響的功能，公所、會館等自身也處在「近代化」過程中，而且往往被納入商會組織系統之中，構成商會的組織基礎。二者之間並非水火不容、截然對立的關係，而是存在相當的「繼承性」。

　　第三類是社會史、文化史視野下的會館等同鄉群體研究。一九四五年，竇季良出版了《同鄉組織之研究》，從鄉土觀念、組織演化、集體象徵、功能分析等方面對同鄉組織進行了較為全面的論述。²一九六六年，何炳棣的《中國會館史論》出版，在中國的籍貫觀念形成因素、北京會館的起源、會館的數目和地理分佈、近代中國地域組織狹隘畛域觀念的消融、大群意識的產生及其積極作用等方面提出了獨到的見解。³二十世紀八〇年代，羅威廉出版了《漢口：一個中國城市的商業和社會（1796-1889）》通過會館討論了中國的市民社會問題與「公共領域」。⁴二十世紀九〇年代後出版了顧德曼的《家鄉、城市與國家──

1　羅群：《從會館、行幫到商會──近代雲南商人組織的發展與嬗變》，《思想戰線》2007年第6期。
2　竇季良：《同鄉組織之研究》，臺北：正中書局，1945年。
3　何炳棣：《中國會館史論》，臺北：學生書局，1966年。
4　〔美〕羅威廉著：《漢口：一個中國城市的商業和社會（1796-1889）》，江溶、魯西奇譯，北京：中國人民大學出版社，2005年。

上海的地緣網絡與認同（1853-1937）》，通過重建近代會館的歷史從而討論了同鄉情感的延續、同鄉情感與民族主義的關係、社會與國家的關係。[1]王日根所著《鄉土之鏈——明清會館與社會變遷》著力於會館與明清社會變遷的互動，考察會館的社會整合、內在運作和文化內涵[2]；王日根的《中國會館史》，從會館的產生、分佈、功能、演變等多視角、多層次地闡釋了會館的發展歷程，並從社會變遷的角度反觀了會館所具有的歷史地位，指出會館在經濟、文化、道德建設等層面所發揮的作用[3]。有的則分析會館等設施的空間分佈從而探討「城市生態」諸問題。[4]

在此，不準備全面描述社會史、文化史視野下會館等同鄉群體研究的成果，僅僅選取四本與本書密切相關的會館史專著為例進行分析，從中揭示出本書在問題意識、文獻等方面的脈絡。

這四本專著是竇季良所著《同鄉組織之研究》；何炳棣所著《中國會館史論》；羅威廉所著《漢口：一個中國城市的商業和社會（1796-1889）》；顧德曼所著《家鄉、城市與國家——上海的地緣網絡與認同（1853-1937）》[5]。竇季良、何炳棣、羅威廉、顧德曼等人關於會

1　〔美〕顧德曼：《新文化、舊風俗、同鄉組織和五四運動》，《上海研究論叢》第4輯。〔美〕顧德曼：《家鄉、城市與國家——上海的地緣網絡與認同（1853-1937）》，上海：上海古籍出版社，2004年。

2　王日根：《鄉土之鏈——明清會館與社會變遷》，天津：天津人民出版社，1996年，第4-21頁。

3　王日根：《中國會館史》，上海：東方出版中心，2007年。

4　〔美〕施堅雅：《中國封建晚期城市研究》，長春：吉林教育出版社，1989年。〔美〕白思奇：《地方在中央：晚期帝都內的同鄉會館、空間和權力》，秦蘭珺、李新德譯，北京：中國社會科學出版社，2018年。

5　《同鄉組織之研究》中的同鄉組織主要是同鄉會館和同鄉會；《漢口：一個中國城市的商業和社會（1796-1889）》中的行會多涉及同鄉會館；《家鄉、城市與國家——上海的地緣網絡與認同（1853-1937）》中的地緣網絡以同鄉會館、同鄉會為中心。

館等同鄉群體的著作，都涉及對同鄉組織的不同解讀。就地域範圍而言，竇季良研究重慶的同鄉組織、羅威廉分析漢口的行會、顧德曼討論上海的會館，他們三人都是研究某一個城市中的同鄉組織；何炳棣則研究了全國範圍內的會館。以某個城市為範圍作個案研究，或從整體出發進行研究，是兩個不同的路徑。何炳棣認為，日本學者雖對北京、上海、歸綏等地的若干工商行會有重要的貢獻，但似乎還不能圓滿解答一些比較廣泛的問題；竇季良的《同鄉組織之研究》內容大都根據戰時對重慶一市會館之實際調查，此書未及重慶地緣性的行業公所，會館史料也大多限於咸同以後。何炳棣鍾情於宏觀整體研究，對日本學者和竇季良的個案研究似有不滿足之意，嫌其範圍過於狹窄。雖然如此，以上諸位學者對會館無論作整體研究，還是從個案出發，其成果都堪稱經典。

　　首先，問題意識。會館等同鄉群體的內涵豐富，學者們抓住其不同側面，根據不同的學術動機和材料構建了自己的問題意識。竇季良所著《同鄉組織之研究》於一九四三年在重慶出版，屬於社會行政叢書的民眾組訓類。為完成民眾組訓的政治任務，竇季良面臨的問題首先是確定舊有組織是否有存在的必要。當時，中國固有的社會組織，大部分還是普遍的維持存在，竇季良認為這是因為實際的需要、人的支持和禮俗的認可。對它們的評估是「蘊藏著無限的力量，具有發展的可能性」，「有若干例證使我們感於這種固有的社會組織的力量較之新的社會組織實在是有過之而無不及」。他對舊有組織的生命力和作用有相當樂觀的看法。

　　作者從事這個研究便要為同鄉組織今後的發展方針提供建議，即「應以固有的鄉土觀念為起點，而深化其社區觀念與國家觀念；應以固有倫理精神為基礎，而由人治趨向法治；應以固有的鄉土的消極的組織功能，引習其對於社區的和國家的積極的功能，而走向現代化的程

途上」[1]。在竇季良看來，引導舊有社會組織適應現代生活，至少要完成兩個轉變，無論是同鄉組織的觀念還是功能，都要朝社區和國家的方向發展。

《同鄉組織之研究》注意到同鄉組織是一個小群體。竇季良要為訓導小群體提供建議，眼光自然落在群與群間、小群與大群間。處理好群與群間的關係有利於構建和諧的社區。解決好小群與大群間的關係有利於建立統一、團結的國家。因此，同鄉組織朝社區和國家的方向轉化成為《同鄉組織之研究》的主題。

《同鄉組織之研究》刊行二十多年後，何炳棣出版了《中國會館史論》。何炳棣寫《中國會館史論》的動機之一在於不滿日本等國的學者對中國會館的一些看法。

二十世紀初葉，中國傳統政治與文化窮極待變、變而未通的時候，一般學人研究中國社會經濟制度時，很自然的受了當時政制行將解體的影響。他們所注重的是中國傳統社會經濟制度中的消極保守性；他們最有興趣的是解釋中國傳統社會經濟制度如何阻礙、延緩中國社會經濟制度的近代化。因此他們往往忽略這些傳統制度長期以來積極推動中國社會經濟進步的歷史作用。二十世紀二〇年代開始，日本學者和田清、加藤繁、仁井田陞、根岸佶、今堀誠二就對中國會館和工商行會問題提出討論。日本學者研究的主要對象是中國業緣性的工商行會，因行會而牽涉地緣組織的會館。他們往往採取近代觀點來看待它，認為這種高度的血緣性和地緣性在傳統中國社會造成了零散分割的局面，加強了小群的觀念，削弱了大群的意識，因而延展了中國社會的「近代化」。何炳棣認為，從歷史的觀點來看，血緣組織如家族制度，地緣組織如會館制度，都是應傳統社會某些階段中實際的需

---

[1] 竇季良：《同鄉組織之研究》，南京：正中書局，1946年，序言。

要而產生，曾具有積極的社會與經濟功能。他指出，地緣組織表面上雖反映了強烈的地域觀念，但無時不與同一地方的其他地緣、業緣組織接觸、發生關係，謀求共存共榮。幾百年中同一地區各種地緣、業緣組織經常接觸的結果，也未嘗不有助於窄狹畛域觀念的消融和大群意識的產生。因此，何炳棣寫《中國會館史論》的目的之一就是提出實際例證，以論證明、清兩代的會館制度，在中國社會逐漸「近代化」的過程中，實曾具有積極的推動作用。

由於此前的學者認為中國人強烈的地域觀念造成零散分割、狹窄的畛域觀念，使地緣組織封閉，阻礙中國走向近代。這促使何炳棣討論中國的地緣組織是否有積極作用，中國人的畛域觀念能否消融，小群意識能否轉化等問題。

在《中國會館史論》出版將近二十年的時候，羅威廉推出了《漢口：一個中國城市的商業和社會（1796-1889）》一書。

《漢口：一個中國城市的商業和社會（1796-1889）》的問題意識源於和韋伯等學者的對話。韋伯認為，歐洲社會已經成功地走過了行為與組織準則從「傳統」向「理性」過渡的道路，而中國卻不曾走過。他指出，中國城市在這方面失敗的主要原因是中國城市本身的自然性。在中國，從未形成真正的「城市」，因為形成「城市」必不可少的先決條件「城市共同體」從未存在過。韋伯從兩個方面分析了中國不能產生「城市共同體」的原因。一方面，行政管理功能在城市裡占據首要地位，使城市的政治自治未能得到發展。另一方面，強烈的同鄉觀念使旅居者對城市沒有認同，妨礙了城市階級的發展，排他性組織阻礙了城市共同體的產生。

羅威廉認為，出自韋伯筆下的中國城市並不是一種歷史事實，而更主要的是一種與他所認識的歐洲城市發展相對應的理想類型。正是由於認識到韋伯式思想存在著一些概念性問題，並隨著越來越多地發

现韦伯有关中国城市的细节假设存在着很多具体错误，一些历史学家与社会学家如斯波义信、施坚雅、伊懋可开始新的探索。他们强调：「后中世纪时期城市持续的历史发展，中国城市广阔的地理和人文背景，城市在中国社会中发挥的经济作用超过政治作用。」[1]

罗威廉沿着施坚雅等人开创的道路继续前进，他选择汉口为个案进行细致研究，试图证明在一个中华帝国晚期第一等级的城市里，存在着重要的社会力量，并力图尽可能全面展示这些力量与城市核心功能之间相互影响的面貌。他分析的这个「重要的社会力量」就是行会。罗威廉看到的会馆，是城市中的团体。由于对韦伯等人这些论断强烈不满意，《汉口：一个中国城市的商业和社会（1796-1889）》力图从会馆里发现理性城市社团的性质，也希望从会馆在城市的活动中看到「社区自治」。

《汉口：一个中国城市的商业和社会（1796-1889）》出版时，顾德曼开始了城市地缘网络的探索之旅。《家乡、城市与国家——上海的地缘网络与认同（1853-1937）》一书问世，距离《汉口：一个中国城市的商业和社会（1796-1889）》的出版差不多有十年。

顾德曼反思了前辈的研究路向，试图另起炉灶。《家乡、城市与国家——上海的地缘网络与认同（1853-1937）》关注的焦点是社会的而非经济的，由封建主义向资本主义的经济发展模式（韦伯的或其他人的）作者并不十分关心。[2]顾德曼的反思沿着两个方向前进。

一是，质疑现代性，质疑传统与现代截然两分，思考传统的延续。顾德曼在中文版自序中论及其学术兴趣点：「尽管我也认识到晚清

1　〔美〕罗威廉：《汉口：一个中国城市的商业和社会（1796-1889）》，江溶、鲁西奇译，北京：中国人民大学出版社，2005年，第11页。

2　〔美〕顾德曼：《家乡、城市与国家——上海的地缘网络与认同（1853-1937）》，上海：上海古籍出版社，2004年，第25页。

時期同鄉會的功能,但使我特別感興趣的是同鄉組織在二十世紀的持續和演變。對於這些所謂『傳統』組織的活動力及他們在現代社會轉化的理解,使我對歷史學家們關於『傳統』和『現代性』所經常做出的預設進行反思。」[1]顧德曼找到了一個傳統的同鄉組織來作為反思對象。採用現代化視角研究中國近代史,往往認為中國走向現代化的過程就意味著傳統觀念和活動的萎縮。如果說,「恰恰是在精確地使用、套用『傳統』和『近代性』概念的過程中,無論對傳統還是對現代的理解都失其本意了」[2],那麼,一個歷史悠久的同鄉網絡,面對洶湧而來的現代化浪潮,其命運如何,它會被淹沒還是持續發展?同鄉認同會被一個新的「近代」認同替代嗎?如果不是被替代,同鄉組織和同鄉觀念具體是如何延續的呢?這便成了《家鄉、城市與國家——上海的地緣網絡與認同(1853-1937)》細緻描繪的主題之一。

二是,質疑同鄉組織的城市認同,探討地緣網絡與民族主義形成的關係。同鄉組織與城市,同鄉組織與國家的關係,被竇季良等人所關注。羅威廉發揮了竇季良所提出的同鄉觀念向社區觀念轉化的看法,指出了旅居者的漢口認同。顧德曼對羅威廉的主張有所質疑,她認為在上海的同鄉組織那裡,城市認同可能不如國家民族認同那麼重要。她要探討的是,看似與民族主義矛盾的家鄉認同,它會妨礙民族主義的興起嗎?同鄉網絡在中國民族主義形成和發展過程中扮演了什麼樣的角色?

會館最根本的是其地域性,同時會館在學者們眼中又橫看成嶺側成峰。由地域性引申出來小群、畛域觀念、地域網絡、家鄉認同;地域性常常與社區、城市、國家、民族主義相對應。因此,通過會館觀

---

[1] 同上書,中文版自序。
[2] 同上書,第25頁。

察到的是地域中國，不同角度看到的是地域中國五彩斑斕的側面。學者們研究會館等同鄉群體時各懷目的，或直接為政治服務，或尋找中國發展的內在動力，或為了理解中國的傳統和中國近代民族主義的興起。如何把他們的這些大關懷與具體的會館等同鄉群體結合起來呢？他們從會館等同鄉群體的不同側面出發，抓住會館等同鄉群體那些與自己心中關懷的問題密切相關的特質，確立了論述的主題，如鄉土觀念與社區觀念、國家觀念；畛域觀念與大群意識；同鄉組織與城市自治；家鄉認同與民族主義等。這樣一來，宏觀問題有了具體個案的支撐，根基更為牢固；具體個案也與宏觀問題掛上了鉤，其普遍意義得以凸顯。

其次，基礎史料。實地調查資料是《同鄉組織之研究》所使用材料的特色之處。其主要文獻分為三個部分，一是實地訪問所得口述材料；二是有關參考文獻；三是回收問卷表格所得資料。其中兩個部分材料都與實地調查有關。戰時環境，一定程度上限制了到圖書館等機構廣泛收集資料，實地調查不失為收集會館等同鄉組織資料的好途徑。實地調查資料生動、原始，竇季良利用在重慶的機會對會館實地調查，並運用人類學、社會學的方法解讀這些材料，對同鄉組織在重慶這個社區的變遷歷程作了清晰描述，開啟了之後學者研究的新方向。實地調查資料也有侷限，且不說被訪問者個人的偏見影響材料的可靠性，它在時間上就會受到較多限制。一個人所能記憶的主要是他在會館經歷的事，而會館中同鄉流動性大，人員不時更換，被訪問者提供的記憶材料只能較好反映當下和此前一段時間的事，對較長時間的事就顯得力不從心。好在重慶的會館主要是移民會館，移民逐漸在地化了，不少材料即使口耳相傳，可靠性也會較高一些。

何炳棣對地方志進行過幾次梳理，形成了幾套資料，會館資料即為其中一個副產品。《中國會館史論》主體資料是地方志。何炳棣曾論

及收集這些資料之艱辛:「因為文獻資料極端零散,大多數方志皆忽略會館公所,這項近乎機械的工作,費力雖多,收效則甚為有限。因為文獻記載多闕,本書所能列舉大小各地的會館當然不會詳盡,與實際數目相差必遠。但這有限的收穫已經代表十餘年來作者為研究明清土地、作物、人口、移民而遍翻北美所藏中國地方志的附帶結果之一。」

何炳棣利用這些資料勾勒出了會館在全國的分佈情況,達到「詳列大小城市會館之名,以為今後中外學人更進一步較全面研究的參考」之目的。何炳棣的學術眼光極高,在他眼裡會館雖不是第一流的研究題目,但他研究會館絕不僅僅止步於為今後中外學人更進一步較全面研究做參考。《中國會館史論》的主題還在於討論地緣觀念的作用及其變化。此主題不是地方志中的材料所能充分支撐。所以何炳棣又使用了碑刻資料,以及前人所使用實地調查材料,包括竇季良和日本學者在重慶和歸綏等地調查資料。

顧德曼指出了《漢口:一個中國城市的商業和社會(1796-1889)》所用材料的侷限:「和杜黎、徐鼎新的觀點一樣,羅威廉關於漢口同鄉和行業團體的『非地方主義化』和本土的理性化進程,是建立在形式主義的團體類型基礎上的。這種對團體名稱和正式結構的注重,很可能背離事實。」顧德曼的批評可能針對羅威廉使用諸如《夏口縣志》、《漢口竹枝詞》等資料,好在《漢口:一個中國城市的商業和社會(1796-1889)》還用了其他文獻,最終能使一些分析深入下去。比如羅威廉參閱了漢陽縣八個家族和鄰縣五個家族的族譜研究武漢移民遷居方式。《漢口:一個中國城市的商業和社會(1796-1889)》多處利用會館志,如一八〇六年安徽會館所編《漢口紫陽書院志略》,一八九六年所編《漢口山陝會館志》等。另外還利用了《申報》、《總理衙門檔案》等資料。《漢口:一個中國城市的商業和社會(1796-1889)》在資料的種類上較之《同鄉組織之研究》和《中國會館史論》等更豐富多彩。

《家鄉、城市與國家——上海的地緣網絡與認同（1853-1937）》的資料既容易獲取，同時還有助於深入分析一些問題。上海市檔案館收藏有各省在上海會館的大量資料，如《廣肇公所議事簿》、《潮州會館議案備查》和《四明公所文稿底》等會館內部檔案，其內容豐富、有連續性，時間跨度長。這些都是令眾多研究者初見而狂喜不已的資料。《家鄉、城市與國家——上海的地緣網絡與認同（1853-1937）》要為所謂「傳統」思想和組織所擁有的活力及其現代轉化提供經驗性證明，為同鄉概念在現代民族主義形成中的作用提供證據。她寫這話時一定非常自信，因為她已經翻閱了上海市檔案館所藏會館檔案。比如她關心的傳統組織的延續問題，只要翻看一下這些資料，就可以知道，上海的同鄉情感和團體在民國時期依然十分重要而頑強。同時，現代化意味著同鄉觀念和會館活動萎縮的論調馬上破滅。

　　隨著時間的推移，獲取資料的機緣發生著變化，像竇季良那樣實地調查獲取豐富的會館訪談資料，今天已經不易得；何炳棣所利用的資料，戰時的竇季良未必能有此良機；何炳棣作為中國人只能在北美苦翻地方志；美國人顧德曼卻能在上海收集到大量中文檔案資料。不同的機緣，獲取的資料也不同，關鍵在於創造機緣，把握機緣，解讀資料。竇季良運用有限的調查資料對一個社區中同鄉組織的變遷做了精細分析。何炳棣利用大量的地方志勾勒出了全國的會館地理分佈圖景。顧德曼則得益於大量會館內部文獻，將同鄉觀念和社會組織對城市生活、社會秩序，對城市乃至國家認同的影響揭示得淋漓盡致。他們解讀文獻時把握了其特徵，把這些文獻擺放在一個合適的論題下，充分地發揮了其潛在的能量，解決了一些自己所關心的問題。

　　一個多世紀以來，會館等同鄉群體資料不斷被發掘出來。日本學者很早就開始調查中國的會館，並研究出了一些資料。

　　比較有分量的是東京大學東洋文化研究所陸續出版的《北京工商

ギルド資料集》。這套資料除了收集大量的碑刻資料，還包括編者的實地訪談以及與文獻資料相對照所做的考證與解釋，反映了他們對北京工商會館的總體認識，這套資料的編輯出版也深刻地影響其後日本的中國會館史研究，參加這個班子的和田清、加藤繁、根岸信、仁井田陞、今堀誠二等分別結合自己的專長展開了對中國會館史的研究。[1]

二十世紀五〇年代之後，大陸一些學者蒐集出版了一批經濟史方面的資料，李文治的《中國近代農業史資料》，彭澤益的《中國近代手工業史資料》等包括部分會館資料。[2]二十世紀五〇年代開始，大陸學者開始整理出版會館碑刻資料，如江蘇省博物館編的《江蘇省明清以來碑刻資料選集》[3]，李華的《明清以來北京工商會館碑刻選編》[4]，蘇州歷史博物館等合編的《明清蘇州工商業碑刻集》[5]，上海博物館編的《上海碑刻資料選集》[6]，廣東社科院歷史研究所中國古代史研究室等編纂的《明清佛山碑刻文獻經濟資料》[7]，彭澤益編的《清代工商行業碑文集萃》[8]，王國平編的《明清以來蘇州社會史碑刻集》等。[9]這些碑刻集對北京、江蘇、上海等地區會館的碑刻資料進行了彙編，是研究

---

1 〔日〕仁井田陞等：《北京工商ギルド資料集》第 1-6 輯，東京：東京大學東洋文化研究所，1975-1989 年。似已出第 7 輯，本人尚未見及。

2 李文治：《中國近代農業史資料》，北京：生活・讀書・新知三聯書店，1957 年。彭澤益：《中國近代手工業史資料》，北京：中華書局，1962 年。

3 江蘇省博物館編：《江蘇省明清以來碑刻資料選集》，北京：生活・讀書・新知三聯書店，1959 年。

4 李華：《明清以來北京工商會館碑刻選編》，北京：文物出版社，1980 年。

5 蘇州歷史博物館等合編：《明清蘇州工商業碑刻集》，南京：江蘇人民出版社，1981 年。

6 上海博物館編：《上海碑刻資料選集》，上海：上海人民出版社，1981 年。

7 廣東社科院歷史研究所中國古代史研究室等編纂：《明清佛山碑刻文獻經濟資料》，廣州：廣東人民出版社，1987 年。

8 彭澤益：《清代工商行業碑文集萃》，鄭州：中州古籍出版社，1997 年。

9 王國平：《明清以來蘇州社會史碑刻集》，蘇州：蘇州大學出版社，1998 年。

各地區會館的珍貴史料。

北京檔案館編的《北京會館檔案史料》一九九七年出版，輯錄了在北京地區建立的三百多個會館的情況，包括會館的興建、管理、財產等各個方面。[1]北京市對外文化交流協會，北京市宣武區地方志編纂委員會編的《北京湖廣會館志稿》[2]，李金龍、孫興亞主編的《北京會館資料集成》[3]，白繼增、白傑的《北京會館基礎信息研究》[4]，王燦熾纂、北京市宣武區檔案館編的《北京安徽會館志稿》[5]，袁德宣編纂的《湖南會館史料九種》[6]，周向華、張翔點校的《北平涇縣會館錄彙輯》[7]，寧波市政府文史委員會所編《〈申報〉寧波旅滬同鄉社團史料》[8]，李緘的《社會變遷、城鄉流動與組織轉型：寧波旅滬同鄉會會刊文論選》等整理、重刊了不少會館資料[9]。

二〇一三年，王日根、薛鵬志主編的《中國會館志資料集成》於廈門大學出版社出版，該書輯錄了大量散見於各地的碑刻資料、圖書館所存文獻、私人會館志等，系統展現了會館在不同時期的設立過程、興衰變化、運行機制、管理方案等。[10]

---

1 北京檔案館編：《北京會館檔案史料》，北京：北京出版社，1997年。
2 北京市對外文化交流協會、北京市宣武區地方志編纂委員會編：《北京湖廣會館志稿》，北京：北京燕山出版社，1994年。
3 李金龍、孫興亞主編：《北京會館資料集成》，北京：學苑出版社，2007年。
4 白繼增、白傑：《北京會館基礎信息研究》，北京：中國商業出版社，2014年。
5 王燦熾纂，北京市宣武區檔案館編：《北京安徽會館志稿》，北京：北京燕山出版社，2001年。
6 袁德宣編纂：《湖南會館史料九種》，長沙：岳麓書社，2012年。
7 周向華、張翔點校：《北平涇縣會館錄彙輯》，蕪湖：安徽師範大學出版社，2014年。
8 寧波市政府文史委員會編：《〈申報〉寧波旅滬同鄉社團史料》，寧波：寧波出版社，2009年。
9 李緘：《社會變遷、城鄉流動與組織轉型：寧波旅滬同鄉會會刊文論選》，上海：上海大學出版社，2016年。
10 王日根、薛鵬志：《中國會館志資料集成》，廈門：廈門大學出版社，2013年。

關於會館等同鄉群體的研究成果不少建立在會館碑刻、地方志、會館志等資料基礎之上，近代會館等同鄉群體的資料還大量存在於近代的期刊報紙、檔案之中，如果發掘報紙、檔案等資料，必將推動會館等同鄉群體研究的進一步展開。北京市檔案館所藏有關在京會館等同鄉群體的檔案史料數量較多，上海市檔案館也收藏有各省在滬會館等同鄉群體的大量檔案。北京市檔案館所藏部分會館、同鄉會檔案還可以通過網絡閱讀下載。當時報刊如上海的《申報》等所載有關會館等同鄉群體的史料也不少。值得注意的是，現在電子資源十分豐富，上海的《申報》已經能夠全文檢索，涉及會館和同鄉會的資料各有數萬條之多。明清的《會典》、《實錄》等資料已有電子版，從中也能檢索到有關會館等同鄉群體的資料上千條。

會館等同鄉群體檔案中的議案、議事錄與碑刻等資料相比有不同的意蘊和論證效果。碑刻等資料主要記載會館等同鄉群體沿革、會館大事；議案、議事錄等資料記錄的則為會館等同鄉群體日常事務，以此為基礎研究會館等同鄉群體史更能夠見其常態。碑刻等資料有寄託某種理想或者蘊含一定的「事後規範」的企圖，所記載的事並不一定是會館等同鄉群體所從事的「實務」[1]，重「虛」的一面；會館等同鄉群體議案、議事錄記錄的主要是一些具體事務，重「實」的一面，透過它們更能明了會館等同鄉群體的實際運作。碑刻等資料記載的是會館等同鄉群體已有結果的事功，檔案等資料則展示了各種成功或者未成功事務的過程與結果。碑刻等資料反映的是會館等同鄉群體本身的事務，從中可見會館等同鄉群體主動在做什麼，而少見人們主動藉助會館等同鄉群體為自己做了什麼；檔案等資料記載有會館等同鄉群

---

1 馮筱才：《中國大陸最近之會館史研究》，《中國近代史研究通訊》第30期，臺北：「中研院」近代史研究所，2006年，第107頁。

體與外部的往來信函電報，能展現同鄉網絡中各個主體如何參與鄉誼流動。本書的基本史料以北京和上海檔案館的會館等同鄉群體檔案為主，輔之以會館碑刻、地方志、會館志和報刊等資料。郭緒印及其弟子、顧德曼、唐仕春、王日根、劉正剛、唐力行等學者都曾利用會館等同鄉群體檔案進行研究。劉正剛對上海和北京的檔案都有所利用，但並沒有大規模利用。郭緒印和顧德曼關註上海。郭緒印對史料的發掘用功頗勤，其專著《老上海的同鄉團體》具有重要的史料價值。顧德曼的書也是建立在非常紮實的史料基礎上，為後來的研究者提供不少線索。本書結合北京、上海等地資料，不僅可以全面分析同鄉資源在網絡裡的流動情況，而且對北京和上海這兩個中心進行比較，有助於發現前人不曾注意的一些面向。

　　總之，會館等同鄉群體的研究不僅積累了一定的資料，而且研究面廣，已經達到相當的深度，對會館等同鄉群體本身的形成與分佈、性質和功能等有一定認識，以會館等同鄉群體為載體研究經濟、文化和社會的變遷也取得了一些成果。這為後來的研究奠定了一定的基礎並提供諸多啟發。當然，會館等同鄉群體研究仍有提升的空間，本書擬從以下幾個方面拓展對鄉誼流動與政治的探討。

　　首先，把研究視角從會館等同鄉群體轉向同鄉網絡。會館是同鄉網絡的基點，與會館相聯繫的有個人、團體與官府。溝通官府、個人、團體的過程中形成了以會館為基點的一個個同鄉網絡。視角從會館等同鄉群體轉向同鄉網絡導致考察對象的變化，不再僅僅分析某個同鄉群體內部的結構、功能與事功，與之相聯繫的個人、團體與官府都可以作為同鄉網絡的一個部分而予以探討。與就某個同鄉群體談同鄉群體不同的是，本書將特別關注會館等同鄉群體的社會文化網絡，包括會館等同鄉群體與所在地、會館等同鄉群體與家鄉、各地會館等同鄉群體之間、會館等同鄉群體與非同鄉之間建立的網絡。通過分析

會館等同鄉群體的社會文化網絡，進而探討鄉誼流動與政治的關係。觀察的焦點從某個同鄉群體內部轉移到外部，既探究同鄉網絡各個組成部分之間的雙邊關係，又將同鄉網絡作為一個整體予以分析，並在整體的同鄉網絡中反觀各個組成部分之間的關係以及一個個具體的同鄉群體。由此試圖提升觀察會館等同鄉群體的視域，展示其層次感和豐富度。

不少論著都是以旅居地作為論述的重點，其中《家鄉、城市與國家——上海的地緣網絡與認同（1853-1937）》對會館在家鄉和城際的活動也有一些分析，但不是該書的重點。本書當然會繼續注意會館等同鄉群體在旅居地的活動，但在地域範圍上有所擴展，涉及的地域還包括家鄉、城際和全國，而且專門分析了同鄉資源在家鄉、城際和全國性事件中的流動。由於近代的同鄉網絡中，北京和上海是兩個最主要樞紐。因此，本書主要圍繞北京、上海的鄉誼流動進行分析。

其次，以會館為基點的同鄉網絡可以靜態觀察，本書更願意關注「活」的同鄉網絡。有的同鄉網絡因為鄉誼流動才建立，沒有鄉誼流動就沒有同鄉網絡。有的同鄉網絡即便建立，如果同鄉網絡上沒有鄉誼流動，這樣的同鄉網絡雖然存在但已經了無生機。鄉誼流動使同鄉網絡「活」起來，同鄉網絡不再是想像的共同體。同鄉資源在以會館等為基點的網絡裡不停地流轉，它的一個重要指向是政治。通過鄉誼流動，會館等同鄉群體捲入到政治之中，政治也進入同鄉網絡。政治本身由各種活動組成，制度由一系列活動所創制，而創制出來的制度亦反作用於一系列活動從而產生效果。本書著眼於鄉誼流動與政治動態的一面，希冀通過雙方的活動讓塵封的歷史動起來。

討論鄉誼流動與政治的互動，勢必涉及會館等同鄉群體與政府的關係，這在《漢口：一個中國城市的商業和社會（1796-1889）》《家鄉、城市與國家——上海的地緣網絡與認同（1853-1937）》中也是討論的

重點，但不是全部。本書僅僅抽離出會館等同鄉群體與政府有關的那些活動進行分析，而不過多討論會館等同鄉群體所從事的許多其他活動，並且側重點發生變化，從鄉土觀念與國家意識、城市認同、民族認同的關係轉向討論鄉誼流動在不同網絡裡對制度的創制與運作、對政治活動發生的順應與抗爭，政治對鄉誼流動的包容與限制。

最後，本書討論的問題是中國社會生活方式與政治的關係。鄉誼流動是中國社會生活方式，它在中國政治生活中是個敏感的存在。治國過程對鄉誼流動既刻意防範，甚至貶抑，事實上又默許其或隱或現起作用。鄉誼流動在何種情況下，如何「名正言順」、「正大光明」地出現在政治中？進而中國社會生活方式和政治生活怎樣糾纏在一起？為此，本書通過眾多具體案例研究鄉誼流動在制度的形成與運作過程中、在治國的各種活動中如何起作用？這種互動、聯動在近代發生了什麼變化？這些變動緣何發生？這些轉變究竟反映何種歷史變遷？

第二節　基本概念

本書雖名為《近代中國的鄉誼與政治》，但仍有同鄉京官印結等部分內容前溯及明清。「鄉誼」與「政治」的含義均可延展，本書無力也並不準備全面研究鄉誼流動與政治，僅選取了其中一些專題予以討論，「留白」待以後有機會再作探討。

本書使用了「請託與受託」等概念，在此稍加說明。請託與受託

是中國社會常見的現象，很早以前人們就注意到了請託與受託。[1]近代，人們不僅有請託與受託行為，而且也常用到「請托」、「託人」、「托」等詞。[2]古人和近人眼裡的請託主要指請別人辦事，以私事相托，它常有拉關係、走後門的意味。學者黃光國等把「請託者」、「接受請託」和「拒絕請託」等作為術語運用於學術研究，通過分析請託者的行為和資源支配者在權衡得失後決定是否接受請託的心理歷程，他建

---

1 關於請託，《漢書·何武傳》中說：「欲除吏，先為科例以除請託。」《後漢書·明帝紀》詔：「今選舉不實，邪妄未去，權門請託，殘吏放法，百姓愁苦，情無告訴。」請託有「私相囑託」之意。參見《辭源》（合訂本），北京：商務印書館，1988年，1995年第6次印刷，第1577頁。受託指受人委託，接受託付。《漢書》（99上）之《王莽傳》道：「受孺子之托，任天下之寄。」〔唐〕柳宗元《柳先生集》（十）《唐故嶺南經略副使御史馬君墓誌》記載有：「（司徒佑）曰：『願以老母為累。』受託，奉視優崇，至忘其子之去。」參見《辭源》（合訂本），第245頁。雍正認為：「直隸去京城甚近，漢軍中親戚友朋，散處直隸州縣，且伊等莊田地土，亦多分隸其地，保無請託牽制，徇私報怨之弊乎？」（清世宗實錄（一）卷四二，第15頁。轉見魏秀梅：《清代之迴避制度》，臺北：「中研院」近代史研究所，1992年，第10頁）嘉道年間，梁玉紹說：「余屢次入都，皆寓京官宅內，親見諸公窘壯，領俸米時，百計請託，出房租日，多方貸質。」（梁玉紹：《兩般秋雨庵隨筆》，上海：上海古籍出版社，1982年，第60頁）

2 戊戌變法時期，戶部候補主事轟興圻稱：「樞府為天下根本，根本正則天下自無不正。向來京員祿入不足贍給身家，況在樞府之勤勞，苟不足給，無怪其有暗中收受。有收受即有請託，請託行，外之督撫，懷瞻徇之私，內之各部臣，即有難言之隱。以情面為人才，憑八行為進退。用舍不公，國事即因之而廢。」（《戊戌變法檔案史料》，第72-73頁，七月二十八日戶部代奏）這裡所稱「樞府」即是軍機處，「八行」是指推薦信，即「條子」。1914年3月26日《旅京粵同鄉痛論賭害之文電》稱：「今之藉口弛禁者曰：『公家可得年餉數百萬也。』不知年餉僅數百萬，而賄託之私禮若干，日支之陋規若干，綜其數，歲不下千餘萬！」這些旅京粵同鄉對社會的觀察不可謂不深，認為弛禁過程中肯定會有「賄託之私禮若干」。由此看來，在他們的眼中，「賄託」之事是普遍存在的。《申報》1914年3月26日《旅京粵同鄉痛論賭害之文電》，見劉志琴主編，羅檢秋著：《近代中國社會文化變遷錄》第3卷，杭州：浙江人民出版社，1998年，第158頁。近代人們眼裡的請託也有「私相囑託」之意。

立了人情與面子的理論模式。[1]黃光國等只是從資源利用的角度使用請託與受託，沒有賦予該詞以任何褒貶。

　　本書是從資源流動、資源利用的意義上使用請託與受託。請託指人們就某事請求託付於會館等同鄉群體，或者會館等同鄉群體就某事請求託付於其他團體、政府及其官員的行為，發出這一行為的主體被稱為請託者；受託指接受請求和託付的行為，做出這一行為的主體被稱為受託者。黃光國等認為，請託者與受託者的關係可以分成三類：情感性關係，工具性關係和混合性關係。[2]會館等同鄉群體為中心的請託與受託多為混合性關係，其中還有少量的工具性關係，前者是本書考察的重點。

　　把會館等同鄉群體納入請託與受託的框架進行考察，可以探討以會館等同鄉群體本身為視點難以注意到的一些內容。以會館等同鄉群體本身為視點我們觀察到的是：會館主動服務於同鄉，同鄉則被動地接受會館的幫助。研究者能夠注意到會館等同鄉群體的主動性及其請託者的被動性，而不能夠看到會館等同鄉群體被動的一面及其請託者主動的一面。研究者矚目於會館等同鄉群體，只看到會館等同鄉群體做了某事，而很少分析請託者、請託內容，對請託與受託的效果分析也不全面，比如那些沒有成功的請託通常不在探討的範圍之內。這無疑限制了研究的視角和範圍，容易片面地理解歷史。研究在具體社會

1　黃光國：《中國人的權力遊戲》，高雄：巨流圖書公司，1988年。
2　情感性關係指維繫雙方關係的主要是情感方面的因素，它通常存在於家庭、密友之間；工具性關係主要指雙方是一種物質利益關係，如店員與顧客，公共汽車司機與乘客，雙方都以和對方交往作為達到自身目標的手段；混合性關係介於情感性關係和工具性關係之間，維持雙方關係的既有情感因素，又有物質利益因素，既不是完全的情感因素，又不是完全的物質性因素，一般包括親戚、鄰居、師生、同學、同事、同鄉等關係。三種關係可以互相轉換和滲透，其間的差別主要在於不同關係中工具性成分和情感性成分所占的比例不同而已。

文化環境中人們如何請託於會館等同鄉群體，而會館等同鄉群體受託後又怎樣滿足人們的需要，可以對人們利用同鄉資源時的主動性有所瞭解：以往研究會館等同鄉群體為人們做了什麼，現在則要探討人們利用會館等同鄉群體滿足了哪些需要。把請託者、請託的內容，請託與受託的效果等納入分析的範圍之中，更清楚地看到圍繞會館等同鄉群體的請託與受託之動態過程，能夠進一步拓寬會館等同鄉群體史研究的視野，從而復現一幅完整的利用同鄉資源的歷史畫面。每次鄉誼流動牽動的是同鄉網絡的某些部分，而且同鄉網絡存在多結點、多主體，啟動鄉誼流動的主體在不斷變化。鄉誼流動有雙方互動，也有多方聯動。所以，本書也特別注意那些以會館等同鄉群體為請託者的請託與受託，以及政府對會館等同鄉群體的依賴和限制。

第一章
鄉誼流動的啟動

沒有桑梓之情，就沒有同鄉網絡，鄉誼流動亦不復存在。桑梓之情是鄉誼流動的前提，但鄉誼流動中不僅僅只有桑梓之情，其間時常摻雜了利益權衡。為了擺脫困境或者服務社會，請託者發起請託，從而啟動鄉誼流動。鄉誼流動深受時代變遷之限制，近代交通與通訊設施改善，輿論環境的新動向等因素都引起鄉誼流動的新變化。

第一節　桑梓與利益：鄉誼流動中的權衡

一　鄉誼流動中的「桑梓之情」

維繫鄉誼流動的一個最基本紐帶便是「桑梓之情」。桑梓之情根植於鄉土觀念（同鄉觀念）。[1]竇季良認為鄉土觀念是「支持同鄉組織的一種精神力量，它是孕育於自然環境，根源於鄉土社會關係，陶冶於鄉土文化，漸成於鄉土政治地域的歷史傳統，而被鄉土以外的事物所激盪成功的一種內在反應」[2]。何炳棣則從「有關儒家『孝』的禮俗和法律」，「有關官籍限制的行政法」，「科舉制度」三個方面論述了籍貫觀念的形成。[3]籍貫觀念是鄉土觀念的一個重要的方面，這三個因素

1　同鄉觀念與鄉土觀念主要內涵相同，本書求同存異，在不同的語境中使用這兩個詞而不作進一步區分。
2　竇季良：《同鄉組織之研究》，南京：正中書局，1943 年，第 1 頁。
3　何炳棣：《中國會館史論》，南京：中華書局，2017 年，第 1 頁。

也是促使中國形成濃厚鄉土觀念的重要原因。這兩種說法各有側重，前者說明了中國鄉土觀念的普遍存在，後者從中國的特殊歷史出發，說明了在中國籍貫觀念何以如此之濃，正是這些普遍的和特殊的因素促使鄉土觀念深深地紮根於中國人心中，桑梓之情格外濃烈。除此之外，明清京師使用同鄉京官印結、各地會館稟請與衙門給示，以及鄉誼流動與治國的各種互動活動都塑造了同鄉觀念，強化了「桑梓之情」（詳後）。

問題是，一九〇五年科舉制度已經廢除；民國建立後官員任免的籍貫限制基本放開，中央政府任命官員沒有了「本籍接壤迴避」之類的律令，河工、鹽務人員的籍貫限制，因血緣及特殊人事關係而牽連到籍貫限制的親族迴避、師生迴避、揀選人員迴避、迴避調補種種規定基本從制度上被廢除，許多地方官員開始由本地人擔任；民國以後，清朝及以前要求官員回籍奔喪，在籍守制二十七個月的法律也被廢除。有關儒家「孝」的禮俗和法律在民國時期，尤其從新文化運動開始，受到嚴重衝擊。形成濃厚籍貫觀念的特殊歷史條件似乎發生了變化，那麼，這種濃厚的籍貫觀念是否會隨之而淡化，乃至消失呢？

近代產生鄉土觀念的社會土壤依然存在，觀念意識的獨立性決定了鄉土觀念的發展趨向。首先，直到民國時期，中國社會基本上還是以傳統社會為主體，一個微小的城市社會和龐大的鄉土社會的組合。經濟結構、社會生活都具有很強的地域性，這種地域性是鄉土觀念存在的土壤。其次，一種觀念、一種社會意識和社會心理的形成需要長期的積累。同樣，它的消失也不會是一年、兩年、十年、二十年的事，雖然一些作為地籍觀念形成的重要條件不存在了，但是歷史的慣性使濃厚的鄉土觀念還會延續很長的一段時間。

隨著近代新型社團如職業團體和興趣團體的出現，桑梓之情是否會被職業和興趣等紐帶所取代呢？近代以來，就職業團體而言，既

存的公所、會館等舊式組織，是商會、同業公會等新式社團的歷史起點和基礎。不僅商會的一般會員和主要領導成員大都來自各個行幫，而且它開展各項活動，也必須獲得公所、會館各行幫人力及財力的支持，否則就會成為沒有根基的空中樓閣。既然新式社團與會館等組織的成員和領導有相當大的重合，那麼差不多是同樣的一群人所構成的所謂的新舊組織通常有許多相似之處。在舊有的組織裡，同鄉紐帶存在，在以興趣和職業等紐帶相標榜的社團裡，舊有的紐帶仍然存在。社會中雖然出現了新式社團，但人們身上舊有的因素還占據主導地位，舊有的桑梓之情在他們的心靈中占據的恐怕還不是一個次要的、無足輕重的位置。

不僅如此，這一時期社會變遷還產生了一些促使同鄉觀念加強的因素。晚清以來，隨著各省財政、軍事體系的形成，由君主集權和行省制度所構成的政治結構趨於鬆懈；隨著各省礦業和鐵路公司的興辦，各省經濟的獨立發展傾向增強；權利意識和地方自治思潮影響加強，人口的流動有了更多的自由，人們的視野進一步拓寬，以上因素促使形成一種立足於地域經濟文化認同和自身利益的新的同鄉意識。加之這一時期經濟、政治、社會的急遽變動，使遠在異地的同鄉們有了加強團結互助需要，團體觀念也得以發展，民國以來以省為中心的同鄉整合與內聚意識增強。[1]

會館等同鄉群體多因桑梓之情而建立，其運作的目的和宗旨最重要的一點便是聯鄉誼。近代以來，鄉誼流動背後仍有濃厚的桑梓之情在推動，很多情形下還明確提及桑梓之情。

桑梓之情在同鄉群體抉擇是否發起鄉誼流動中起重要的作用。一九一五年，袁世凱稱帝，護國戰爭爆發，龍濟光與張鳴歧等率師鎮壓

1　王續添：《民國時期的地方心理觀念論析》，《史學月刊》1999年第4期。

各地義軍。三月二十六日，上海廣肇公所董事溫欽甫等提議致電龍濟光勿釀兵端。此時陳炯明以討逆共和軍總司令名義發佈討袁檄文，廣東各地討袁軍紛紛起事。廣西陸榮廷宣佈獨立。龍濟光請援，袁世凱派駐上海的第十師盧永祥部南下援助。四月，上海潮州會館得知招商局同華局船裝貨赴廈門汕頭各處，並有裝兵之事。該會館「為保護貨件，維持桑梓起見」開會公決，擬請泉漳會館的代表與潮州會館會同前往該局「勸息弗裝」，以免危險。[1] 上海廣肇公所獲悉招商局將運北兵赴粵，立即開會磋商，認為必須制止北兵南下，除由旅滬粵籍招商局股東及公所分函招商局，請勿派船裝運北兵赴粵外，還公推唐紹儀、溫欽甫兩人為代表，「往招商局代達輿情，請即止運」。廣肇公所還認為北兵南下，是蔡乃煌所請派，「以粵人而禍粵，尤為忍心害理」，要求龍濟光殺蔡乃煌。[2] 廣肇公所的活動得到招商局的支持，答覆將拒運北兵赴粵。在各方力量的壓力下，龍濟光被迫發佈通電宣佈獨立，改稱都督。四月二十四日，龍濟光殺蔡乃煌。

　　一九一九年三月，廣東糧食救濟會請求同鄉列先生廣勸捐輸，慨助巨款時稱「素仰列先生關懷桑梓夙著，仁聲臨於舊鄉，向多義舉」[3]，如此類似的話語幾乎成了每一封請託會館等同鄉群體的信函電報的必備用語。它正反映一種潛意識，即在請託者的心底裡存在這種看法：桑梓之情的確能夠打動旅外同鄉。一九二〇年八月二十三日，上海潮州會館舉行大會討論了陳炯明的電報。陳炯明不僅用「不忍桑梓淪陷」來解釋自己的軍事行動動機，而且以「熱心桑梓」來打動同鄉捐款：「廣西遊勇盤踞我粵，久欲吞滅廣東，炯明不忍桑梓淪陷，蓄志救

1　《致泉漳會館函》，上海市檔案館藏，《潮州會館往來函件（1916-1921）》，Q118-9-4。
2　《廣東軍閥大事記》，《廣東文史資料》第43輯，第53頁。
3　北京市檔案館藏，《會館檔案》，J19-1-275。

粵⋯⋯特電請貴會館諸君熱心桑梓，解囊相助。」[1]廣東各界和平維持會以「諸鄉先生桑梓為懷，愛鄉愛國必有同情」來請託潮州會館諸鄉先生解決孫中山與陳炯明之爭。[2]

會館等同鄉群體常常因為事關桑梓而積極推動鄉誼流動。一九一二年，香港廣東同鄉致函上海廣肇公所稱，廣東省鄉市鎮盜賊極多，搶劫頻仍。廣肇公所同人「批閱之下，關心桑梓」，一月八日開會討論，公議，「發電致問陳都督」。[3]一九一二年五月五日，上海廣肇公所舉行會議，面對「旅蜀同鄉被難欲歸不得，再三乞援」，公議，「桑梓情關，原難漠視」，由同人捐一千元，先由溫欽甫電請成都「張都督確查粵人留寓願歸人數」[4]。一九一六年，廣東各界呼籲罷斥龍濟光。六月二十七日，上海廣肇公所致函上海潮州會館，請其共同電大總統黎元洪。廣肇公所邀請的理由是「貴會館諸公誼關桑梓」[5]。六月二十八日，上海潮州會館復廣肇公所函稱：「上黎大總統電稿一紙，當即分交同人閱視，僉以事關全粵大局安危所繫，無不贊同。承囑列名遵開於後。」[6]由於事關家鄉，上海潮州會館積極響應廣肇公所的邀請。一九一九年廣東電話電車事件中，在京的廣東會館同鄉認為「事關桑梓，禍福寧忍」[7]？於是紛紛為此出謀劃策。一九二一年八月十四日，上海

---

1 《1920年8月23日大會》，上海市檔案館藏，《潮州會館議案備查（1916年）》，Q118-9-6。
2 上海市檔案館藏，《潮州會館往來電報（1921年）》，Q118-9-7。
3 《元月初八日》，上海市檔案館藏，《廣肇公所議事部（1912年）》，Q118-12-109。
4 《5月5日第11期會議》，上海市檔案館藏，《廣肇公所議事部（1912年）》，Q118-12-109。
5 《補錄廣肇公所第一函》，上海市檔案館藏，《潮州會館往來函件（1916-1921年）》，Q118-9-4。
6 《復廣肇公所函》，上海市檔案館藏，《潮州會館往來函件（1916-1921年）》，Q118-9-4。
7 北京市檔案館藏，《會館檔案》，J19-1-276。

廣肇公所舉行會議就廣東盜匪猖獗進行討論，公議，「事關桑梓治安，應代電陳總司令兼省長迅飭營縣協力捕拿」[1]。一九二三年十月五日，上海潮州會館舉行會議。由於潮汕軍隊任意勒索，會館負責人提出議案稱：「事關桑梓安危，我旅滬同鄉應如何對付？」會議議決，「再電汕指揮部，請各軍長官約束軍隊，以維治安而肅軍紀」[2]。諸多的事件都顯示了一個因果邏輯，會館等同鄉群體考慮到事關桑梓而採取積極應對措施。

桑梓之情有時成為處理糾紛的原則。廣東人任桂林的女兒嫁蒙迪光，被婦姑凌辱斃命。經公堂判決飭令莫氏繳洋一百元交上海廣肇公所代雇僧道超度。任桂林認為，「死者名節被污，死由不白，照公堂判決，非所甘願。祈將公堂判繳之原洋一百元，如數退還，俾照法律上訴」。一九一四年八月十六日廣肇公所召開會議指出，「為息事寧人起見，兩造誼關桑梓，情屬葭莩，訟則終惱，總以和平了結為是」。經雙方各舉代表磋議，廣肇公所做出處理方案，由被告將公堂原判之一百元仍雇僧道超度外，另令莫氏繳洋五百元，充作粵東水災賑款，以為任女資冥福。原告任桂林也同意理處方案。[3]從該事件可以看到，廣肇公所調處糾紛的一個原則是誼關桑梓，不走訴訟途徑而和平了結。

更有甚者，有的鄉誼流動參與者認為，依「桑梓之情」為同鄉辦事是旅外同鄉的職責，並以此向會館等同鄉群體施加壓力。一九一四年七月，廣州灣全體華民寄函給北京廣東會館，就法國在灣內收人身

1　《8月14日第32期會議》，上海市檔案館藏，《廣肇公所議案部（1921年）》，Q118-12-103。

2　《1923年10月5日第6次》，上海市檔案館藏，《潮州會館議案備查（1922年-1923年）》，Q118-9-14。

3　《8月16日第29期會議》，上海市檔案館藏，《廣肇公所議事部（1914年）》，Q118-12-112。

稅並勒令華民領取來往護照，勒交照費等橫徵暴斂之事向會館求助，希望會館出面挽救危局，該函稱，「諸公愛國熱誠，以天下為己任，況廣州灣情關桑梓，斷無坐視而不救之理」[1]。言下之意，在外同鄉在道義上應該對桑梓負責，如果不願意為桑梓盡心盡力，於情於理都說不通。

鄉誼流動之後，各方意識到桑梓之情在其中的積極作用，稱頌不已。一九一八年，潮州發生大地震，在收到上海潮州會館捐助的五千元後，汕頭郭若雨致函潮州會館稱：「總以實心辦事，款不虛費，民受實惠為宗旨，並無負諸君樂善為懷，情關桑梓之美意。」[2]一九一八年，上海潮州會館抗議駐潮滇軍強向住戶索款。九月十日，潮州滇軍負責人方聲濤回函稱：「諸君子關懷桑梓，情溢言表。」[3]滇軍索餉一事暫停後，九月二十九日，上海廣肇公所致函潮州會館指出，「諸公桑梓關懷，當亦可舒廑念」[4]。

一九二一年日本小川丸運軍火事件中，既能觀察到同鄉因桑梓之情而促使鄉誼流動，又可見當事人感恩桑梓之情。一九二一年，孫中山當選為中華民國非常大總統。四月二十五日，桂系通電討孫。六月十三日，桂系三路侵粵，孫中山任陳炯明為援桂軍總司令。二十六日，廣東旅滬同鄉獲悉北京政府有現銀七十五萬、子彈一百二十萬發，由小川丸輪船開至吳淞，再向上海製造局取子彈一百萬發，運往廣東，助桂攻粵。當天，上海廣肇公所與粵僑商業聯合會召開聯席會議。主席湯節之報告稱，「此舉關係桑梓安危，應籌對付之法」。黃鴻

1　北京市檔案館館藏，《會館檔案》，J19-1-332。
2　《汕頭郭若雨先生來函》，上海市檔案館藏，《潮州會館文牘備考（1918-1919年）》，Q118-9-22。
3　《照錄方總指揮覆書》，上海市檔案館藏，《潮州會館文牘備考（1918-1919年）》，Q118-9-22。
4　《錄廣肇公所函》，上海市檔案館藏，《潮州會館文牘備考（1918-1919年）》，Q118-9-22。

鈞提議,「推舉代表往謁何護軍使,請將該軍火扣留,以免糜爛吾粵。並電責北廷,即飭該輪停止運桂」。與會同鄉全體贊成上述提議,決定推派陳炳謙、湯節之等為代表,聯合各社會團體,決不任其放行。[1]七月十三日,廣肇公所與粵僑商業聯合會邀集上海的十九個同鄉團體,再次會商扣留這些軍火。[2]會議決定面見淞滬護軍使,要求其將這批軍火留在滬上,不使運往他處。在旅滬同鄉的壓力下,淞滬護軍使何豐林未敢放行軍火。在給北京的覆電中稱,各團體堅持扣留,無法起運。[3]小川丸運軍火事件後,孫中山致函上海廣肇公所、潮州會館、粵僑商業聯合會指出:「此次北廷由小川丸運彈運銀接濟桂匪,以為屠戮粵人、用殊痛恨。諸君愛護桑梓竟能設法截留,護我是軍,克敵得助於諸君者實多。」[4]

　　鄉誼流動一方面本著「桑梓之情」積極應對各種問題,另一方面由於事關桑梓,很難置之不理或漠然視之,迫於壓力也不得不講「桑梓之情」。

　　值得注意的是,正是由於旅外同鄉頗有桑梓之情,即使人們沒有向會館等同鄉群體發出請託的信息,有時它也會主動關注桑梓之事。如廣東沙基慘案發生後,長沙廣東同鄉會通過閱讀報紙知道了這個消息,便立即行動,向北京的廣東會館等同鄉呼籲,請「各埠同鄉一致興起,竭力援助」[5]。許多事例都表明,一些旅外同鄉時刻關注著桑梓之事,會館等同鄉群體通過一些渠道知道同鄉需要幫助,有時同鄉本

---

1 《6月26日第25期會議》、《6月29日聯席會議》,上海市檔案館藏,《廣肇公所議案部(1921年)》,Q118-12-103。

2 《7月13日茶會》,上海市檔案館藏,《廣肇公所議案部(1921年)》,Q118-12-103。

3 《廣東軍閥大事記》,《廣東文史資料》第43輯,第151-152頁。

4 上海市檔案館藏,《潮州會館往來電報(1921年)》,Q118-9-7。

5 北京市檔案館藏,《會館檔案》,J19-1-282。

身尚沒有請託，已經在為之號呼奔波了。

與明清相比，近代社會畢竟出現了一些新的變化，同鄉觀念的內涵隨之發生了一定程度的變遷。

同鄉觀念的變化主要體現在同鄉的邊界發生了變化。同鄉觀念具有相對性，有所謂大同鄉和小同鄉的說法，同鄉的邊界根據不同的參照地域範圍而存在，它的界限有一定的收縮性。在縣裡，同一個村的人可以稱同鄉；在府裡，同縣的人可以叫同鄉；在省裡，同府的人則為同鄉；在省外，同省的人就是同鄉。近代以來，在國內，省際交往越來越多，省意識日益強烈，同鄉觀念與省意識有越來越高的重合度。另外，同鄉觀念中摻入了職業意識，興趣團體意識，使同鄉觀念有被分割的趨勢。當然，同鄉觀念摻入到職業意識、興趣意識中，同鄉觀念又有擴散的跡象（詳見第二章）。

另外，同鄉觀念夾雜了政治立場。一九二五年二月，陳炯明派代表到上海，「並帶無名公債票據，稱粵僑商會亦有派去，現以軍行在即，請眾承買以助軍需」，上海潮州會館三幫董事會主席黃少岩作為孫中山委任的駐滬籌餉局局長，對於陳的代表說：「以目下經商困苦，今既承囑只得據情轉達董事會，是否有濟，未敢預決。」[1]隨後致函陳炯明等，婉言謝絕了購公債之要求。[2]對潮州會館而言，孫中山與陳炯明都是同鄉，由於二人此時處於對立的政治立場，潮州會館的政治立場決定了支持哪方同鄉。其他如商團事件等，均可看到政治立場對同鄉觀念的滲透。

---

1 《上海潮州會館議案備考》（1925年），上海市檔案館藏，Q118-9-21。
2 《2月11日第1期集議》，上海市檔案館藏，《潮州會館議案備考（1925-1927年）》，Q118-9-21。

二　權衡同鄉資源

鄉誼流動中有不同的主體。鄉誼流動時，政府作為主體，它所面對的主要是會館等同鄉群體，它採取行動所常常要考量的是同鄉資源的分量。會館等同鄉群體作為主體，它所面對的不僅有自己的同鄉、其他組織和個人，還有各級政府，同鄉資源仍在其行動需要考量的範圍之列。無論鄉誼流動中的主體是政府還是會館等同鄉群體，他們在行動時都不得不考量同鄉資源的分量。

資源指對個人和社會系統來說，可供有效利用且稀有的物質、關係和文化等因素，具體包括財富、權力、聲望、信息等。會館等同鄉群體擁有的資源不僅包括一定數量的房屋、貨幣、田地等物質性資源，而且還有權力、聲望、信息、關係網等社會性資源。

（一）會館等同鄉群體的物質性資源

作為會館等同鄉群體的物質性資源，主要有作為主產和副產的館舍、義園以及數目不一的貨幣和股票等。就北京的會館等同鄉群體而言，據記載，光緒年間尚存在的會館有三百八十七個。[1]燕京大學學生張孝欣在一九三三年春的調查結果是，北京共有會館三百三十八處，總財產二五九六〇〇〇元。[2]燕京大學的另一個學生趙令瑜一九三七年通過調查認為，北平有會館三百六十一個。[3]根據一九四九年民政局的調查，北京存在三百九十一個會館，建於明代的三十三處，清代的三百四十一處，民國的十七處，最早的是南昌會館，建於明永樂時期，

1　呂作燮：《試論明清時期會館的性質和作用》，見南京大學編：《明清資本主義萌芽問題論文集》。
2　張孝欣：《北平會館調查》，燕京大學學士學位論文，1936年。
3　趙令瑜：《中國會館之社會學分析》，燕京大學學士學位論文，1937年。

最晚的是一九三六年建的大冶會館。會館的房屋七百一十六處，共二一七七五間，有義園九十八處，占地八百五十四畝。[1]

趙令瑜是在張孝欣調查的基礎上進行工作的，二人調查時間間隔短，而且這一時期首都南遷，日本侵略使北平局勢緊張，人們紛紛南下，北京會館之凋敝開始於此，新建會館數目不會很多，而且新建的也不是什麼大的會館，趙令瑜的統計多出來的二十三個會館可能是張孝欣遺漏的，而不是新建的。趙令瑜也是作為學生而進行的私人統計，限於人力物力以及個人的聲望，統計可能也有遺漏，與一九四九年民政局的統計還有三十個的差額，因為最晚建的會館是一九三六年建的大冶會館，那麼，這三十個可能是趙令瑜沒有統計進去的。據郭緒印的統計，上海有五十多所地緣性會館、公所，民國期間產生了一百一十九個同鄉會，其中五個成立於辛亥革命前。[2]清末民初，僅國內就有一千多個會館，海外還有幾百個中國人的會館。[3]

各個省的會館等同鄉群體財產狀況也有很大差別。在北京，廣東省和浙江省的會館擁有房屋間數和義園畝數較多。一九五三年，廣東省會館財產管理委員會調查統計的結果表明，在京有三十七個廣東會館，三處義園，房產分佈在七十二處，共有房屋三一七二間。[4]一九五

---

1 《北京市人民政府民政局會館調查工作報告》（1949年），北京市檔案館編：《北京會館檔案史料》，第1066-1069頁。
2 郭緒印：《老上海的同鄉團體》，上海：文匯出版社，2003年，第30頁。
3 何炳棣認為：「至1956年為止，據僑務委員會調查，海外三十國及殖民地單位之華僑，共建會館849所，內馬來亞251；新加坡74；印尼78；菲律賓70；泰國63；美國55。」（何炳棣：《中國會館史論》，北京：中華書局，2017年，第99頁）趙令瑜考察後指出：「考之典籍，則知會館不但存在於北平和上海，而中國內地17省，120多城市都有會館存在的，會館的數目約有1000多個，歷史也有四五百年之久。」（趙令瑜：《中國會館之社會學分析》）
4 《廣東省會館財產管理委員會不動產（房屋）統計表》（1953年），北京市檔案館編：《北京會館檔案史料》，第786-789頁。

一年，廣東省會館財產管理委員會籌備會的報告表明，廣東省會館在京的義地有一百五十餘畝。[1]一九四七年各省會館總登記表[2]顯示，廣東省會館基本建於民國以前。一九二八年，政府南遷之後，「北平市面頓呈冷落，會館也出現了人少房多的現象」[3]。淪陷時期會館房屋被大量出租，日本投降後國民黨統治時期，廣東會館變成了大雜院。一九五一年會館的報告中說，會館房屋都年久失修且又不斷地坍塌倒壞，番禺新館竟倒塌了十間房無力修建。順德南館曾被火燒燬房屋九間，也無力修補。[4]因此，一九五三年，廣東省會館財產管理委員會調查統計數據基本上可以用來說明近代以來廣東會館財產的狀況。近代以來廣東會館財產不太可能少於一九五三年的調查數據。一九五五年浙江會館移交財產有不動產一〇四處，計房三二〇一間，地四百四十七畝。[5]臺灣和新疆會館規模較小，其房產分別為二十三間和二十七間。[6]

至於各個具體會館，其財產也大不一樣。大的會館如安徽會館一八六八年初建時佔地九千多平方米，由左中右三路大套院和一處花園組成，各路套院又有五個四合院，共有房屋數百間。有的會館，特別是省館和跨省的會館，其集會之處規模相當大，能夠容納幾百人甚

1　《廣東省會館財產管理委員會籌備會組織情況報告》（1951年），北京市檔案館編：《北京會館檔案史料》，第1252頁。

2　《1947年各省會館總登記表》，北京市檔案館編：《北京會館檔案史料》，第990-1017頁。

3　李廷發：《北京的廣東會館》，中國人民政治協商會議北京市委員會文史資料研究委員會編：《文史資料選編》第25輯，北京：北京出版社，1985年，第258頁。

4　《廣東省會館財產管理委員會籌備會組織情況報告》（1951年），北京市檔案館編：《北京會館檔案史料》，第1252頁。

5　舊有、新收和添建共計3364.5間，開除項下徵用、徵購和拆除共計163.5間。《浙江省會館財產管理委員會經管各單位不動產四柱清冊》（1955年），北京市檔案館編：《北京會館檔案史料》，第750頁。

6　《北京市人民政府民政局會館調查工作報告》（1949年），北京市檔案館編：《北京會館檔案史料》，第1069頁。

至幾千人。如一九一二年八月二十五日，湖廣會館召開國民黨成立大會，到會五千餘人；[1]一九一二年八月二十八日的報紙報導，民權協進會在太原會館開全體大會，到會者約七百餘人；[2]小的會館僅有幾間房，如江西吉安惜字會館僅有九間房屋。

上海的會館以商人為主體，動員財富的能力相當驚人。孫中山在辛亥革命時期向上海的會館等同鄉群體借款四十二萬兩。[3]孫中山、陳炯明等個人或者團體，甚至地方政府多次通過會館等同鄉群體募集資金，用於軍事、救災、慈善等。

憑藉這些財產，會館等同鄉群體能夠為人們提供大量的住宿和活動空間，同時可以為一些事務提供資金。

（二）會館等同鄉群體的社會性資源

會館等同鄉群體的社會性資源與其在旅居地的成員及會館等同鄉群體的管理者密切相關。

明清時期，北京的大部分會館實行館長制（值年制），由本籍同鄉公推京官擔任館長，負責制訂章程並監督實施，召集會議以決定重大館務，對外代表會館等同鄉群體進行交涉。會館的館長雖說由會館成員公推，但是被公推之人須具備一定的資格，除了年高公正以外，或是於會館財產有相當的貢獻，或是在同鄉區域裡有代表某一個地方的資格，或在當時有顯赫的聲望和頭銜。清代旅京人士以官學商為主。學主要指應試舉人，他們僅僅在應試期間寄寓京師。四民社會裡，商

1　胡春煥、白鶴群：《北京的會館》，北京：中國經濟出版社，1994年，第162頁。
2　《群強報》，1912年8月28日。
3　該款政府多年未還，1915年仍在交涉還款。《致北京財政部稟稿》（1915年3月31日）、《致中國銀行函稿》（1915年4月30日），上海市檔案館藏，《潮州會館往來函件（1914-1923年）》，Q118-9-15。

為四民之末。學、商一般不太可能擔任會館的館長。多數館長都是由有一定官職身分的人擔任。一九〇六年，京師外城巡警總廳右廳調查了京師的二百五十四個會館，其管理人中僅四個商人，其餘管理人基本上都有官銜。廣東會館中，粵東館管理人戴鴻慈是法部正堂，香山縣館管理人何作猷為翰林院編修，廣州會館管理人任文燦是度支部主事。

　　近代以來政府對會館等同鄉群體管理加強，對會館等同鄉群體的管理者做出了明確的規定。京師警察廳一九一五年頒佈了《管理會館規則》，該規則的第二條規定，各會館應由旅京同鄉人員，就在京同鄉中「有正當職業，而鄉望素孚者」，公舉董事和副董事負責管理會館。[1]

　　會館等同鄉群體在公舉管理者時參考了京師警察廳的規則，如河南全省會館在一九一二年規定：「有左列各項資格者，得被舉為職員：一、旅京日久，名望卓著者。二、服務公署者。三、有正當職業繼續一年以上者。」[2]旅京同鄉中有正當職業的人不在少數，它只是一個最基本的條件，實際能夠被舉為董事的同鄉還有別的更高的要求。一九一五年，廣東嘉應會館董事副董事要由旅京同鄉中「年高德劭，曾歷仕途兼鄉望素孚者充之」[3]。他們所選之人，除了年高德劭外，還有兩個條件：「曾歷仕途」而又「鄉望素孚」。這裡明確指出董事副董事選自官員或者當過官的同鄉。一九二八年，江西高安會館要求政學商界的職員：「本館事務由高安旅平政、學兩界及商戶，選舉職員管理之。」[4]一九一六年，還有一些會館等同鄉群體只允許官學兩界同鄉擔任董事

1　《京師警察廳頒佈管理會館規則》，北京市檔案館編：《北京會館檔案史料》，第1頁。
2　《京師河南全省會館管理章程》（1912年），北京市檔案館編：《北京會館檔案史料》，第465頁。
3　《北京嘉應會館規約》（1915年），北京市檔案館編：《北京會館檔案史料》，第580頁。
4　《高安會館章程》（1928年），北京市檔案館編：《北京會館檔案史料》，第391頁。

一職,如福建仙溪會館只認可官學兩界為其管理者:「凡籍隸仙遊之旅京者(指官學兩界人),有公舉董事及被公舉為董事之權,但在校學生,只有公舉董事之權。」[1]福建龍岩會館只允許官員和學生當董事,「議本館應推舉京官或議員二位,為正副董事。如無京官議員,則以留學學生充任」[2]。一些會館等同鄉群體還設有名譽董事和稽查,這些職位主要由京官擔任,如浙閩會館規定:「兩省同鄉有現任司道廳長及首縣者,均作為本會館稽查。」[3]

作為政治中心的京師,在此的會館等同鄉群體以官員為其管理人是不足為奇的。民國時期,會館等同鄉群體生存的具體社會文化環境沒有根本性的改變,其管理人以旅京官員為主的格局得以延續。同時,民國時期比明清時期的京師社會文化環境又發生一些變化:一方面學生、政府職員增多;另一方面,士農工商的等級格局被打亂,商人的地位經過明清以來幾百年的提升,此時,已經擺脫了四民之末位置,成為社會中一種舉足輕重的力量。西方社會傳入的「平等」思想已提倡了幾十年,特別是民國建立,「平等」至少在表面上有了法律的依據,各種社會階層對權力的分享要求變得合理合法。因此,會館等同鄉群體對其管理人的規定有了新的變化,一是學生被擺在了重要的位置上,二是商人被納入候選管理人範圍。

一九四九年,北京市人民政府民政局會館調查反映的情況是,會館的主要負責人兩百六十九人,賦閒公教人員六十人,排在首位,商人四十八人,為其次。代理人一百二十九人中,商人四十七人。次要負責人六百六十九人,商人占兩百五十九人。總計一〇六七人,商人

---

[1] 《仙溪會館規約》(1916年),北京市檔案館編:《北京會館檔案史料》,第346頁。
[2] 《龍岩會館新約》(1916年),北京市檔案館編:《北京會館檔案史料》,第340頁。
[3] 《重訂浙閩會館章程》(1915年),北京市檔案館編:《北京會館檔案史料》,第212頁。

三百五十四人。[1]會館的主要負責人以賦閒公教人員、商人、公務員、退休官僚、教授、教職員和學生最多；代理人最多的是商人、公務員、賦閒公教人員、教職員；次要負責人情況與代理人的成分分佈基本相似。調查後得出結論：「民國以後廢除科舉，而會館房產即多為本地區同鄉居住，不納租金，但會館所有權多半為反動官僚或失意軍閥或偽政府高中級職員所掌握，以期借資號召聯合同鄉，維護其個人社會地位。」[2]反映出會館的實際領導階層是以同鄉官員為主兼及學界、商界的同鄉。

北京的會館等同鄉群體所收到的許多信件和電報上多寫有「同鄉京官收」之類的字樣；信的稱呼多寫有「同鄉京官鑑」；報紙上也有類似「同鄉京官鑑」的稱呼；會館等同鄉群體發出的信函落款常為「廣東京官同人」之類。[3]可見京官與會館關係之密切。各省還有許多著名京官與會館關係密切，如孫家鼐、沈家本、梁士詒等都直接參與會館的事務。因此在北京這個政治性很強的城市，無論是會館等同鄉群體所聯絡的同鄉，還是會館等同鄉群體的管理人，都以服務政府的居多。

梁士詒等上層京官對在京廣東會館等同鄉群體的重要事務有決定性影響。在鄉誼流動中不僅可以看到指名向梁士詒等同鄉京官求助的信函電報，梁士詒等同鄉京官也在鄉誼流動中的往來信函電報上署名或者批註自己的意見，可見梁士詒等對同鄉事務之關注。梁士詒一八九四年中進士，一九〇三年後為袁世凱所重用。先為天津北洋編書局總辦，後薦為清政府郵傳部。一九〇七年任京漢、滬寧等五鐵路提調

---

1 《北京市人民政府民政局會館調查工作報告》（1949年），北京市檔案館編：《北京會館檔案史料》，第1072頁。

2 《北京市人民政府民政局會館調查工作報告》（1949年），北京市檔案館編：《北京會館檔案史料》，第1066頁。

3 北京市檔案館藏，《會館檔案》，J19-1-259，第332頁。

和交通銀行幫理，後又改任全國鐵路總局局長。從這時開始，舊交通系逐漸產生和形成。到一九一一年，在清政府真正管理的六條鐵路路線中，五條受此系控制。一九一二至一九一五年，舊交通系勢力發展到頂峰。民國初年，財政總長、交通總長、內務總長等不斷為舊交通系所擔任。當時，梁士詒為總統府秘書長，被稱為「梁財神」，他擁有「綜握機要，左右袁氏，支配群僚」的政治力量。「凡入謁項城稟商事件者，輒曰：『問梁秘書去！』」[1]有梁士詒等同鄉京官為後盾，無疑會大大增加會館等同鄉群體的實力和面子，同時他們的意見也會在會館等同鄉群體中得到尊重。

省館是鄉誼流動的總樞紐。在北京廣東省的省館有粵東會館和粵東新館。粵東會館在打磨廠一七九號（舊），粵東新館沒有建成時其作用尚大，當粵東新館建成後，粵東會館就失去了其省館地位。粵東新館在南橫街中部，附近各省縣會館較多，便於聯繫、交際。加之這裡地處交通要道，因此廣東的要人多到粵東新館。粵東新館成為廣東鄉誼流動的樞紐。戊戌變法時「保國會」成立大會便在粵東新館召開，一九一二年孫中山曾到此出席粵省旅京人士歡迎會，「旋即同葉遐菴（恭綽），梁燕孫諸公往謁十三陵，未幾齣都」[2]。因此，粵東新館規模雖不如江蘇、江西、安徽等省的一些大會館，但他的名氣卻甚大。

上海會館等同鄉群體一個不同於北京會館等同鄉群體的地方是以工商界人士為主體。上海的各同鄉會雖然服務的範圍不限於商幫但大都以為同鄉商幫服務為主要活動。[3]近代的工商人士以資金影響政治幾乎成了潮流，不過，官員在會館等同鄉群體中仍占據舉足輕重的

---

1 鳳岡及門弟子編：《三水梁燕孫先生年譜》（上），北京：中華書局，第187頁。
2 葉恭綽：《北京嶺南文物志》，1954年，第41頁。
3 郭緒印：《老上海的同鄉團體》，上海：文匯出版社，2003年，第57頁。

地位。不僅清代上海的會館有官員參與修建、管理，即使到了民國時期，許多同鄉會盡可能多地推舉同鄉中在滬的政府官員擔任負責人，有的同鄉會甚至以並不在滬的政府高級官員作為名譽會長或名譽理事長。奉化旅滬同鄉會以蔣介石為名譽理事長；廣東旅滬同鄉會以孫科為名譽會長，以吳鐵城、馬超俊為負責人；安徽旅滬同鄉會以楊虎等為負責人；湖南同鄉會以方鼎英等為負責人；廣西旅滬同鄉會以黃紹竑等為負責人。上海的湖社（湖州旅滬同鄉會）的骨幹成員為張靜江、戴季陶、陳果夫、陳立夫等人，他們與國民黨中央關係密切。吳國楨任上海市市長，扶植湖北會館。[1] 從這個角度看，上海會館等同鄉群體的資源與北京會館等同鄉群體的資源有異曲同工之妙。上海在近代開埠以後，其地位日益重要，上海會館等同鄉群體的同鄉資源也隨之而變得豐厚。上海與北京的會館等同鄉群體常常相互呼應，其同鄉資源聯合而成為激盪整個中國的力量。

會館等同鄉群體充分利用了同鄉社會名流的名望，信函電報署以他們的名字，會館等同鄉群體要與外界交涉時也多由他們領銜。民國時期，在京廣東會館等同鄉群體遇有重大事情對外交涉時領銜的是梁士詒、梁啟超、梁敦彥、麥信堅等人，上海廣肇公所的領銜之人有唐紹儀、王寵惠等，上海潮州會館的領銜之人為溫欽甫等。這自然使會館等同鄉群體的身價倍增。

政界人士的權力、聲望、信息，學界人士的知識，商界人士的財富以及他們各自所擁有的關係網共同構成了會館等同鄉群體資源中最為重要的部分，這部分無形的資源成為人們競相利用的對象，也支撐著會館等同鄉群體就某些事務發揮作用。

鄉誼流動時，各級政府採取行動時常常會權衡同鄉資源的分量。

---

[1] 郭緒印：《老上海的同鄉團體》，上海：文匯出版社，2003年，第75頁。

會館等同鄉群體有時作為中央和地方政府的橋樑，地方和中央在某些方面要依賴於它，其地位和作用是不言而喻的，因此對會館等同鄉群體為中心的鄉誼流動，中央和地方政府通常不會置之不理。方兆鰲說自己在司福建省館事時，「維時國事草創，地方與中央多有聯繫，事未易決者，大之如外交財政及地方政治，小之如商賈行旅，凡吾鄉人有所願望，而必經中央准駁者，皆以余為樞轂，而地方當路，亦群就余」[1]。像方兆鰲這樣在中央和地方政府之間左右逢源是不少同鄉官員的寫照。京師會館等同鄉群體的權力、聲望、關係網絡等社會性資源往往尤其在京的有一定地位的成員聚合而成。會館諸人多服務於中央政府各部門，他們可以以中央政府為靠山、借中央政府的權力為己所用。實質上北京會館等同鄉群體的權威一個重要的來源即假借於中央政府。地方政府必須與中央政府打交道，在京的同鄉有在中央各部門服務的職員，地方政府所要辦的事情很有可能由他們經手，加之，有一些事僅僅靠家鄉政府與中央政府或者外地政府打交道，往往不是很容易成功，地方政府需要經由駐京的勢力如同鄉京官等通過非正式的渠道才能夠辦妥。會館等同鄉群體可以幫助地方政府協調解決一些難題，所以當旅會館等同鄉群體向地方政府協商時，地方政府通常不得不權衡利弊。如廣東地方政府採取行動時會慎重考慮廣東會館梁士詒等同鄉群體的意見。一九一九年，廣州市政公所修馬路拆及學宮事件中，地方政府對梁士詒為首的在京廣東會館列位鄉先生比較恭敬，稱呼梁士詒為燕老。具體的協商過程中，廣東地方政府官員如楊永泰、魏邦平兩廳長，省長督軍翟汪、莫榮新都寫信給旅京或旅滬的同鄉，詳細解釋了事情的經過，不厭其煩地解答同鄉們提出的各種疑問。護國戰爭後陸榮廷入主廣東，首將已禁之有獎義會招商承辦，各方群眾

---

[1] 李景銘：《閩中會館志》卷首《方兆鰲序》。王日根：《鄉土之鏈——明清會館與社會變遷》，天津：天津人民出版社，1996年，第60頁。

詰難，當時即由省庫提出二十萬，運動省議員通過照辦有獎義會，以抵禦各方。又擬謀設公民籌餉局，以開番攤。「伍秩庸、程玉堂、鄒海濱等設禁賭會於北京，堅持反對，陸（榮廷）有憚不敢行」[1]，「各方面再三電詰，尤以北京禁賭會為最力，一時不至實現」[2]。很明顯，梁士詒等同鄉的身分地位在鄉誼流動的過程中有舉足輕重的作用，影響了各地政府的抉擇。中央政府亦然，它對地方的控制力有限，而恰恰各省會館等同鄉群體與地方關係緊密，一些同鄉群體所聯絡的社會名流對地方的影響力較大，中央政府有依賴會館等同鄉群體之處。京官之間互為同僚，會館等同鄉群體為中心的鄉誼流動指向中央政府時，中央政府不得不考慮會館等同鄉群體所聯絡的同鄉們，尤其是同鄉中有重要影響力的人物之意見。會館等同鄉群體型成的輿論影響政府抉擇。近代以來，西方的民主、平等觀念逐漸傳入中國，尤其是民國建立，民主共和的觀念開始向社會的各個階層滲透，政府不管是否願意、是否出自真心，也常常要打著民主共和這面旗幟。於是，人們往往可以利用民主共和這面旗幟向政府施加輿論壓力。會館等同鄉群體作為社會公團，他們常自稱是公民的代表和代言人，有責任和義務反映民意與輿情。他們通過同鄉中的社會名流領銜增強其權威，抬高其身價，他們常常利用自己特殊的身分和地位通電全國，或者聯絡各地的同鄉一起通電，製造輿論壓力。面對會館等同鄉群體的輿論壓力，政府對其請求之事往往不得不受理，哪怕是應付和敷衍。（輿論作為鄉誼流動的重要武器，詳後）當然，由於種種原因，有的時候各級政府對鄉誼流動也置之不理。

---

1 李培生：《桂系據粵之由來及其經過》，北京：中華書局，2007年。章伯鋒、顧亞主編：《近代稗海》第9輯，成都：四川人民出版社，1988年，第191頁。
2 章伯鋒、顧亞主編：《近代稗海》第9輯，成都：四川人民出版社，1988年，第201頁。

政府行動時權衡利益的成分居多，會館等同鄉群體則要在桑梓之情與利益之間權衡。會館等同鄉群體接收到請託信息後，對於利用會館等同鄉群體本身擁有或者可以支配的資源就能夠直接解決的請託內容，比如一些慈善救濟、旅居、信息溝通等，一般處理相對容易。但那些會館等同鄉群體不能直接解決，還要找到有關的部門和個人，通過他們才能解決的事情，情況如何呢？

　　會館等同鄉群體決定啟動鄉誼流動後，通常需要進一步交涉的對象有各地的同鄉、家鄉政府、有關的外地政府和中央政府等。會館等同鄉群體通常要考慮各種利益關係、親疏程度而採取行動。會館等同鄉群體在利益方面會考慮以下兩個因素：自己付出的代價，同鄉網絡上的回報（包括其關係網內其他人的回應）。

　　會館等同鄉群體付出的代價與鄉誼流動涉及的內容密切相連。有時會館等同鄉群體啟動鄉誼流動後其利益不會有實質性損害，有時則可能使會館等同鄉群體的利益受到某種損害。會館等同鄉群體利益的實質性損失主要包括物質方面的損失和非物質方面的損失，後者表現為啟動鄉誼流動後，會館等同鄉群體在向一些部門、團體和個人交涉時會得罪他們或者欠下他們的人情等。

　　會館等同鄉群體付出的代價在一定的情況下，使來自同鄉網絡上的回報實際上成為一個砝碼。來自同鄉網絡上的回報與鄉誼流動參與者的地位、身分關係重大。[1]

1　黃光國的研究表明，請託者的預期回報主要與他們的身分關係重大，如果請託者的權力大、地位高、關係好，受託者不管是受託還是拒絕對方，他預期獲得回報的絕對值均可能大於他所付出的代價，他的合理行動是接受請託。同時，這種身分的請託者，往往是「結交盡權貴，往來無白丁」，在這個關係網內其他人對自己很有可能存在直接的影響，「不看僧面看佛面」，他做出接受請託的決定當不屬意外。反之亦然，一個無權無勢又無一定實力的關係網的請託者，受託者往往會拒絕其請託，令其感嘆「世態炎涼」、「人情薄如紙」。

上海廣肇公所等同鄉群體的意識裡，格外重視同鄉的身分、地位。一九一二年，伍廷芳（他曾是上海廣肇公所的董事）曾致函上海廣肇公所，提出：「以後各處函電請由公所出名，不必僅用鄙人名義，以免兩不接洽，反多阻礙。」公所公議認為：「此後公事仍須一體傳送，會銜與否，尤其審擇。」[1]公所後來的函電仍然爭取伍廷芳等人的署名，以增強函電的分量。而一九一七年，廣東公民陳寅詳等以廣東復開「番攤」事去電上海廣肇公所，廣肇公所在七月一日的會議上公議：「查來電列銜諸人皆未知名，且該電又由廈門發來，本公所未知詳情，未便冒昧干涉。」[2]這裡明顯地流露出消極的態度。廣肇公所發出的函電通常由同鄉中的社會名流如伍廷芳等人署名，對於陳寅詳等未知名的同鄉請託者，其態度有時則不太積極，甚至對於所託之事置之不理。可以說在當時的社會裡，鄉誼流動參與者的地位和身分實際嚴重影響會館等同鄉群體的態度。

　　鄉誼流動參與者多為當時社會的菁英。這些各式各樣的公團及其負責人不僅本身具有一定的勢力，而且他們通常還擁有比較強大的關係網。[3]旅外同鄉諸人和來自家鄉的鄉誼流動參與者之間還有可能發生種種交往。如旅京、旅滬同鄉中許多人的祖墳、家庭和親友還在家鄉，他們的一部分田產及其他產業仍在家鄉，來自家鄉的鄉誼流動參

1　《8月4日第23期會議》，上海市檔案館藏，《廣肇公所議事部（1912年）》，Q118-12-109。

2　《7月1日第23期會議》，上海市檔案館藏，《廣肇公所議事草冊（1917年）》，Q118-12-93。

3　如廣東地方自治研究社11名發起人：5人是舉人，2人是貢生，1人是生員，2人是在籍官吏。在首批161名社員中，90%的人有功名或者官職官銜，其中包括進士14人，舉人49人，貢生27人，生員7人，有官職銜者44人，其發起人、領導人和絕大部分成員，都是省會「明達士紳」。參見賀躍夫：《晚清廣州的社團及其近代變遷》，《近代史研究》1998年第2期。

與者可能對他們直接或者間接地施加影響。他們的預期回報，無論是正面的還是反面的，都相當大。日本小川丸裝運軍械之事中，上海廣肇公所、粵僑商業聯合會、潮州會館致電北京廣東會館，不僅指出了「事關桑梓安危，我粵人尤屬切膚之痛，萬不能因一二武人之爭，以糜爛我全粵」，而且強調「諸公田園廬墓所在」。[1]在這些同鄉的意識中，桑梓不僅是同鄉情感所繫，而且與同鄉們利益攸關，同鄉資源流動解決家鄉的困境似乎具有不可推卸的責任。

一些時候，鄉誼流動出現分歧，比如家鄉的社團與政府出現矛盾、家鄉不同政治勢力嚴重對立，「桑梓之情」與經濟利益、政治立場糾纏在一起，影響受託的因素就顯得更為多元，於是鄉誼流動中出現各種權衡、各種糾結。

鄉誼流動的啟動以及流向由利益得失和桑梓之情等決定，會館等同鄉群體常常因具體的場景、具體的事件、具體的請託者而決定自己是否受託，受託後是拖延、敷衍還是盡心盡力地予以處理。政府一方面根據自己的一套原則和制度行事，另一方面他們又受會館等同鄉群體的影響，並且根據不同的情況而選擇相應的態度和方式來應付會館等同鄉群體的求助。

第二節　滿足需要與服務社會：鄉誼流動的動機

桑梓之情使同鄉網絡得以組建，而鄉誼流動的啟動則常常源於擺脫困境、滿足需要。明清時期，人們常常為了利用會館滿足個人的各種需要而啟動鄉誼流動。進京應試人員需要解決住宿及打通考試關節等問題，有的同鄉希望通過會館排除獨在異鄉為異客的寂寞惆悵心情

---

[1] 上海市檔案館藏，《潮州會館往來電報（1921年）》，Q118-9-7。

和勢單力薄的無助景況，有的希望會館能夠為他們提供埋葬和祭祀等方面的幫助，有的希望會館團結同鄉商人以對抗土著和他籍商人以維護商業上的利益等。近代，鄉誼流動一方面仍然是為了滿足個人的需要，另一方面則越來越多為了服務社會。

首先，擺脫困境，滿足個人的生存發展需要仍然是鄉誼流動的主要動機。

清末以來中國社會發生巨大的變化，這是個大變革、大動盪、大分化、大轉折的時代，更是個新舊並存、矛盾兼與、剛毀剛成、方生方死的時代，如李大釗所說：「舉國的人都在矛盾現象中討生活。」[1]

就廣東省而言，一九二五年，廣東國民政府成立時向各地廣東同鄉諸先生發出的公開信中，列舉了廣東的社會景況：「自民國肇造十有四年，災患頻仍，變亂迭起。工商百藝日益凋敝，教育事業盡廢弛，交通梗塞，盜匪充斥。政象之紛擾愈烈，民生之憔悴日深。」[2]

一九二三年，旅京粵人在議論家鄉局勢時指出：「吾粵父老慘受戰禍久矣。遠者勿論且論近者。溯自民十二以還，東北兩江軍事迭起，轉餉運兵無時或息。苛捐紛乘，盜賊蜂起。殺越之事見於大邑通都，焚掠之慘遍於窮鄉僻壤。」[3]

一九二四年，廣東商團軍因政府扣押了商團購買的槍械而發表的《痛粵政府之慘毒警告各同胞書》中也談及廣東的社會狀況：「至於水陸之梗塞，盜賊之橫行，財產之脅奪，財米之騰貴，百物之加價。拉良人以助斗，對民船以行劫，指民業為官產，據商路為己有。紙幣不兌現，而強迫十足通行，債券無還期，而迭次勒借不已。招盜賊為司

1　李大釗：《新的！舊的！》，《新青年》第4卷第5號。
2　北京市檔案館藏，《會館檔案》，J19-1-327。
3　同上書，J19-1-280。

令，奪民居為軍營。官吏欺詐而貪橫，政令反覆而苛擾。凡此之類，擢髮難數。則自農工商學各界，以逮婦孺，齊感痛苦，無一免者。故街巷之談，婦孺之口，皆疾首痛心以道之。即政府中之有心人，亦太息搖首，或望望然去之。」[1]

廣東國民政府、旅京同鄉、廣東商團從不同的角度和立場都言及近代「政象之紛擾愈烈，民生之憔悴日深」的社會境況。

除了社會的、人為的原因外，自然災害也往往令人們的生存充滿危機。一九一九年中國紅十字會廣東分會的黎榮耀等給北京廣東會館的信中寫道：「天禍吾粵，潦水為災，各屬基圍衝決，淹沒人物田禾屋宇無算。哀鴻遍野，嗷嗷待救，慘不忍聞。」[2]像這類自然災害非個人的力量所能夠應付，當遭受自然災害時，迫使人們向外請託。

廣東的社會狀況，在中國其他省份或多或少都存在。這種動亂的社會狀況，使人們面臨更多的生存問題，因而產生求助的需要。

其次，服務社會是啟動鄉誼流動的又一個重要動機。十九世紀中後期開始，中國城市得以迅猛發展，近代工業、文化教育事業在城市興起，城鄉的巨大反差出現，市政管理體系逐步完備化，出現了大量的職位，城市產生了巨大的拉力，人口城市化成為當時社會的一個十分明顯的社會現象，這一過程中鄉村的菁英向城市的流動逐漸加劇。不僅已有的鄉村社會菁英到城市尋找發展的機會，而且社會菁英的後備力量——學堂學生也往城市集中。

隨著讀書人生存方式的改變，其立身觀念發生了改變，尤其是科舉制度廢除，鄉村的讀書人沒有了舉業的誘惑，許多讀書人進入新式學堂，而新式學堂主要集中在城市。集中於都市學堂的讀書人「在

1　北京市檔案館藏，《會館檔案》，J19-1-279。
2　同上書，J19-1-275。

長期的教育過程中必要受到都市習俗的熏染終至不能與農村的習俗諧調；畸形發展的近代都市及其物質設備又特別富於誘惑，比起農村中的簡陋單調自然使人留戀都市，而不肯回到農村」。[1]

新式學堂中所灌輸的大部分都是適應工業文明的觀念意識和技術，中國社會的實際情況還停留在農業生產的階段，這種教育所得除了能夠在都市中稍有所用外，在少數都市以外的地方是無法施展其本領的。這種情況隨受教育程度的不同而更加顯著，受教育程度越高的就越集中於大都市，而程度低的則分散於省城縣城和鎮集。讀書人畢業後多願意在城市尋找就業的機會，而城市也往往能夠為他們提供施展才能、實現自我價值的空間，所以從鄉村到城市讀書的年輕人和本身居住於城市的年輕學生大多在城市中尋找就業的機會。

農村的社會菁英流向城市，新式讀書人在城市的滯留，使城市菁英匯成一股較大的群體，甚至還按照志向興趣組建政黨、研究會等團體，按照職業結成商會、同業公會等各種團體，他們互相交流溝通，互通聲氣，在經濟、政治、市政管理和對外交涉等方面都提出自己的要求。

同時，西方的社會科學向中國輸入增多，一些西方的政治學說和觀念經過人們的提倡而得以傳播，城市菁英或多或少受到了這些新的學說和觀念的影響，視野有所開闊，政治參與的熱情在清末民初開始高漲。[2]戊戌時期，康有為提出「國民」一詞，始播國民意識的火種，從此漸次形成近代的國民思潮。[3]國民意識的思想核心又體現於參政意

1　吳晗、費孝通等：《皇權與紳權》，天津：天津人民出版社，1988年，第143頁。

2　梁景和：《清末國民意識與參政意識研究》（長沙：湖南教育出版社，1999年）等書中有較多關於參政意識的論述。本書中所涉及的一些同鄉資源流動也反映了人們參政意識的高漲。

3　同上書，自序，第1頁。

識，即藉助於政治手段與政治形式來參與國事，參與對國家命運和國人命運的主宰。清末，革命派和立憲派都積極主動地倡導國民意識，他們利用創辦報刊、組織社團、興辦教育、文藝宣傳等方式傳佈國民意識與參政意識，並以身示範，做出表率。[1]

城市人口的積聚以及人們觀念上的轉變，使得他們關注更為廣泛的社會性事務，提出更為多樣的要求。這些需要在一定程度上已經超越了低層次的個人生理需要、安全需要，它有了更多的社交需要、心理需要、自我實現的需要等方面的內容。同時，這些需要並不僅僅是為了個人，而是在一定程度上超越了個人的需要，有相當多的還有為社會、為國家、為公的一面。

另外，北京、上海的會館等同鄉群體並非一鄉一地的人們在北京設立的衙門，它不可能事無鉅細，什麼事都管。相反，除了少數旅京、旅滬同鄉專職負責會館的事務外，他們中的大多數都有自己的職業，都在為自己的事業而奔忙。就一些個人的私事向某個同鄉請託是沒有什麼問題的，通常能引起眾多旅京、旅滬同鄉興趣的是那些涉及公共利益的社會性事務。因此，考慮到會館等同鄉群體受託的可能性，外地的人們就會選擇社會性事務向北京、上海的會館等同鄉群體請託，即使是個人性事務，請託者也願意把它與社會性事務聯繫在一起，甚至把它描繪成社會性事務。

新的未立，舊的未死，中國傳統在延續，在變異；西方的沖擊既有示範、刺激、移植西方文明成果的一面，又有侵略、破壞、阻礙中國社會的一面，新舊矛盾與中西矛盾地交織在一起。人們時時經受著各種力量的輪番衝擊，常常面臨各種困難。他們自己把握自己命運的時刻不是太多，於是只好求諸於外：向他們所屬社會群體，相關個

---

[1] 同上書，自序，第2頁。

人和團體尋求幫助。請託意願在近代社會得以加強，它促進了鄉誼流動。同時，如此活躍的鄉誼流動又進一步提高和推動了人們參與社會事務的程度。

縱觀以北京、上海的會館等同鄉群體為中心的鄉誼流動，有些純粹屬於個人事務，如向會館等同鄉群體借館舍以住宿，或者請求會館等同鄉群體給予個人在經濟等方面的資助等。但近代以來圍繞北京、上海的會館等同鄉群體為中心的鄉誼流動已經在不同程度上擺脫了個人性，而具有了社會性。除了那些利用會館的館舍進行政治性集會，或者從事社會活動的鄉誼流動外，大量的有關教育、政治、社會、經濟等方面的鄉誼流動關係到整個社會，或者一定社會群體的利益，因此具有社會性。

近代以來，不僅許多旅京、旅滬的同鄉與會館之間發生鄉誼流動，而且家鄉的人們、旅居其他地方的同鄉、一些非同鄉都捲入北京、上海的會館等同鄉群體為中心的鄉誼流動。眾多的個人和團體加入到鄉誼流動的行列，這本身就是人們參與社會事務的一個重要標誌。鄉誼流動參與者一個重要的特徵是以團體的名義介入鄉誼流動，他們最起碼是為了一個團體的利益，當然為了地方事務和國家民族的事務也不在少數。即使那些以個人名義向北京、上海的會館等同鄉群體發起鄉誼流動，他們通常為有一定社會影響的人，在一定程度上代表了他們所在的地方和所在群體的利益，從而使這種鄉誼流動具有社會性。

鄉誼流動推動了個人及團體參與社會事務。近代以來，圍繞會館等同鄉群體的鄉誼流動大體包含以下情況，一是北京、上海的會館等同鄉群體單方面直接主動地發起鄉誼流動；二是會館與另外一方共同啟動鄉誼流動，就所請託之事進行協商解決。如一九一五年廣東發生水災，廣東疏河籌辦處請旅京同鄉派人回省主持，旅京同鄉召開大會

一致贊成,並請派曾任海軍總長的譚學衡為督辦等。這是請託與受託雙方共同辦理請託者的請託之事;三是多方啟動鄉誼流動。這類鄉誼流動在近代以來十分普遍,如一九一九年廣州以電話局等抵押向日商貸款事件發生後,北京的廣東會館收到請託,即召開大會,決定向各地同鄉發出通電,請一致反對等。會館等同鄉群體單方面啟動鄉誼流動,涉及的對象不一定多,但其他情形下,當一些共同關心的事件發生後,同鄉之間互相呼應,就使得眾多的個人和團體捲入鄉誼流動中去,成為社會性事件。當然,北京、上海等地同鄉群體往往是眾望所歸,各地同鄉多向他們發出鄉誼流動的信號,請「聯電」、「聯請」贊成或者反對一些事情。因此,旅京、旅滬同鄉參與的社會性事務較多。

鄉誼流動推動個人和團體通過集會和信函電報往來等交往方式不斷地參與社會事務,使人們積累了經驗,培養了參與社會事務的能力,提高了自己的素質。

第一,提高了對社會狀況的認識水平。與北京會館等同鄉群體的交往中,一些模糊的信息得以澄清,瞭解到各地較為準確的情況,一些事件的真相也被揭示出來。如廣東商團槍械被扣事件、廣東沙基慘案等,其真相有一部分便在鄉誼流動的過程中被人們所認識。

第二,人們的視野進一步拓展。一九一四年廣州灣華民代表王子德等請廣東會館及其廣東京官「將法人所設人稅護照等苛例據情聯請外交部早日解決」,他們「深恐延宕日久,致法人玩視,益節節進行。灣內人民將無聊生之所,兼恐各國野心互相傚尤。民國前途殆不堪問。其魚肉廣州灣者,固德等無窮之禍,其影響各租界者,更中國之無窮之禍」。[1] 王子德等關注的不僅是灣內人民的生計問題,而且擔心各國互相傚尤,影響民國前途;他們不僅注意到帶給自己的無窮之

---

[1] 北京市檔案館藏,《會館檔案》,J19-1-257。

禍，而且認為「其影響各租界者，更中國之無窮之禍」。它反映了人們關注的對象不再僅僅侷限於一個狹隘的範圍，而是出現一種世界視野，人們把一個地方的事情納入全國，乃至全世界的格局中予以思考。

第三，有利於新的價值觀念形成。鄉誼流動的過程中，通常包含著是與非、善與惡、美與醜、進步與落後等價值的爭論與衝突。通過爭論與衝突，新的價值得以形成。維護學宮與市政建設的矛盾、尊孔教育與民主教育觀念的衝突等，其中就有關於新舊和中西的爭論與衝突。在鄉誼流動的過程中，個人、團體和政府，各抒己見，通過論爭大家都加深了對新與舊、中與西的理解，從而為形成新的價值觀念打下基礎。

第四，有利於提高公民及公團意識。從會館等同鄉群體接收到的請託看，請託者在很大程度上已經不是把會館等同鄉群體當成一個慈善組織看待，很多時候不是希望直接從它那裡獲得某些資助，而是把它作為一個有影響力的社會團體，期盼通過它對一些部門和團體施加一定的影響，促使這些部門和團體做出有利於請託者的決定，採取有利於請託者的措施。鄉誼流動的過程中，旅京、旅滬的會館等同鄉群體的主要功能便逐漸由關注個人事務向關注社會性事務轉變。

通過鄉誼流動，人們參與了社會事務，在這個過程中，個人及團體逐漸塑造自己新的社會角色——既享有權利又履行義務，既享有自由又擔負責任的公民或者公團。不僅會館等同鄉群體認同於公團，而且請託者也常常以公民或者公團的名義向會館等同鄉群體請託，顯示出人們的一種自覺的公民及公團意識。事實上，人們在不斷參與社會事務，這種行為本身就反映出一種近代新國民新團體的形象。它標誌著近代的國民意識、公民意識和公團意識在中國社會中的產生與發展，這無疑為鄉誼流動的啟動增添了新動力。

第三節　交通與通訊：鄉誼流動的物質條件

鄉誼流動網絡的暢通與否主要在於各種信息是否順利迅捷地傳遞。旅居地的同鄉資源流動較為方便，異地同鄉資源流動則有空間距離的限制。同鄉資源在旅居地流動，交通、通訊設施的作用還不太明顯，但是，如果同鄉資源在異地流動，交通、通訊設施的作用就被凸顯出來了。

遠距離鄉誼流動不能不考慮時間的因素。鄉誼流動中的人們早已認識到時間因素的重要性。明清時期使用同鄉京官印結的原因之一就是旅京人士不及回籍取相關證明文件，而以同鄉京官印結予以擔保。一九一四年，王子德等請北京的廣東會館阻止法國人在廣州灣加徵苛捐雜稅時便提出，「深恐延宕日久，致法人玩視，益節節進行」，「現在事機迫切，稍縱即逝。務懇迅賜挽救，以保國權而除民禍」。[1]的確，很多時候「事機迫切，稍縱即逝」，如果沒有迅捷的通訊和交通工具，一些鄉誼流動將會失去意義。

中國幅員遼闊，許多鄉誼流動參與者距離比較遠。如「嶺南去京師七千餘里。士之試京兆及與計偕者，齎糧就道，猶歷舟車跋涉之勞，幾三閱月乃至，則為馬瘏僕痛，征塵未拂，又皇皇然惟舍館是圖」[2]。嶺南距離京師有七千餘里，這是用里程表示的空間，它「只能確定一個地方在地理上的地點，但用時間和運費計算出來的時空，卻能將地理的地點擺佈成人事的位置」。[3]「幾三閱月乃至」則反映了「人事的位置」。

1　北京市檔案館藏，《會館檔案》，J19-1-257。
2　《新會邑館記》（1853年），北京市檔案館編：《北京會館檔案史料》，第1381頁。
3　楊慶堃：《中國近代空間距離之縮短》，《嶺南學報》第10卷第1期，第152頁。

清代官吏從北京出發各地赴任時，清政府加以一定的「憑限」，這些「憑限」標準可以反映出清代舊式交通時速的概略。一九〇七年從北京到各省旅途憑限日期顯示，時間最長的是到新疆迪化州，限期一百四十天，到廣東也需要一百天左右。到廣州的限期是九十天，到韶州是八十天，到雷州是一〇五天，到潮州是一百一十天。[1]如果由廣東到北京的廣東會館一次單程就需要花去近一百天，一個來回便要超過半年。

十九世紀後期，中國開始出現鐵路。一八七六年，英美等國商人在上海修建了一條十幾公里的吳淞鐵路。在沿路人民反對下，清政府准予其經營一年後備價收回、拆毀。為了方便開平煤礦的煤炭外運，一八八一年建成唐山到胥各莊鐵路。數年後該鐵路延展到天津。一八九五年後十餘年中國出現鐵路建設高潮。各主要鐵路幹線如京漢、關內外、京浦、滬寧、京張、汴洛、道清、中東、膠濟、滇越、粵漢鐵路的部分區段相繼完工。晚清共修築了約九千公里的鐵路。北洋時期，日本在東北地區修建了一系列的鐵路，如四洮、鄭洮、天圖、洮昂、吉敦等線。奉系軍閥也修建了一些鐵路，如大通、沈海、呼海等線。其他地區修建的大半是延續前一時期的未完工程，如粵漢路；汴洛路改名為隴海路從開封和洛陽分別向東、西延展；京張路展築到歸綏（今內蒙古呼和浩特），改名京綏。新設的線路有雲南的個碧石鐵路（個舊、碧色寨、石屏）等。一九二七年至一九四九年中國修建的鐵路為六千多公里。日本從一九三一年起在東北、華北等地修築了大量鐵路。

輪船、火車等交通工具出現之前，不管是車、船還是馬騾驢牛，日常交通速度大概每天行走一百至兩百里。火車輪船出現後速度大為提高，而且可以長時間不間斷行駛，故每天能行駛的距離增加，同樣

---

1 同上書。

空間距離花費的時間縮短。一八九七年，北京至天津的鐵路車程約四至五個小時，乘坐火車從上海至南京半天時間即可達到。[1]晚清，輪船招商局等推出了「快輪」業務，二十世紀二〇年代招商局快輪往來於上海至天津、廣州和煙臺等城市。二十世紀三〇年代，長江輪船自上海到武漢的普遍航程是九十至九十六小時，一些快輪將航程縮短為四十小時左右。[2]隨著近代交通設施的建立和改善，快捷的鐵路、輪船縮短了時間距離。使用鐵路、輪船等交通工具，中國東部多數地方數天即可達到。

在中國古代，官方設有驛站，負責傳遞官方的文書信函。民間通信則有私人自行開辦的信局承攬。開口通商後，隨著商民通信的大量增加，近代郵政業呼之欲出。一八七八年三月，中國在北京、天津、煙臺、牛莊和上海五處海關，仿歐洲辦法，設立華洋書信館，糾集股份，試辦郵政。直到一八九〇年，中國海關郵政才在各通商口岸普遍設立郵政機構。一八九九年，北京海關郵政局正式改稱北京郵政總局，下設四個分局。宣統年間，北京設郵政總局一處，下設十七個信筒，郵政支局共計十九處。[3]

在開辦郵政事業的同時，中國的電報業也開始創設。十九世紀六〇年代後期，清政府被迫允許外國人在中國海域敷設海底電報線，但規定線端不准上岸。一八七七年，北洋大臣李鴻章在天津試設由天津機器局到北洋大臣衙署的電報線。一八八〇年，在天津設立電報總局，創辦天津電報學堂。津滬電報線於一八八一年竣工通報。從此，

---

[1] 南京大學中國近現代史研究課程組：《火車對近代中國陸行速度的提升及影響散論》，《宜賓學院學報》2016年第1期。
[2] 李玉：《從速度的角度觀察近代中國——以輪船火車為例》，《暨南學報（哲學社會科學版）》2017年第11期。
[3] 丁進軍：《宣統年間北京郵政概略》，《北京檔案史料》1991年第1期。

中國有了自己的民用電報事業,津滬的官紳商人可以利用電報傳遞商情信息,這標誌著中國近代電報通信時代的到來。一八八九年,中國電報線「已東至東三省,南至山東、河南、江蘇、浙、閩、兩廣;緣江而上,至皖、鄂,入川、黔,以達雲南之極邊,東與桂邊相接;腹地旁推交通,幾於無省不有;即隔海之臺灣,屬國之朝鮮,亦皆遍設」[1]。一八九〇年,陝甘電報線又架設成功,兩端達嘉峪關。這時的電報線可謂已經四通八達了。中國報紙上出現電訊,是從十九世紀七〇年代開始的,當時以上海為中心,有兩條和國外聯繫的有線電報線路。一條由上海經廈門、香港至歐洲。一條由上海經長崎至北太平洋各地。一八八二年十月,上海的《申報》用電報傳送順天府鄉試的榜文,次日即見報,引起轟動。[2]從十九世紀九〇年代中期興起第一次辦報高潮後,報紙上的專電日多,近代以來,各個報紙上的來電更有鋪天蓋地之勢。電報一般只需一日即可送達,保證了消息的迅速傳遞。

　　總的來看,十九世紀後期到二十世紀初,輪船、鐵路等交通設施建設,郵政事業尚處於起步階段,使用電報也是比較昂貴、奢侈的事情。民國時期,輪船、鐵路、郵政、電報、電話等領域有了進一步的發展,這些設施越來越多地進入社會生活各個領域。為了建立起高效的通訊通道,一些同鄉網絡加強了各個網絡節點的互動。如歙縣旅滬同鄉會與家鄉之間的互動,促進了鄉誼的流動。

　　抗戰勝利後,上海同鄉群體重建伊始便急切地要與歙縣縣政府及各機關團體建立聯繫,重新啟動與歙縣之間的互動。抗戰勝利後,歙縣旅滬同鄉會於一九四六年七月七日召開會員大會選舉理監事,十一

1　《洋務運動》叢刊(六),第418頁。參見劉志琴主編,李長莉著:《近代中國社會文化變遷錄》第1卷,杭州:浙江人民出版社,1998年,第632頁。

2　方漢奇主編:《新聞事業簡史》,北京:中國人民大學出版社,1995年,第60頁。

日召開理監事會選舉常務理監事及理事長十五日即致函歙縣縣政府、歙縣地方法院、歙縣地方法院檢查處、歙縣縣農會、安徽高等法院第二分院、歙縣縣黨部、安徽高等法院第二分院檢查處、歙縣參議會、歙縣商會、歙縣總工會、歙縣律師會、歙縣警察局、歙縣救濟會、歙縣中醫公會，通報相關情況。[1]一九四七年九月二十六日，歙縣旅滬同鄉會理事長方煒平等致電新任歙縣縣長楊步梁，在祝賀的同時，提出了革新縣政的要求：「遙聞先生出長吾縣，旅外同鄉咸表欣慶，對於今後縣政之革新，剷除社會上的貪污土劣，消滅縣治上之民蠹官僚，興辦教育，轉移風氣，解除民患，以達到建設新歙縣之目的，均賦以絕大之期望。且延日匪氛其隱蔽散漫四鄉山區地節，時出騷擾，民不安枕，其患更為可慮，務希鈞座一秉軍人風度，嚴厲部署，限期肅清，以清鄉閭，而安民心。」[2]

徽州本土也極其重視與上海同鄉會之間的聯絡。歙縣參議會在議決有關縣政時，發出歙縣參議會公函，事先徵詢同鄉會的意見。

歙縣旅滬同鄉會理事長方念諧收到徵求當前縣政意見的公函，被告知一九四八年十二月二十五日參議會將召開會議，議決縣警保隊、各區鄉鎮自衛組織應如何整訓補充，縣財政應如何整理等問題。[3]一九四八年，歙縣參議會給歙縣旅滬同鄉會來電，控告歙縣前縣長楊步梁借剿匪名義赴鄉騷擾，搜擄民物、強拉壯丁、殘殺良民等罪行，要求

1　《致歙縣縣政府及各機關團體》（1946年），上海市檔案館藏，《歙縣旅滬同鄉會檔案》，Q117-27-1。

2　《歙縣旅滬同鄉會和有關單位關於組織成立官員上任等問題的賀電函》（1947年），上海市檔案館藏，《歙縣旅滬同鄉會檔案》，Q117-27-5。

3　《歙縣參議會關於徵求縣政意見和街口築壩發電問題的函代電和歙縣旅滬同鄉會關於縣政座談會的新聞稿》（1948年），上海市檔案館藏，《歙縣旅滬同鄉會檔案》，Q117-27-12。

同鄉會一致主張，向各級政府發出呼籲，以查明嚴懲。[1]

近代交通通訊設施的改進在鄉誼流動中發揮了越來越大的作用。除了有時鄉誼流動參與者直接利用快捷的交通工具到會館等同鄉群體面陳一切外，通常遠方的信息通過信函、電報等方式被送到會館等同鄉群體。會館等同鄉群體的決議需要向外地人們或者政府詢問詳情，或者表達自己的意見，這些信息也可以通過信函、電報傳遞出去。因此，快捷的通訊設施，使許多鄉誼流動中的信息變得有意義，同鄉網絡得以擴展，鄉誼流動加快。而這以前，家鄉和異地同鄉與會館等同鄉群體之間的鄉誼流動比較少，通訊設施的限制便是一個重要的原因。

通訊設施對鄉誼流動的影響還在於它可以使輿論武器發揮作用。鄉誼流動所用的武器之一是輿論影響。輿論總是與信息的傳遞密切相關，許多人都知道了某件事，才會形成一種輿論，通訊設備能夠及時地傳遞信息，也為輿論的及時形成奠定了基礎。

第四節　輿論：鄉誼流動的重要武器

鄉誼流動產生影響除了依靠人情、面子，通常還使用輿論武器。通電是形成輿論的重要方式，在近代以來，它是鄉誼流動中經常用來達到目的的工具和手段。會館等同鄉群體認為，「函達不如電達之鄭重」，[2] 由此可知通電在人們心中的分量。人們重視通電，不僅僅在於它比較正式，能夠比較鄭重地表達人們的主張，而且還在於通電能夠快速形成一種輿論。輿論是一定範圍內公開表達的公眾的集合意見，可見，並不是單個通電就形成了輿論，而是需要一定數量的意見集合起

1　《為據陳本縣楊前縣長步梁藉剿匪名義赴鄉騷擾情形電請查明核辦示復由》（1948年11月22日），上海市檔案館藏，《歙縣旅滬同鄉會檔案》，Q117-27-10。

2　《廣肇公所議事草冊》（1917年），上海市檔案館藏，Q118-12-93。

來才形成輿論。因此，通電要形成輿論還需要一定的媒體，通過媒體的傳播，取得別人的同情，爭取到一定數量的支持意見，從而表現出一種輿論，當時發揮這種功能的一個重要媒體就是報刊。中國很早就有邸報、小報和報房京報。十九世紀初，出現了近代中文報刊。從一八一五年到十九世紀末，外國人在中國一共辦了近兩百種中、外文報刊，占當時我國報刊總數的百分之八十以上。[1]十九世紀後期，香港、廣州、上海、漢口、福州等地出現了中國人自己辦的一批近代報紙。十九世紀末二十世紀初，中國掀起辦報高潮，中國人辦的報紙越來越多。近代壓制輿論的事時有發生，專制野蠻行徑屢屢出現，的確多次發生過類似「癸丑報災」的壓制輿論事件。[2]國民黨統治時期對報刊等媒體加強了控制。然而媒介是文化的載體，為了及時刊載國內新聞，準確把握輿論走勢，各報刊媒介以公開獨立的姿態徵求文稿，其本身創辦宗旨和內容傾向也明確地顯露了它的離異傾向、獨立色彩和公共品格。[3]統治者之所以迫害報刊，恰好說明社會中存在獨立的媒體，它們還在為公眾說話，還形成對統治者的威脅；如此多的報刊被查封、傳訊、搗毀，如此多的新聞工作者被捕入獄，被殺害，正是反映了眾多媒體促成的輿論力量對統治者、對社會有一定影響的事實。民國時期一些大的報刊，如《申報》等幾乎每期都刊登了大量的通電，一些與會館等同鄉群體有關的通電也刊登於其上。除了通電，報紙還刊載有不少關於會館等同鄉群體的新聞報導。人們可以通過媒體刊載通電

1　方漢奇：《中國近代報刊史》，太原：山西教育出版社，1981年，第10頁。
2　袁世凱為壓制反對他的輿論，在1912-1916年間全面迫害報刊，這期間至少有71家報刊被封閉、49家受到傳訊、9家被軍警直接搗毀；至少24名記者被殺害、60名被捕入獄。1912年全國報紙有500多家，到1916年已不足130家。由於迫害最為嚴重的年代是1913年，農曆癸丑年，所以這在歷史上被稱為「癸丑報災」。
3　劉增合：《媒介形態與晚清公共領域研究的拓展》，《近代史研究》2000年第2期。

等方式發出自己的聲音，形成輿論，利用輿論達成鄉誼流動的目標。

會館等同鄉群體辦了同鄉刊物、出版一些小冊子，這些刊物和小冊子也是重要的輿論陣地。如《廣東旅滬同鄉會月刊》、《浦東同鄉會年報》、《無錫旅刊》、《常州旅滬同鄉會會訊》、《寧紹新報》、《閩南旅滬同鄉會年刊》、《松屬旅蘇學界同鄉會半月刊》、《吳江旅滬同鄉會季刊》、《四川留日同鄉會年刊》、《皖事匯報》、《北大廣東同鄉會年刊》、《四川旅滬同鄉會會刊》、《鎮屬五縣旅滬同鄉會成立紀念刊》、《潮州旅滬同鄉會特刊》、《潮州旅滬同鄉會特刊》、《旅滬新化同鄉會會刊》、《泉漳特刊》、《微音月刊》等。下面以安徽的幾個同鄉刊物為例，對此類刊物略作介紹。

一九二五年九月二十一日《申報》載，徽人在滬有「徽社上海總部」，出版《微音月刊》，「頗得各地同鄉歡迎」。[1] 這本月刊由徽州人士程本海、胡夢華、許士騏等發起創辦，胡適與陶行知曾任顧問，前後辦四年，成為徽州同鄉的喉舌，以及城鄉信息交流的橋梁。安徽人為了宣揚文化，啟迪民智，指導社會，扶助桑梓而辦了《徽報》。一九二九年四月十七日，《申報》刊登《徽報》的一則召請通訊員、分銷處的啟事：「擬請安徽各縣通訊員數十人（每縣限定一人）報告各縣地方新聞及邑中人民之種種疾苦。」[2]

一九三二年十月十日，《徽州日報》在屯溪創刊，由滬、杭、寧、蘇等地旅外徽商集股經營，在上海、杭州、南京、蘇州等大中商埠均有徽州旅外同鄉會幫助設立分館或代派處銷售報紙。旅外各地徽州同鄉會對這份報紙重視，就是因為它承載著大量家鄉信息。此外，徽州

---

1 《徽社昨開大會記》，《申報》1925 年 9 月 21 日，第 15 版。唐力行：《徽州旅滬同鄉會與社會變遷（1923-1953）》，《歷史研究》2011 年第 3 期。

2 《徽報召請通訊員、分銷處啟事》，《申報》1929 年 4 月 17 日，第 2 版。

各旅滬同鄉會多辦有會刊。[1]抗戰勝利後，各同鄉會恢復活動，更是迫切需要屬於自己的新的信息源。一九四八年，徽寧同鄉會創辦《徽寧導刊》。

同鄉刊物無一例外都刊載大量同鄉信息，這些信息隨著同鄉網絡而流動，很容易便形成輿論對鄉誼流動產生影響。

報刊是重要的輿論載體，公共空間也能產生輿論。二十世紀之前，北京開闊的城市空間主要是紫禁城、皇城、內城、皇家園林、皇室祭壇和廟宇，這些地方僅供一小部分統治階級享用，普通老百姓的公共娛樂空間有廟會、永定門附近的陶然亭、皇城內三海北側的什剎海、京城西郊的西山，一些茶館和戲院。由於什剎海地方狹小，設施不夠完善，它的使用有限，陶然亭太偏僻，交通不便，沒法吸收數量很多的遊客，西山更是遊人稀少，所以北京只是向高官顯貴提供充足的消遣空間而忽視普通城市居民需要的城市。[2]

北京的會館主要位於宣南士鄉，這裡緊臨前門繁華的商業區。明清的中央機關設於前門內東西兩側，外省進京官員由會館到中央機關較方便。太行山東側從南往北，過盧溝橋的大道是西南、西北進京的要道，明朝大運河終點碼頭從積水潭南移大通橋，所以宣南也是中國由西進京和由南進京的交通要道匯合之處，交通十分方便。近代以來，隨著會館向非同鄉社會的開放，二十世紀前後一段時期，它就成了當時北京城可資利用的為數不多的公共空間之一。人們借用會館集會，從事政治和社會活動、滿足娛樂需要、借會館解決人們的其他生活困難。

---

1 《各同鄉會消息》，《申報》1929年2月26日，第16版。
2 史明正：《走向近代化的北京城——城市建設與社會變革》，北京：北京大學出版社，1995年，第136頁。

明清時期會館中舉行的活動與清末以後會館中的活動有明顯的區別。明清時期幾乎每個會館在一年中都要舉行團拜或其他的慶祝活動。這些社交活動離不開宴飲和祭祀。涇縣會館（北京）一八一九年的碑記裡是這樣講宴飲的作用的：「然則會館者聚一鄉之人於千里之人，飲食居處，言語相近，有無緩急相通，其在外也，不啻其在家焉，京師冠蓋相望交遊，多天下豪傑，而所以講信、修睦、敦行宜而厚風俗者，其必由是始矣。」[1] 在宴飲時豪傑們的風範自然地影響鄉人，使之講信、修睦、敦行宜而厚風俗。浙紹鄉祠會館（北京）的宴飲鄉人們所受到的教育是恭敬而和、敬老愛幼、不忘先人之德。

節慶時必然要祀神，會館的神靈主要分為三類，即福祿財神、行業神和鄉土神。有的供奉關公，有的供奉許真君，有的祭祀朱熹，有的祭祀魯班，不一而足。有的會館同時供奉多個神，有主神，有配神。一八六八年，廣東韶州新館（北京）建成，設正廳神龕，「中祀奎宿星君、文昌帝君、關聖帝君、奉神靈也。左祀濂溪周元公景，名宦也。右祀張文獻公、余忠襄公、慕昔賢也」[2]。浙紹鄉祠會館（北京）裡，「中龕恭頌萬壽，祀文武二垣，而左龕祀張謝水神，其右龕則越之郡邑城隍，而以馬公湯公配焉」。神是會館的集體象徵，祭祀的過程中，許多具有傳統美德的人物形象為鄉人樹立起正面的典型，從而規範人們的行動，影響人們的道德觀、是非觀。通過祭祀鄉賢，不僅可以教育鄉人，而且它還有炫耀鄉賢的味道。和宴飲一樣，祭祀的時候，操著鄉音，沐浴著鄉情，浸透於鄉土文化中，旅京同鄉猶如一家人，他們被緊緊地聯繫在一起，實現團結和互助功能。

一些會館即使到了二十世紀二〇、三〇年代仍然祭祀神靈與先

1　《涇縣新館記》（1819 年），北京市檔案館編：《北京會館檔案史料》，第 1331 頁。
2　《韶州新館記》（1868 年），北京市檔案館編：《北京會館檔案史料》，第 1388 頁。

賢。如河東會館的會首每逢初一、十五都要聚集到這裡，他們每次來了必不可少的一事是要到會館的大殿裡一起燒香祭神。[1]在這個時期其他會館的規約中也多規定要在會館進行祭祀等活動。

清末以來，尤其是經過新文化運動的洗禮後，會館中的社交活動有了與以前不同的內涵，在會館舉行集會和演說等活動逐漸增多。

一九一二年八月二十五日，人們借湖廣會館歡迎孫中山，緊接著就是合併政黨的大會，國民黨在此舉行了成立大會。[2]一九一二年十月，民主黨又借湖廣會館開大會，歡迎梁啟超。[3]一九一二年八月，民權協進會借太原會館開全體大會。[4]一九二八年，北伐軍進入北平，何其鞏市長在全浙會館主持邵飄萍、林白水烈士追悼會，聲討軍閥的暴行。北洋時期，一些省的國會議員也借會館及其附產提供的場所聚會：「民國初年國會成立，廣東省的國會議員到京後，也把會館當作和本鄉在京的上層官吏聯繫的中心；後來他們覺得會館人多眼雜，往來不便，就利用會館附產開闢了兩個俱樂部形式的聚會場所：一在韓家胡同（原名韓家潭胡同）；另一處在南半截胡同……國會解體以後，這兩個處所還維持著，一直到北伐以後才告終。」[5]

上海各同鄉會館時常舉行同鄉的、超越同鄉的諸多集會。近代特別是民國時期發生的一些重大事件中，會館集會幾乎是必不可少的一環。除了五四運動等全國性事件，不少地方事件也在會館集會。如本書所討論的上海「喬楊案」發生後，各個團體代表在上海廣肇公所召

---

1 劉向勃：《「100號」與河東會館》，《宣武文史》第10輯。
2 《群強報》1912年8月27日。
3 《群強報》1912年10月25日。
4 《群強報》1912年8月28日。
5 李廷發：《北京的廣東會館》，中國人民政治協商會議北京市委員會文史資料研究委員會編：《文史資料選編》第25輯，北京：北京出版社，1985年，第258頁。

開聯席會議,浦東公所等同鄉會館也為此舉行了多次集會。

　　會館在形成輿論過程中起著重要的組織作用。各地同鄉面對當地官府的強勢時,苦於自己弱勢無權,於是將求助之手伸向會館等同鄉群體,希冀那些關懷桑梓的同鄉諸公能夠幫助他們「伸張正義」,因此他們便發信函電報給北京、上海的會館等同鄉群體。北京的會館收到許多信函、電報,其收信人地址僅僅寫了「旅京同鄉諸公」或「同鄉京官」幾個字,只有同一封信,但同鄉諸公或京官絕不止一個,他們不是住在同一個地方,也不是在同一個地方工作,並且北京城那樣大,就憑這個地址,這些信怎樣才能到收信人手上呢?當我們看到下面這類史料時,就解開了謎底:

頃接廣東要電照譯轉送同鄉諸先生均鑑。粵東館值年李肇統啟。[1]
啟者連日接廣州商行來電十餘封,均謂十元以下貼用印花窒礙難行,茲特照譯送呈同鄉諸先生均鑑。粵東館值年李肇統啟。[2]

上可見,首先,各地給在京同鄉的來函來電先是從郵局送到會館等同鄉群體;然後,會館等同鄉群體的負責人把它翻譯成漢字(有的電報是數碼,有的是英文);第三步,選擇比較重要的把它抄(或者打印)在紙上,再送給在京的同鄉諸公;第四步,請同鄉諸公來會館商議。

---

[1] 北京市檔案館藏,《會館檔案》,J19-1-330。會館負責人把三封電報抄錄在一起送給在京的同鄉,第一封講,廣東省禍亂迭起,紙幣低折,兵餉不足,事逼勢急,連日各界籌議,都認為在京同鄉諸公關懷桑梓不忍置,於是聯名請求告知如何解救的辦法,希望他們速定大計,馬上電復以安人心。第二封是請求在京同鄉設法挽救,使粵產灰石不落外人之手。第三封說他們近聞部電將廣東鹵餉以銀毫為本位折收紙幣。請大總統國務院財席邸粵東新館設法下令將鹵務仿照舊暫收紙幣。

[2] 北京市檔案館藏,《會館檔案》,J19-1-330。會館負責人把十幾封電報抄在一起送給同鄉諸公。

如粵東新館於一九一二年八月初六日發出了一份開會通知：

> 公啟者現接港商來函稱廣東教育司取消孔教，此事關係全粵人民信教問題，我同人亟應研究，務請與八月初十日午刻一鐘至三鐘駕臨南橫街粵東新館集議一切。

連同這份開會通知單一起送出的還有一份說明：「再者，近來粵東省館所辦各事因長班並不通布，致我同人多未周知，現在同鄉京官住址單已經從新刊印，此後省館有事須由單內同鄉京官集議決辦方為有效。」這表明，對於一些重要事情，同鄉京官一般都要求來會館（主要是省館）參與討論，他們大多會按照要求來會館「集議」，即使不能來的也送信給會館說明原因，並附上自己的意見。一次接到會館的開會通知單後，廣東同鄉馮自由、馮鏡鐮來信就此事獻策。[1]

很多會館都如北京廣東會館這樣，收集同鄉信息、傳遞信息，組織開會協商或集會，發各種通電和信函，成為發起輿論攻勢的中樞。

清末以後，人們借會館舉辦政治集會等活動，通過集會使愛鄉、愛國之情在民眾中激盪，新觀念、新思想得以交流傳播，新的組織在會館中得以成立。在神面前的社交開始為在人群面前集會所取代，在會館裡的集會社交，由炫耀鄉賢、以傳統文化規範鄉人而變為主要引導人們關心家鄉、國家、民族的振興和建設。然而這種集會，對鄉誼流動最為重要之處是它可以形成社會輿論。

明清時期鄉誼流動已經活躍於政治舞臺，近代以來有了新發展。會館等同鄉群體基於桑梓之情和利益的權衡不僅影響到會館等同鄉群體是否啟動鄉誼流動，而且在鄉誼流動過程中依然起重要的作用。桑

---

[1] 北京市檔案館藏，《會館檔案》，J19-1-259。

梓之情的存在使會館這樣的舊有民間團體並沒有隨舊政權的崩潰而走向消亡，也沒有被新的社團如商會、同業公會和政黨等代替，而是仍然被人們用來為現實需要服務，並賦予了新的作用。近代以來的政治比較混亂，社會矛盾叢生，人們面臨困境，需要解決的問題增多，使眾多的民眾和團體參與到鄉誼流動中去。交通通訊設施的改進有利於鄉誼流動中信息的及時傳遞和輿論的形成，輿論環境的相對寬鬆為輿論武器發揮作用提供了前提條件，政治控制的相對鬆弛，制度建設不夠完善等，又為繼續利用同鄉資源提供了相對有利的條件。會館等同鄉群體雄厚的同鄉資源及其強大的輿論壓力，會館等同鄉群體與政府的特殊關係都對政府、相關團體和個人行為造成一定的影響，進而影響到鄉誼流動。鄉誼流動並沒有退出歷史舞臺，它全方位地作用於政治，在政治活動中占據不可忽視的地位。

第二章
近代中國鄉誼流動的擴展與分化

影響鄉誼流動的因素在近代發生了重大變化，鄉誼流動隨之而改變，一方面鄉誼流動不斷擴展，另一方面它又在分化甚至出現分歧。鄉誼流動的變化致使其與政治互動的方式發展到一個新階段。

第一節　鄉誼流動的擴展

鄉誼主要在同鄉網絡上流動，有時候非同鄉也捲入同鄉網絡。鄉誼流動的範圍常常隨參與者的變化而變化，哪裡有參與者，鄉誼流動便很可能延伸到那裡。以往研究會館等同鄉群體時請託者一般不被納入分析的範圍，而事實上，他們也是鄉誼流動中的主角。鄉誼流動參與者的構成從空間上看主要表現為地域分佈，從社會結構看，主要體現為不同的地位和身分。鄉誼流動的擴展還表現在請託內容更加豐富。

一　地域範圍擴大

明清時期，北京的會館服務對象主要是旅京同鄉，他們以進京趕考的舉子、在職或者候補官員及商人為主。旅京同鄉從京師同鄉網絡中獲取同鄉資源是常態，不過京師會館求助於外地同鄉的事時有發生。

旅京同鄉倡議修建會館，一時資金不足，或者會館的日常維持所需經費不夠，旅京同鄉便向各地的同鄉求援。也有各地同鄉深感會館之窘迫，主動提議並集資捐助會館。一七八四年重修休寧會館（北京）

時,「同官復有勸輸之議,馳書方達,四方遊宦及裡中戚友,聞風響應如初,乃別置屋若干楹,而以其餘為繕葺費」[1]。一八一四年的《重修歙縣會館記》(北京)裡,在正文後附載了捐輸者的姓氏。京外諸公捐輸者有鮑漱芳等十六名。在歙縣會館新建及擴建改建之際,湊集出大部分經費的是官僚和揚州的鹽商。[2]一八一九年,在家鄉有力的支持下完成了涇縣新館(北京)的修建,「嘉慶辛未會試後,公車諸君歸而遍諗邑中,邑中諸族姓莫不慷慨樂輸,得白金以兩記者萬有奇,遂郵書京師……」後由旅京同鄉在北京購買房屋,建立涇縣新館。[3]一八七二年,由李鴻章撰寫的《新建安徽會館記》(北京)載:「今上御極之七年,西捻蕩平,畿甸無事,鴻章述職入覲,暇與鄉人士吏部侍郎胡公、工部侍郎鮑公等諮諏及之,僉謂茲舉不可久闕。會淮軍凱撤,其將領大半皖產,願釀萬金為倡,不足,四川總督吳公泊、鴻章兄弟各解貲相助。又郵書告皖人之宦於四方者,咸踴躍趨事。」[4]新建北京安徽會館得到了全國各地安徽人的資金支持。一八九三年,南海增廣會館,「是役也,邑中京外士大夫與夫春秋兩試之至都者咸有捐佽,而本籍鄉堡社學,各聽其所出之多寡,哀集而附益之」。[5]

除了北京的會館修建得到各地同鄉的支持,其他地方的會館也曾集各地同鄉之力而修建、修繕。道光十二年的《徽寧會館碑記》(江蘇吳江)載:「而其中遷居入籍諸君,猶能敦念本根,仍以鄉誼,咸預斯舉……在各鎮之同鄉者,亦皆樂善捐輸,不限界域。」[6]樊城山陝會館

1　《重修休寧會館記》(1784年),北京市檔案館編:《北京會館檔案史料》,第1329頁。
2　寺田隆信:《關於北京歙縣會館》,《中國社會經濟史研究》1991年第1期。
3　《涇縣新館記》(1819年),北京市檔案館編:《北京會館檔案史料》,第1330頁。
4　北京市檔案館編:《北京會館檔案史料》,第1332-1333頁。
5　《南海增廣會館碑記》(1893年),北京市檔案館編:《北京會館檔案史料》,第1389頁。
6　吳江市檔案館:《江蘇吳江市盛澤鎮碑拓檔案中會館史料選刊》,《歷史檔案》1996年第2期。

碑刻的捐資商號、商人名單中，可以看到除了樊城本地商人外，還有大量外地且主要是漢水流域山陝籍商號、商人為之捐資。在《重修山陝會館並初建熒惑宮碑記》續碑（二）中，有唐邑、馬家店、源潭等四十個地方的商號、商人捐資。以上這些地方多為漢水流域的商業重鎮。在漢水流域的支流各個城市、集鎮碼頭，如白河流域的南陽、賒旗店、汲灘，蠻河流域的武安堰，也有同鄉們為修建會館慷慨解囊。[1]

總的來看，會館等同鄉群體與家鄉、其他各地的同鄉之間有一些交往，但由於交通、通訊等因素，不同地方生活的同鄉之間建立同鄉網絡不易，即使建立起同鄉網絡，也往往不能及時對請託做出反應，故鄉誼流動並不頻繁。不僅如此，會館等與旅居地之外的政府並無什麼互動。

近代，鄉誼流動的擴展首先表現在地域範圍擴大。鄉誼流動參與者，由明清時期較單一的旅居地同鄉，擴大到家鄉的個人、團體和政府，他地同鄉和非同鄉，這種地域範圍的擴大，反映了會館等同鄉群體交往面的擴大，鄉誼流動的擴展。鄉誼除了在旅居地流動之外（學界關於某地會館的研究，通常會論述會館與當地同鄉的交往，鑒於旅居地同鄉網絡及鄉誼流動已有較多分析，茲不贅述），還頻繁地流向家鄉、其他有同鄉的地方。鄉誼有時也在全國範圍內同鄉與非同鄉之間流動。

（一）鄉誼向家鄉流動

清末以來中國社會發生巨變，政治、社會轉型過程中各地政府機構設置及人員配備、市政建設、救災、治安、經濟建設、教育等諸多

---

[1] 張平樂、李秀樺：《樊城山陝會館碑刻及史料價值》，《湖北文理學院學報》2012 年第 12 期。

領域出現了種種問題。各地的政府和民間社會面對本區域內出現而又難以依靠自身力量妥善解決的事項，往往求助於各地的同鄉，尤其是旅京、旅滬同鄉諸公。旅外同鄉也時常關心家鄉。旅居地的會館等同鄉群體與家鄉之間圍繞救災、苛捐雜稅、貪污、擾民等出現鄉誼流動。

家鄉的人們常急切向旅外同鄉求助。如北洋時期，廣東西北二江潦水為災，南順三新肇高各屬基圍崩缺多數，中國紅十字會廣東分會電北京廣州會館梁任公、梁崧生、梁燕孫、麥信堅諸鄉先生稱：「敝會攜帶糧食藥物弛赴救濟，災深地廣，任重費大。務乞關懷飢溺，速攜巨款以拯災黎。」[1]

有的是旅外同鄉得知家鄉遇到困境而向會館等反映情況。國共內戰時期，學生群體受到巨大的衝擊。在徽州，皖北長淮臨中的學生四百餘人南下逃難到徽州。歙縣旅滬同鄉會會員吳渤等向歙縣旅滬同鄉會反映：「長淮臨中的學生中有一部分三十餘歲之中年人雜亂其間，冒充學生，擾民滋事。」吳渤等懇請歙縣旅滬同鄉會向旅外同鄉呼籲及分電教育主管當局，責令該校校長返歙整頓或遷並雄村高中部上課。歙縣旅滬同鄉會迅即轉呈歙縣縣政府，籲請解決該問題。[2]

交通通訊條件改善，各地之間的響應時間縮短，為旅居地與家鄉之間的鄉誼流動提供了方便。一九四七年，歙縣旅滬同鄉會會員呂耀章稱，縣府指派其家富戶捐八百萬元，而其家並非富戶。四月十二日，歙縣旅滬同鄉會致函歙縣楊縣長、歙縣縣參議會議長，為會員呂耀章無力承擔富戶捐請求豁免。[3]一九四八年四月二十七日，歙縣參議

1　北京市檔案館藏，《會館檔案》，J19-1-332。

2　《案據本會會員吳渤等函稱》（1948年），上海市檔案館藏，《歙縣旅滬同鄉會檔案》，Q117-27-9。

3　《致歙縣縣府及參議會公函為會員呂耀章無力攤派富戶捐請求豁免由》（1948年），上海市檔案館藏，《旅滬同鄉會檔案》，Q117-27-20。

會回函歙縣旅滬同鄉會稱:「呂耀章家境清貧,轉請免繳綏靖捐一案,已轉縣府核辦。」[1]從上海同鄉啟動鄉誼流動,到歙縣參議會做出回應,前後十幾天時間。會館等對同鄉的請託響應時間也不長。一九四七年十二月十八日,在上海經商的歙縣人吳其昌向歙縣同鄉會請託。吳其昌的弟弟吳世禎是一成衣工人,歙縣縣政府迫繳綏靖捐未遂,即將吳世禎拘押,而後強令繳綏靖捐八千萬元。吳其昌懇請歙縣同鄉會轉電歙縣參議會,查明徵捐標準或條例,使民眾有所遵循,借可解倒懸之危。[2]十二月二十三日,歙縣旅滬同鄉會向歙縣方念諧議長發出函文詢問此事,[3]從吳其昌開始請託到旅滬同鄉會做出處理意見,前後才五天時間。正是由於鄉誼可以迅捷地流動,通過旅居地與家鄉之間的鄉誼流動促使擺脫家鄉困境更有效率,效率高反過來推動了旅居地與家鄉之間鄉誼頻繁流動。

鄉誼通過電函、調查、集會等方式流動。近代電報的出現,通電成為鄉誼流動的重要武器。北洋時期,粵東監獄學校的校長曾由霍乃暉充當,後來忽奉檢察廳之令改派張福照接充。為此馮姓學生等四百人致電北京的廣東會館,聲稱:「張曾與陳教員分任科學,大半曠課,教授落法,文理欠通,全體嘩然,被校長辭退。教員尚不勝任,況屬校長,學生誓不公認,全堂罷課,張不去必退學,現堂員全體辭職,乞維持免解散。」[4]粵東監獄學校的人事任免存在矛盾,一部分人便使用通電的方式向北京的會館等同鄉群體請求罷免張福照。

---

[1] 《事由:為復呂耀章綏靖捐款事,已據轉縣府核辦,用特先行通知,即希查照由》(1948年),上海市檔案館藏,《歙縣旅滬同鄉會檔案》,Q117-27-20。

[2] 《同鄉吳其昌來函》(1947年),上海市檔案館藏,《歙縣旅滬同鄉會檔案》,Q117-27-20。

[3] 《為函詢歙縣徵收綏靖經費情形並希見復由》(1947年),上海市檔案館藏,《歙縣旅滬同鄉會檔案》,Q117-27-20。

[4] 北京市檔案館藏,《會館檔案》,J19-1-332。

鄉誼流動可以利用通電形成輿論，有時還藉助報刊媒體製造輿論壓力。一九三二年，上海的安徽同鄉會開始關注安徽官員的腐敗和挪用公款的行為，通過聯合北京安徽同鄉會和安徽當地民眾，他們取得了當地官員欺詐的證據，並在《申報》上公佈了細節。通過各種通電和報紙上的新聞報導，同鄉會起到了監督市政與當地政府的作用。[1]

交通工具的改善使往返旅居地與家鄉之間變得更加容易，鄉誼流動可以更方便地採取面談、調查等方式。一九一四年，洞庭東山旅滬同鄉會為故鄉開河道事宜，調查預算，並具文呈吳縣水利局，請為協助辦理。[2] 一九二二年，災難性的洪水沖毀了潮州的堤壩和田廬。會館派人前往潮州調查。調查員報告稱，澄海、饒平和朝陽縣至少死亡十萬人。於是，上海會館董事迅速募集了七點五萬元救災款，並向廣州軍政府列舉了洪水引起的損失，要求在災區減稅。[3]

同鄉常在會館集會商討解決家鄉事宜。一九一六年，湘人在湖南會館（北京）開會反對借款。[4] 一九二〇年，數千湖南籍旅京人士在湖南會館（北京）召開了「湖南各界驅張大會」。一九二五年元旦，閩人集於福建會館（北京）商議省長人選。[5] 一九一六年，老西開事件的交涉中，直隸同鄉會在畿輔先哲祠（北京）商討對策，最後在此產生決議辦法。[6]

旅居地與家鄉之間的鄉誼流動有時候直接指向家鄉政府和團體。

---

1 〔美〕顧德曼：《家鄉、城市與國家——上海的地緣網絡與認同（1853-1937）》，上海：上海古籍出版社，2004年，第207頁。
2 洞庭東山旅滬同鄉會《本會三十年來歷屆大事記》，上海市檔案館藏，《洞庭東山旅滬同鄉會檔案》，Q117-9-37。
3 同上書，第176頁。
4 《晨鐘》1916年9月21日。
5 王日根：《鄉土之鏈——明清會館與社會變遷》，天津：天津人民出版社，1996年，第60頁。
6 《晨鐘》1916年10月29日。

一九一五年，紹興七縣旅滬同鄉會函請各縣知事，設立放賑機關。[1]寧波同鄉會也幫助減輕當地捐稅，去除行政障礙。一九二一年石浦廳糖商因石浦商會強制徵收糖稅，向上海的同鄉組織呼籲，在同鄉會的干預下，石浦商會撤銷了這項稅收。[2]

不過，鄉誼常流向家鄉的上級政府，通過由上而下的方式解決家鄉遇到的問題。一九一三年，洞庭東山旅滬同鄉會即致電北京民國政府司法部，請保留故鄉洞庭東山的司法機關並致江蘇省政府函請保留洞庭東山的鄉行政委員，以及東山的鄉水警以利於地方安定等等。[3]一九一四年，洞庭東山旅滬同鄉會會同西山鄉董稟請江蘇巡按使齊燮元及蘇常道尹在東西山各設縣佐，以資治理。[4]一九二二年，紹興七縣旅滬同鄉會函請浙江省長，督軍籌賑。[5]一九二四年，紹興七縣旅滬同鄉會函請浙江省政府主席等減輕負擔。[6]一九四九年，歙縣旅滬同鄉會收到同鄉方文斌等來函稱：「歙縣田賦糧食管理處前任處長馮迪在任內利用職務之便，舞弊欺詐鄉間善良百姓之財務，經方文斌等具狀歙縣地方法院依法檢舉後，馮迪屢傳不到，並畏罪潛逃。」方文斌等函請同鄉會代為分電各有關當局徹查貪污，以清吏治。歙縣旅滬同鄉會致函南京糧食部、屯溪安徽省政府、安徽省田賦糧食管理處、歙縣縣政府，控告歙縣田賦糧食管理處前處長馮迪貪污糧食。[7]

1　郭緒印：《老上海的同鄉團體》，上海：文匯出版社，2003 年，第 583 頁。
2　〔美〕顧德曼：《家鄉、城市與國家——上海的地緣網絡與認同（1853-1937）》，上海：上海古籍出版社，2004 年，第 175 頁。
3　洞庭東山旅滬同鄉會：《本會三十年來歷屆大事記》，上海市檔案館藏，《洞庭東山旅滬同鄉會檔案》，Q117-9-37。
4　同上書。
5　郭緒印：《老上海的同鄉團體》，上海：文匯出版社，2003 年，第 583 頁。
6　同上書，第 586 頁。
7　《為同鄉方文斌等電請徹查歙縣田賦糧食管理處前任處長馮迪貪污舞弊由》（1949 年 4 月 2 日），上海市檔案館藏，《歙縣旅滬同鄉會檔案》，Q117-27-10。

有少數學者已經注意到了同鄉群體的功能在近代逐漸向家鄉擴展。竇季良認為同鄉會館戰時的新功能中主要之點是「其功能推展到他的家鄉，即由所在社區返回到老家去」。[1]他的看法非常有見地，但是需要指出的是，其實這一個所謂新的變化並不是從戰時開始的，至少清末民初即有此變化。清末民初，無論是救災還是治安，無論是軍隊還是市政，無論是經濟還是教育方面，北京、上海等地同鄉群體與家鄉之間都存在大量鄉誼流動，密集的旅居地與家鄉之間的鄉誼流動已經啟動。

（二）城際的鄉誼流動

北京、上海等地同鄉群體的社會資源流向其他城市的同鄉。這種流動主要有兩個目的，一是共同關懷家鄉、同鄉事務；二是社會資源直接流向其他地方的同鄉解決他們所遇到的難題。

近代，廣東為全國賭博最為盛行的地區之一。民國初年，在廣東禁賭事件中，各處廣東同鄉互相呼應。一九一三年，北京的廣東會館值年在一次傳單裡除了照譯轉送廣州總商會主張開賭禁以維持紙幣的電報外，還寫道：「請開賭禁之電，連接數起，因其過於繁瑣，故不俱錄。」[2]一九一四年，甚至有人攜帶巨款來京運動解弛禁賭。此時旅京粵中名士紛紛反對開賭禁，一九一四年三月二十六日報載：「昨由梁士詒、梁啟超等領銜覆電廣州總商會並電龍都督、民政長，請嚴申賭禁，懲辦博徒。」[3]一九一四年五月三十一日，上海廣肇公所召開會議認為，廣東設焚燬紙幣有獎義會即舊日鋪票變相，與開賭禁無異，應

---

1 竇季良：《同鄉組織之研究》，南京：正中書局，1943 年，第 101 頁。
2 北京市檔案館藏，《會館檔案》，J19-1-325。
3 《申報》1914 年 3 月 26 日《旅京粵同鄉痛論賭害之文電》，《近代中國社會文化變遷錄》第 3 輯，第 158 頁。

該馬上電京粵嚴禁，當他們把電報送給公所董事唐少川徵求意見時，他認為需要先電詢梁燕孫和梁任公問明實在情形後再做打算，會館聽從了唐少川的意見，於是發電報給梁燕孫和梁任公。[1]一九一五年四月二十五日，上海廣肇公所會議記錄中寫道：「漢口嶺南會館來函以粵省將開番攤字花，經由漢電京粵，請為嚴禁，囑共挽危機等因。公議應公電京粵，請嚴行禁止，以靖賭風。」[2]這說明，不僅漢口嶺南會館就禁賭一事請託於北京、上海的廣東會館，而且上海廣肇公所等也為此事向北京的同鄉群體請託。青島廣東會館就粵省准開牌捐事電北京的廣東會館，請其電粵省政府將牌捐嚴行禁止：「頃接滬轉粵省各公團電稱，准開牌捐實即賭博，傷風敗俗，貽害匪淺，乞電粵省將軍巡按使速將牌捐嚴行禁止，以除賭害。」[3]一九一六年一月十六日，上海廣肇公所公議報告：「昨報載京電，同鄉京官已公請政府嚴行禁止（賭博）。」[4]可見旅京京官為禁賭一事曾聯名請求政府嚴行禁止。

以上事件中鄉誼流動軌跡頗為複雜，一是各地同鄉致電北京的廣東會館；二是漢口嶺南會館就禁賭一事請託於北京、上海的廣東會館，上海廣肇公所接到漢口嶺南會館來函再向北京的同鄉會館請託；三是青島廣東會館接到上海轉來的粵省各公團通電，又轉請北京的廣東會館電粵省政府；四是這些會館直接電粵省當局；五是通過報紙一起呼籲。同鄉資源正是通過鄉誼流動促使散佈於各地的同鄉聯合行動，把這些在外同鄉的意願反饋到有關的地方，促使家鄉事務的解

---

1. 《5月31日第18期會議》，上海市檔案館藏，《廣肇公所議事部（1914年）》，Q118-12-112。
2. 《1915年4月25日第10期會議》，上海市檔案館藏，《廣肇公所》，Q118-12-102。
3. 北京市檔案館藏，《會館檔案》，J19-1-332。
4. 《1916年1月16日第48期會議》，上海市檔案館藏，《廣肇公所》，Q118-12-102。

決。人們圍繞禁賭與弛禁之爭雖然有各方利益考慮在內，但賭博等也關乎一個地方的社會風氣，爭論反映了人們對社會事務的關心。在此，請託者對會館等同鄉群體的期望主要不是直接從它那裡索取什麼具體物質性資源，而是把會館等同鄉群體看成一個具有影響力的同鄉團體，希望它作為一個同鄉團體負起一定的社會責任，對同鄉事務施加一定影響。

上述鄉誼流動中可以看出北京和上海是兩個樞紐，多次收到來自其他城市的同鄉的函電，也向他們發出不少函電。上海的會館等同鄉群體又比較看重北京同鄉的意見，做決定前還先徵求北京同鄉的意見。北京、上海等地的廣東同鄉之間常常出現諸如此類的互動。如護法戰爭後，旅滬廣東同鄉集會籌商廣東善後事宜，一致主張在滬設立廣東善後協會，隨時與和平會議南北代表接洽。廣東善後協會發電報給北京的粵東新館請其詳加指示。[1]

城際鄉誼流動有其地域性，上海的會館等同鄉群體對其周邊城市的同鄉輻射力較強。

上海的會館等同鄉群體與杭州等城市同鄉時有互動。二十世紀三〇年代，溫州的士兵搶劫引發各處浙江同鄉共同行動。在一九三二年一月二十五日，劉珍年部第一旅第一團第一、二兩營的士兵們在泰順縣城三五成群，闖入民宅，大肆劫掠。[2]事件發生後，泰順各法團發電報給溫州旅滬同鄉會，稱兵變官兵，挨戶搜劫，焚殺姦淫，無所不至。電請溫州旅滬同鄉會迅予呈請頒發兵災急賑，嚴責劉珍年部賠償損失，懲辦叛變官兵，以救殘生，以懲凶惡。[3]除了泰順縣各法團外，

---

1 北京市檔案館藏，《會館檔案》，J19-1-331。
2 中國人民政治協商會議山東省委員會文史資料委員會：《山東文史資料選輯》第30輯，濟南：山東人民出版社，1991年，第229頁。
3 諸葛立淮、盧禮陽：《溫州旅滬同鄉會史料》，溫州：溫州市政協文史資料委員會，2007年，第142頁。

旅杭溫處同鄉聯合會也與溫州旅滬同鄉會相互聯繫、配合。一九三三年二月二十三日，旅杭溫處同鄉會電函溫州旅滬同鄉會，要求溫州旅滬同鄉會呈請軍事委員會、軍政部暨浙江省政府，迅予派員查明懲辦。[1]二月二十六日，溫州旅滬同鄉會接到旅杭溫處同鄉會的函件：「敝會深恐棉力薄弱，孤掌難鳴，用特專函貴會，以務希一致呼號，以蘇災黎而維善後。」[2]溫州旅滬同鄉會在收到電報後，致電南京軍事委員會，要求「迅予派員到泰地調查，以安地方而慰民心」。[3]不久之後即收到蔣介石的回電，稱：「已派員前往密查。」[4]為了家鄉的共同利益，兩處同鄉會聯合行動，以實現同鄉會之聯絡鄉誼的宗旨。

永嘉縣政府違反中央行政方針，橫徵水腳教育附捐。溫州旅滬同鄉會一九三三年四月七日致電溫州旅杭同鄉會稱：「務請一致聲援，以紓商困。」[5]四月十二日，溫州旅杭同鄉會回電溫州旅滬同鄉會。從文件看，溫州旅杭同鄉會並沒有達到要求永嘉縣政府停止徵收稅收的目的，但其間旅滬同鄉會邀請永嘉張縣長及出口商代表一起開會調解，最後就某些問題達成一致意見。[6]

除了家鄉事務牽動各地同鄉聯合行動，各地同鄉還請託於在北京、上海的會館等同鄉群體，促使同鄉資源流向該處，以解決所遇到之難題。上海的會館等同鄉群體對南方不少城市的同鄉會館具有一定

1　諸葛立准、盧禮陽：《溫州旅滬同鄉會史料》，溫州：溫州市政協文史資料委員會，2007年，第141頁。
2　同上書，第139頁。
3　同上書，第143頁。
4　同上書，第143頁。
5　同上書，第145頁。方賢：《民國時期「溫州旅滬同鄉會」研究》，碩士學位論文，浙江師範大學，2012年。
6　同上書，第147頁。方賢：《民國時期「溫州旅滬同鄉會」研究》，碩士學位論文，浙江師範大學，2012年。

話語權，鄉誼在上海的會館等同鄉群體與這些城市同鄉之間流動頻繁。

上海會館利用自己的影響介入蘇州等地會館的館產訴訟。一九二一年，蘇州大新公司向蘇州潮州會館租地，但該公司除了一九二一年六月十日還過一次租金外，之後兩年都沒有交租金。一九二四年七月六日，上海潮州會館討論了蘇州潮州會館被拖欠租金案，會議決定派人去蘇州瞭解情況。原來，在蘇州大新公司建造房屋工程過程中，與姓趙的人發生糾紛被告到縣裡，隨後該公司建造房屋的材料也被地方審判廳查封。經討論，上海潮州會館決定另派人擇日去蘇州地方審判廳起訴蘇州大新公司，以便討回租銀。[1]該事件表明，上海潮州會館與蘇州潮州會館之間不僅僅是普通的城際同鄉會館互動，上海潮州會館對蘇州潮州會館還具有一定管理權，甚至連蘇州潮州會館的訴訟也由上海潮州會館決定。

上海的會館介入盛澤同鄉會館的館產訴訟。一九二四年的《重修滬東會館記》（江蘇吳江）載：「洪楊劫後，無人過問，遂為覬覦斯產者將任城會館所置田產盜賣。幸滬會得信，即起交涉。滬會王會長紹坡、趙會長聘三、原會長福堂，均熱心公益，任勞任怨，凡有吾鄉公產，莫不設法保存。是以親赴盛澤調查實在，即於吳江起訴。往返奔波，不辭勞瘁，事經兩年，始得解決，即呈領新單存證。」[2]上海與盛澤同鄉群體為保護館產而互相合作。

上海會館聯合南京等地同鄉解決南通的會館館產問題。一九三四年四月，接南通潮惠會館函，南通當局要將該會館館址改建為專員公署，請求上海潮州會館援助。上海潮州會館致函南通縣政府指出，會館是旅外僑商集資建築，為同鄉聚會之所，行政專員公署應就地方公

1　周昭京：《潮州會館史話》，上海：上海古籍出版社，1995年，第14-16頁。

2　吳江市檔案館：《江蘇吳江市盛澤鎮碑拓檔案中會館史料選刊》，《歷史檔案》1996年第2期。

產建設,請收回成命,以洽商情。上海潮州會館還請有名望的同鄉聯名致函程縣長,並邀其他同鄉團體一致聲援。在上海潮州會館的努力下,迫使地方當局讓步。一九三五年五月,又有軍隊占據該會館,上海潮州會館將南通潮惠會館情況通報給南京潮州會館,請在南京國民政府任職和在南京潮州會館工作的蕭吉珊出面,設法向省民政廳陳述有關情況。蕭吉珊親自向江蘇省民政廳過問此事[1],解決了當地駐軍進駐南通潮惠會館問題。

上海的會館發動海內外同鄉一起解決同鄉會館的產權糾紛。一九二六年二月,廣州潮州八邑會館致函上海潮州會館稱:「張永福等人企圖以改建廣州潮州八邑會館名義,霸占會館產權。」上海潮州會館當即致函海內外潮州會館,並致電廣州有關當局,指出:「廣州潮州八邑會館前身是清同治年間,由旅居省城和香港潮州人紳商集資以團體名義創建,光緒二年改為潮州八邑會館。並且有清朝和中華民國官印為憑的契約為證,決不能讓張永福等人侵占會館產權。」[2]

上海的會館為蘇州、盛澤、南通、廣州等地同鄉會館館產而分別與蘇州地方審判廳、南通縣政府、廣州有關當局等交涉。上海的會館根據需要調整鄉誼流動,或者聯合兩城的同鄉,或多城同鄉聯動。鄉誼流動過程中,以上海為中心的同鄉網絡不斷被塑造。

通過城際鄉誼流動解決館產糾紛的同時,還解救、幫助同鄉。上海與通州、營口、漢口,漢口與北京之間都有鄉誼流動。廣東人許錫之在通州經商,一九一四年八月九日被通州知縣拘押,其妻向南通潮惠會館求助,潮惠會館轉而向上海潮州會館求助。接到南通潮惠會館電函後,上海潮州會館迅速與上海廣肇公所商議,將被拘留的許錫之

---

[1] 上海市檔案館藏,《潮州會館》,Q118-9-25、Q118-9-26。
[2] 周昭京:《潮州會館史話》,上海:上海古籍出版社,1955年,第58頁。

救出，又資助他路費回鄉。¹香山人鄧吉符在漢口經商，一九一九年，上京覓友，人地生疏，被警廳疑為黨人，後在床下檢出證據而拘捕了他。漢口嶺南會館聯具公電懇請北京的廣東會館保釋鄧吉符。²一九三一年，漢口大水，紹興同鄉受災慘重，紹興七縣旅滬同鄉會與寧波旅滬同鄉會及上海的四明公所，組織了寧紹急救漢災會，籌墊款項，公推人員，隨帶糧食藥品，訂輪船三艘，開赴漢口，拯救被難同鄉，從上海轉道回原籍。³一九一五年，徐道生遺下營口北清公司芝罘輪船公司股票五股，徐道生遺孀徐袁氏委託楊文修代沽，楊將股票遺失。徐袁氏致函上海的廣肇公所，詢問是否能代向北清公司交涉，兌回股金。廣肇公所接函後，多次與營口粵東會館聯繫，請求協助。營口的同鄉會館積極向旗昌洋行經理疏通，使此事順利得到解決。徐袁氏收到了營口寄來的八百三十兩股款。⁴

會館通過城際鄉誼流動參與釐金事務。十九世紀中期，清朝政府開始徵收釐金，商人團體與政府之間逐漸形成了一種互相容讓的機制，由重要的會館、公所來承擔徵稅工作。⁵十九世紀七〇年代前，潮州商人向上海的外國公司購入鴉片，付稅給上海官府，將鴉片從長江輸入到鎮江及內地。這些鴉片販子將鴉片賣給控制鎮江鴉片貿易的同鄉人。

外國人達夫和戴維試圖在鎮江進行鴉片貿易。他們在一八七九年控告中國行會成員聯合起來將他們排斥在貿易之外，違反了條約規

1　周昭京：《潮州會館史話》，上海：上海古籍出版社，1955年，第57頁。

2　北京市檔案館藏，《會館檔案》，J19-1-332。

3　《1932年10月2日開第22屆常年大會記事》，上海市檔案館藏，《紹興七縣旅滬同鄉會檔案》，Q117-5-6。

4　郭緒印：《老上海的同鄉團體》，上海：文匯出版社，2003年，第453頁。

5　〔美〕顧德曼：《家鄉、城市與國家——上海的地緣網絡與認同（1853-1937）》，上海：上海古籍出版社，2004年，第94頁。

定,要求賠償他們的損失。案件由英國副領事和道臺主持,加上英國陪審推事和中方知縣。在這個案子中,中國官方支持潮州商人,因為會館等同鄉群體利用稅金壟斷權防止與洋商勾結的內地走私。會館等同鄉群體在鎮江的英國商號周圍安插人員,監視與商號來往的人。會館意在保護潮州人的生意,這恰好與關注稅源保護的中國官方利益一致。上海道臺支持潮惠會館的所有證詞,甚至是偽造或者誤導的材料。

上海潮州鴉片商和鎮江廣東會館在上海洋藥捐局舉行聯合會議,以確定鎮江釐金徵稅安排。有關鎮江釐金稅則的草稿不是在鎮江而是在上海,由上海潮州會館起草。鎮江知府甚至與鎮江會館董事組成代表團一起到上海,與上海的會館進行討論。[1]

上海與鎮江的廣東會館之間通過鄉誼流動參與釐金事務,歙縣旅滬同鄉會則利用鄉誼流動抗議浙江釐金局擾商。二十世紀二〇年代初,歙縣旅滬同鄉會為徽州商幫利益,進行了抗議浙江省釐金局浮收勒索苛擾商旅事件的活動。當時,從上海到徽州的沿途經過浙江省地界,遍設釐金關卡,肆意勒索商旅。七月,該同鄉會函請浙江省長、財政廳,嚴令取締,很快接到浙江財政廳覆函稱:「已飭各局嚴行查禁。」[2]歙縣旅滬同鄉會通過鄉誼流動促使浙江省在釐金關卡方面做出一定讓步。

同鄉資源在城際同鄉網絡流動顯示:北京、上海的會館等同鄉群體是兩個中心,兩個中心之間鄉誼流動頻繁;兩個中心各有受其影響的分支同鄉網絡,北京、上海的同鄉資源又在其分支網絡中流動而作用於政府。

---

1 〔美〕顧德曼:《家鄉、城市與國家——上海的地緣網絡與認同(1853-1937)》,上海:上海古籍出版社,2004年,第95-96頁。
2 《歙縣旅滬同鄉會第一屆報告書》,上海市檔案館藏,《歙縣旅滬同鄉會檔案》,Q117-27-3。

（三）全國性事件中的鄉誼流動

十九世紀之前，會館等同鄉群體甚少涉及中外事務。近代以來，中國越來越多地被捲入到世界體系中去，中外交涉常常導致同鄉資源流動越出同鄉網絡本身，不同地域的鄉誼流動交織在一起，形成全國性鄉誼流動。同鄉資源在全國性事件中流動主要是反對喪失國家主權和損害民族利益的行為，控訴外國在中國的經濟掠奪，抗議外國對華人的欺壓和殘殺暴行等。

當中國政府與外國打交道使中國的主權和民族利益受到影響時，人們常常奮起反對，聯合北京、上海的同鄉群體等向政府施加輿論壓力。一九二一年，上海南海邑館從報紙得知廣東九龍租借地有推廣至石龍之說，向北京的廣東會館等同鄉群體等發出通電稱：「查石龍為粵東要塞，中華民國領土，何能租借外人。如果屬實，我國民斷難承認，務乞顧全民意，以保主權，曷勝迫切之至。」[1]一九二三年三月十四日，日本政府致北京政府的牒文中，拒絕廢除二十一條。二十四日，上海廣肇公所與寧紹臺同鄉會發起市民大會，一致主張否認二十一條，收回旅大，並決定成立上海對日外交市民大會，在收回旅大和廢除二十一條前，實行對日經濟絕交。三月二十五日，廣肇公所召開特別會議，公推馮少山等三人為代表組成上海對日外交市民大會執行委員會。[2]一九二五年，關稅會議在北京召開，上海廣肇公所特開臨時會議，決定致函北京關稅會議委員會，堅持關稅完全自主，「否則，寧

1　《上北京政府》（養電），上海市檔案館藏，《潮州會館往來電報》（1921年），Q118-9-7。

2　《3月25日特別會議》，上海市檔案館藏，《廣肇公所議事部（1923年）》，Q118-12-125。

可停會，別籌對付辦法」¹。

　　處於半殖民地的中國，常常遭受外國的掠奪、欺壓和慘殺，人們為此而向北京的會館等同鄉群體請託。當中國的民族利益受到損害時，往往會出現舉國上下團結抗爭的局面。如一九二五年英帝國主義殘殺我同胞，製造廣州慘案及沙基慘案，廣東各界人士、其他地方的同鄉及非廣東同鄉都致電北京廣東會館及全國人民，提出懲治外國侵略者，維護民族利益的主張。這時北京的廣東會館積極地響應，採取多種途徑予以支持。六月三日，五卅運動中，上海廣肇公所召開特別會議，擬請「會同粵僑商業聯合會、潮州會館電請北京段執政外交部並函江蘇交涉員鄭省長嚴重交涉，以維國權，而張公理」²。六月六日，湖社召集會議，致電外交部，措辭嚴厲，要求「力爭懲凶、償恤、道歉、收回公共租界、撤銷英領事裁判權，修改對英一切不平等條約為最低限度」³。

　　一九二三年，日本關東大地震後，日本維持秩序的「青年團」與在鄉軍人、警官、軍隊，用刀、劍、鐵棒、鐵鉤等凶器，對我旅日華工肆意擊殺。⁴一九二三年九月間，浙江溫州兩地遇難者即達數百人。當溫州旅滬同鄉會得知日本慘殺我國旅日華工事件後，多次致電北洋政府外交部，要求外交部與日本當局交涉。⁵在要求北洋政府外交部對

1　《10月20日特別會議》，上海市檔案館藏，《廣肇公所議事部（1925年）》，Q118-12-128。
2　《6月3日特別會議》，上海市檔案館藏，《廣肇公所議事部（1925年）》，Q118-12-128。
3　陳藹士等湖社同人246人：《致北京外交部沈總長電》，《湖州月刊》第2卷第5號，轉引自郭緒印：《老上海的同鄉團體》，上海：文匯出版社，2003年，第663頁。
4　該事件的相關情況參見章志誠：《日本在關東大地震期間慘殺浙籍旅日華工與北洋政府對日本當局的交涉》，《浙江學刊》1990年第6期。方賢：《日本關東大地震期間溫州旅滬同鄉會的作為》，《溫州職業技術學院學報》2012年第3期。
5　《溫州旅滬同鄉會致外交部電》，《申報》1923年10月19日，第13版。

日交涉的同時，溫州旅滬同鄉會派代表進京，同時致電旅京的同鄉，請求在北京的五個溫州旅京同鄉會力予援助，就近督促外交部採取行動。[1]外交部派人前往日本交涉，[2]也提出了強烈抗議，但由於國力弱小，日方雖然承認有此事，卻只將岡田警部以下，分別處以三、四年等有期徒刑。[3]溫州旅滬同鄉會知道後表示對結果不滿意，認為日方「對於慘殺數百人，滅絕人道之案，乃只處數人以極輕之刑罰，侮蔑吾國」[4]。要求外交部「續提抗議，誓達懲凶道歉賠償撫卹之目的，以雪國恥而慰冤魂」[5]。由於未得到外交部明確回覆，溫州旅滬同鄉會一九二四年五月七日和六月十七日再次向外交部呈文，要求外交部續提抗議，以保國權而雪冤抑，並且將交涉結果宣示國人。[6]終於迫使外交部於一九二六年二月十七日再次函覆「溫州旅滬同鄉會」，宣稱「日人慘殺僑胞一案，迭經部中嚴重交涉，彼方雖承認賠償，究以案重數微，未便率允了結，迄今尚正在交涉之中」[7]。

五四運動前後的鄉誼流動抗議喪權辱國最為引人注目。

一九一九年，巴黎和會召開。二月六日，七個團體聯名通電北京政府，呼籲拒絕日本要求，在巴黎和會上維護中國主權。其中四個是廣肇公所和浙江、寧波、紹興同鄉會。一九一九年四月底，盛傳青島問題由五國管理。為了商討對策，山東省議會駐滬代表王樂平在山東

1　《溫州同鄉會再為被害華工之呼籲，致旅京同鄉電》，《申報》1923 年 11 月 9 日，第 14 版。
2　《赴日調查專使致溫州旅滬同鄉會函》，《申報》1923 年 12 月 3 日，第 14 版。
3　《溫州同鄉致外交部電，慘殺僑胞案結果不滿意，請向日政府提抗議》，《申報》1924 年 1 月 17 日，第 14 版。
4　同上書。
5　同上書。
6　《溫州同鄉會再請交涉殺華僑案致外交部呈》，《申報》1924 年 5 月 7 日，第 15 版。
7　《外交部函覆溫州同鄉會》，《申報》1926 年 2 月 17 日，第 13 版。

會館開了兩次談話會。王樂平通報了巴黎和會上北京政府對山東問題的態度。旅滬山東同鄉會致電北洋政府懇請：「電飭專使，據理力爭，務達直接交還之目的。」[1]一九一九年五月四日，北京學生遊行遭到鎮壓後，五月五日晚，山東會館與世界和平共進會等二十一個團體召開緊急會議，決定於五月七日召開國民大會。

一九一九年五月六日，由上海廣肇公所、寧波同鄉會為代表，湯節之任會長的商業公團聯合會率所屬五十五個公團致電北京政府，要求釋放被捕學生。還致電中國使館轉和會專使，要求直接交還青島，撤廢密約。五月七日下午，第一屆國民大會按時召開。山東同鄉會等五十七個團體參加會議。在此前後，王樂平等拜訪了山東籍淞滬護軍使盧永祥請其設法力爭，又致電山東籍湖北督軍王占元、衡州吳佩孚師長，請其速電政府，懲辦賣國賊，以清內奸。[2]五月十一日，旅滬山東同鄉會在山東會館召開大會，決定發出致濟南各界、旅京魯人和北洋政府三電。五月二十五日，上海商業公團聯合會率六十一個公團，致電北京政府，要求「俯從商學界之公意，所有屢次請求各端，萬望立即施行」。六月五日，上海三罷鬥爭迅速展開。當天，山東會館即發出致北京大總統和國務院總理兩電，抗議北洋政府逮捕學生。[3]六月二十三日，上海商業公團聯合會等十餘團體，議決急電歐洲專使，如違民意而簽和約者，當與曹、章、陸同論。六月九日，吳佩孚致電北京大總統，要求釋放被捕學生，公佈外交始末。六月二十三日，山東協會對吳佩孚通電表示欽佩，同時呼籲全國魯籍師旅長以上軍官對時局加以注意。吳佩孚聯合了馮玉祥等六十名直系將領於七月一日發出呼應電，強烈反對和約簽字。

1　《申報》1919年5月6日。
2　《山東史志資料》1983年第3期，第105頁。
3　《民國日報》1919年6月6日。

五四運動中，各地同鄉團體相互呼應，向政府施加壓力。鄉誼流動一定程度上影響了政府決策。

　　還有一些事件不關中外，但也屬於全國性事件。一九一九年，上海廣肇公所等反對南北分裂，呼籲續開和議。一九一九年三月二日，南方代表通電停止議和。次日，廣肇公所會同寧波同鄉會等五十三個團體在寧波同鄉會館成立「上海商業公團聯合會」，其中包括同鄉團體十九個。五日，該會函南北議和代表，請續開和議。二十一日，上海商業公團聯合會致電北京政府，要求南北議和代表於七日內續開和議。在各方呼籲下，南北議和代表於四月七日恢復談話會。[1]

　　鄉誼不僅直接流向旅居地或者家鄉的政府，而且流向中央政府各部門和全國，甚至是世界輿論界，它聯絡起散佈於各地的同鄉要人和同鄉團體，藉助各方力量促使事件的解決。鄉誼流動中最主要的參與者來自旅居地同鄉和家鄉，其次為旅居外地的同鄉。桑梓之情仍然是維繫鄉誼流動的主要紐帶，桑梓之情在人們的社會生活中仍然占據重要的位置。旅居外地的同鄉參與者又以北京、上海、漢口、廈門、青島等政治中心、開放口岸城市和工商業城市的同鄉較多，廣大西部地區城鎮很少有同鄉向北京、上海的會館等同鄉群體請託。它說明鄉誼流動的分佈是不平衡的，這種不平衡與各地的經濟發展水平和社會的開放程度有一定的關係。中國東部經濟較為發達、社會較為開放的城市中鄉誼流動較多，一些經濟不發達、社會開放程度低的地區鄉誼流動較少。鄉誼流動中，非同鄉參與者的出現則說明會館等同鄉群體處理事務時逐漸超越地域的限制。

---

[1]　郭緒印：《老上海的同鄉團體》，上海：文匯出版社，2003年，第459-460頁。

二 參與者社會構成擴展

　　鄉誼流動的擴展不僅表現在地域方面,而且參與者的社會構成也發生了變化。旅居地同鄉是鄉誼流動的主要參與者,並不是所有的旅居地同鄉都與鄉誼流動發生聯繫,那麼,實際與會館發生聯繫的都是些什麼人呢?前文已在「權衡同鄉資源」部分討論了鄉誼流動中的部分位高權重的同鄉,在此主要分析一般同鄉。

　　會館的章程規約通常都提及了其一般成員。一九一五年,廣東嘉應會館(北京)規定:「本會館為旅京同鄉會集之所。凡在京供職及來京覲見應試求學及正經之營謀者均得居住。」[1]在京供職和來京覲見主要指在京做官之人,或在政府機關當差做事之人,在一般百姓的眼裡,他們都是官府中人。應試指的是投考學堂和參加高等職官考試的人,正經之營謀者,大約指做官讀書之外而有正規職業的人。會館規約反映了會館意識裡想聯絡的同鄉是政府職員、學生和有正規職業者。

　　關於會館的一般成員,從當時的同鄉錄中可以知道一些實際情況。清末民初的許多會館都比較注意同鄉之間的聯絡,他們專門派人調查旅京的同鄉,並編成同鄉錄。一九一五年《旅京福建同鄉錄》中共載有同鄉五〇二人,其中非政府職員約八十人,而且這些非政府職員又以學生教員為多,其次是工商業者。一九二三年《旅京雲間同鄉懇親錄》登記同鄉三百二十七人,政府職員約一百二十人,學生約八十多人。二者總和差不多占所登記同鄉的三分之二,餘則多為商界人士。一九二三年,《旅京安徽池屬六邑同鄉錄》記載的一百七十三個同鄉中服務於政府部門的約九十人。[2]從這一時期的同鄉錄中我們發現,

---

1　《嘉應會館規約》(1915 年),北京市檔案館編:《北京會館檔案史料》,第 580 頁。
2　《旅京福建同鄉錄》(1915 年),《旅京雲間同鄉懇親錄》(1923 年),《旅京安徽池屬六邑同鄉錄》(1923 年),首都圖書館藏。

會館的規定和實際調查結果基本相符，即和會館發生聯繫較多的同鄉是政府職員，其次為學生和商界同鄉。

清代旅京人口相對穩定，清末民國時期，京師外來人口逐漸增加。整個民國時期北京人口變遷的總趨勢是以百分之一百二十二（1912-1949）的年平均增長率增長，與康熙二十年以後兩百二十九年間的年平均增長率相比提高了五六倍，由於城市人口的自然增長率一直偏低，因此維持北平市人口百分之一百二十二的增長率的主要是外來人口的增長。[1]一九一二年，京師內外城的人口數為七百二十五人、一百三十五人，按照百分之一百二十二的增長率計算，京師每年增加的外來人口約七、八萬，加上原來旅居京師的人口，京師的外來人口數目日益龐大。

民國時期北京人口的年齡構成以少年和成年人為主，尤其以壯年人為多、性別比高。北京歷年的婚姻統計中，已婚人口占宜婚人口的比重都比較低，而且在宜婚人口中，未婚男性遠遠多於女性，已婚男性亦大大超出女性。這不僅揭示了當時北京的人口出生率低、自然增長率也低的根源，同時還表明了進京謀生的外地人增加。[2]一九一五年，京師警察廳一個告示中說道：「近年以來各省人士之來京者日見增多。」[3]京師警察廳的判斷與前面分析這一時期北京人口的年增長率、年齡構成、性別比例、結婚率所得出的結論基本相符，它們都反映出從清朝到民國旅京人士在總數上有較為顯著的增加。

明清時期京師會館主要聯絡的是旅京官員、商人以及鄉試會試期間旅京的應試人員。他們流動頻繁，大都是北京的過客，尤其是應

1　韓光輝：《北京歷史人口地理》，北京：北京大學出版社，1996年，第282頁。
2　同上書，第285頁。
3　《京師警察廳頒佈管理會館規則》（1915年），北京市檔案館編：《北京會館檔案史料》，第1頁。

試人員，多數人每三年才來一次京師，考試結束便又回到家鄉。民國成立，科舉早廢，欲圖出身，唯學校是賴。京師為國之首都，學校林立，一九一九年，北京有專門學校和大學四十餘所，接受教育者多數來自全國各地。學生求學不必如科舉時代，在家鄉溫習功課，然後到京師參加考試。現在則是直接寄居京師，在各個學校學習，居住相對穩定。近代以來，交通便利，中央政府對京師的籍貫控制不如明清時期嚴格，隨著地方自治運動的發展，開始消除客籍和土籍的分別，在北京只要居住三年，就有選舉權，成為北京的市民。另外，政治制度改變，在京師的各省官吏多有固定的職務（清代有候補官，多暫住等候外放），他們自己立起門戶來，漸成定居之勢。

於是，「肄業於京師各學校及服務於國家各機關者如雲而起」[1]。京師科舉士子消失，代之以學校林立，學生、政府職員的增加。旅京人員在繼續流動的同時，其中一部分開始較長時間居於京師。會館與旅京人士中相對穩定的人群，如政府職員、學生的聯繫便多了起來。

北京旅居者的狀況雖然略有特殊，但與大中城市更多只是程度上的差別而已。近代以來，雖然政治制度開始變革，與明清已有很大不同，但仍是官本位的社會，政府職員在社會中占據著較高的社會地位。國內學生已經形成頗具規模的社會群體，展開了各種活動，發揮了重要影響，學界成為一種不容忽視的社會力量。近代商人活躍於社會的各個方面，其地位令人矚目。與會館聯繫較多的是政府職員、學生和商界同鄉。政、商、學等各界社會菁英介入鄉誼流動，反映了民間社會菁英階層的擴大，並開始走向社會的中心舞臺，發出自己的聲音，展示自己的力量。

各界社會菁英常以公益團體、商人社團、士紳社團及其負責人的

1　《永新旅京同鄉會會刊》（1916），首都圖書館藏。

身分參與到鄉誼流動之中。

　　一九二〇年一月十三日，廣東地方人士為廣州政府與英商簽定電車路合同事件給北京廣東會館的一封信中有以下一些署名：廣州市電車路補救會全體幹事員、國會議員何士果等、省會議員曾國琮等、最惠行善院田志堂等、廣濟醫院何仁卿等、廣仁善堂楊紹文、愛育善堂馮公溥等、方便醫院宋俊堂等、廣州總商會姚掄三等、地方自治研究社梁遠甫、商務研究所陸卓卿、救火慈善會梁孝魯、述善堂明子遠等、廣東善後協會代表唐寶鍔等、廣州自治籌備會謝日如、漆器行陳德章等、八約團保分局趙慎初等、鮮果鹵貨行李月生等、靴鞋行歐陽明西等、牛皮行於暉如等。[1]國會議員、省會議員、地方自治研究社、廣州總商會、愛育善堂等善堂、鮮果鹵貨行等七十二行是廣州的重要社團，參與署名的幾十人多為這二十個團體的主要負責人，他們代表了廣州的主要社團和社會的重要人物。[2]其他請託者的身分大多與之類似，如救災公所就是由廣東省港澳官紳善商會辦；廣東糧食救濟會即由陳廉伯、簡照南等商界名流發起。

　　從明清到近代，推動鄉誼流動的主體大多是有一定社會地位的個人或者團體，但是他們的內涵在一定程度上發生了變化。明清時期鄉誼流動參與者多為士紳，包括獲得各種功名和官銜的商人等。近代的鄉誼流動參與者不僅僅包括地方的士紳，其範圍更寬泛，他們在地方上的實力和聲勢強大，其職責較多。特別是清末北洋時期，由於中央政府對地方社會的控制力進一步削弱，地方社會多為公團及其負責

1　北京市檔案館藏，《會館檔案》，J19-1-272。
2　晚清廣州對城市社會控制發揮作用的非官方社會團體有四種，即街坊組織、商業行會（七十二行）、士紳結社（文瀾書院十九世紀前期）、慈善及公益團體（九善堂十九世紀後期）。北洋時期，發揮作用的是商人社團七十二行、九善堂，廣州總商會（1904年）、粵商自治會（1907年），士紳社團文瀾書院、廣東地方自治研究社（1907年）等。

人所控制，地方的利益實際與他們的利益關係甚重，所以他們願意積極參與社會事務，同時又具備經濟、文化和社會方面的條件，具備通過信函電報或者直接前往北京、上海等地參與鄉誼流動的可能性。所以，政、商、學等各界人士積極地參與鄉誼流動。

鄉誼流動的參與者常以公團面貌出現。國民政府和中華人民共和國時期將會館等同鄉群體作為意識形態意味濃厚的人民團體、社會團體加以管理。清末民初鄉誼流動參與者往往自我認同為公團。明清政府對民間結社保持一定警惕，但甲午戰爭以來，尤其是戊戌變法之後，中國的社團如雨後春筍，紛紛破土而出，與原有的社會組織共同構成了推動社會發展的重要力量。近代以來，無論是旅居地還是外地，以團體為單位的鄉誼流動參與者增加。僅一九二〇年一月十三日，為反對廣州政府與英商簽訂電車路合同，就有二十個團體踴躍參與鄉誼流動，這絕非特殊現象，其他鄉誼流動事件中也多以各種團體為其主體。會館等同鄉群體通常是受託者，但它又往往成為請託者，這與它的認同有莫大關係。一九一七年三月四日，上海廣肇公所舉行全體特別大會，會議記錄多次提及公團：「寧波同鄉會來函並送來請會銜與上海各公團致北京公電，請嚴守公決，始終中立等因……查閱該電稿業經由總商會、寧波同鄉會等各公團加蓋圖章。公議，事關全國安危，各公團既皆蓋章、本公所自當一致贊成。」[1]該記錄顯示，總商會、寧波同鄉會、廣肇公所等新舊組織都自我認同為公團。

一九一九年，廣東商民寄給北京的廣東會館一份函件，痛陳財政廳楊永泰、警察廳魏邦平拆城修築電車路合同違法貽害之事，[2]其署名即為廣東商民公團。一九一九年，北京的廣東會館給廣州督軍省長

---

[1] 《3月4日第6期全體特別大會》，上海市檔案館藏，《廣肇公所議事草冊（1917年）》，Q118-12-93。
[2] 北京市檔案館藏，《會館檔案》，J19-1-272。

市政公所的信裡也提到「廣州電車路案發生，眾論沸騰，省城港滬同鄉人士暨公共團體函電交馳，陳說利害，聯請設法阻止」[1]，與之函電交馳的團體有哪些呢？就這次事件而言，廣東會館擬的電報要拍發的團體有香港華商會所，漢口、福州廣東會館；廣州的省議會、自治研究社、總商會、九善社；上海的旅滬粵東客語同聲社、廣肇公所、潮州會館等，而它所收到的函電也主要是以上團體寄來的。由此可以看出，廣東會館視野裡的公共團體範圍較廣，既有會館又有非會館團體，既有舊的社會組織，又有新的社團，幾乎包羅了當時社會上主要類型的團體。後人所稱的新社團與傳統社會組織，對生活在近代的人們而言並非涇渭分明，新社團和舊有社會組織都認同於「公團」。

京師河南全省會館一九一二年的管理章程第二十八條明確規定：「嵩陽別業，除同鄉公共團體開會，或宴會借用外，非係全省代表及高級官長，不得居住。」[2]嵩陽別業是京師河南全省會館之一，在此開會的同鄉公共團體主要指會館。因而，會館在自己的規章裡，與其他團體的往來函件、電報中自稱或者互稱的「公團」，是指公共團體。

公共團體又是法人團體。清末以來，政府已經承認民間結社的自由，而且從法律上著手管理會館等同鄉群體，會館等同鄉群體成為政府管轄下的法人團體之一。這相對於之前長期警惕結社算是一大改變。由於京師的許多會館等同鄉群體是同鄉同業混合型的，政府頒佈的與會館有關的工商業法令，從一個側面反映了政府從法律上對會館等同鄉群體進行管理的事實。一九〇四年，商部頒行的《商會簡明章程》二十六條中，明令各省城市舊有的「商業公所」等一律改為「商會」，這就使工商業會館變成商會並上升到法律的高度，甚至具有強制

---

[1] 北京市檔案館藏，《會館檔案》，J19-1-276。

[2] 《河南全省會館管理章程》（1912 年），北京市檔案館編：《北京會館檔案史料》，第 466 頁。

性。一九一八年,北京政府農工商部頒佈《工商同業公會規則》宣佈:「本規則施行前,原有關於工商業之團體,不論用公所、行會或會館等名稱,均得照舊辦理。」於是,工商業會館與其他工商業團體一起被納入該規則的管理範圍之內。一九二三年,修正該規則時,又加入了一條補充規則:「前項公所、行會或會館存在時,於該區域內不得另設該項同業公會。」[1]會館、公所改為商會,同為工商業團體的公所、行會、會館改為同業公會,公所、行會、會館與商會、同業公會一脈相承,政府將其一併納入社會團體加以管理。由此,這些社團互相認同於「公團」也不難理解了。

國人研究會館者,較早的要數鄭鴻笙。一九二五年,他撰文指出:「公所會館基於社會之進化,及工商業之發達,自然集合而為一團體,初非有法律規定以為準繩,及民國成立,應時勢之要求,政府頒佈工商同業公會規則,認為有法人之人格,而付與權利義務能力。」[2]他發現了會館在民國前後的一個重要轉變,即由自然集合之團體轉變成法律規定之團體,此論頗為中肯。

近代以來,會館自我認同於公團,政府把它作為社團納入法律管理的範圍之內,人們眼裡的會館屬於法律規定之團體,從這三個方面來看,當時國家不僅意識到會館這一公團的存在,而且已經行使管理會館等同鄉群體的職能。會館等同鄉群體以法律規定為準繩而活動,既要受法律的約束,又受法律的保護;既享有法律規定的權利,又須履行法律規定的義務和責任,從而使會館等同鄉群體與政府的關係進入一個新階段,即由放任自流階段到以法律為手段調整二者關係的專門管理階段。

---

1 彭澤益主編:《中國工商行會史料集》,北京:中華書局,1995年,第985-988頁。
2 鄭鴻生:《中國工商業公會及會館、公所制度概論》,載於《國聞週報》1925年第2卷第19期,第21頁。

會館等同鄉群體在獲得法律認可的同時，認同於「公團」，意識到自己作為一個公共團體而存在，反映出一種新的社會意識的出現。作為公共團體，會館等同鄉群體就要承擔起公共團體的職責，對於一些公共事務應該有自己的立場，發出自己的聲音，並付之於一定的行動。這恐怕是促使會館等同鄉群體關注社會事務，對人們向它請託之事熱心受託的一個原因。當它自身無法直接解決這些請託，便自己成為請託者，向別的團體或政府請託。與此同時，他們也主動關心一些事務，主動就一些事情向外界請託而成為請託者。

近代以來，會館等同鄉群體由自然聯合逐漸轉變為法律規範下的公團，這是會館等同鄉群體發展史上的重要轉折。表明隨著社會的變遷，舊有的社會組織如會館，在不斷完善其組織與管理，不斷改進其主要事務，不斷調整自己與政府的關係，從而能夠適應社會變遷而得以生存發展。

三　鄉誼流動關注的問題日益寬泛

明清時期，人們更多的是利用會館的館舍，或在會館居住，或在會館裡舉行同鄉團拜、祀鄉賢、會餐宴飲、唱戲、為考中進士的同鄉賀喜等活動。為舉人、官員、商人提供居住和集會娛樂之所，一直被會館看成是一件非常重要的事情，慈善救濟的一個主要的方面即購買義園用以埋葬客死異地的同鄉，這些都是利用會館的房產和地產等物質性資源解決同鄉面臨的一些問題。

近代以來，旅京、旅滬的同鄉和非同鄉仍然在使用會館的館舍和義園。不過，使用館舍的內涵發生了改變。比如關注家鄉政務的眾多同鄉團體設立於會館，這是明清時期難以想像的。茲列舉數例如下：

表 2-1　北洋時期北京會館中的社團表

團體名稱	設立地點	宗旨	發起創辦者	成立時間	負責人及成員
旅京廣東自治促進會	粵東新館	實行民治主義	陳榮新	1920年9月26日	董事葉恭綽、王寵惠、梁士詒、梁啟超等22人[1]
安徽同鄉自治制度討論會	安徽會館	研究自治制度、排除自治障礙、期於實行自治	孫毓筠	1920年10月31日	江朝宗、余維鐸、孫毓筠等，會員1200餘人[2]
旅京河南自治促進會	嵩雲草堂	聯絡感情、交換智識、促進地方自治	袁乃寬	1920年10月31日	評議員、幹事員輪流到會辦理，會員400餘人[1]
湖北自治促進會	湖北會館	促進地方自治、發揚民治精神	李治東	1920年12月28日	李治東、羅燦、魯頌、陳賡堯、李安國，會員154餘人[2]
江西省自治研究會	德興會館	研究江西自治	黃潤生	1921年5月1日	蔡森、舒偉元、徐步垣，會員500人[3]
旅京安徽廢督裁兵促進會	安徽會館	促進本省廢督裁兵	吳健吾	1922年8月	吳健吾，會員78人[4]
旅京安徽廢督裁兵協會	歙縣會館	運動廢除督軍、軍事幫辦、鎮守使、裁減軍隊	王立	1922年7月19日	王立，會員65人[5]

1　于彤、袁鳳華：《北洋政府時期北京社團一覽》，《北京檔案史料》1991年第2期，第62頁。
2　同上書，第62頁。
3　同上書，第62頁。
4　同上書，第63頁。
5　同上書，第64頁。
6　同上書，第73-74頁。
7　同上書，第73頁。

近代使用會館館舍主要是舉辦各種活動。近代旅外人口激增，公寓和旅店得到發展，一部分旅外同鄉住進了公寓和旅店。隨著科舉廢除，新的選官制度開始實施，會館收入的一個重要來源——喜金和捐贈中斷了，一些會館因為經濟上的窘迫而出租房產，會館房產的使用者與會館之間的物質利益關係加強。非同鄉借會館的館舍舉行各種活動，請託者與會館之間存在物質利益關係，即會館著眼點在於出租房屋。所以，這時人們使用會館的館舍不僅僅是基於同鄉關係的考慮。各種團體為著特定的目的在會館中舉行活動，他們或召開政治性集會，或宣告某個政黨的成立，或為某省賑災而演戲籌款，或為歡迎某社會名流而舉行演講……在會館中舉辦的活動，人們關注的不再是充滿鄉情的館舍與各種設施，他們主要是找到一個公共空間，使活動得以舉行，活動本身才是他們關注的中心所在。

外地的人們請託於北京、上海的會館等同鄉群體，基本上不會涉及使用會館的館舍，他們請託會館等同鄉群體要解決的是一些事務性問題。

明清時期，地方事務中很大一部分被民間的各種組織和人員所承擔。清末以來，中國地方行政開始較大規模改革，家鄉市政建設吸引了會館等同鄉群體的注意。隨著近代市政機構的成立，政府逐步從民間的組織和個人手中接過這些地方事務，而且還開展了各種新的政務。新的市政機構在計劃和執行政務過程中，與地方各種利益群體存在衝突，從而導致鄉誼流動。寧波同鄉會還發起當地的行政改革，甚至自己挑選當地的行政人員。一九一二年，寧波旅滬同鄉會鑒於寧波百廢待興，地方政治事務亟須改革，同鄉會推舉朱葆三、虞洽卿、李徵五等十三人，代表旅滬寧波商人，回寧波參加地方善後會議，並提議創設「六邑聯合會」，以管理商務、財政、交涉各事，意圖官紳合

作，與國家機關相輔而治，共同辦好地方事業。[1] 一九二一年十月，鎮海縣決定設立堤防局後，同鄉會要求寧波（會稽）道尹下令鎮海縣縣長指導當地自治委員會成員組織該局，道尹贊成這個方案，並請上海寧波同鄉會挑選該局的負責人。[2] 一九四八年，寧波旅滬同鄉會甚至組織鄉政考察團回鄉瞭解民間疾苦，監督地方行政，要求寧屬各縣政府將地方動態按月報告同鄉會。[3] 一九三一年，同鄉謝國桃等函稱，縣自衛團隊長馬成德率隊下鄉索取槍洋，騷擾不堪，歙縣旅滬同鄉會請縣政府予以制止。[4] 一九三一年，歙縣旅滬同鄉會致電省政府、民政廳電，挽留繆縣長。[5] 一九四八年一月，休寧同鄉會召集抗戰後重新成立的大會。在這次會議上一致議決：「電請休寧縣府刷新吏治，嚴懲地方貪污案。」[6] 一九一八年，洞庭東山旅滬同鄉會稱：「前山西六村公民來函，因有不法巡士，至該村調戲婦女，向之理論，反被毆辱，已解所究辦，深恐報復滋擾，懇請本會設法善後，當經函咨山董，請警所秉公辦理。即將該巡士解縣質訊，斥革了案。」[7] 近代鄉誼流動試圖解決地方政務中出現的問題。

駐紮在家鄉的軍隊，往往成為家鄉的負擔，鄉誼為解決駐紮家鄉

1　《寧波旅滬同鄉會大事記》，1911 年至 1933 年，上海市檔案館藏。

2　〔美〕顧德曼：《家鄉、城市與國家——上海的地緣網絡與認同（1853-1937）》，上海：上海古籍出版社，2004 年，第 175 頁。

3　《寧波旅滬同鄉會議案》，上海市檔案館藏，1948 年。

4　《歙縣旅滬同鄉會第 9 屆報告書》（1931 年），上海市檔案館藏，《歙縣旅滬同鄉會檔案》，Q117-27-3。

5　《歙縣旅滬同鄉會第 9 屆報告書》（1931 年），上海市檔案館藏，《歙縣旅滬同鄉會檔案》，Q117-27-3。

6　《人民團體成立大會報告表》（1948 年），上海市檔案館藏，《社會局檔案》，Q6-5-1039。

7　洞庭東山旅滬同鄉會：《三十年來歷屆大事記》，上海市檔案館藏，《洞庭東山旅滬同鄉會檔案》，Q117-9-37。

軍隊的困擾而流動。

袁世凱死後，黎元洪繼任總統。黎元洪任命龍濟光兼署廣東巡按使，委龍濟光辦理廣東善後事宜。龍濟光統治廣東時期，廣東人民對其倒行逆施深為不滿。一九一六年前後，廣東各公團紛紛向北京、上海的廣東會館等同鄉群體發來電報信函，揭露龍濟光禍粵事實，要求龍濟光交缺離省，有的請「陸督軍朱省長協力綏靖地方」[1]。旅京同鄉陳錦濤、程壁光、譚學衡等多方奔走，與廣東商民互通聲氣，一有消息就立刻告訴他們，當得知陸榮廷、朱慶瀾行程後，即覆電廣州九善堂諸公：「電悉，陸冬日由桂赴粵，朱即日出都。」[2]

一九二三年二月八日，廣肇公所聯合潮州會館等滬上幾乎所有的廣東同鄉團體，宣佈成立「廣東人民自決會」。自決會在給各省粵民團體的通電中，歷數軍閥禍粵罪行，表示「寧為玉碎，不為瓦全」。[3] 通電發出後，香港等地粵商紛紛發表通電或來函表示支持。廣東人民自決會成立後雖然活動不多，但開啟了會館等同鄉團體與家鄉駐軍交涉的新模式。

直系軍閥江蘇督軍齊燮元與皖系軍閥浙江督軍盧永祥為爭奪上海的控制權，虎視眈眈，戰爭大有一觸即發之勢。一九二二年，皖系軍閥馬聯甲被任命為安徽軍務督辦，兼署安徽省省長。一九二三年，安徽同鄉會（上海）獲悉馬聯甲有與盧永祥勾結，參與到皖、直軍閥爭奪戰中去的意圖，並派員來滬與各銀行接洽借款等情況。七月，徽寧同鄉組織弭兵會，利用在金融界的巨大影響力，向上海銀行公會、錢業公會發出公函，要求他們不要借款給馬，以維護安徽的和平。[4] 一九

1　北京市檔案館藏，《會館檔案》，J19-1-331。
2　同上書。
3　《旅滬粵人組織自決會》，《申報》1923 年 2 月 8 日。
4　《旅滬皖人阻止皖馬借款，徽寧弭兵會致銀行公會函》，《申報》1923 年 8 月 26 日，第 13 版。

二三年九月三日，直、皖軍閥爭奪上海的江浙戰爭爆發。為避免戰火殃及家鄉，徽寧弭兵委員會派遣代表去蚌埠向馬聯甲請願和平，並瞭解徽寧駐兵與廣德屯兵的情況，馬聯甲一一做了解釋。[1]

不久，又傳來皖南增兵之消息。一九二四年，徽寧同鄉會（上海）發出通電稱：「唯是兵凶戰危，古有明訓，將來一旦禍發，吾民身當其衝，後患隱憂，何堪設想……同人愚魯，擬貫徹和平初衷，決不忍使皖省捲入漩渦，甘為戎首……事關桑梓治安，務望吾皖父老兄弟共起直追，為皖民爭人格，即為桑梓謀治安幸福，和平前途實利賴之。」[2] 一月二十七日，徽寧同鄉會再發出鞏固和平的通電。[3]

一九二六年十一月初，國民革命軍總司令蔣介石率領北伐軍殲滅了孫傳芳的大部分精銳部隊後攻下南昌，一部分贛兵逃避於徽寧境內。蔣介石計劃借道徽州進兵南京。十一月二十四日，徽寧旅滬同鄉會聯合蘇浙皖的部分同鄉會等組織和平會。[4]

明清時期，會館等同鄉群體在經濟方面為同鄉所做的事主要有：借會館以旅寓、保護同業利益、代辦釐金，商務方面如幫規、商業習慣之制定、商業糾紛的調節、金錢借貸、倉庫儲存等。會館代辦釐金是太平天國運動以後才有的新事，會館曾經代辦釐金，隨著釐金局的合併，釐金便由政府統一徵收，同鄉也不再把釐金交給會館代辦了。隨著工商法規的相繼頒佈，專門審判調解機構如法院，商事公斷處的設置，新式職業社團如商會的不斷興起，人們可以越來越多地依賴法規，而不是商業習慣辦事；調解糾紛越來越多地依賴專門審判調解機

---

[1] 《徽寧弭兵會委員會紀》，《申報》1923年9月18日，第14版。
[2] 《徽寧同鄉會對於皖南增兵之通電》，《申報》1924年1月17日，第13版。
[3] 《徽寧同鄉會鞏固和平之通電》，《申報》1924年1月27日，第13版。
[4] 《徽寧旅滬同鄉會第三屆報告書》（1926年），上海市檔案館藏，《旅滬同鄉會檔案》，Y4-1-304。

構，而不是民間組織；保護同業利益逐漸依賴新式職業社團，而不是完全靠同鄉組織；會館的倉庫儲存等功能則漸漸消失。清末以來，在經濟方面，鄉誼流動的新動向主要表現在對地方經濟政策和經濟措施的呼籲。

會館等同鄉群體大規模與家鄉的政府交涉，並參與經濟建設始於清末。如光緒三十二年，四川會館（北京）值年翰林院修撰駱成驤等同鄉京官收到四川總督函寄川漢鐵路股票並囑咐他們在京招股，於是四川旅京同鄉經公議，決定在永光寺四川會館設立招股處，專門辦理四川鐵路招股之事。[1]

進入民國，鄉誼流動越來越多地介入各地經濟政策和經濟措施的討論。胡漢民、陳炯明秉政時，廣州西門清平十約商鋪四千餘房代表蘇自強等反對省長對廣東的妓院弛東禁西，請北京的同鄉諸公速電粵，准一律開復以蘇商困。[2]香港粵路董事局的總理一月由大元帥派林直勉接替充任，將舊職員撤換。香港粵路董事局電北京廣東會館稱：「大元帥用人不當，以致激動公憤。現本路職工全體罷工，公司公受損失，請聯電政府維持。」[3]廣州七十二行商務總會總協理向北京的粵東新館請託：「近聞部電將廣東鹵餉以銀毫為本位折收紙幣。查紙幣係信用品，中央且不信用，難怪人民疑敵……連日人心惶惶，恐釀大變，應請飭將鹵務仿照舊暫收紙幣。」[4]抗戰勝利後，一九四六年八月二十一日，歙縣旅滬同鄉會分別致電安徽、浙江兩省建設廳，請求修復徽

1　見第一歷史檔案館巡警部檔 237 號，《四川會館值年京官等為在京集股開辦川漢鐵路備案呈文》。
2　北京市檔案館藏，《會館檔案》，J19-1-332。
3　同上書。北京市檔案館藏，《會館檔案》，J19-1-331。
4　《為呈請浙江、安徽建設廳修築杭徽公路以利商旅由》（1946 年 8 月 21 日），上海市檔案館藏，《歙縣旅滬同鄉會檔案》，Q117-27-13。

徽杭公路。[1]九月初,浙江省、安徽建設廳回覆歙縣旅滬同鄉會,[2]均指出,徽杭公路劃歸國道路線,屬交通部公路總局第一區公路工程管理局管轄範圍,所請恢復徽杭交通,可逕向第一區工程局申請。在第一區公路工程管理局的經管下,杭徽公路於次年搶修完工,重新通車。

明清時期,會館等同鄉群體直接為同鄉們提供經濟方面的服務和幫助。近代,鄉誼流動中涉及的經濟方面事務已經超出了會館等同鄉群體本身能力範圍,會館等同鄉群體通常無法僅僅靠自己的力量予以解決。鄉誼流動主要是希望通過會館等同鄉群體對政府施加影響,使其改變經濟政策或者改變經濟措施,政府才是解決問題的最終決定者。

一九〇五年以前,許多北京的會館等同鄉群體都或多或少為同鄉舉人參加科舉考試服務,會館等同鄉群體不僅僅解決來京試子的住宿,而且它還為這些試子們提供一定的經濟資助,為應試的舉子進行輔導甚至考後打關節,走後門。較為典型的是光緒三十年的甲辰恩科會試,福建籍的侍郎張元奇、郭曾和陳壁等京官輪流到福建館給福建的舉子指點,恰逢陳壁任讀卷大臣,直接參與錄取工作,因此,他每天都到福州二館,督同試子,練習大卷。不僅如此,他還派快馬等候在會館前,殿試出來後,福建的舉子立刻把試卷的內容寫成詩用快馬告訴他,讓他在參與評卷時心裡有數。[3]

清末科舉廢除後,北京同鄉會館為進京舉子服務的功能發生了轉變。人們在教育方面主要獲得經濟方面資助,利用會館提供的館舍住宿或求學,希望會館等同鄉群體對政府教育政策措施及一些學校的具

---

1 《浙江省建設廳函覆已代轉第一區公路管理局修復杭徽公路由》(1946年9月4日),上海市檔案館藏,《歙縣旅滬同鄉會檔案》,Q117-27-13。
2 《安徽省建設廳代電復本會請求修復杭徽公路由》(1946年9月7日),上海市檔案館藏,《歙縣旅滬同鄉會檔案》,Q117-27-13。
3 李景銘:《閩中會館志》第2冊,第108-109頁。

體事務施加影響等從而啟動鄉誼流動。

　　一九一二年，廣東教育司司長鐘榮光任職期間，全力推行教育總長蔡元培的民主辦學方針，廢除清代尊孔讀經的規定，拆毀封建匾額、旗杆及神像，改科舉試場為體育場，成立中小學教科書編委，改革舊學，提倡新學。港商陳露泉等反對此事，於是致函北京的廣東會館，請託會館對此事商討對策。粵東新館於一九一二年八月初六日發出了一份開會通知：「公啟者現接港商來函稱廣東教育司取消孔教，此事關係全粵人民信教問題，我同人亟應研究，務請於八月初十日午刻一鐘至三鐘駕臨南橫街粵東新館集議一切。」[1]此事遭到旅京同鄉馮自由等人的反對。馮自由八月初九即給會館來信，認為「開會討論鐘榮光取消尊孔一事實深詫異」，最後忠告道：「願公等毋墮其術中，致有盲從之誚。」[2]另一東莞同鄉馮鏡鐮也來信就此事發表自己的意見。關於廣東教育司取消孔教問題的請託，反映了新舊政權交替時期，新舊教育觀念存在衝突，人們請託於北京、上海的會館等同鄉群體，希望旅京、旅滬同鄉出面干預。

　　一九二五年，廣東政府派員接收廣東公醫學校，並且要把它歸併到廣東大學。廣東公醫畢業同人會發表了《廣東公醫畢業同人會對於政府收管母校宣言》和《廣東公醫畢業同人會對於政府收管學校之通電》，廣東公醫醫科大學校董發表《廣東公醫校院校董大會對廣大收管校院之通電》，一些學生也對此事發表了快郵代電，請各界諸公鼎力維持。[3]廣東公醫醫科大學是私立學校，不願被政府接收，於是通電尋求支持。

　　無論是政府教育政策和措施等方面請託，還是學校的具體事務等

1　北京市檔案館藏，《會館檔案》，J19-1-259。
2　同上書。
3　北京市檔案館藏，《會館檔案》，J19-1-284。

方面的請託，都明顯不同於明清時期會館等同鄉群體在教育方面給同鄉們提供的服務。這一時期人們向會館等同鄉群體請託的教育方面內容與新舊中西教育宗旨、方針、內容及教育制度、人事任免等方面衝突緊密相連，許多內容屬於社會性事務，而非個人性事務，它們大都不是會館等同鄉群體受託後就可以直接產生結果，而是需要會館等同鄉群體與相關的部門和人員交涉後才可能產生結果。

近代以來，鄉誼流動由旅居地延伸到家鄉及各地的同鄉，由同鄉擴展到非同鄉。這一時期鄉誼流動涉及救災、治安、軍隊、市政、經濟、文化教育、對外交涉等方面，它包羅了當時中國社會的主要問題，其內容之寬泛，是明清時期難以比擬的。如果說，清末新政以前的會館、公所在地方社會公益中發揮的職能，更大程度上是在國家職能之外產生、填補秩序真空的行為。那麼，清末新政改革，則把會館、公所的發展與現代國家的構建聯繫起來。會館、公所、商會的職能越來越多地受國家職能擴展的影響。[1]

第二節　鄉誼流動的分化

鄉誼流動的分化與擴展並存。鄉誼流動的分化，一是鄉誼流動化入其他組織中，即同鄉組織活躍於商會、同業工會、工人組織甚至政黨背後；[2]二是同鄉組織與非同鄉組織一起活動，互相呼應。近代以來，在尋求會館等同鄉群體幫助時，人們一是只向會館等同鄉群體求援；二是既向會館等同鄉群體求援，又向其他個人、組織及政府機構

1　馮靜：《中間團體在現代國家形成中的政治功能研究》，博士學位論文，復旦大學，2007年。
2　裴宜理等人的論著對此有所討論。裴宜理：《上海罷工》，南京：江蘇人民出版社，2001年。

求援。第一種方式越來越少，這對某一個會館而言，其所承擔的責任被分散。

在中國社會裡，個人或者團體以自己為中心構建起地域、親族、同事、同學、結拜兄弟和師生關係網，一遇到困難之事，個人或者團體往往將目光投向自己的關係網，從中尋求可利用的資源，只要哪裡有一線希望，就會向它發出求助信號。會館是人們同鄉關係網的重要組成部分，因此，會館等同鄉群體就有可能被當作求助對象之一，從北京的廣東會館所收到的信函電報的稱呼可見一斑。

「沙基慘案」發生後，長沙廣東同鄉會發出呼籲信，請「廣州胡省長鈞鑒，廣州總商會、各團體、各報館鈞鑒，北京、天津、上海、漢口、奉天、營口、旅順、濟南、煙臺、張家口、膠州、重慶、宜昌、南京、寧波、杭州、福州、廈門、梧州等埠廣東同鄉會鑒，神戶、橫濱、海防、星嘉坡、爪哇、馬刺利、舊金山、曼谷廣東同鄉會轉各埠同鄉會鑒」[1]。此信提到的請託對象包括二十八個城市的同鄉，除了國內二十個城市的同鄉外，還有國外如日本、東南亞、美國等地的同鄉。北京只是眾多城市之一，北京的同鄉只是各地眾多同鄉的一部分，換言之，北京同鄉會館僅僅是長沙廣東同鄉會的請託對象之一。

一九二四年，盧宗縉為驅逐孫中山，擁戴陳炯明，向各地同鄉組織發出的快郵代電，以尋求支持。被其請託的對象有：「香港華商總會、各邑旅港商會、上海廣肇公所、粵僑商業聯合會、大埔同鄉會、香山同鄉會、南海會館、順德會館、北京旅京粵人聯合會、漢口旅鄂人同鄉會、廣州總商會、商團、聯團、總公所、各邑商會、各市鎮商團、鄉團、諸公鑑，廣州報界公會、香港報界公社各主任先生。」[2]這

---

[1] 北京市檔案館藏，《會館檔案》，J19-1-282。
[2] 北京市檔案館藏，《會館檔案》，J19-1-326。

裡我們看到的「北京旅京粵人聯合會」僅僅是全國各地各社團的一個。可見如盧宗縉這類個人的請託中，北京的會館等同鄉群體也只是眾多被請託的對象之一。

一九一五年，財政部改訂印花稅規則，廣東各商行發電報十餘封到北京的廣東會館，反對十元以下貼用印花，電報的稱呼多為「分呈政事堂、大總統、參政院、財政部、廣東會館、同鄉京官鈞鑒」。[1]這類多數請託者為同一件事而進行的請託中，廣東會館、同鄉京官往往也只是請託者要求助的對象之一。

北京、上海的會館等同鄉群體受理後，採取的應對之策同樣反映了請託者的這種心態。

一九一九年一月十七日，廣東財政廳長楊永泰、中國銀行廣東分行和地方實業銀行與日商臺灣銀行簽訂借款七十六萬日元，以廣州電話局、廣東煙酒稅及紙幣五十六萬四千元為擔保。此款用於維持中國銀行廣東分行所發紙幣。

留學生吳蒞湘把廣東財政廳以電話電車抵押給日本貸款的事發函通電出去，被在北京的廣東會館所獲知，於是他們發出了開會公啟：「頃得吾粵函稱，近因擴張軍備擬將電話電車權賣與日本，先用本省人士名承辦，間接抵押日人，已經財政廳長楊永泰批准，請設法打消等語，特將條件印派，俾公同研究，務於本月十六日即夏曆十五，星期日下午一鐘到南橫街粵東新館會議。」

三月十六日，就此事在粵東新館會議，辛寶慈、崔登瀛等因病因事不能出席，但來信提出對付之法數條。到會的七十六名粵籍同鄉經過討論做出以下決議：

---

[1] 北京市檔案館藏，《會館檔案》，J19-1-330。

1. 聯銜呈大總統及國務院外交內務交通陸軍參謀各部，請大總統速飭外交部用正式公事向日本公使聲明係人民請願決不承認。
2. 電廣東政府及省議會，研究社、商會、九善社、各機關、報界力爭。
3. 電香港、上海、天津、漢口、外洋各華僑力爭。
4. 電唐朱陸岑伍李翟陳胡諸公。
5. 電日本留學界及章公使向日本外部交涉並向駐京各國公使團主粵各國領事團聲明決不承認。
6. 登北京《太晤士報》、《上海字林西報》、《大陸報》、《路透社報》，以巴黎為主。
7. 函請參眾兩院廣東議員提出阻止。
8. 公舉梁士詒、林竹君代表全省意見謁見大總統。
9. 志願組織一個主任團體對此事定期商議。會後起草了給各處的電文信函，包括請同鄉梁士詒謁見大總統的信函，主任團體得以組織。經在京的各位同鄉為此事多方奔走活動，最終促使北京政府向外交團聲明不承認此項借款。

三月三十一日，交通部批文給原具呈人廣東旅京同鄉林紹斐等，批文告知已經函詢國務院並咨外交部向日使聲明此項契約未經中央承認，概屬無效，還咨達內務部。四月十七日，外交部下批文給廣東旅京同鄉林紹斐等，批文表明，外交部已經就廣東財政廳與日商訂立電話電車借款契約一事照會日本公使，請他們查明，如果訂有此項契約，嚴令該日商取消。日本外務省復稱，此項借款訂約之說全然事屬無稽。四月二十四日，交通部又發公函給廣東會館的林紹斐，轉達外交部的咨文，請他們查照並轉知廣東省同鄉諸君。[1]

---

[1] 北京市檔案館藏，《會館檔案》，J19-1-276。

這次事件中，北京的廣東會館開會決議的辦法約九條，會館向多方請託，其求助對象既有國內的又有國外的，既有政府又有非政府力量，既有個人又有團體，既有機關人員又有報紙等傳媒。

一九二一年，上海公共租界喬楊案，可以看到鄉誼流動化入其他社會網絡，發揮更大的作用。一九二一年六月五日，上海公共租界四川路致遠呢絨雜貨號夥計喬學歧、楊鏡泉被英屬錫蘭人彼得斯槍擊斃命（以下簡稱喬楊案）。[1] 該案發生後的第二天，上海《申報》報導了這起突發命案。六月三日午後一時，彼得斯在致遠號購香水一瓶。彼得斯於四日往致遠號要求調換。喬學歧稱，既已開瓶，不能再調換。五日，彼得斯又至該號，要求再調，楊鏡泉出面解釋並嚴詞拒絕調換。彼得斯於是拿出手槍向喬喉部開槍，向楊腦部轟擊，二人立即倒地，彼得斯第三槍，再打該號劉裕華，劉迅即避開。彼得斯乘黃包車而逃，為對面茂生利夥友所見，當即與余姓一同追捕。追到華興木器店，彼得斯又由車內取出手槍來向劉開槍，劉即緊抓彼得斯之手。此時，有印捕三一三號前來，將劉推開，即將彼得斯手中之手槍拿下。彼得斯下車，劉即回店，而余姓繼續追捕，捉住凶手，其時有九七九號華捕走來，余姓與凶手同赴虹口閔行路捕房，三一三號印捕及九七九號華捕均隨往該捕房。[2] 喬學歧是浦東人。楊鏡泉是廣東香山人，為四川路商聯會發起人之一。[3] 彼得斯，曾任工部局救火會員役，六月一日辭職，案發時尚無正式職業。[4]

1　關於案犯的姓名有不同稱呼，或稱彼得、比德，或彼得斯、彼得士者。除原文照引外，本書統一稱作彼得斯。該案主要內容參見彭南生：《1921 年上海公共租界喬楊案抗爭的多重驅動——兼論近代上海馬路商界聯合會與同鄉會的關係》，《浙江社會科學》2010 年第 3 期。
2　《換香水開槍擊斃兩命之重案：凶手為外人》，《申報》1921 年 6 月 6 日。
3　《五志換香水開槍擊斃兩命案》，《申報》1921 年 6 月 10 日。
4　《致遠店夥被害案之訊結：兇犯彼得判處死刑》，《申報》1921 年 7 月 6 日。

案發當日，四川路商聯會立即召開緊急會議，上海廣肇公所也召開緊急會議，決定公推湯節之、盧煒昌，一面延聘律師，一面與被害人家屬接洽，與各團體一致行動。[1]湯節之為廣東高要人，時任廣肇公所董事，上海《商報》總經理。一九二一年九月當選為上海各路商界總聯合會總董，盧煒昌也是廣肇公所董事，時任中華工界協進會會長。案發所在地的四川路商聯會與案件受害人籍貫地之一的廣肇公所在案發後立即行動起來，迅速成為抗爭的核心。廣肇公所還聯合四川路、南京路商聯會等發起組織各團體聯席會委員會，專門應對喬楊案。在四川路商聯會、廣肇公所等團體的呼籲下，為喬楊案抗爭的範圍在不斷擴大，一些非街緣、非鄉緣的馬路商聯會、同鄉會紛紛參加進來。

六月七日，南京路商聯會召開緊急會議，決定函促總商會開會討論，並推舉代表赴廣肇公所、寧波同鄉會發起召開各路商界聯席會議。[2]當天開會聲援的還有寧波同鄉會、紹興七邑旅滬同鄉會等。[3]六月八日，英領署公堂對喬楊案進行了初審。當天不僅公共租界上的馬路商聯會，法租界、華界上的馬路商界團體也積極行動起來，加入到共同抗爭的行列。[4]六月九日午後，英領署公堂續審喬楊案。檢察官認為，「當華人憤集之時，印捕或有驅眾清道之必要。當時渠不知此為何事也，警察見旁觀者，意欲干涉拘人事，則推去之，此乃在所不免之事」。[5]是日晚七時，廣肇公所、寧波同鄉會、紹興同鄉會、浦東公所、各路商總聯會等二十八個團體代表在廣肇公所召開聯席會議。廣肇公

---

1 《換香水開槍擊斃兩命案續志》，《申報》1921年6月7日。
2 《換香水開槍擊斃兩命案三志：各團體均開緊急會議》，《申報》1921年6月8日。
3 《四志換香水開槍擊斃兩命案》，《申報》1921年6月9日。
4 同上書。
5 《五志換香水開槍擊斃兩命案》，《申報》1921年6月10日。

所代表湯節之指出，此案事情重大，須有人切實負責，共同研究進行，方無阻礙，主張先舉若干人、組織一委員會，從法律方面慎重研究。眾人贊成該提議，並推定商總聯會鄭鸝鵠、紹興同鄉會曹慕管、寧波同鄉會任矜蘋、廣肇公所湯節之、四川路陸文中、南京路蔣夢芸、法租界江錦春等七人組成各團體聯席會委員會，統一抗爭行動。[1]

六月十日下午，浦東公所為同鄉喬學歧等被斃案召開緊急會議，到者數百人，會議進行了兩個小時，圍繞撫卹、送殯、交涉、聘請律師、懲辦兇手、懲治縱凶者、獎勵捕凶者、取締租界外人攜帶武器等議題進行了討論。[2]此外，川沙縣商會、大埔同鄉會等團體也紛紛召開會議，或通電予以聲援。同鄉組織之間還加強聯繫，採取一致立場，浦東公所推選倪菊裳、潘振聲為代表參加廣肇公所有關喬楊案的專門會議。

六月十一日，各團體聯席會委員會舉行第一次會議，討論了喬楊案的善後事宜，會議決定向加入聯席會的各團體籌募經費，聘請律師，撫卹死者家屬。[3]六月十二日，上海馬路商聯會、同鄉會、同業公會等六十四個商界團體約千餘名代表為喬、楊舉行出殯，執紼送行。[4]七月五日，該案在英按察使署開審，許秋驪交涉員代表中國政府到堂觀審，宣判「處該錫蘭人彼得士死刑」，[5]並於八月三日執行絞刑。[6]各團體聯席會委員會亦代喬、楊家屬募集恤金，以維善後。[7]至此，喬楊案的抗爭與善後行動基本結束。

---

1 《五志換香水開槍擊斃兩命案》，《申報》1921 年 6 月 10 日。
2 《六志換香水開槍擊斃兩命案》，《申報》1921 年 6 月 11 日。
3 《九志換香水開槍擊斃兩命案》，《申報》1921 年 6 月 14 日。
4 《八志換香水開槍擊斃兩命案》，《申報》1921 年 6 月 13 日。
5 《致遠店夥被害案之訊結：兇犯彼得判處死刑》，《申報》1921 年 7 月 6 日。
6 《致遠號命案兇犯執行絞刑紀》，《申報》1921 年 8 月 4 日。
7 《喬學歧父之謝函》，《申報》1921 年 7 月 5 日。

案發所在地的街區組織——四川路商聯會和受害人籍貫地的同鄉組織——廣肇公所與浦東公所，成為抗爭的發起者與組織核心。在喬楊案的抗爭中，「同鄉」的概念溶於鮮明的、基於共同命運的民族意識，成功地使得抗爭行動超越同鄉範圍。

南北對峙之時，上海廣肇公所發起國民大會策進會，將鄉誼流動化入更大的社會網絡之中。一九一七年，護法戰爭打響，段祺瑞命令北軍向南方各獨立省份發動進攻。一九二〇年六月十三日，吳佩孚在鄭州發表了召開國民大會以解決時局的通電。八月十三日，上海廣肇公所召集特別會議，對於吳佩孚提倡國民大會事一致贊同。[1]八月十五日，廣肇公所、寧波旅滬同鄉會、全國煙酒聯合會、上海紙業公會等團體，在廣肇公所召開聯席會議，一致決定贊成吳佩孚召開國民大會的倡議，發起國民大會策進會，並聯絡更多的團體，推動國民大會倡議的實現。策進會的事務所設在廣肇公所。國民大會策進會很快得到了上海各社會團體的響應，要求加入的團體迅速增加。八月二十一日，正式加入國民大會策進會的滬上團體已達到一百多個。以廣肇公所為代表的旅滬廣東同鄉組織對國民大會策進會的成立，起了關鍵作用。廣肇公所不僅是該會的主要發起者，八月二十一日策進會的幹事選舉中，廣肇公所的霍守華、馮少山，寧波同鄉會的袁履登等人是獲票最集中的幾位成員。廣肇公所等同鄉組織聯合其他團體，形成國民大會策進會，自己則廁身其間，成為更大團體的一員。明清時期，旅居地的外地人數量有限。鄉誼流動中，旅居地的人們在當地可以找到的請託對象極其有限，除了會館，難以找到別的受託者。因此，其請託對象十分明確，多一心一意向會館請託以解決住宿或者其他問題。

1　《廣肇公所贊成國民大會》，《申報》1920 年 8 月 14 日。宋鑽友：《南北對峙與上海廣東社會內的政見紛擾（1917-1927）》，《史林》2007 年第 5 期。

近代以來，人們在遇到困難時，會向各種可能給予其幫助和支持的社會力量求助，而北京、上海的會館等同鄉群體由於有豐富的政治資源和信息資源，因而成為人們十分看重的請託對象。請託者並非只注意到某一個受託者，而是尋求一切可以利用的途徑，利用各種可利用的社會資源解決自己面臨的困難，這就是請託者方面表現出的合眾力而請託之。受託者只是眾多受託者之一，而不是全部。

鄉誼流動的擴展勢必導致鄉誼流動頻率的加大，同時，也會增加鄉誼流動的負荷。而鄉誼流動的分化常常凝聚起各種力量，起到增強同鄉資源的效果，從而更有力地作用於治國。當然，鄉誼流動的分化也使同鄉資源在作用於治國時聲音被淹沒，成為和聲之組成部分，而不能獨顯。

第三節　鄉誼流動的分歧

為應對一些事件同鄉網絡的內部有時出現分歧。從一九一九年廣府學宮等事件中可以觀察到各方在鄉誼流動中扮演的複雜角色。

一九一九年初，成立僅三個多月的廣州市政公所便提出拆毀廣府學宮（廣州府的學宮）一部分以修築馬路的方案，遭到粵紳的強烈反對。[1] 圍繞拆廣府學宮與修築馬路的糾紛歷時數月，廣州市政公所、粵紳與在京廣東會館等函電紛馳，「幾於傾動全國」[2]。

明清的學校分國學與地方學。國學也叫太學，即國子監。地方學主要有府、州、縣學和社學。府、州、縣學宮即相應的府、州、縣學的建築物。學宮又叫文廟，有時被稱作孔子廟、孔廟。[3]

1　粵紳在本書指以廣府學宮明倫堂為主的廣東地方士紳。
2　廣州市檔案館，全宗號 4-01-目錄號 1-案卷號 263-2。
3　有時，孔子廟、孔廟特指學宮中的大成殿。

廣府學宮始建於宋慶歷年間。當時，皇帝下詔興學校，廣州西城番市的舊孔子廟被改為學宮。皇祐二年（1050），經略使田瑜將學宮遷往郡東南隅。熙寧元年（1068），張田拓展東城，又將它遷到國慶寺東。紹聖三年（1096），廣州知府把學宮遷到東南隅番山下，即後來廣府學宮所在地。

元明清各代，廣府學宮多次被毀壞，也多次被重修。清末民國時期，廣府學宮的主體建築是大成殿和明倫堂。大成殿居中靠前，其前為泮池，其後為崇聖祠。崇聖祠東邊為明倫堂。名宦祠、仰高祠靠近學宮東街，位置在學宮的中部偏後。學宮東北部分為教忠學校，[1]北邊有孝悌祠。文昌宮位於學宮的東南部。

學宮初旨都在養士育才和教化。但後來學宮主要成為教化與禮儀體系的物化象徵。洪武初年，廖永忠感嘆道：「學而為教養之宮，此而弗理，何以宣教正俗？」[2]可見，「教養」、「宣教正俗」正是學宮的主要功能之一。「教養」、「宣教正俗」又是通過「釋奠」等禮儀活動得以實現。當入學及春秋釋奠時，人們瞻拜其中，「觀禮容，考行事，思其所以與此之故，慕悅之心生，而景行之意勤，此則學校修明，實世運日昌之大機焉」。[3]

祭祀孔子是學宮中舉行的一項重要活動。直至民國時期，人們每年都要在學宮舉行春秋祭祀活動。如一九一九年三月七日，《晨報》報導，三月六日為春丁致祭之期，大總統派國務總理錢能訓至文廟代行

1　一九〇二年，廣府學宮明倫堂首席紳士丁仁長與吳道鎔、汪莘伯等籌劃廣州府屬十四縣共同設立學堂，決定明倫堂管理的廣州惠濟義倉每年撥三〇〇〇元，並請十四縣縣學宮明倫堂紳士酌量撥款作為經費，在廣府學宮內創辦了教忠學堂。民國改名為教忠師範，教忠中學。一九五三年改名為廣州市十三中，直至今日。參見曾紹洙：《教忠中學沿革》。

2　阮元等纂：《廣東通志》第137卷，《建置略13‧學校1，4》，道光二年。

3　趙映奎輯：《文廟備考》第1卷，《文廟備考原序》，德聚堂藏版，道光丁未年重刻。

祀典。是日五時，總理暨各部總次長及陪祭人員陸續到齊。已刻照例奏樂上祭，莊嚴敬肅，極其隆重。廣府學宮崇祀孔聖，每歲春秋由省長率同官紳致祭。制極尊崇，為全省人民所瞻仰。一九一八年，廣東省長署發佈了訓令第三四四號，就祀孔典禮做出指示，仍照成案辦理。

官方組織祀孔活動的同時，民間也常常舉行祀孔典禮。一九一二年，在廣州就舉行了盛大的祀孔活動。廣東省的商團出面召集行商恭祝聖誕。七點鐘時，各團軍及軍樂隊、公安會員、七十二行、九大善堂、總商會、孔聖會共數千人齊集商團操場，聯赴廣府學謁聖……沿途觀者均稱羨不已。後又開會講演，宣講保存孔教。[1]

當然，祀孔之期，全國各大報刊也會有各地祀孔的相關報導。由此可見，對於祀孔，上至總統、中央政府，下至縣級官員以及平民百姓都很關注。

清末民初之交的廣州城，原有內城和外城之分，各城門外曾築有甕城、月城、翼城等。當時的廣州為舊式城垣，最初的大馬路只有西濠口至東堤一段，其餘全是石泥混鋪路面的內街窄巷，每街交界設有街閘（閘門），晚間定時鎖閉，街閘處懸點油燈，天明始開。

在廣州，拆城築路最早的倡議人大約要算溫宗堯了。一九〇二年，岑春煊督粵，溫宗堯是岑春煊的「洋務文案」（也稱洋務總辦），他獻議將城西長壽寺封閉拆平，改建自來水塔和一家樂善戲院，還開闢一條不長的馬路，路旁建商店。

陳景華上任省警察廳長後，下令拆除全市街道閘門，並促電燈公司在全城內外各街交接處安裝電燈。一九一四年至一九一七年間，由於舊桂系軍閥入踞廣州，其後軍閥輪流割據統治，施行橫徵暴斂，戰

---

[1] 劉志琴主編，羅檢秋著：《近代中國社會文化變遷錄》第 3 卷，杭州：浙江人民出版社，1998 年，第 69 頁。

亂災禍頻仍，市政建設隨之凋敝。

真正的市政建設開始於廣州市政公所成立之後。一九一八年九月三十日，廣東督軍莫榮新，省長李耀漢發佈了廣東督軍署、廣東省長公署委任廣州市政公所總辦令：「查粵省水陸交通開埠最早，工商發達甲於全國，惟以地方自治制度未完，市政百端廢而未舉，本督軍、省長為提倡市政起見，茲特委任楊永泰、魏邦平為廣州城廂市政公所總辦，仰即妥為規劃，迅擬辦法核飭進行。」[1]一九一八年十月十九日，廣州市市政公所第一號佈告稱，市政範圍，經緯萬象，事有輕重緩急，總括起來包括五個方面：一曰拆城基，一曰闢馬路，一曰設市場，一曰設公園，一曰設工廠。以上五端，為廣州市政的第一時期。[2]

一九一八年十月二十二日，廣州市政公所開會宣告成立，設於育賢坊之禺山關帝廟。此時的中國，在城市設立專門的市政機構尚屬鳳毛麟角，廣州市政公所是成立最早的市政公所之一。廣州市政公所成立之初，拆城築路是其主要規劃之一。而拆城築路第一是需要財政支持，當時的廣東軍政府便委財政廳長楊永泰兼任市政公所總辦；第二是怕官紳巨賈和市民反對，便委省警察廳長魏邦平兼任幫辦。又在總辦、幫辦之下設立一負實責的坐辦，入市政公所主理事務。後由楊永泰委派原財政廳官產處主任曹汝英（字粲三，番禺人）任坐辦。市政公所內設總務、工程、經界、登錄四科。

一九二〇年，幫辦魏邦平在遞交辭職書時對創業之艱難記憶猶新：「此兩年中第一難關，首為拆城，次為闢路。」[3]當拆城的目的達到後，修築主要馬路便被提上了市政公所的議事日程。於是路線所經，

---

1 廣州市檔案館，全宗號 4-01-目錄號 1-案卷號 263-1。
2 同上書。
3 廣州市檔案館，全宗號 4-01-目錄號 1-案卷號 263-2。

切割更苦。因闢文昌宮、萬壽宮兩路，一些「不達士夫推波助瀾，加以毀聖滅學之罪名。函電紛弛，幾於傾動全國」[1]。本書所討論的學宮與馬路糾紛便是市政公所開闢文昌宮旁馬路時所引發的事件。

一九一八年冬天，廣州市政公所佈告稱，將添闢東馬路，其路線由文昌宮直達惠愛街。文昌宮位於廣府學宮之內，在大成殿之東。其後即名宦祠、孝弟祠及教忠師範學校。

一九一九年一月十三日，粵紳易學清等邀集紳學兩界在明倫堂公同會議。明倫堂諸紳要求官長收回成命，但無確實答覆。為此，粵紳電致在京廣東會館及其他地方的同鄉諸公，請求設法阻止。於是他們在全國範圍內掀起了「保衛」學宮的浪潮。一月十五日，在京廣東會館就得知了廣州市政公所將拆毀廣府學宮的消息。當即由梁士詒等領銜，一方面以旅京同鄉的名義電致廣東各級地方政府，一方面向北洋政府反映情況。在京廣東會館的意見得到了各方面的及時回應。

一月二十八日，陸榮廷致電梁燕孫，表示贊成維持粵孔廟。並且告訴梁燕孫，他已經發電報要莫榮新順從民意[2]。陸榮廷為桂系首領，莫榮新為桂系幹將，此時廣東為桂系主政，莫榮新為廣東督軍。陸榮廷表示贊成維持粵孔廟，無疑讓在京廣東同鄉鬆了一口氣。

北京政府總理錢能訓於一月二十七日致電軍政府各總裁：「迭據孔教會主任陳煥章及粵紳學界代表先後呈稱，粵東因築馬路毀拆廣府學宮，人心憤急，僉謂尊崇聖教保存古蹟，於道德人心關係匪淺。經紳學界全體集議改修路線，迄未答覆，懇設法遏止等語。方今導揚孔教，有識所同。該代表等所陳各節是否屬實，希即維持，至深禱跂。」[3]

1　廣州市檔案館，全宗號 4-01-目錄號 1-案卷號 263-2。
2　《陸干卿維持孔廟》，《晨報》1919 年 1 月 29 日。
3　《時報》（上海）1919 年 2 月 15 日。

二十九日下午五時，也就是中國傳統節日——春節即將到來之際，錢能訓還不忘發電報給岑春煊：「據孔教會及旅京粵紳呈懇保全文廟，請查照示復。」[1]

　　岑春煊，廣西西林人。一八九八年任廣東布政使，後任兩廣總督。一九一七年參加護法軍政府，任主席總裁。岑春煊為廣東最重要的官員之一，接到各方來電後，也不敢怠慢，雖然在新春喜慶之時，也仍然要處理學宮與馬路的糾紛。他於四日（農曆正月初四）電覆錢總理稱，拆學宮通馬路一事業已查明，所拆者只是文昌宮的一小部分，學宮並未拆動。[2]

　　當天，岑春煊還回電告知在京廣東會館：梁燕孫等廣東同鄉所發的駕銑兩電獲悉，拆學宮築路一事業已查明，並非事實。所拆者僅僅是文昌宮的一小部分，學宮並未拆動。岑春煊指出拆毀學宮是訛傳錯誤，他在電報中請梁燕孫把這個消息轉告同鄉，讓大家不要擔心。[3]

　　廣東省督軍莫榮新，省長翟汪是廣州市政公所最直接的頂頭上司，他們迭接廣府學宮明倫堂紳士，廣東省教育會，暨旅京同鄉等函電，請將路線妥擇。面對各方壓力，莫榮新和翟汪不得不令市政公所妥速勘議，呈覆核辦。[4]

　　市政公所的直接負責人楊永泰、魏邦平同樣不敢怠慢，於卅日回梁燕孫及各位旅京同鄉的駕銑兩電，對修馬路而拆毀學宮的說法做了解釋。楊永泰、魏邦平首先極力論證，將修的府學東街馬路為城內東南隅最適宜之路線，所經地址僅涉及文昌廟旁地。接著他們辯解道：

---

[1]　《申報》1919 年 2 月 4 日。

[2]　《粵省並未毀學宮》，《晨報》1919 年 2 月 8 日。《申報》1919 年 2 月 9 日也載：「岑西林覆錢電，馬路只拆文昌宮一小部分，學宮並未拆動。」

[3]　北京檔案館藏，《會館檔案》，J19-1-332。

[4]　《請保粵明倫堂之覆電》，《申報》1919 年 2 月 7 日。

「凡聖廟莊嚴之地實未提及拆毀，將來仍照舊式形式修建宮牆以壯觀瞻而崇體制。」最後，他們做出讓步，答應在京廣東同鄉，在春初詳加討論修府學東街馬路的問題後，再決定如何進行。同時告訴同鄉，拆毀聖殿完全屬於訛傳，不要輕信傳言。

一月，廣東教育會呈請督軍省長飭令市政公所易改路線以免毀及宮牆。很快他們得到督軍省長的答覆：「已經下令市政公所迅速妥議，呈覆核奪。」廣東教育會會長陳其瑗（一九一九年一月十三日當選為該會會長），二月五日電復旅京同鄉，通報了事情的進展。[1]

廣州市政公所為築路而毀及學宮的消息被傳到旅滬廣東同鄉那裡後，保衛學宮的聲浪在上海響起。

一九一九年一月二十四日，上海潮州會館致電廣東地方政府，請求保存明倫堂：「聞吾粵省垣闢城築路，振興市政，至深欽佩。惟近據鄉人紛相駭告，謂因路線所經擬將明倫堂、孝悌祠拆毀。查文明各國於古蹟亦多保存，況省會明倫堂為倫紀風化所關，最宜尊重保護。粵垣地方甚廣，可闢馬路之處甚多，我賢長官化民善俗，遐邇欽承。乞飭將路線略移，市政既無所礙，人心世道亦得維持。」[2]同日，旅居上海的廣東籍官員楊晟也致電廣東地方政府，請求保存明倫堂。[3]

一九一九年一月二十五日，旅滬粵紳商因為聽說廣州市政公所拆毀明倫堂、孝悌祠，開闢馬路一事，群情恐惶。因此，邀集同鄉假江西路粵僑聯合會開會討論良久。決議公電粵省長官，請求保留以資維護。他們在電報中寫道：「省會明倫堂所以重倫紀正人心，敦風俗培國

---

[1] 北京市檔案館藏，《會館檔案》，J19-1-332。
[2] 《粵人電請保存明倫堂》，《申報》1919年1月24日。也載《時報》（上海）1919年1月24日《粵人尊重倫紀之電文》。
[3] 《申報》1919年1月25日。楊晟（1867-？），辛亥革命後，任外交部江蘇特派交涉員兼滬海道尹。

本也。今者世風陵替，綱紀蕩然，憂時論世之士以為吾國之患不在兵戈水旱之侵尋，而在世道人心之衰落。兵戈水旱之患在一時，世道人心在百世。當此風頹俗壞之秋，培護維護猶恐弗及。若並明倫堂、孝悌祠亦復毀之，恐民風日漓，裂檢、毀常、敗倫，傷教，罔所不至，四維不張，國乃滅亡，滋可懼也。明公更化善俗，扶綱植紀，乞飭將路線略移，示民以尊重。倫常之道，風聲所播，觀感同興，國本存亡，惟明公一舉措間耳。」[1]

當天，康有為也致電廣州地方政府，請留明倫堂以重倫紀。文云：「查明倫堂為全粵人士講明倫堂之地，實為全粵士民公會之所。查各國市政對於公會所莫不備極鄭重。況只有一處，尤未便輕為改作。且明倫重地，吾國雖改民主，父子夫婦兄弟朋友之誼豈能廢棄？愛羊原為愛禮，明堂豈可議毀？即孝悌祠之教孝似亦不可廢除。且明倫堂既毀，馬路直逼大成殿，甚囂塵上，尤非所以肅敬先聖之道……傾聞此故，粵中眾紳嘩然，函電紛來，滬（滬？）中大眾多稱仍舊。方今民國舉事尤不可挾權勢，而貴順乎眾心。伏望明公府順輿情，勿拆學宮，令馬路只毀城牆東行折北，庶人心服悅。」[2]

二月五日，旅滬粵人就接到了岑春煊的來電：「廣肇公所、潮州會館諸君同鑑。拆學宮明倫堂築馬路之事傳聞失實。所拆係文昌宮一小部分。」[3]

第二天，上海的粵僑商業聯合會、旅滬肇慶同鄉會、南海邑館、順德崇遠堂等接到粵東督軍省長覆電：「筱日郵電閱悉，此事迭接廣府學宮明倫堂紳士，本省教育會，暨旅京同鄉等函電，請將路線妥擇，

1　《時報》和《申報》（上海）1919 年 1 月 26 日都對此作了報導。
2　《時報》（上海）1919 年 1 月 26 日。
3　《辨明粵毀明倫堂不確》，《申報》1919 年 2 月 6 日。

均經令市政公所妥速堪議,呈覆核辦在案。據電前情,除再令飭妥勘呈核外,特先電復。」[1]

北京的中央政府也積極地處理廣府學宮事件。國務院接到孔教主任來函稱,廣州市政公所毀拆廣州府學宮以築馬路,全粵公憤,請求設法保護。國務院抄錄原函,連同印刷函電各件,交給內務部辦理。內務部正在辦理此事,又接到國務院來函。函中說,廣東岑春煊來電稱,拆學宮修馬路一事業已查明,所拆去者係文昌宮之一小部分,學宮並未拆動。二月中旬,內務部的處理方案正式出臺了。他們認為文昌宮是學宮的一小部分,既拆修馬路,自可毋庸置議,唯以後宮牆不得再行拆動。[2]

一九一九年一月中旬到二月中旬,是學宮與馬路糾紛的第一階段。先是市政公所佈告修馬路,路線所經將拆及文昌宮;得知此消息,粵紳立即集會商討對策,除了直接與市政公所交涉外,他們還請託於在京廣東會館、上海的廣東會館、中央政府等。在京廣東會館覆函粵紳的同時,利用自己的地位分別向中央政府、西南軍政府、廣東省政界、廣州市政公所施加影響,不僅如此,他們還與上海等地的廣東同鄉互相呼應,使用輿論武器聲援粵紳,北京的《晨報》、上海的《申報》、《時報》都在此期間對拆學宮築馬路事件進行了連續報導。學宮「保衛戰」就這樣打響了。西南軍政府、廣東省政界、廣州市政公所對在京廣東會館、中央政府的質疑做了解釋:「所拆去者係文昌宮之一小部分,學宮並未拆動。」加之,國務院和內務部處理意見的出臺,於是外界的輿論漸漸減弱,[3] 糾紛牽扯的對象也隨之減少。這一階段爭

---

1 《請保粵明倫堂之覆電》,《申報》1919 年 2 月 7 日。
2 《學宮問題余聞》,《晨報》1919 年 2 月 20 日。
3 《時報》《申報》《晨報》上關於學宮與馬路糾紛的連續報導大約是到 1919 年 2 月 20 日為止。

論的焦點在於修馬路是否會拆毀學宮，至於怎麼個拆法，各個方面勢力還將繼續交涉。

當初，粵紳致函市政公所，提出闢馬路不宜毀及學宮宮牆，由於市政公所還沒有來得及勘察好地址，馬路的具體路線圖也沒有最後劃定，收到粵紳來函後，他們當即派員勘測。規劃就緒後，市政公所便覆函粵紳，商討拆學宮修馬路的具體事項。於是學宮與馬路糾紛進入第二階段。

覆函中，市政公所談了如下看法。首先，選擇府學東街馬路路線有充分的理由。他們認為，規定路線須統籌全城局勢，現定由大西門經惠愛街至大東門為老城東西幹路，其老新城南北線大馬路須有四五條方利交通。府學東街一條尤應事先經營。為什麼府學東街馬路要事先經營呢？市政公所列舉了四個理由。省城人煙稠密，廛市鱗比，採擇路線必以煙戶較少，位置適中之地為最佳。而且必有易闢之路先成，然後續闢他路，方可免行人擠擁之患。府學東街為老城東南隅適中之路，南接軍械局、萬壽宮以達新城基，馬路北通惠愛街。所經之地只文昌廟東偏迤北之仰高祠、名宦祠及教忠學堂之操場、齋舍。距明倫堂、孝悌祠固遠，距聖殿兩廡尤遠。所圈用民房則只東街北頭舖屋三數間而已。民居少則遷拆之煩可以減輕，這是便民。一經拆卸即成康莊大道，無須多延建築時日，這是效率高。現在各路興築需款浩繁，市政公所經費不充裕，同時並舉自應力求撙節。府學東街馬路純用公地，圈用民房無多，這是最省費的。正因為這條路線有適中、便民、效率高、省費四個優點，所以市政公所經過反覆磋商，認為：「老城東南隅南北線馬路實以府學東街為最適宜。」[1]

市政公所還否定了另外一些提議。有人說，這條馬路最好改在府

---

[1] 北京市檔案館藏，《會館檔案》，J19-1-271。

學西街。市政公所反駁道,它與雙門底正中馬路相接太近,不適用。有人說,馬路可以改在番禺直街,市政公所則認為那樣會迂折太甚,所拆民居甚多。[1]府學東街馬路最適宜,而且別的方案又行不通,那麼,唯一的選擇便是市政公所規劃的方案。

其次,府學東街馬路無損尊崇聖道。市政公所從三個方面進行說明。第一,府學東街馬路雖然經過文昌宮,而孔廟並未損及半磚片瓦。第二,東邊沿馬路之牆,仍然按照舊式建築,塗以紅色,廟貌巍然,宮牆如故。第三,重修仰高祠、名宦祠及教忠學堂齋舍等。在學宮內之晚霞園添建兩層樓房,上層為教忠學生齋舍,下層為附屬高等小學堂。另在學宮西偏再建前後兩進祠宇,後進為仰高祠、前進為名宦祠。所有碑記坊表均敬慎保存。

總之,這不獨「對於孔廟毫未摧殘,即各祠宇亦炳未湮沒,實於尊崇聖教,整飭市政兩無妨礙」[2]。

信函最後,市政公所希望士紳們支持市政建設,疏通牖導之,對於圈用各店鋪住戶,也請他們代為勸喻。

粵紳接到市政公所函件和路線圖後,於二月二十五日再次集會商討對策。針對市政公所來函,粵紳提出如下反駁意見:

第一,聖廟東邊被全行拆毀。市政公所說,文昌宮及迤北一帶在聖廟之外,粵紳卻認為路線所經實將聖廟東邊全行拆毀,約寬六丈,長九十六丈。第二,該路線實際上造成對孔廟的摧殘。粵紳認為,宮牆以內侵越尺寸即是摧殘。

粵紳認為:「馬路與學宮比較,則學宮為重,馬路為輕。只有改路線以避學宮,萬無毀學宮以就路線之理。況因未開之馬路而遽毀千年

---

[1] 北京市檔案館藏,《會館檔案》,J19-1-271。
[2] 同上書。

之學宮，古今中外未之前聞。」不僅如此，他們還以德國人在山東修築膠濟鐵路，欲經孔林邊界，因眾論不合而止為例，說明對於尊崇聖道，外國人尚且具有同情，我們中國人更應如此。

　　二月二十七日給市政公所的覆函中，粵紳在表達上述意見的同時，還附呈《廣州府志》和番山亭石刻和學宮圖，望市政公所察閱，並希望別劃路線，凡宮牆之內勿侵入尺寸。最後，粵紳提出拆毀學宮是一件大事，不應該由少數人決定，相反，應該決諸全國公議。市政公所收到粵紳來函以及學宮圖後，很快就再復明倫堂易紳等來函，提出駁斥意見。市政公所對粵紳的態度有了很大的轉變，不再是婉轉相商，而是咄咄逼人，嚴加斥責。他們在反駁粵紳的同時，證明了修築府學東街馬路的正當性。根據粵紳提供的線索，市政公所發現，學宮一直在變更，其中的土木興作代代都有，那麼，拆毀學宮的一部分而修馬路，移築仰高祠、名宦祠，重修教忠學校，就有先例可援，並且這無損孔道。市政公所指責粵紳對學宮管理不善，以至有損聖道尊嚴，指責他們對於牟私利者任令妄為，卻反對代表公共利益的馬路經過。在京廣東同鄉絕不能置身事外，不管他們是自願或非自願，總之，他們也都捲入學宮與馬路糾紛之中了。二月二十七日，廣東全省士紳發出復市政公所公函的同時，還致函北京的廣東同鄉，附上了路線圖、學宮圖、復市政公所函和公所來函，並請北京的廣東同鄉通知參院，再電省政界，斷不能將該廟內之牆拆去一寸。

　　北京的廣東同鄉由梁士詒領銜覆函易學清及同鄉諸公。北京的廣東同鄉向粵紳通報了有關情況，已經請市政公所繪圖，並宣佈此事應該由紳學商界共同論定。他們認為，如果正如楊魏所說，只拆文昌廟旁地，仍照舊式修建宮牆，而於孝悌、仰高、名宦等祠毫無毀壞，那

麼，易學清等應該做出讓步，「似未便遇事堅持，致與路政牴觸」。[1]北京的廣東同鄉提議請市政公所在學宮內擇地另建仰高祠、名宦祠，或者將文昌廟改為仰高祠，只另建名宦祠。信的附言中梁士詒再次叮囑，這是讓步用的意見，暫時不要對外宣佈。

面對在京廣東會館的詢問，楊永泰給旅京同鄉江天鐸去信，希望他於旅京諸先生前「代述真相，俾消疑慮」。此信談及馬路路線的選擇時，楊永泰對兩個提議予以否決。有人說路線應該改由大塘街北上，楊永泰認為這迂折太甚；有人又說馬路雖然可以從府學東街過，但不要拆及宮牆，應該只拆對面之民居，楊永泰解釋道，此處全省合族宗祠沿街皆是，雜以商店民房，容易造成不公平的印象，易滋藉口，督拆尤難。他指出，路線循府學東街經文昌宮迤北，有三個好處：「可以免拆民居，減輕痛苦，其便一。純用公地造路不征民業，費用大省，其便二。遷拆改善易於著手，成路指日可期，收效最速，其便三。」

大約是有人指責市政公所借修馬路而肥己，楊永泰解釋道：「至論者指為圖利濟私，更不知其所指。公家對於拆城闢路虧墊至重，固不待言，即僅就此路而論，將來添建各祠舍，重修紅牆與及各種工程費用何止巨萬，籌墊不遑利於何有？路線圈足兩旁並無餘地可售，售亦不能入諸私囊，從何圖濟？永泰人格尚存，取與不敢稍苟，尚堪為朋輩共信，人雖至愚，亦何至於萬目睽睽之舉而謀便圖私者也。此又不待辯而自明者也。」[2]

接到岑春暄、伍廷芳二公覆函，楊魏兩廳長來電，楊永泰復江天鐸函以及籍紳函電，旅京同鄉梁士詒等兩百二十人又先後寄出致督軍、省長、岑春暄、伍廷芳、魏邦平、楊永泰等廣東地方政府要人的

1　北京市檔案館藏，《會館檔案》，J19-1-271。
2　同上書。

兩封信。

　　先寄的信中，旅京同鄉們通過寄來的馬路圖發現，由學宮東牆量至割線有六丈四。他們認為，大約路有二丈多寬，便可以通行，省城人煙稠密非比新開商埠，可任意拓展。

　　次日，梁士詒等再次致函督軍、省長、岑春暄、伍廷芳、魏邦平、楊永泰等廣東地方政府要人，以為一旦學宮的範圍縮小，不獨「摧殘古蹟」，律以尊崇聖道之原理「頗不為然」。他們還發出了一系列質問：「老新城南北線馬路既云須有四五條，何必於學宮地割過中尺六丈以外？」「府學東街商店極小，價買不難。合族祠之南向者或價買一夾道，其西向者或價買一頭門，就事實論之有何不可，而必專取學宮內地恣意擴充，是何為者？」「況此次拆毀民房已達數千，何獨於路線必經之東街民房而不價買？」楊魏兩廳長電稱，只拆文昌宮等處旁地，岑伍二公函稱只拆文昌宮一小部分。現在路線圖是直拆孔廟旁地，拆文昌宮、仰高祠、名宦祠全部，「前後何以異詞」？

　　進而他們指出，只是因為府學東街有一軍官合族祠，市政公所遂不惜瞻徇個人之情面而破壞數千年之學宮，犧牲全粵人之公地。有地可繞而不繞，各紳力阻是非無因。

　　在京廣東會館仍請市政公所再酌路線，或者即就府學東街設法繞越之，務必與各紳妥商。雙門底各街來電北京訴苦，說是圈用鋪戶給價過少，致有怨言。在京廣東會館給市政公所提出了一些建議：「方今米珠薪桂，商業復失憑依，情形可憫，擬請從優增給，務使價得其平，崇德而慰輿情。」[1]在前面給易學清等粵紳的信中，在京廣東會館已經有了讓步的打算，現在與廣東地方政府討價還價，實在有點知其不可為而為之的味道。其理智與情感的矛盾可見一斑。

---

[1] 北京市檔案館藏，《會館檔案》，J19-1-271。

三月四日,莫榮新、翟汪致函在京廣東會館。信函中說,廣州市開闢東部馬路經過文昌宮一事,業經令飭市政公所勘明妥擬呈複查核在案。他們把市政公所呈復轉告了在京廣東會館。

市政公所於三月十四日帶領警察游擊隊百餘人到文昌宮督拆。廣府學宮明倫堂易學清等無力阻止,疚心不已。粵紳悲嘆道:「現已並將仰高祠拆去,即將拆及名宦祠矣。」他們再次求助北京的廣東同鄉。[1]

市政公所在拆毀文昌廟、仰高祠等處,並開築馬路後,也於四月三日致函北京的廣東同鄉。市政公所解釋了拆學宮築馬路理由後,對在京廣東會館來函中的質疑做出了解答。市政公所聲稱,從沒聽說東街有軍官合族祠,也無軍官因此提出交涉。[2]旅京同鄉認為馬路太寬,從而拆毀學宮過多。市政公所說,現在計劃馬路寬八十英尺,合中尺六丈餘,僅足敷用,有識者猶以為狹……為圖久遠安全之策,不敢不勉為其難。[3]

在京廣東會館得知馬路已經開工修築,文昌宮等處被拆去,也顯得無可奈何,梁士詒在四月三日魏楊來信的末尾批註曰:「業經拆毀,毋庸函覆。」[4]歷時數月的學宮與馬路糾紛也就此落下帷幕。一九一九年,廣州發生的學宮與馬路糾紛把粵紳、廣東地方政府與旅外同鄉,尤其是北京、上海等地的廣東會館都牽扯進去了,它生動地反映了民國初年鄉誼流動中的分歧。

在學宮與馬路的糾紛中,粵紳、廣東地方政府與旅外同鄉是懷著各式各樣的動機和目的參與其中的。他們或多或少都有為自己謀私利

1　北京市檔案館藏,《會館檔案》,J19-1-331。
2　北京市檔案館藏,《會館檔案》,J19-1-271。
3　同上書。
4　同上書。

的嫌疑¹，弄清楚粵紳與市政公所是否僅僅為了這些私利才產生糾紛，以及這是否是他們的唯一動機，或者主要動機，固然很重要，但本書更感興趣的是，他們在辯論時各自價值觀念上的異同。粵紳為了阻止拆毀學宮的一個重要理由是尊崇聖道。

在粵紳看來，尊崇聖道天經地義，聖道神聖不可侵犯。尊崇聖教保存古蹟，與道德人心關係匪淺。學宮是聖道最重要的標誌，所以「宮牆以內侵越尺寸即是摧殘」，「斷不能將該廟內之牆拆去一寸」。聖道在

---

1 粵紳和在京廣東會館說市政公所「徒以該東街有一軍官合族祠，遂不惜瞻徇個人之情面而破壞數千年之學宮，犧牲全粵人之公地」，恐怕就不一定是「無端造謠」。據說，現在的文德路原來的路線是靠東一些的。由於劉志陸（當時劉任潮梅鎮守使）寫信給魏邦平，要求保留府學東街的「劉家祠」。魏為了遷就劉，只好將路線修改。有人指責市政公所「圖利濟私」，楊永泰辯解說：「更不知其所指。」我們沒有發現楊永泰在拆城修築馬路的過程中「圖利濟私」的證據，但韓鋒等見證人認為：「第一期工程進行中，營私舞弊之事很多。如工程科測城牆的水準、拆後驗收土方和打馬路中線等，只要水平抬高二三寸，承商便少掘很多土方，為此承建公司便給測量員送錢。韓鋒有七八個同學參加這項工作，各撈得一二萬元不等。坐辦曹棪三、總稽核陳恭受用城牆磚分別在廣衛路、東皋大道蓋了大洋房。」（韓鋒等：《舊廣州拆城築路風波》，《廣州文史資料》第46輯，廣州：廣東人民出版社，1994年）市政公所對粵紳的阻撓大為惱火，認為他們這些「借學生利諸人竟張大其詞，鼓簧眾聽」。「夫以神聖之地變為雜遝之場，世人熟視無睹，是對於牟私利者則任令妄為，對於謀公共之利益，百年大計者，則期期以為不便」。他們指出：「貫道門內之杏壇已拆為園地，復於西北邊各宮牆大開門戶，郡學東西齋及其附近之地，或為菜圃，或為旅店，或為書棧，或為律師公寓，其門牆內且分賃諸木肆為寄貯木料之所地址。依然面目全非。凡可借聖廟為生利者，典守人罔不任為之。」市政公所的指責大體不差，因為郡學明倫堂中的粵紳在內訌時，一部分人質問廖景曾（郡學明倫堂公箱管理者）道：「原啟政變以後，外界霸居一節，地方多故，事誠不免，而教忠各學校以及西齋旅館、深柳旅館、書店貨棧，本店貨棧豈皆外界所霸居乎？」「郡學進款有清雲直街、簪花地，郡學東西街鋪租地租及大通寺新撥產業均歸該值理一手收管……其餘學校花園私塾旅館書棧各項林立，宮牆之內儼然市廛，所收租項當與前時書館相侔，豈皆外界所霸收乎？」（北京市檔案館藏，《會館檔案》，J19-1-273）

社會中居優先地位，別的事物則只能次之。因此，「馬路與學宮比較，則學宮為重，馬路為輕」。馬路與學宮發生衝突，最合理的解決方案是輕者讓重者，「只有改路線以避學宮，萬無毀學宮以就路線之理」。

再者，粵紳攻擊市政公所謀私，其實也想通過指責他們道德品行上有違聖道，從而抬高自己，貶抑對方，達到阻止拆及學宮的目的。粵紳指出市政公所拆城築路有圖利濟私的嫌疑，而且他們是為避開軍官合族祠，遂不惜徇個人之情面，而破壞數千年之學宮。很顯然，這與聖道相違背，因此拆及學宮當然就毫無道理了。既然對方拆學宮變得名不正言不順，改變路線則是理所當然的事。

市政公所在爭論中非常強調「尊崇聖道修明市政兩無妨礙」。無論是與粵紳交涉，還是向在京會館等同鄉群體解釋事件的真相，市政公所的負責人都多次強調自己從小就受到儒書的薰陶，服膺孔子，尊崇聖道。

市政公所幾次復粵紳函都稱：「竊謂吾儕束髮受書即服膺孔子，尊崇聖道本有同心，然尊崇之方似宜務其遠大。」「永泰、邦平少讀儒書，忝官鄉土，雖甚愚昧，何至毀及明倫堂。至於聖殿尤所珍愛。」[1]當回答梁士詒等旅京同鄉的質問時，市政公所辯解道：「永泰、邦平少讀儒書，忝官鄉土，尊崇聖道具有同心。」楊永泰請旅京友人江天鐸代為解釋真相時也說：「泰雖不肖，亦嘗服繹儒書，何至湮毀聖廡，甘犯眾怒？」

市政公所因修馬路而拆及學宮的一部分，他們認為自己的方案仍然以尊崇聖道為前提，無損聖廟。首先，復原東邊被拆之建築。東邊沿馬路之牆，仍然按照舊式建築，塗以紅色，廟貌巍然，宮牆如故。其次，移築仰高祠、名宦祠，重修教忠學校。這兩條措施不獨「對於

---

[1] 北京市檔案館藏，《會館檔案》，J19-1-271。

孔廟毫未摧殘，即各祠宇亦炳未湮沒，實於尊崇聖教，整飭市政兩無妨礙」[1]。「實於孔廟範圍內莊嚴之地，一草一木未敢毀損」。

市政公所攻擊粵紳「凡可借聖廟為生利者，典守人罔不任意為之」，一方面使用了粵紳從道德品行上貶抑對手那樣的策略，另一方面則宣稱自己的方案更加有利於維護聖道。他們稱：「現擬一面開闢馬路，一面整飾宮牆，刪出污蔓，飭令群處之旅店貨棧木場一律遷移，使孔廟莊嚴之地復其嚴肅整齊之風，此則昌明聖道者所應有事也。」如此一來，市政公所不僅指責粵紳沒有盡職盡責保護好學宮，而且把自己的行為說成了昌明聖道。

市政公所以尊崇聖道來擋住粵紳和在京會館等同鄉群體等人的進攻，化解攻勢的同時，他們以修明市政為號召來推行自己的築路計劃。

一九一八年十月十九日，廣州市市政公所第一號佈告稱：廣州「隨地齷齪，隨地泯棼，市民蜷伏蝨縮於其間，幾奄奄無生活氣。由是工商各業，不足與世界潮流競爭。下至勞動販夫，咸受影響。綜厥原委，可一言以蔽之：曰市政不修……路工告成，則城裡工商，首蒙莫大之利。蓋不拆城，不開路，絕無市政可言。而欲開路先拆城，尤為此中樞紐。故無論如何，斷不稍存瞻顧」。

後來，市政公所還向粵紳和在京同鄉會館論證修馬路的理由：「省會為華洋互市之區，煙戶冠東南各省，街市狹隘，久為中外人士所詬病，而居民之最受害者厥為衛生。甲午以後疫病連年，死亡不可紀極良由衢巷狹窄蕪穢不治……事關人民身體健康，且與火災救護亦有密切關係。以廣州全市論，縱橫馬路線照現定計劃，果能次等完成，其增進市上地價又何止千數百萬？此改良市政所以不能再事緩延。想諸公恫瘝在抱，利民為懷，當亦樂為贊助也……俾市政前途日臻繁盛，

1　北京市檔案館藏，《會館檔案》，J19-1-271。

不特鄙人之幸，抑亦全省士民之幸。」

在市政公所看來，修馬路，不僅城裡工商，首蒙莫大之利，與此同時，它還事關人民身體健康，且與火災救護亦有密切關係。總之，市政前途日臻繁盛，乃全省士民之幸。既然自己在謀求公共利益，故無論如何，斷不稍存瞻顧。

在京廣東會館等旅外同鄉在糾紛中的主要態度是尊崇聖道而不與路政牴觸。

在京廣東會館回電市政公所時道：「來電既云尊崇聖道具有同情，則孝悌等祠均風化所關，實聖道中之熒熒大者。古蹟稍留缺憾便屬失真，未可輕於毀壞。」另外，旅京的廣東同鄉初聞拆毀學宮，都說這與拆孔廟無異。一時人心惶惶，不可終日。由此可見，孔廟在他們心目中具有神聖不可動搖的地位。學宮不可輕易拆毀，但並不意味著在京廣東會館堅決反對拆及學宮的任何一部分。他們在得知楊魏兩廳長電稱只拆文昌宮等處旁地，岑伍二公函稱只拆文昌宮一小部分後，「群疑略釋」。二月二十七日梁士詒在粵紳給在京廣東會館的信上批註：「詒之意，文昌宮必須拆去，即不建馬路亦須拆去。」在復易學清等粵紳的信中，在京廣東會館仍然認為：「文昌係天上一星，拜天即文昌在內，嘉慶朝列入祀典，前人屢有遺議。」在廣東督軍和省長寫給在京廣東會館的信上，有如下批語：「如此正為妥愜。文昌系淫祀，即不改築馬路，亦應拆去。」

不僅如此，他們還勸粵紳道：如果只拆文昌廟旁地，仍照舊式修建宮牆，而於孝悌、仰高、名宦等祠毫無毀壞，「似未便遇事堅持，致與路政牴觸」。同時，他們提出了補救措施：在學宮內擇地另建仰高祠、名宦祠，或者將文昌廟改為仰高祠，只另建名宦祠。在京廣東會館的基本立場是，在尊崇聖道的前提下，可以拆及學宮的一部分，比如文昌宮，必要時也可以移動學宮內的建築物，從而支持市政建設。

粵紳以尊崇聖道等舊有的價值為武器，在京廣東會館與之呼應，市政公所意在修明市政，卻不得不以尊崇聖道來化解粵紳和在京同鄉等人的進攻，這說明「聖道」等舊價值還瀰漫於整個廣東同鄉網絡中。李宗黃觀察後也認為：「粵人最崇拜孔子，遇聖誕日，全省若狂。其興高采烈甚於國慶。」[1]這提醒我們應該重新思考新文化運動的社會背景及其成果。從社會層面看，「孔家店」此時並沒有被打倒，「孔家店」仍然根深柢固地存活在一般民眾的觀念裡，要打倒它絕非易事。

粵紳維持學宮交涉的失敗，市政公所敢於以強力拆毀了過去神聖不可冒犯的學宮的一部分，旅京同鄉對既成事實的容忍，這在反映新階層和新力量上升，舊力量舊勢力衰落的同時，仍然可見「聖道」等舊價值在社會中的地位隱約下降。市政公所不遺餘力地推行新的市政建設，他們拆城築路，改良城市的衛生、經濟，以修明市政為標榜。修明市政也得到旅京同鄉等在一定範圍內的認同。這反映了新的市政觀念在逐漸滋生。

一九一九年，廣府學宮事件也可以看到鄉誼流動影響政府的限度。粵紳維持學宮交涉的失敗，市政公所敢於以強力拆毀了過去神聖不可冒犯的學宮的一部分，旅京同鄉對既成事實的容忍，這在反映鄉誼流動複雜面向的同時，也可見鄉誼流動面對政府的無奈。市政公所意在修明市政，本身就具有正當性，卻還以尊崇聖道來化解粵紳和一些旅外同鄉的進攻，體現了政府活動中鄉誼流動的壓力。

宋鑽友討論了一九一七至一九二七年南北對峙與上海廣東社會內的政見紛擾，[2]孫向群分析了清末萊陽民變。[3]從宋鑽友、孫向群等學者

1　李宗黃：《新廣東觀察記》，上海：商務印書館，1922年，第139頁。
2　宋鑽友：《南北對峙與上海廣東社會內的政見紛擾（1917-1927）》，《史林》2007年第5期。
3　孫向群：《近代旅京山東人研究》，濟南：齊魯書社，2013年。

的論述中也可以很明顯地觀察到廣東旅滬同鄉群體、北京山東同鄉群體內部的分化與分歧。

一九二四年商團扣械事件中，上海廣肇公所等粵商團體積極介入對廣東軍政府的交涉。其中可見旅外同鄉群體內部對家鄉政府治理既一致行動，又有不同態度。

上海廣肇公所是廣州商團的支持者。一九二四年八月十二日，廣肇公所致電廣東全省商團聯防總部陳廉伯等人，捐款兩千元，以示對商團的支持。電文雖然未對扣械事件發表意見，卻強調建立商團的合法性。[1] 八月二十一日，廣肇公所召集滬上廣東同鄉團體在公所集會，一致要求廣東軍政府全數發還扣械。參加集會的有粵僑商業聯合會、肇慶同鄉會、嘉應五屬同鄉會、大埔同鄉會、順邑會館、慎守堂、香山同鄉會、番禺禺山堂、四會同鄉會、寶安同鄉會、鶴山同鄉會的代表以及廣肇公所等五十餘人。聯席會議一致決定再電孫中山、廖仲愷，請其即日發還扣械，致電廣州商團總部，囑其堅持力爭。其致北京、天津、漢口、南京、蕪湖、杭州等地廣東會館或同鄉會、海外華僑團體的電文，強調商團存在的必要，商團購械的合法性。[2]

八月二十五日，廣州總商會致電旅滬粵商團體，告知廣東一三八埠為要求政府發還扣械實行罷市，商團與政府的衝突加劇。此時，大部分旅滬廣東同鄉團體都感到了事態的嚴重，粵僑商業聯合會、潮州會館、大埔同鄉會、肇慶同鄉會、南海會館、順德會館、香山同鄉會等團體致電廣東軍政府孫中山等人及廣東各商業、慈善團體，提出一個調解方案。電文提出，政府方面將扣留槍械，編驗烙印，全數發還，責成全市商店，蓋章保結，不入匪人之手，不作軌外行動；商團

1　《廣肇公所捐助廣州商團經費》，《申報》1924 年 8 月 10 日。
2　《粵同鄉援助商團之聯席會》，《申報》1924 年 8 月 23 日。

方面按照原購價值，報效二成，以充軍餉，省外商場，即行復業，現駐省、佛軍隊，應即調回原防，所有市內治安，為警察商團擔任，免生衝突。[1]

旅滬廣東會館等同鄉群體對商團事件存在不同的立場和態度。粵僑商業聯合會等團體雖然同情商團，但言辭中並不偏袒商團，而是站在第三方立場進行調停，既顧及了政府急於籌集北伐軍餉的需要，也維護了商團的正當權利。上海廣肇公所則支持商團，並要求無條件歸還扣械，對政府施加了很大的壓力。孫中山最後鎮壓了商團。上海粵僑商業聯合會、廣肇公所、潮州會館、肇慶同鄉會、大埔同鄉會、香山同鄉會、南海會館、番禺會館、順德會館在致孫中山及商團、廣東各商業慈善團體的電文中，對廣東政府的暴行進行了痛斥。[2]

從一九一九年南北和議停止以後，以廣肇公所為代表的廣東旅滬同鄉團體就一直為推動南北重開和議，進行著各種努力。廣肇公所的目標是實現國內和平統一，避免戰亂。從這一目標出發，自一九一九年至一九二二年間，廣肇公所一直寄希望於北方將領吳佩孚。他們發起國民大會策進會，主張迎回黎元洪、恢復舊國會，最終目的是實現國內和平。但廣肇公所的立場遭到旅滬同鄉社會內親國民黨勢力的猛烈抨擊。由粵僑工界聯合會（以機器工人為主）、時間守約會、吳淞路商界聯合會、武昌路商界聯合會構成的親國民黨勢力堅定支持孫中山領導的廣東政府，主張北伐，以武力統一中國。兩種意見勢同水火，互不相容。上海廣東同鄉社會也出現了兩種針鋒相對的政治見解。

清末山東萊陽民變過程，可以觀察到鄉誼流動在山東同鄉網絡內部的分歧。

1　《粵團體為粵商團事致廣州電》，《申報》1924 年 8 月 31 日。

2　《申報》1924 年 10 月 20 日。

光緒三十四年，朱槐之出任山東萊陽縣知縣。朱槐之將徵收全縣錢糧的任務交由經營錢莊的萊陽士紳王圻、於讚揚和尉龍章等人。王圻等人在朱槐之的允准下，在萊陽當地開立名目繁多的額外稅目。沉重的捐稅負擔使得萊陽縣農民生活狀況趨於惡劣。宣統二年四月十六日夜間，萊陽突降一場寒霜，致使大批農作物遭受嚴重凍害。為了應付饑荒並支付捐稅，萊陽各鄉農民擬動用「社倉」的糧食。但是，「社倉」所存糧食已經被各鄉劣紳變賣。太平社社長曲士文和永莊社社長於祝三等人率領各鄉民眾前往縣衙，強烈要求朱槐之承諾傳質私吞社倉存糧的士紳，並予以賠補。隨後，請願群眾攔住登州府知府文淇的坐轎，重申要求。文淇當面拒絕，事態發展即趨於緊張，曲士文再度率民眾進入萊陽縣城請願。山東巡撫孫寶琦聞知萊陽民眾請願之事，電請朝廷彈壓。朝廷批准了孫寶琦的彈壓措施。六月，候補道員楊耀林奉命督兵百人到達萊陽，欲捕拿曲士文等人。七月，官軍與民眾發生衝突。曲士文遂發佈檄文，率民眾圍攻萊陽縣城。在萊陽民變規模日趨擴大的同時，海陽和招遠等地民眾也響應萊陽民變，掀起抗捐抗稅鬥爭。一時間，海萊地區民變成風，萊陽民變的發生很快引起了旅京山東人的關注。

旅京山東官紳公推尚書呂海寰與禮部左侍郎王錫蕃（黃縣人）領銜，公函山東巡撫孫寶琦，要求孫寶琦諭知帶兵之員，詳慎從事，先以勸導解散為宗旨，以期息事安人。[1]七月，正當曲士文圍攻萊陽縣城的時候，御史王寶田受旅京山東同鄉之請託，繕寫了一份呼籲安撫萊陽百姓的奏摺。[2]

1　《萊陽民變風潮十五志》，《申報》1910 年 8 月 5 日。
2　《御史王寶田奏萊陽、海陽二縣相繼煽變請簡派大臣馳往妥籌撫定摺》，劉同鈞主編：《辛亥革命前萊海招抗捐運動》，北京：社會科學文獻出版社，1989 年。

萊陽民變發生後，旅京山東人希望王塏利用法部右侍郎的身份，敦促朝廷收回剿辦的成命，改而以安撫措施來平息民變。王塏卻公開表示對孫寶琦的支持，堅決主張嚴厲鎮壓萊陽民變。反對剿辦的旅京山東官紳不約而同地追究王塏與萊陽民變的關係。《申報》、《盛京時報》等，披露了萊陽劣紳王圻之兄王塏，參與派兵進剿萊陽的內幕。[1] 王塏和王圻同屬一個宗族。曲士文曾與王塏發生矛盾。由此曲王兩家結下冤仇。在王氏家族看來，曲士文發動此次民變是針對自己而來的。王氏家族自然不甘心失去在萊陽的利益，而極力要求官府對曲士文等人實施嚴厲的彈壓。王塏對孫寶琦的支持不僅遭到了在京同鄉的反對，而且全國各地的山東同鄉也群而抨擊王塏。

　　東北三省的山東同鄉會積極與旅京山東同鄉進行聯絡，向北京山東同鄉會詢問有關萊海人民慘遭鎮壓的內情及北京各界同鄉活動的情況，並公推代表赴京，共同採取行動。上海的山東同鄉也支持旅京山東同鄉的請願活動，並籌款賑濟萊海民眾。[2] 在各地山東同鄉會的推動和促進下，旅京山東同鄉經過多次討論，決定自行組織調查，向朝廷陳訴真相。旅京山東人士欒振聲、劉肇堂二人慨然受命前往家鄉去調查。旅京山東同鄉根據欒、劉二人的調查報告起草了向都察院提交的呈稿。九月十五日上午十時左右，旅京山東各界人士按原定行動計劃，齊集都察院署前。張英麟雖然也是山東同鄉，但以呈詞內有參劾孫寶琦、王塏等，稱都察院未便代奏。眾代表於是再三請求，署前山東同鄉兩千餘人也齊聲喊冤。張英麟見眾願難違，不得不勉強收呈。張英麟之所以不願代奏，原因之一是張英麟與王塏之父有世交之誼，

---

[1] 劉同鈞主編：《辛亥革命前萊海招抗捐運動》，第 235 頁。《萊陽慘案內情》，《盛京時報》1910 年 7 月 31 日。

[2] 《大公報》1910 年 8 月 28 日。

張英麟病逝後，王垿為之撰寫了墓誌銘。[1]在旅京各界山東同鄉的一再施壓下，都察院終於將旅京山東紳、商、官之公呈上奏朝廷。面對來自各地山東人的壓力，清廷不得不做出最終表態。十一月，清廷宣佈革去朱槐之和方奎的職務，永不續用，楊耀林、奎保、王圻、文淇等人亦受到革職的處分，而孫寶琦則免置其議。[2]

旅京山東同鄉中王垿公然支持孫寶琦對民變的殘酷鎮壓，張英麟也對代遞同鄉呈稿持消極敷衍的態度，王寶田、呂海寰等山東同鄉群體則反對鎮壓民變，鄉誼流動因此而分裂。

總的來說，會館等同鄉群體的態度主要由利益得失和桑梓之情等因素決定，而且常常因具體的場景，具體的事件，具體的鄉誼流動參與者使得兩個因素在會館等同鄉群體做決定時的分量不一樣，會館等同鄉群體採取的措施和行動也不一樣，鄉誼流動出現分歧在所難免。

近代，鄉誼流動由旅居地擴散為旅居地、家鄉、異地、全國，鄉誼流動參與者的社會構成擴展，公團成為重要的參與者；鄉誼流動解決的事項由藉助會館住宿、聯誼、慈善、互助、服務科舉擴大到包羅當時中國社會的政治、經濟、文化、社會、對外關係等主要問題；會館等同鄉群體經常收到請託的信息，鄉誼流動頻率由低到高；鄉誼流動的措施由單一的旅居地同鄉面議發展到通過集會、通電、與政府商談等多種措施。鄉誼流動擴展的同時又不斷分化，請託會館等同鄉群體不再是唯一的選擇，向會館請託只是眾多出路之一。人們往往根據需要解決問題的性質、自己的社會關係和所處的社會環境等主動請託，他們選擇向會館還是向別的個人或組織請託，他們選擇就這些還是那些內容向會館等同鄉群體請託。

1　孫向群：《近代旅京山東人研究》，濟南：齊魯書社，2013年，第276頁。
2　安作璋主編：《山東通史》近代卷上冊，濟南：山東人民出版社，1994年，第334頁。

表 2-2　一九一九年廣府學宮事件中的一些粵紳情況表

姓名	年齡	身分	經歷
易學清	1841-1920	1868 年進士	主端溪書院和羊城書院達 20 年。清末任廣東諮議局議長，倡辦地方自治社。
盧乃潼	1849-1927	1881 年舉人	曾任廣東諮議局副議長，菊坡精舍、學海堂、廣雅書院教習，廣州府中學堂校長，廣東中醫專科學校校長。
梁慶桂	1858-1931	1876 年舉人	歷官內閣中書，侍讀。廣東地方自治研究社社長。
賴際熙	1865-1937	1903 年進士	選翰林院庶吉士，授編修、國史館纂修、總纂。香港中文大學講師。
伍銓萃	1863-1933	1892 年進士	翰林院編修、國史館協修。雲南、廣西副考官，武昌知府，廣東全省修志局總纂。
何藻翔	1865-1930	1892 年進士	總理衙門章京，外務部主事，廣東全省通志總纂，保衛團局長，學海堂學長。
溫　肅	1878-1939	1903 年進士	國史館、實錄館協修，補授掌湖北道監察御史。參與張勳復辟。
馮　願	1868-1943	1897 年舉人	內閣中書，兩廣學務處官書編纂，粵海關監督署課長，廣東修志局分纂及中山大學、廣州大學教授。
陳其瑗	1887-1968	畢業於北京大學	1912 年農林部總務廳廳長，廣東省工藝局、實業局科長，交通銀行秘書長，廣三鐵路局總務處處長，廣東省教育會會長，培英中學校長。
金曾澄	1879-1958	廣雅書院肄業，留學日本	廣東都督府參事，廣東高等師範校長，廣東省教育會會長，民國政府教育行政委員會常委，廣州大學、中山大學校長，廣東省教育廳廳長。

表 2-2 根據北京會館檔案，《廣東近現代人物詞典》[1]編制。

1　廣東省中山圖書館、廣東省珠海市政協、廣東科技出版社，1992 年編制。

表 2-3　廣州市政公所職員表

職別	姓名	別號	籍貫
督辦	楊永泰	暢卿	茂名
總辦	魏邦平	麗堂	香山
總稽查	陳恭受	益南	南海
文案	李戒欺		從化
文案	蘇乃鍇	鐵卿	三水
總務科科長	蘇乃圖	灌川	順德
工程科科長	倫允襄	贊侯	南海
經界科科長	潘應祺	漱笙	番禺
登記局局長	區國強	博儒	南海
總測繪	陳頌文		南海

表 2-3 據廣州市檔案館，全宗號 4-01，目錄號 1，案卷號 263-2 所制。一九一八年十月十九日，市政公所呈請委派曹汝英為坐辦，但原表未將曹汝英列入。

第三章
鄉誼流動與制度建構

　　鄉誼流動與京師的政治制度、基層社會的法秩序、同鄉管理制度互動，彼此都因之而改變。通過同鄉京官印結，鄉誼流動在京城與國家官僚人事制度運作勾連在一起，對治國、京官生計、同鄉出仕施加種種影響，也塑造了鄉誼；會館稟請與衙門給示共同參與構建了基層社會的法秩序；國家逐漸建立起針對會館等同鄉群體的管理制度，改造並最終接收了會館。

第一節　出仕、保證與同鄉：明清同鄉京官印結

　　同鄉京官印結是同鄉京官出具的鈐有官印的保證文書。[1]明清時期，眾多京師衙門的官僚制度運作需要同鄉京官印結，而意圖出仕，或者已經出仕人員在仕途的諸多環節若沒有同鄉京官印結常寸步難行。那麼，同鄉因素如何介入官僚制度運作，引入同鄉京官印結的官僚制度運作又怎樣促使同鄉群體、同鄉意識的演進？

　　許大齡、陳寬強、張德昌、伍躍等探討捐納、京官生活時涉及同鄉京官印結。[2]張德昌研究李慈銘等個案後指出，印結銀是部分京官

1　本書的同鄉京官指出具印結的同省京官。
2　許大齡：《清代捐納制度》，《燕京學報》專刊之 22，1950 年。張德昌：《清季一個京官的生活》，香港：香港中文大學出版社，1970 年。伍躍：《中國的捐納制度與社會》，南京：江蘇人民出版社，2013 年。陳寬強：《清代捐納制度》，臺北：三民書局，2014 年。張宏傑：《給曾國藩算算賬——一個高官的收與支》，北京：中華書局，2015 年。劉鳳雲：《從清代京官的資歷、能力和俸祿看官場中的潛規則》，《中國人民大學學報》，2008 年第 6 期。王雁：《晚清直隸印結局管理機構研究——以唐烜〈留庵日抄〉為中心》，《歷史教學》2014 年第 11 期。

生活費的重要來源。許大齡、陳寬強和伍躍等分析了捐納中印結的使用，並在此基礎上探討了印結局對印結、印結銀的管理。[1]王雁研究了晚清直隸印結局管理機構。魏秀梅提及在清代迴避制度中使用同鄉印結，茅海建注意到同鄉印結在都察院上奏中的作用。[2]這些涉及同鄉京官印結的論著對同鄉因素並未重點論述。明清時期，京師建立的同鄉會館數以百計，眾多同鄉京官活躍其中。何炳棣、王日根等分析了明清同鄉會館的演變，卻甚少注意同鄉京官印結對同鄉群體和同鄉觀念的塑造，帶有濃厚同鄉因素的京官印結對官僚制度的影響亦非其關注所在。[3]本書不僅僅討論官僚制度運作中的同鄉京官印結，或者同鄉群體的演變，而是力圖打通制度史與社會史之間的壁壘，既探討明清時期官僚制度運作對同鄉因素的接納與防範，又對具結與出結導致同鄉群體與同鄉意識的勃興和分化等問題加以分析。

一　同鄉京官印結之瀰散

印結作為一種保證文書，可以上溯到後漢時代，宋元明清被廣泛使用。[4]張德昌指出，印結是清代官吏銓選陳規的例行的保證手續之一。[5]伍躍認為，印結至遲在康熙初期的乙卯（1675）捐例實施時已經是報捐的必要文書。[6]學界通常只論及清代的同鄉京官印結，其實，

1　印結局是各省同鄉京官辦理印結事項的機構。「印結費」指出具印結時收取的手續費，在不同的文獻中又稱為「印結銀」「結費」「結銀」等。
2　魏秀梅：《清代之迴避制度》，臺北：中研院近代史研究所，1992年。茅海建：《戊戌變法史事考》，北京：生活・讀書・新知三聯書店，2005年。
3　何炳棣：《中國會館史論》，北京：中華書局，2017年。王日根：《鄉土之鏈──明清會館與社會變遷》，天津：天津人民出版社，1996年。
4　伍躍：《中國的捐納制度與社會》，南京：江蘇人民出版社，2013年，第126頁。
5　張德昌：《清季一個京官的生活》，香港：香港中文大學出版社，1970年，第47頁。
6　伍躍：《中國的捐納制度與社會》，南京：江蘇人民出版社，2013年，第129頁。

同鄉京官印結並不始於清代，至少在明代它已經出現並被用於出仕環節，而且使用範圍也不僅僅限於官吏銓選和報捐。

（一）明代出仕與同鄉京官印結

明弘治年間，官僚制度運作的一些環節已用同鄉京官提供保證。

關於進士回籍養病，弘治十五年（1502）吏部題准：「取具本衙門官員並同鄉官同辦事進士及醫士各不扶結狀回報，仍拘赴部看驗無偽，照例具題放回原籍調理。」[1] 弘治十八年（1505），南京各衙門官員回籍養病照依在京患病官員事例而做出規定，如果「患病是實，別無託故違礙，取具同僚並同鄉官不扶結狀」，報吏部具奏。[2] 可知弘治十八年，京官回籍看病已經需要同鄉官的結狀。除了進士等回籍養病需要同鄉官出具結狀，弘治年間定，京官及進士奏歸畢姻，也需要同鄉官員保勘。[3]

目前尚不清楚京官及進士奏歸畢姻是否用印結保勘，進士和京官回籍養病出具的結狀等是否鈐有官印。如果結狀上鈐有官印，就是同鄉京官印結，如果沒有鈐官印，同鄉京官結狀大約可以看作同鄉京官印結的前身或者雛形。正是以這些同鄉官員的保勘及其出具的結狀為基礎，形成同鄉京官提供保證的政治氛圍，逐漸發展出比較完備的同鄉京官印結制度。

「同鄉京官印結」有不同的書寫方式。明代文獻中已經出現「在京同鄉官印結」一詞，亦見「鄉官印結」「同鄉官印結」「同鄉印結」「同鄉官印信保結」「鄉官方印保結」「鄉官方印結」等詞，它們在一些具

1　（明）李默：《吏部職掌‧考功司考疾科‧進士養病》，明嘉靖刻本，第 43 頁。
2　同上書，第 43-44 頁。
3　（明）李東陽等撰，（明）申時行等重修：（萬曆）《大明會典》卷五，《吏部四‧給假》，第 37 頁。

體的語境中基本上可以理解為「同鄉京官印結」。

較早明確使用「同鄉京官印結」的是嘉靖年間的順天府鄉試。參加順天府鄉試的儒生來自四方，時有黜革生員潛入京師改名冒籍，參加科舉，應試之時又有儒生冒名頂替入場。御史沈一定奏請禁革。嘉靖十六年（1537），禮部尚書嚴嵩等題准：「今後順天府鄉試儒士，務要查審辨驗籍貫明白，其附籍可疑之人，取有同鄉正途出身官印信保結，方許應試。」[1]明代官員實行本籍迴避，在當時的交通通訊情況下，順天府應試儒士向距離最近的同鄉京官取具印結較為便捷，向在其他省出仕的同鄉官取具印結更為麻煩。此處「同鄉官印信保結」當為「同鄉京官印結」。

萬曆年間在降調官員、改給文憑等環節已經明確規定使用「在京同鄉官印結」。《大明會典》記載，萬曆十二年（1584）規定：「凡裁革，並考察被劾改調等官，不由司府起送者，行查；雖由司府起送，無黏連結者，取在京同鄉官印結。」[2]李默的《吏部職掌·降調官員》和陳有年的《陳恭介公文集》有同樣的記載。[3]「在京同鄉官印結」的記載還見於李默的《吏部職掌·改給文憑》：「推升在外府同知以下，守候文憑未到，具告到部者，酌量推升年月並地方遠近，仍取在京同鄉官印結，准給執照。」[4]

1　（明）李東陽等撰，（明）申時行等重修：（萬曆）《大明會典》卷七七，《禮部三十五·貢舉·科舉》，第1233頁。（明）俞汝楫：《禮部志稿》（《景印文淵閣四庫全書》）卷二三，《凡應試》，第432頁。
　　（明）嚴嵩：《南宮奏議》卷二一，《議處京闈科舉事宜》，明嘉靖二十四年刻本。
2　（明）李東陽等撰，（明）申時行等重修：（萬曆）《大明會典》卷五，《吏部四·改調（降調附）》，第117頁。
3　（明）李默：《吏部職掌·降調官員》；陳有年：《陳恭介公文集》卷一二，《與郭希所》，明萬曆陳啟孫刻本。
4　（明）李默：《吏部職掌·改給文憑》。

萬曆年間辦理捐納等使用同鄉官印結。萬曆十二年（1584），葛昕等奉命建慈寧宮殿作為壽宮，因經費不足而「議開納事例」。葛昕提出的方案被批准實行：「在京者，不分寓居、土著，依親、探親等項，俱准通狀赴部，取具鄉官印結，先行給帖納銀，一面移文各衙門及原籍官司查明給與札照並通行。」[1]《明神宗實錄》載：萬曆四十三年（1615），「在京告納監儒，先取同鄉印結，暫送入監，必原籍查回，乃准實歷」[2]。辦理捐納等事，取「同鄉官印結」的目的在於爭取時間，而在京者最為便捷的途徑是向同鄉京官取具印結。

天啟年間辦理蔭子與封典等事項已廣泛使用同鄉官印結。刊刻於天啟年間的《南京都察院志》中記載貴州道職掌之一為，「凡遇覃恩咨到，候堂札本道牒行各官取具親供履歷，並同鄉同僚印結呈堂轉咨南京吏部」[3]。南京都察院向南京吏部發出的咨文涉及「同鄉官印結」。一份咨文顯示同鄉官印結是辦理封典的必備條件：「今將取具本官親供並同鄉同僚官印結各一樣二本，合咨貴部，煩為查照轉咨題請施行。」[4]另一份辦理蔭子的咨文附有「同僚同鄉印結四本」[5]。京師的同鄉同僚官較多，辦理蔭子與封典時所用「同鄉官印結」當為「同鄉京官印結」。

明弘治年間，辦理京官生病請假回籍等事項已經使用同鄉官的保證文書。至遲從嘉靖年間開始，審查順天府鄉試儒士的籍貫，改調和推陞官員，辦理捐納和封典等環節陸續正式使用同鄉京官印結。明代的同鄉京官印結不始於捐納，亦不限於捐納。

1　（明）葛昕：《集玉山房稿》卷一，《議酌開納濟工疏》，清文津閣四庫全書本。
2　（明）顧秉謙等修：《明神宗實錄》卷五三九，萬曆四十三年十一月壬寅條，臺北：中研院歷史語言研究所，1966年。
3　（明）施沛，《南京都察院志》卷九，《貴州道職掌》，明天啟刻本。
4　（明）施沛，《南京都察院志》卷三五，《司道請封典咨》。
5　（明）施沛，《南京都察院志》卷三五，《副堂請覃恩蔭子咨》。

（二）清代出仕與同鄉京官印結

相較於明代，清代同鄉京官印結的應用範圍進一步擴展。伍躍等主要關注的是清代捐納中的同鄉京官印結。在此，除了簡單提及與捐納有關的同鄉京官印結外，重點勾勒捐納之外眾多領域使用同鄉京官印結的情形，展示使用同鄉京官印結的廣泛性。

1 入學、科舉考試與同鄉京官印結

出仕首先要取得任官資格。明清士子可以通過科舉考試，或是進入國子監等各類官學而獲得任官資格，但也有一些人通過捐納、薦舉、議敘等途逕取得任官資格。

乾隆三年（1738）於欽天監附近設立算學一所，漢人無論舉貢生童，或世業子弟，取同鄉京官印結，具呈國子監會同管理算學大臣考試合格才能被錄取。[1]嘉慶朝《大清會典》載，恩貢生、副貢生、歲貢生及廩增附之例貢監生，取旗籍文或同鄉六品以上京官印結才能入國子監。[2]國子監、欽天監等在《申報》上所登告示顯示，直到晚清參加此類招生考試仍須取具同鄉京官印結。[3]

順天府鄉試和會試是取得任官資格的重要環節。順天府鄉試考生來源比較複雜，明朝已經開始利用同鄉京官印結來限制考生假冒籍貫，進而保證考生資格的合法性，清朝的相關規定更加明晰。順治二年（1645）明確規定參加鄉試的生童，如果其祖父入籍在二十年以上，有墳墓田宅證據，取同鄉官保結，方許應試。[4]國子監的貢監生肄業可

1　（乾隆）《大清會典則例》卷一五七，《國子監》，第 20 頁。
2　（嘉慶）《大清會典》卷六一，《國子監・管理監事大臣祭酒司業職掌》，第 6 頁。
3　《招考學生》，《申報》1885 年 11 月 2 日，第 2 版；《申報》，1887 年 6 月 24 日，第 1-2 版；《申報》1891 年 9 月 26 日，第 1-2 版，等。
4　（康熙）《大清會典》卷五二，《禮部・儀制清吏司・貢舉・科舉通例》，第 2 頁。

參加順天府鄉試。雍正六年（1728）之前，國子監肄業者取具同鄉京官印結才能移送順天府鄉試。之後，擔心京官多寡不一，邊遠省份貢監無熟識之京官，於是規定取地方官文結到國子監投驗。不過，在京的貢監生取具地方官文結往返需時，往往不能趕赴場期，又規定部分不及回籍起文者可取具同鄉京官印結錄科送考。[1]雍正七年（1729）規定，修書各館內的外省生員，取同鄉京官印結，准許保送參加順天府鄉試。[2]乾隆四十四年（1779）奏准，之前由寄籍順天入學，後經遵例歸籍的四庫全書處謄錄，以及由召試二等在館行走各生，不能回籍應試，准其取具同鄉京官印結，咨送國子監錄科，赴順天府鄉試。[3]

鄉試生監中試後需要出示同鄉京官印結填寫親供。康熙四十七年（1708）議准，直隸各府鄉試生監中試後，不具同鄉京官印結，不得赴順天府填寫親供。[4]舉人複試在清前期並非定製，道光年間要求舉人必須參加複試。道光十五年（1835），順天鄉試取中舉人具同鄉京官臨場識認印結，在圓明園正大光明殿複試。道光二十三年（1843）議准，嗣後各省新中舉人，於會試年二月初十日前到京，取具同鄉京官識認印結，送禮部聽候複試。[5]十九世紀後期仍可見一些人，因為沒有同鄉京官印結而不具複試資格。《申報》載，光緒十一年（1885），南部某省冒籍直隸生員而中試者有七人，但複試須有同鄉京官印結方得入場，直隸京官因七人冒籍而不出結。

《申報》認為：「此次複試則已可望而不可入矣。」[6]參加科舉考試

1　（光緒）《欽定大清會典事例》卷一一一〇，《國子監五・六堂課士規制・錄送鄉試》。
2　（乾隆）《欽定大清會典則例》卷六六，《禮部・儀制清吏司・貢舉上》。
3　（光緒）《欽定大清會典事例》卷一一一〇，《國子監五・六堂課士規制・錄送鄉試》。
4　（嘉慶）《欽定大清會典事例》卷二七三，《禮部四十一・貢舉・申嚴禁令》。
5　（光緒）《欽定大清會典事例》卷三五一，《禮部六十二・貢舉・復試》。
6　《考事綴言》，《申報》1885年11月11日，第2版。

的其他程序亦需同鄉京官印結。雲南、貴州、嘉峪關以外舉人進京會試，發給火牌。嘉慶六年（1801）奏准，武舉人會試後限半年內將原牌赴兵部呈繳，留京不能立刻回原籍者，待回原籍時取具同鄉京官印結赴兵部再行給發。[1]參加會試的舉人，可以領取盤費銀兩。但會試舉人有的任意逗留，有的中途潛歸，人與文書均不到禮部，有的文書到而人不到，如有上述情形要追還盤費銀兩。乾隆五年（1740）覆准，會試舉人已經到京，而患病丁憂者，取具同鄉京官印結報禮部，免追繳盤費銀兩。[2]

2　官吏選任與同鄉京官印結

預備出仕者獲得做官資格後，參加銓選時很多環節需提供同鄉京官印結。

月選是清代選任簡缺的一種方式，單月舉行急選，雙月舉行大選。順治初年即規定月選需要取具同鄉京官印結。取具同鄉京官印結者的範圍是：在京郎中以下，小京官以上，在外道府以下，七品官以上。[3]武職人員投供候選亦需同鄉京官印結。乾隆八年（1743）奏准，候選營衛各官，有投供後回籍未過一年者，免其行詢，如已過一年，無論年份遠近，需取具同鄉京官印結赴兵部，准其投供銓選，不過同時要將在籍有無事故行詢原籍。[4]清代後期規定，游擊都司守備人員、[5]候選衛千總、[6]候選衛守備等有親老願挈近省者，投供候選都要取具同

1　（嘉慶）《欽定大清會典事例》卷五五七，《兵部一百三十一‧郵政‧郵符》。
2　（乾隆）《大清會典則例》卷六七，《禮部‧儀制清吏司‧貢舉下》，第79頁。
3　（乾隆）《大清會典則例》卷五，《吏部‧文選清吏司‧月選二》，第4頁。
4　（乾隆）《欽定大清會典則例》卷一〇四，《兵部‧武選清吏司‧職制二》，第16頁。
5　（光緒）《欽定大清會典事例》卷五六二，《兵部二十一‧職制‧銓選二》。
6　（光緒）《欽定大清會典事例》卷五七五，《兵部三十四‧職制‧衛千總選法》。

鄉京官印結。[1]

部分高級官員的選任需同鄉京官印結。嘉慶十一年（1806）定，裁缺、革職還職、降級還級的督撫到京後，將候補情況，出具同鄉京官印結送吏部存案。[2]嘉慶十二年（1807）進一步規定，三品以下、鴻臚寺少卿以上，各京堂及翰詹等官，無論起復候補，特旨降調，凡屬外官離任，及病痊、服闋來京，均取具同鄉京官印結，隨文書投吏部存案。[3]

被銓選上的官員要辦理赴任手續。乾隆三十一年（1766）奏准，在京官員，無論初任補任，以奉旨之日起，限十日內到任，如有患病等情況，不能在限期內到任，取具同鄉官印結，以憑查核。[4]道光十二年（1832）奏准，各省份發營衛武進士與漢人駐防各武舉，赴兵部呈請分發時，取具同鄉京官印結等，根據道路遠近，照武職憑限日期，給予定限驗票投標。[5]大量正常的官員銓選之外，存在一些特殊地區或者職掌特殊官缺的揀選。清代有揀選下第舉人候補邊遠省份官缺的制度。雍正二年（1724）議定，會試後下第舉人，有情願效力者，取具同鄉官印結，投吏部引見，遣往雲貴川廣，每省各十員，遇有缺出，委用署印。[6]下第舉人或薦舉生員可以候選候補教職。乾隆七年（1742）議准，舉人如有情願就教，及已經揀選知縣，情願改教，取具同鄉京官印結呈吏部候選。[7]揀選漕運人員、河工、鹽庫大使等有特殊要求。

1　（光緒）《欽定大清會典事例》卷五七三，《兵部三十二・職制・雙月衛守備選法》。
2　（嘉慶）《欽定大清會典事例》卷四一，《吏部二十八・漢員開列・督撫藩臬等官候補》。
3　（嘉慶）《欽定大清會典事例》卷四一，《吏部二十八・漢員開列・大學士京堂等官候補》。
4　（嘉慶）《欽定大清會典事例》卷四九五，《兵部六十九・綠營處分例・限期》。
5　（光緒）《欽定大清會典事例》卷六一六，《兵部七十五・綠營處分例・限期》。
6　（雍正）《大清會典》卷一〇，《吏部・文選清吏司・漢缺銓選總例》。
7　（乾隆）《欽定大清會典則例》卷一〇，《吏部・文選清吏司・除授》，第1-22頁。

雍正二年（1724）議准，南漕領押重運需人，候選衛千總之漢軍漢人武舉等，揀選引見時需具同鄉京官印結。[1]乾隆十八年（1753）覆准，遇有河工需人奏請揀發時，守部候選人員等需取具同鄉京官印結。[2]乾隆二十二年（1757）議准，各鹽場辦理需人，有情願赴挑者需取具同鄉京官印結。[3]雍正六年（1728）覆准，生員考序班時取同鄉京官印結，由鴻臚寺驗明揀選。[4]光緒朝規定，太醫院選補醫生時，初進醫生須取同鄉京官印結赴太醫院具呈報明。[5]

書吏等可以參加候選候補。順治十二年（1655）題准，參加考職的吏員，在外需取具原籍印文，在京需取具同鄉京官印結並五人互結。[6]乾隆四年（1739）奏准，內閣、六部等衙門書吏五年役滿，各衙門於一月之內，將該吏著役時地方官印結，並取具同鄉京官印結，一併咨吏部註冊選用。[7]

直至清後期官員選任一些環節仍使用同鄉京官印結。如揀選雲南普洱府威遠知事[8]，揀選福建鹽法道庫大使[9]，新進士分部分省即用人員改任教職[10]，奉天奏請揀發委用縣丞、州吏目等[11]，都察院咨請揀發委用

---

1 （乾隆）《欽定大清會典則例》卷一〇七，《兵部·武選清吏司·職制五》，第24-26頁。
2 （乾隆）《欽定大清會典則例》卷八，《吏部·文選清吏司·遴選二》；（光緒）《欽定大清會典事例》卷六五，《吏部四十九·漢員遴選·河工揀發》。
3 （光緒）《欽定大清會典事例》卷六二，《吏部四十六·漢員遴選·鹽庫大使揀選》。
4 （乾隆）《欽定大清會典則例》卷一五六，《鴻臚寺》。
5 （光緒）《欽定大清會典事例》卷一一〇五，《太醫院·官制·選補醫生》。
6 （嘉慶）《欽定大清會典事例》卷一二二，《吏部一百九·書吏·考試供事》，第16-17頁。
7 （乾隆）《欽定大清會典則例》卷一〇，《吏部·文選清吏司·除授》，第1-22頁。
8 《申報》1887年12月1日，第2版。
9 《申報》1888年3月30日，第2版。
10 《申報》1889年6月25日，第2版。
11 《申報》1890年9月8日，第1-2版。

兵馬司吏目等[1]，在辦理相關手續時都須具同鄉京官印結。宗人府[2]、詹事府[3]、內閣典籍廳[4]、翰林院招考供事[5]，國史館、會典館招考謄錄[6]，欽天監招考，[7]招考內閣漢中書，[8]考試國子監學正學錄[9]，禮部招考教習[10]，都要求投考人取具同鄉京官印結。

　　清代為防止出現籍貫、親屬、師生等方面的營私舞弊，對官員銓選時的迴避範圍及取具印結做出明確的規定。康熙四十二年（1703）議定，候補候選知縣的原籍住址至現出之缺的距離在五百里之內的，需取具同鄉京官印結，聲明迴避。乾隆七年（1742）議准，每月月選在吏部驗到各官，如有寄籍者，取具同鄉京官印結，將原籍呈明迴避。[11]鹽商與戶部關係密切，鹽商子弟出仕需迴避戶部。嘉慶十七年（1812）議定，鹽商子弟，不准選戶部司員或戶部山東司之缺，赴吏部過堂時，須取具同鄉京官印結，呈明辦理。[12]光緒年間，親族迴避需同鄉京官印結。[13]《申報》等數據記載了不少清朝後期迴避制度的實例，如吏部一再要求新進士分部人員、月選各官等，應將有無應行迴避之

1　《申報》1890 年 10 月 15 日，第 1-2 版。
2　《申報》1885 年 9 月 3 日，第 2 版。
3　《申報》1885 年 10 月 27 日，第 2 版；《申報》，1887 年 6 月 18 日，第 1-2 版。
4　《申報》1886 年 5 月 10 日，第 1-2 版；《申報》，1891 年 10 月 4 日，第 1-2 版。
5　《申報》1887 年 6 月 11 日，第 1-2 版。
6　《申報》1887 年 1 月 5 日，第 2 版。
7　《申報》1888 年 8 月 17 日，第 2 版。
8　《申報》1889 年 6 月 6 日，第 1-2 版。
9　《申報》1890 年 6 月 28 日，第 1-2 版。
10　《申報》1886 年 8 月 15 日，第 2 版。
11　（乾隆）《欽定大清會典則例》卷五，《吏部・文選清吏司・月選二》，第 1-53 頁。
12　（嘉慶）《欽定大清會典事例》卷三九，《吏部二十六・漢員銓選・親族迴避》。
13　（光緒）《欽定大清會典事例》卷四七，《吏部三十一・漢員銓選・親族迴避》。

處，取具同鄉京官印結赴吏部切實說明。[1]

3　官吏管理與同鄉京官印結

清代處理請假、終養、告近、更名、改籍、代奏等事項需要出具同鄉京官印結。

明代，京官請假回籍養病需要同鄉官出具結狀，清代請假出示同鄉京官印結的範圍更廣。順治十七年（1660）議准，各級官員請假，需取同鄉官印結，具呈堂上掌印官，勘實代題。[2]丁憂守制者需同鄉京官印結。乾隆二年（1737）覆准，官員出繼為人後，遇本生父母之喪概令回籍治喪，在京各官取具同鄉京官印結，中書以上呈吏部具題，其餘各官呈吏部註冊。乾隆七年（1742）奏准，新選新補內外官員，如果在京獲悉訃告，或者父母在京病故，取同鄉京官印結，呈報丁憂，准其守制。[3]丁憂者取同鄉京官印結之制延續到清末，如候選知縣劉乃賡丁憂，取具同鄉京官印結赴吏部呈明。[4]

終養、告近需同鄉京官印結。康熙三年（1664）題准，符合終養條件的京官需取同鄉官印結到吏部具題。嘉慶五年（1800）奏准，遇有親老業經迎養在寓，在京候補候選人員，取具同鄉京官印結，咨吏部存案，不用棄職終養。[5]直到晚清，一些官員在辦理改掣近省與迎養時要提供同鄉京官印結。[6]

1　《申報》1889年6月10日，第2版；《申報》1889年6月25日，第2版；《申報》1892年6月19日，第2版；《申報》1891年3月19日，第3版；《申報》1895年11月16日，第1-2版。
2　（康熙）《大清會典》卷九，《吏部·文選清吏司·給假》，第25-27頁。
3　（乾隆）《欽定大清會典則例》卷二九，《吏部·稽勳清吏司·守制（終養附）》，第1-16頁。
4　《申報》1896年9月29日，第2版。
5　（光緒）《欽定大清會典事例》卷一四〇，《吏部一百二十四·終養·漢員告養》。
6　《申報》1896年9月29日，第2版。

官員在仕途中有時會更名、改籍。康熙三年（1664）題准，漢人官員更名複姓，取具同鄉京官印結，准其更復。[1]清末仍可見更名時使用同鄉京官印結的情形。楊開第被哈密辦事大臣奏保免補守備以都司儘先即補，繕單時將「開」字誤書「聞」字，不得不取具同鄉京官印結到兵部呈請更正。[2]順治年間定，官員寄籍他省，願改歸原籍者，在京者取具同鄉京官印結，吏部移咨該省。[3]乾隆三十八年（1773）加強對順天府籍貫的管理，對不符合條件的寄籍人員限期強制改歸原籍。正在赴吏部候補、候選人員，就近取結，准予更正籍貫，但仍需取具本籍同鄉京官印結送吏部呈明，照例銓選。[4]

代奏是指有上奏權的機構與官員為無上奏權的中下級官員與民人出奏。其基本途徑有兩種，一是通過都察院代奏，二是京內各衙門的中下級官員可以通過本衙門堂官代奏。由於當時的信息條件，上書人的身分難以確定，即由同鄉京官為上書人作身分保證。呈請代奏者取具同鄉京官印結是為了防止冒濫。[5]晚清都察院為恩准予謚[6]、殉難殉節之事[7]，建忠義總祠、專祠[8]，訟事[9]，開辦銅廠等代奏中均見呈請者取具同鄉京官印結[10]。

1　（雍正）《大清會典》卷二二，《吏部二十·稽勳清吏司·更名複姓》，第13頁。
2　《申報》1882年1月11日，第3-4版。
3　（乾隆）《欽定大清會典則例》卷二九，《吏部·稽勳清吏司·改籍》。
4　（嘉慶）《欽定大清會典事例》卷一一七，《吏部·籍貫·改籍》。
5　《申報》1898年10月29日，第14版。
6　《申報》1872年5月11日，第4-5版；《申報》1873年2月13日，第4-5版；《申報》1873年2月26日，第3-5版；《申報》1873年5月9日，第4-5版；《申報》1873年8月30日，第4-5版。
7　《申報》1876年12月13日，第3-5版；《申報》1876年10月7日，第4-5版；《申報》1877年3月15日，第4-5版。
8　《申報》1872年6月14日，第4-5版；《申報》1883年9月6日，第12版。
9　《申報》1883年11月20日，第12版；《申報》1876年2月28日，第4-5版。
10　《申報》1872年8月20日，第4-5版；《申報》1874年12月26日，第4-6版。

明代辦理蔭子與封典等事項已經需要提供同鄉京官印結，清代辦理封贈、旌表、承襲等需取具同鄉京官印結。康熙二十八年（1689）規定，辦理封贈咨送時需取具同鄉官印結。[1]清代旌表需取具同鄉京官印結，赴禮部具呈。[2]咸豐九年（1859）後殉難各員，議給世職，如原籍地方失陷，尚未收復，准其取具同鄉實任京官印結在兵部呈明，予以辦理。[3]劉裕恭辦理恩騎尉承襲、夏宗彝辦理承襲難蔭等事項時使用了同鄉京官印結。[4]

　　捐納可獲得做官資格，改變銓選程序，保障官員有晉升渠道，規避行政懲戒。不少報捐需要取具同鄉京官印結。[5]如乾隆三十八年（1773）議准，大興、宛平兩縣捐納貢監及捐職人員，需取具同鄉京官印結呈戶部查核。[6]乾隆三十九年（1774）議准，凡捐復人員，如工部查明該員並無工程應追銀兩，該員切實甘結，並取具六品以上同鄉官印結，送戶工二部存案方准其上捐。[7]報捐指省等事的迴避需同鄉京官印結。[8]一些捐納項目須提供同鄉京官印結，並非因為捐納而特別做出的規定，而是由於官僚制度運作某些環節本身的需要，如捐納與非捐納方式辦理月選等銓選程序都要提供同鄉京官印結。

　　清代不僅延續了明朝制度，而且又有更多的衙門和出仕環節接納了同鄉京官印結。需要提供同鄉京官印結的事項，順治朝包括改籍、

1　（嘉慶）《欽定大清會典事例》卷一三，《中書科·職掌·封典限期》，第6頁。
2　（光緒）《欽定大清會典事例》卷四〇四，《禮部一百十五·風教·旌表節孝二》。
3　（光緒）《欽定大清會典事例》卷五八四，《兵部四十三·恩錫·襲次》。（光緒）《欽定大清會典事例》卷一四四，《吏部一百二十八·蔭敘·難蔭及加贈》。
4　《申報》1877年9月22日，第3-4版；《申報》1889年9月8日，第12版。
5　伍躍：《中國的捐納制度與社會》，南京：江蘇人民出版社，2013年，第129-139頁。
6　（嘉慶）《欽定大清會典事例》卷三〇八，《禮部七十六·學校·例貢例監事宜》。
7　（嘉慶）《欽定大清會典事例》卷六八二，《工部二十二·營建通例·報銷期限》。
8　（光緒）《欽定大清會典事例》卷四七，《吏部三十一·漢員銓選·本籍接壤迴避》。

銓選、鄉試、考職、請假等；康熙朝有改名複姓、回籍終養、封典期限、本籍接壤迴避、順天府鄉試生監中試後填寫親供等；雍正朝包括太醫院選補醫生、揀選舉人任職、揀選南漕官員、回籍守制、考序班等。一代代積累的基礎上，到雍正朝已經建立起比較完備的同鄉京官印結制度，清朝中後期對此有所補充，但無根本性改變。吏部、戶部、禮部、兵部、刑部、工部、都察院、鴻臚寺、國子監、太醫院、侍衛處等部門的運行均有需要同鄉京官印結之處。出仕人員辦理入學、科舉考試、月選揀選考職、請假、告病、丁憂、告養、起復、更名、改籍、代奏、迴避、封贈、捐納等需要取具同鄉京官印結。

二　朝廷對同鄉京官印結之接納與防範

（一）保證內容及意圖

　　同鄉京官印結廣泛地嵌入官僚制度運作之中，同鄉京官在構建印結制度的過程中發揮了關鍵性的作用，推動了保證制度的發展。朝廷接納同鄉京官印結，其目的是以同鄉京官保證出仕人員籍貫、家庭狀況和經歷的真實、無誤。

　　同鄉京官印結對出仕人員的籍貫予以保證。乾隆曾論及同鄉京官印結與籍貫迴避制度的關係。乾隆四十二年（1777），戶部官員帶領浙江解餉官紹興府通判張廷泰引見。乾隆皇帝聽其所奏，似紹興語音，便問其籍何處。張廷泰奏稱：「幼曾隨父至紹興，住居數年，遂習其土音。」乾隆皇帝認為，其言未必可信。由於本籍人在家鄉任官，與體制不符，乾隆皇帝要求投供時，在同鄉京官印結內載明寄籍、祖籍，

及實系本籍字樣，以備查核。[1]出仕人員所言未必可信，而京官是對同鄉的籍貫較為熟悉的人選之一，因此需要同鄉京官出具印結保障出仕人員籍貫的真實性，進而保證籍貫迴避制度的實施。除了籍貫迴避制度，其他諸如順天府鄉試、官員改籍等也涉及出仕人員的籍貫問題。

同鄉京官印結要查明同鄉的家庭狀況。同鄉京官印結中通常需開列三代履歷。如康熙五十七年（1718）規定：漢軍、漢人、候選、候補和捐納大小各官的同鄉京官印結內，必須註明三代履歷，有無過繼。[2]嘉慶十一年（1806）議定，投考宗人府要出具身家清白，並無頂冒印結。[3]給事中夏獻馨奏賤役人等蒙捐官職後，光緒皇帝要求：「嗣後各直省出結官，於候選分發人員取結時，務將該員身家是否清白，確切查明，不得濫為出結，以杜朦混而重名器。」[4]揀選一些特殊職位官員時，京官須證明同鄉的身家是否殷實。如鹽場大使，及河工效力官員，必須為身家殷實之人，以免發生累商剝民及侵帑誤工等弊病。[5]

京官出結時需對同鄉的經歷進行保證。道光九年（1829）規定：「此後捐納各官，例由本員具呈註冊銓選者，即責成同鄉京官出具確實印結，均令於文結內詳敘捐生出身履歷，此內如有降革人員報捐，並令將該員從前曾任何項官職，緣事降調案由，一併詳細註明，以憑查核。」[6]道光十四年（1834），御史許球奏，實缺人員告假開缺，請嚴格對出結官的處分，以杜捏飾。道光皇帝諭：「嗣後京外實缺人員，無論何項請假開缺，著該管上司詳查確實，並責成出結官出具並無規避營

1　《大清高宗純皇帝實錄》卷一〇三七，乾隆四十二年七月下己丑條，第22-25頁。
2　（雍正）《大清會典》卷一〇，《吏部・文選清吏司・漢缺銓選總例》。
3　（嘉慶）《欽定大清會典事例》卷一二二，《吏部一百九・書吏・考試供事》，第14頁。
4　《大清德宗景皇帝實錄》卷五五，光緒三年八月上丁亥條，第9頁。
5　《大清世宗憲皇帝實錄》卷七九，雍正七年三月丁巳條，第15-16頁。
6　（光緒）《大清會典事例》卷一一五，《吏部九十九・處分例・濫行出結》。

私甘結,方准開缺。」¹道光年間,舉人呈請揀選,取具同鄉京官印結要聲明有無就教。²

用同鄉京官來保證出仕人員籍貫、家庭狀況和經歷的真實性主要有兩大作用。

首先,同鄉京官印結為官僚制度的運行提供了一個替代性保證渠道。人在京師,不及回原籍取具一些文件,或者原籍的文件尚未到京,此時出仕的一些程序已經開始辦理等情形下,可用同鄉京官印結替代其他證明文件先行辦理相關手續。明朝辦理推升、捐納時,可以利用同鄉京官印結提前辦理相關事宜,而不必等文件到齊後再行辦理。清代類似的事例更多。如在京的部分不及回籍起文者,可以取具同鄉京官印結錄科送考。再如舉子丁憂,臨場服滿,取具同鄉官印結後准許參加會試,貢監准許參加順天府鄉試。³

人已在京師,到京文件有誤,出仕人員也可出具同鄉京官印結加以改正,並續辦相關事宜,不用回籍重新辦理。康熙六十年(1721)題准,候選候補官員赴選文結內小有舛錯,取具都統咨文,同鄉官印結,即可准許改正,不必再行駁查。⁴嘉慶四年(1799)奏准,官員在籍服滿後,赴吏部候選,到京後,始知服滿文被駁飭察議,准許該員就近將違礙緣由,據實聲敘,取具同鄉京官印結,赴吏部呈明辦理。嘉慶十九年(1814)奏准,出仕人員服滿文內未聲明三代年歲存歿者,准許就近取具同鄉京官印結,聲明起復。⁵清末《申報》等處仍可見一

1　《大清宣宗成皇帝實錄》卷二五〇,道光十四年三月丙寅條,第3-4頁。
2　《大清宣宗成皇帝實錄》卷三三五,道光二十年六月庚辰條,第25頁。
3　(嘉慶)《欽定大清會典事例》卷二七一,《禮部三十九·貢舉·錄送鄉試》。
4　(乾隆)《欽定大清會典則例》卷五,《吏部·文選清吏司·月選二》,第1-53頁。
5　(光緒)《欽定大清會典事例》卷一三九,《吏部一百二十三·守制·官員起復》。

些官員和吏部使用同鄉京官印結辦理服滿起復的情況。¹

捐納用同鄉京官印結即可免除回籍取文結。道光二十一年（1841）奏准，各項捐納候選衛守備，若有未赴本籍起文者，取具同鄉京官印結，赴吏部具呈，註冊投供，銓選分發。坐補原缺衛守備，經該督撫咨送到吏部引見，奉旨後，即行捐免坐補原缺，取具同鄉京官印結，即准予投供；如逾半年始捐，及捐後半年始投供，仍令回籍起文到吏部，方准投供。²

同鄉京官印結作為替代性保證，使官僚制度運作多了一個備選方案，從而更加具有靈活性，它也一定程度上給出仕者提供了方便。

其次，同鄉京官印結為官僚制度運作增加一道防弊屏障。明清時期，由於科舉發達、捐納盛行等因素，導致出仕人員日趨複雜化。「捏飾」、「朦混」、「頂替」、「假冒」、「規避營私」等弊端影響腐蝕官僚制度的正常運行。嘉慶皇帝強調，「報捐者惟憑京官印結，及地方官文結，原所以杜假冒」³，「考試取具印結，原以杜頂替捏冒等弊」⁴。咸豐皇帝指出：「近來捐例繁多，流品不一，全賴各省出結官認真稽查，以杜弊混。」⁵同治皇帝也認為：「各省京官印結，係為防弊而設。」⁶朝廷意在用同鄉京官印結防止「頂替」、「假冒」等違規違法行為。

同鄉之間熟悉彼此的籍貫、家庭狀況和經歷等。官僚制度中使用同鄉京官印結主要是藉助同鄉之間的熟絡，以保證出仕者籍貫、家庭

1　陸元鼎、徐士英等人辦理服滿起復見《申報》1885年6月18日，第11版；《申報》1890年11月21日，第1-2版。

2　現（光緒）《欽定大清會典事例》卷五七三，《兵部三十二・職制・雙月衛守備選法》。

3　《大清仁宗睿皇帝實錄》卷三一，嘉慶三年六月甲午條，第35頁。

4　《大清仁宗睿皇帝實錄》卷一〇一，嘉慶七年七月下戊戌條，第17-18頁。

5　（光緒）《大清會典事例》卷一一五，《吏部九十九・處分例・濫行出結》。

6　（光緒）《大清會典事例》卷一一五，《吏部九十九・處分例・濫行出結》。

狀況和經歷的真實性，其意圖是「杜朦混而重名器」。同鄉京官印結的介入，使官僚制度多了一道防弊屏障。

（二）出結之漏洞

使用同鄉京官印結主要基於出結官對取結者籍貫、家庭狀況和經歷有較充分瞭解的假設。然而，空間距離和捐納中銀號包攬代人取結上兌等因素，可能導致出結者對取結者相關信息的掌握並不充分。[1]

由於中國幅員遼闊，即便是同鄉，出結官與取結者之間的空間距離過遠，可能影響同鄉京官印結保證的真實性。乾隆元年（1736），太僕寺少卿魯國華奏稱：「候補候選者有與同鄉之京官相去四五百里，甚至千里者，豈能備悉其人之生平。」由於候補候選官員銓選前後，被發覺有出身不正，行止有虧等情況時，出結官將受到懲罰，因此自愛者不肯輕易出結，有欲者反得借勢抑勒。[2] 道光皇帝指出：「直省拔貢，各府州縣俱有，而直省各府州縣，不必盡有京官，雲貴遠省，京官更屬寥寥。設使該拔貢應行複試，本州本縣並無京官，即偶有一二京官，與該拔貢不相認識，甚或有意慎重，不欲濫行出結，亦所常有。若臨場拘執，是該拔貢轉因此不能入場，殊覺窒礙難行。」[3] 同鄉之間地理空間相對而言算是近的了，但是在交通不便，信息傳播渠道不暢的時代，一省之內的同鄉彼此也不一定能充分瞭解。

清代，銀號、金店逐漸成為報捐的中介或者代辦機構。捐納中銀號可以包攬代人取結上兌，在一定程度上消解了同鄉京官印結的保證

---

[1] 商人代辦報捐參見伍躍：《中國的捐納制度與社會》，南京：江蘇人民出版社，2013年，第104-118頁。

[2] 《奏為候補候選人員同鄉京官出結之例宜略為變通等情請飭部議復施行事》（乾隆元年七月十一日），中國第一歷史檔案館藏，04-01-12-0004-072。

[3] 《大清宣宗成皇帝實錄》卷三一三，道光十八年八月癸酉條，第3-4頁。

效果。嘉慶二十年（1815）掌廣東道監察御史孫世昌注意到，出結之員有預用空白印結的情況出現，他指出：「聽銀號包攬代人取結上兌，甚至出結者不知所結為何人，報捐者亦不知為何人之結，其頂冒與否，清白與否，皆未能知。」[1] 道光九年（1829）御史達鏞奏稱：「各直省人員投供赴選及報考報捐等事，向例取具同鄉京官印結呈驗，原以同鄉素相識認，有無情弊，不能朦混，立法至善。乃近來例准出結各員，但系同鄉，即並未識認之人，亦為出結，又有暗向銀號勾通，不問有無違礙頂冒，含糊包攬，並有五城候補正指揮偶遇署事，多將空白鈐印，以為日後售結之計。」[2] 咸豐十一年（1861），御史高延祜指出：「各省出結官皆虛應故事，有名無實，凡捐生取結，徑由經手報捐上兌之人向印結局領取，皆係總理印結局之官代為填給，其出結之官與報捐之人不僅並未謀面，亦且並不與聞。」[3] 其結果是一些身家不清白之人，蒙捐出仕，魚龍混雜，清濁難辨。光緒年間有人稱：「印結之設，原為禁止頂冒，廣東現有代驗看結費名目，既任代驗，何又用結，自相矛盾一至於此。」[4] 捐納中銀號包攬代人取結上兌不僅使捐納制度，甚至同鄉京官印結制度的基礎也受到衝擊。

出結官不認識取結者或者不完全瞭解取結者的信息，使同鄉京官印結保證內容的真實性受到挑戰，與其初衷不相符，產生了諸多弊端。

取結者不認識出結官，也會生出一些弊病。如道光年間，直隸省一些貢監生向順天府呈訴：「生等皆係窮鄉寒士，現無同鄉認識出結之

---

1 《奏請飭出結官員務須詳慎勿致捐納人員預用空白印結事》（嘉慶二十年三月初三日），中國第一歷史檔案館藏，03-1567-001。
2 《大清宣宗成皇帝實錄》卷一六三，道光九年十二月乙亥條，第 14-15 頁。
3 《奏請飭令各省總理印結官認真稽查以杜蒙捐事》（咸豐十一年），中國第一歷史檔案館藏，03-4431-084。
4 （清）喚醒夢夢子：《揭廣東雲南印結之弊》，《申報》1875 年 11 月 25 日，第 1 版。

官,礙難考試。」¹沒有認識的出結同鄉京官,取結者不得不託人代尋印結。

代尋印結常出現人託人的問題。如乾隆二年(1737),直隸南宮縣武舉鄭柏齡託人代尋印結時發生了偷用印結案件。鄭柏齡在兵部具呈揀選南漕效力,因無在京同鄉官員相識,請熟人陳音代尋印結。經過李玉章、莫麟等層層轉託,最後由刑部湖廣司經承朱邦英乘用稿印的時候,擅自蓋印,後被發現是偷用印結。²嘉慶年間,王世瑁等請人代尋印結也是人託人,最後所托之人假造印結被發現。³道光年間的一起

---

1 《奏為鄉試取具印結請量為變通事》(道光十九年八月初六日),中國第一歷史檔案館藏,03-3669-049。

2 陳音是直隸涿州人,在兵部職方司當貼寫書辦,他要了鄭柏齡三兩銀子,將銀子二兩零四分轉煩李玉章尋人出結,剩下的九錢六分銀子自用了。李玉章是大興縣人,從前在兵部堂上當過書辦。十二日,他轉煩同住的莫麟替他尋人出結。莫麟也是大興人,在刑部江西司充當書辦。李玉章給了他二兩零四分銀子,他給了朱邦英一兩二錢銀子,要他轉求本官王組出結,剩下的八錢四分銀子,莫麟自己用了。朱邦英是浙江紹興府會稽縣人,為刑部湖廣司經承。他趁著用稿印的時候,私自用了一顆印,將印結交與莫麟。閏九月十三日晚,陳音到鄭柏齡寓所拿出一張刑部湖廣司額外主事王組印結。鄭柏齡不識真假,至王組處拜謝,方知印結係偷出,恐有干連,為此據實呈首叩乞查斷。刑部傳提陳音等審訊。十月十三日審結。將朱邦英革役,徒二年,至配所杖八十折責三十板,遞迴原籍定地充徒;莫麟、陳音杖六十,各折二十板,革役李玉章四十折責十五板;武舉鄭柏齡以財求請出結,已經據實首明,免罪。《題為報湖廣司已革經承朱邦英自首偷用印結一案情由單》(乾隆二年),中國第一歷史檔案館藏,02-02-028-002032-0020。

3 刑部廣東司主事孔廣廉風聞有山東捐納縣丞王世瑁、主簿王宗沂於十月在吏部驗照所用印結系孔廣廉名。孔廣廉沒出此結,於是向王世瑁等人詢問。王世瑁稱,其印結托幾姓轉託吏部書吏沈姓代辦。王宗沂稱,其印結托吏部王姓代辦。二十八日晚間,吏部書吏王宗海、鄧其昌來孔廣廉寓所求恩免究,當即被拿獲。此案是王宗沂托王宗海,王宗海托鄧其昌,鄧其昌托沈六,沈六取得孔廣廉印結。王世瑁托汲建和,汲建和托沈琢如,沈琢如托鄧其昌,鄧其昌托沈六。王宗海所取印結與刑部廣東司印式,字畫顯有參差,很可能是假造印結,而沈六也聞風潛逃。《奏為審辦刑部主事孔廣廉因印結不明將王宗海、鄧其昌送究事》(嘉慶十四年十二月十一日),中國第一歷史檔案館藏,03-2459-031。

代尋印結案中，於重耀等四人托吳世芳等，吳世芳等托沈釗，沈釗托樓某等，轉託多人，弊竇叢生。¹

　　託人代尋印結案件中，書吏們採取偷印結、假造印結等違法途徑為取結者提供印結，結果東窗事發，累及無辜。案件起因多為取結者不認識出結官，轉而託人代尋印結。

　　情託與賄囑等是影響濫行出結的重要因素之一。嘉慶皇帝注意到，報捐者需要京官印結，「一遇情託賄囑，即不免濫行出結」²。內閣考取供事，印結官李肆頌等出結數百張，嘉慶皇帝直言其弊：「內閣報考供事，司官出結，自二百張至七百張不等，斷無一人認識如許多人之理，自係希得酬謝小費，遂爾濫行保結。」³

　　清代濫行出結屢禁不止，濫行出結案件層出不窮。乾隆年間，梁無黨捐納封典案發，吏部楊永謨照濫行出結，被降二級調用。⁴嘉慶時期，陳連為大學士慶桂契買家奴，他通過捐納，簽掣安徽試用通判。按照規定，家人常隨是不應出仕之人，陳連被查，濫行出結各員被吏部議處。⁵嘉慶二十四年（1819），禮部奏參甘肅階州訓導蔣萬柏違例取結會試，濫行出結之刑部主事同功元被議處。⁶咸豐九年（1859）戴堯天等在督察院呈控直隸臨城縣知縣戴澤遠以匪僧改名朦捐，戶部咨稱，戴澤遠遵豫工事例報捐縣丞，出結之同鄉官係前任江西司郎中王三祝。次年吏部將失察身家不清，濫行出結之王三祝降一級留任，不

1　《題為查議順天學政吳文鎔失察書吏代應試生員代覓印結議處事》（道光十五年八月十六日），中國第一歷史檔案館藏，02-01-03-10167-017。

2　《大清仁宗睿皇帝實錄》卷三一，嘉慶三年六月甲午條，第35頁。

3　《大清仁宗睿皇帝實錄》卷一〇一，嘉慶七年七月下戊戌條，第17-18頁。

4　《題為會議吏部主事楊永謨不行查明濫行出具河南捐職梁無黨印結照例革職事》（乾隆二十五年二月二十三日），中國第一歷史檔案館藏，02-01-03-05703-023。

5　《大清仁宗睿皇帝實錄》卷七八，嘉慶六年正月己亥條，第17頁。

6　（光緒）《欽定大清會典事例》卷三三九，《禮部五十·貢舉·起送會試》。

准抵銷。[1]

同鄉京官印結與官僚制度結合之後，出現諸多漏洞和弊端，令保證制度面臨挑戰。

（三）朝廷對同鄉出結之防範

為有效地保障官僚制度運轉，朝廷出臺相應措施，以防範同鄉出結過程中出現的各種弊端。

首先，出結同鄉京官有品級和部門之限制。清代《會典》和《實錄》中提及同鄉京官印結出結官的品級，通常指六品、五品京官，不過也有一些別的規定。雍正強調鹽場大使等出結之官必須為主事以上之員，其微末京職，概不准出結，[2]偶爾也准七品京官出結。嘉慶五年（1800）奏准，如某省並無五六品京官出結，即令七品以下同鄉京官圖結，出具隔省五六品京官印結投遞。[3]嘉慶十一年（1806）議定，投考宗人府供事，取五品以下七品以上同鄉京官印結。[4]

同鄉京官印結上所蓋印信為出結官的衙門所有，提供保證的不僅僅是京官個人，還包括了京官所在的衙門。雖然出結官多為五六品京官，不過並非所有五六品京官都能出結，出結者還受就職部門限制。嘉慶時期，翰林院編修等官不能為供事考試出結：「翰林院為京員清秩，非行走司曹可比。若紛紛代供事出結考試，臨期識認，於體制未協，嗣後各衙門供事，所有編修、檢討、庶吉士等官，不准出具圖

---

1 《題為遵議查參前任戶部江西司郎中王三祝為同鄉戴澤遠報捐濫行出結請給予降級留任處分事》（咸豐十年二月二十三日），中國第一歷史檔案館藏，02-01-03-11320-048。
2 《大清世宗憲皇帝實錄》卷七九，雍正七年三月丁巳條，第15-16頁。
3 （光緒）《大清會典事例》卷一一五，《吏部九十九·處分例·濫行出結》。
4 （嘉慶）《欽定大清會典事例》卷一二二，《吏部一百九·書吏·考試供事》，第14頁。

結。」¹《清稗類鈔》記載，京曹印官可出結者，為六部郎中、員外郎、主事、宗人府起居注主事、光祿寺署正、順天府治中糧馬通判、大興宛平兩縣知縣；五六品京堂、給事中、御史因體制崇不能出結；翰林院修撰、編檢、內閣中書因無印也不能出結。²清末，出結的京官範圍有所擴大，一些新設機構有印信使用權的官員，如京師內城地方審判廳民科推事等也能出結。

有時出結官要求正途京官和實授官出結。光緒十年奏定，「貢監投考，責成各直省同鄉京官正途出身不與鄉試者出結」³。道光十二年（1832）奏准，「各省人員投供赴選，以及報考報捐等事，五城正指揮實授者，准其出結，其揀選候補署事代理者，不准出結」⁴。通常由正途出身京官管理、查核印結。吏部規定，印結向由該省出結京官等公舉正途出身者查核。⁵參與出結的刑部主事李紹鈞等指出，各省同鄉京官向有公議保舉正途之五六品京官一二員管理稽查之責。⁶

其次，對出結過程進行管理。各衙門設立號簿查核是否出結。如雍正十二年（1734）覆准，「凡出結各官，務令本衙門設立號簿，將出過印結緣由，登記簿內，每至月終，按照數目緣由，匯送清冊呈堂，咨吏部查核；如冊內無名，即傳赴選人員究問」⁷。

---

1 （嘉慶）《欽定大清會典事例》卷一二二，《吏部一百九·書吏·考試供事》，第16-17頁。
2 《清稗類鈔·廉儉類》，第44-45頁。關於翰林院官員不能出結原因，會典記載是體制問題。《清稗類鈔》記載是無印，可能既無印，又體制未協才不讓翰林院官員出結。
3 （光緒）《欽定大清會典事例》卷一一〇〇，《國子監五·六堂課士規制·錄送鄉試》。
4 （光緒）《大清會典事例》卷一一五，《吏部九十九·處分例·濫行出結》。
5 《申報》1896年9月29日，第2版。
6 《申報》1893年2月27日，第1-2版。
7 （光緒）《大清會典事例》卷一一五，《吏部九十九·處分例·濫行出結》。

有一種同鄉京官印結是通過現場識認確定京官與同鄉的關系,同鄉京官為順天府應試者出結並需臨場識認。乾隆五十四年(1789),「鄉試生員,請令該督,每府派教官二員,到京識認。其國子監肄業貢監生,令助教等官識認,其不在監肄業者,取具同鄉官印結,令出結官識認,其在部候選,及各館謄錄,亦令同鄉出結官識認」[1]。嘉慶二年(1897)奏准,國子監官員子弟錄科,取同鄉官識認保結。[2]光緒十年(1884)奏定的《錄科防弊章程》規定:「貢監投考,責成各直省同鄉京官正途出身不與鄉試者出結,依期赴國子監識認,出結官不到,不准該考生入試,如查有買槍頂名扶同作弊,將出結官參處。」[3]傳補教習和考職時需出具京官臨場識認印結。光緒五年(1879)奏准:「嗣後傳補教習,令取具同鄉京官識認印結,仍照舊自備親供赴部驗到,再行給咨赴學,驗到之後,如查有到學遲延及別項情弊,即將該教習及出結官,一併分別議處。」[4]光緒年間,考職時,「凡在國子監肄業諸生,無論正途捐納,均由六堂助教移付繩愆廳送考,並取具同鄉六品以上京官臨場識認印結二紙投遞」[5]。直到清末參加吏部補行驗看[6];在吏部投供請揀之候選人員報到聽候點名揀選[7],新舉人複試點名[8],考試內閣中書等須出結同鄉官前往識認。[9]同鄉官在考試等場所對取結者進

---

1 《大清高宗純皇帝實錄》卷一三四四,第12頁。乾隆五十四年十二月上。
2 (光緒)《欽定大清會典事例》卷一一〇〇,《國子監五·六堂課士規制·錄送鄉試》。
3 同上書。
4 (光緒)《欽定大清會典事例》卷三九三,《禮部一百四·學校·官學通例》。
5 (光緒)《欽定大清會典事例》卷一一〇〇,《國子監五·六堂課士規制·錄送鄉試》。
6 《申報》1891年3月18日,第1-2版。
7 《申報》1888年1月28日,第2版。
8 《申報》1889年3月31日,第2版。
9 《申報》1889年6月29日,第1-2版。

行識認外,還要求在出結前詳究取結者的來歷。如同治十三年(1874)規定:「取結人員,有無各項違礙情弊,出結官須先期查明,再行出結,不准於驗看及引見後,呈請扣留執照。業經銓選分發人員,有身家不清等弊,續經出結之員查出,准其據實檢舉,寬免處分。」[1]

屬於本部門銓選不許本部門人員出結。乾隆年間,御史胡翹元參奏簽掣江西雩都縣典史江鑑。起因是出具同鄉京官印結者為吏部文選司司員楊焯,為此朝廷做出規定:「吏部文選司司員,遇有銓選等事,嗣後概不准其出結,違者降二級調用,楊焯應照此例。各部院官員如遇承辦事件,有自行出結者,亦照此議處。」[2]嘉慶五年(1800)奏准:「各部院衙門司員,遇有本司辦理事件,概不准其出結,如有率行出結者,照違令私罪律議處。」[3]

同鄉京官可以為多人出結,不過在一些特殊情況下對其出結數目進行限制。如嘉慶十一年(1806)議定,投考宗人府供事,報名時投遞,每京官一人,每次只許結送一人,所保既隘,姓名必真,除京官內尚有不願出結者,計每次取結投考之人,必不致如前濫溢。[4]

最後,懲罰出結失誤者。出結事關出結者的道德良知,也負有保證責任。對出結官的失誤進行懲罰是防止同鄉京官濫行出結的主要手段。同鄉京官出結,如因假冒矇混等事被查,將針對不同出結事項和情節,給予出結者罰俸、降留、降調和革職等處罰。

罰俸屬於較輕的處分。嘉慶二十二年(1817),發生了李履順改名矇混薦舉事件。因此議定,官員更名矇混,出結之同鄉官,降一級留

1　(光緒)《大清會典事例》卷一一五,《吏部九十九・處分例・濫行出結》。
2　《大清高宗純皇帝實錄》卷八七九,乾隆三十六年二月下戊子條,第4-5頁。
3　(嘉慶)《欽定大清會典事例》卷九二,《吏部七十九・處分例・濫行出結》,第6頁。
4　(嘉慶)《欽定大清會典事例》卷一二二,《吏部一百九・書吏・考試供事》,第14頁。

任；若無關銓選人員，有矇混更名者，將出結之京官，罰俸一年。¹比較嚴重的處分是將出結同鄉官革職。順治年間規定，官員寄籍他省，願改歸原籍，如查出假冒情弊，將出結官革職。²有的官員於父母疾篤之時，假捏出繼歸宗，更名複姓，豫為匿喪。乾隆四年（1739）覆准，更名複姓時如有假冒等情節，將該員革職治罪，出結官照代頂冒出結例革職。³

通常對通同舞弊的出結官處分嚴重，失察者處分較輕；對出結官處分重，如查結官減等。如同治元年（1862）議准：「嗣後有身家不清，假冒頂替之人，報捐以前，另犯奸贓不法等事，因案發覺，其同鄉京官濫行出結，應查照定例，從嚴議處。失察者，降三級留任，不准抵銷。知情者，降三級調用，私罪。隱匿不舉，並通同舞弊者革職，不准捐復。至總司查核之員，減等定擬，如查結官知情容隱，即議以降三級調用；通同舞弊者，仍革職，不准捐復。」⁴同鄉京官被處罰，捐復是重要的救濟手段，印結局有專門條款規定是否資助出結官捐復。⁵不准捐復即失去了這種救濟的希望與途徑。

違規出結而受處罰的規定對出結者有一定懾力。光緒三年（1877）二月二十三日，廣西丙子科新中舉人牛光斗，取具戶部主事龍繼棟印結參加複試。二十四日，戶部主事龍繼棟呈稱，牛光斗有身家不清之事，應該檢舉，將牛光斗印結撤銷，以便查明辦理。禮部奉旨

1　（光緒）《欽定大清會典事例》卷九四，《吏部七十八·處分例·官員更名改籍》。
2　（乾隆）《欽定大清會典則例》卷二九，《吏部·稽勳清吏司·改籍》。
3　（嘉慶）《欽定大清會典事例》卷一一七，《吏部一百四·籍貫·更名復姓出繼歸宗》，第9頁。
4　（光緒）《大清會典事例》卷一一五，《吏部九十九·處分例·濫行出結》。
5　《結局現行章程（廣東）》，京師京華印書局，宣統元年，中國社會科學院近代史研究所圖書館藏，第1頁。

斥革舉人牛光斗。吏部奏請將戶部主事龍繼棟照出結官失察,不准抵銷例,議以降一級留任,因屬於自行檢舉,照原例減為罰俸一年,不准其抵銷。[1]這個案例中,出結官龍繼棟因為自行檢舉而受到較輕的處罰,他之所以自行檢舉或多或少迫於違規出結而受處罰的壓力。

朝廷對同鄉京官參與官僚制度的運作保持警惕,產生限制出結同鄉京官的品級和部門,管理其出結過程,懲罰其出結失誤者等措施,其目的是盡可能防止同鄉京官出結的弊端。無論是取結者案發而牽連出結官,還是取結者訴出結官,抑或出結官之間互控,以及出結官自行檢舉,都使違法出結與取結的同鄉面臨被處罰的風險,這一定程度對濫行出結產生威懾作用,然而威懾並不意味能夠杜絕濫行出結。

三 印結與鄉誼之形塑

朝廷接納同鄉京官介入官僚制度運作,同鄉京官則利用參與官僚制度運作的機遇順勢而為,收取印結費改善生活。辦理印結過程中同鄉京官往往商訂各種印結章程,規範印結,逐漸衍生出印結局,它主要管理出結、收取並分配印結銀。伍躍等對印結局的組織、功能和印結銀的分配已有論述。[2]本文則詳其所略,側重梳理印結費的演變,討論同鄉京官利用出結獲取印結費以維持、改善生計時,印結費又是怎樣引起同鄉的利益博弈等問題。

(一)結費與京官生計

在明代文獻中,尚未見同鄉京官收取印結費的記載。清代,雍正

---

1 《題為遵議戶部主事龍繼棟自行檢舉所出印結身家不清請照例降留事》(光緒三年六月十九日),中國第一歷史檔案館藏,02-01-03-11828-003。
2 伍躍:《中國的捐納制度與社會》,南京:江蘇人民出版社,2013年,第156-157頁。

皇帝曾提及獲取同鄉京官印結而交一定費用，這是關於印結費較早的記載。雍正八年（1730），雍正皇帝整頓鹽政弊端時指出：吏部因人員不敷，「遂將監生捐納職銜之人納入鹽場大使的揀選之內，今行之二年，眾人漸啟鑽營之念，聞有央求同鄉京官出結，而私相饋送者，此風斷不可長」。[1] 同鄉京官出具印結獲取一些饋送已經被皇帝所知，可見這種私人之間的風氣已經嚴重到被朝廷所關注的程度。清末一位筆名為喚醒夢夢子的官員指出，乾隆年間，有御史認為結費為陋規，曾多次奏請禁革。[2] 嘉慶二十四年（1819），四川道監察御史龔鏳奏稱，風聞雲南、浙江、山西、河南等省出結之員，「竟有借請封出結取利者」，請旨飭禁覃恩請封索取印結費。[3] 這說明乾隆、嘉慶年間，同鄉京官收取印結費似乎比較普遍，甚至演變為社會問題而遭到官員抨擊。時人對印結費的理解存在分歧。關於印結費的性質，雍正皇帝認為印結費是由取結者主動饋贈的；嘉慶年間的龔鏳認定是出結官索費取利；嘉慶皇帝指出：「外任官員請封，例由同鄉京官出具印結，即間有酬謝，係屬交際私情，豈能官為限制。」[4] 雍正皇帝強調此風斷不可長；嘉慶皇帝卻表示，不能官為限制。儘管有分歧，雍正皇帝和嘉慶皇帝仍有共通之處，都把印結費作為私相饋送、私人酬謝看待。

　　同鄉京官印結經歷了從個別情形的保證到大範圍內的瀰散，隨著捐納越來越多，具結與出結增加，出現了印結局。印結費也從最初具有私人饋贈性質，逐漸由印結局制定各種章程後使之制度化，收取、

1　《大清世宗憲皇帝實錄》卷九八，雍正八年九月庚寅條，第13-14頁。（清）梁國治：《欽定國子監志》（《景印文淵閣四庫全書》）卷二。

2　（清）喚醒夢夢子：《揭廣東雲南印結之弊》，《申報》1875年11月25日，第1版。

3　《奏為覃恩請封同鄉京官具出印結索費過多請旨飭禁事》（嘉慶二十四年三月初四日），中國第一歷史檔案館藏，03-1640-018。

4　《大清仁宗睿皇帝實錄》卷三五五，嘉慶二十四年三月丙申條，第6頁。

分配印結費成為出結過程的重要事項。道光年間，謝榮埭在奏摺中指出，出結時設立「印結公局，每省各（有）掌管之人，得費隨時分派，如數目（有）時增改，即私利說貼儼若例文」。[1]河南印結局有一冊道光二十九年（1849）至咸豐二年（1852）的印結費賬簿——《己酉等年印結簿》，對印結費的收取和分配都有詳細記載。[2]由此可知，至少在道光年間，印結局對印結費的管理已經非常規範。咸豐至光緒時期，記載印結局管理印結費的文獻不少，除了奏摺，還有如咸豐七年（1857）浙江印結局刊印的《公議印結條款章程》等。[3]

取具同鄉京官印結多數要收取印結費，也有免費的。[4]京官為同鄉出印結收取印結費，成為其收入之一。印結費的標準，通常由各省印結局討論決定，各省之間也互有借鑑。如光緒年間，浙江京官曾公同酌議，常捐「援照安徽等省章程辦理，核計各項捐銀實數，取費十分之一」[5]。各省印結費的標準不同，且同一省份不同時期也會通過修訂章程而收取不同的印結費。各省印結局通常按月將印結費均分出結京官。當然也有其他不同的分配方案。如清末直隸印結局中查結官按提成收取額費，剩餘印結費由眾官平分。查結官甚至每年可以分得管局費數千兩，普通出結官每月大概分得二十兩銀子。[6]

1　《奏為密陳收取捐生印結時有借端勒索事》（道光二十九年九月初十日），中國第一歷史檔案館藏，03-2783-033。

2　《己酉等年印結簿》，《清代吏部檔案》卷七一，中國第一歷史檔案館藏，轉引自伍躍：《中國的捐納制度與社會》，南京：江蘇人民出版社，2013年，第149-156頁。

3　見伍躍：《中國的捐納制度與社會》，南京：江蘇人民出版社，2013年，第157頁。

4　如浙江印結局章程規定：「捐納各員銓選、過堂、領憑及分發、驗看等結各就熟識同鄉官取結，結費隨同交局」「局友改捐外官，其印結由局中公送，概不收費。」《重訂浙江印結章程》，中國國家圖書館北海分館藏，光緒十一年重訂。

5　同上書。

6　（清）唐烜：《留庵日抄》，中國近代史所圖書館藏。亦見王雁：《晚清直隸印結局管理機構研究——以唐烜〈留庵日抄〉為中心》。

每個出結官所分印結費的多少，主要取決於各省印結費收入總數和參與分配的京官人數之多寡。據《己酉等年印結簿》所載數據可知，道光二十九年（1849）至咸豐二年（1852），河南省出結官平均每月分印結費二十二點五兩，平均每年合計約兩百七十兩。[1] 李慈銘《越縵堂日記》所載數據顯示，同治二年（1863）至光緒十五年（1889），李慈銘每年所得印結費，最少為一百一十八兩，最多達三百八十六兩[2]，平均每年分得的印結費約一百七十兩[3]。

查結官與出結官都可以分到多寡不均的印結費，也有個別京官自己不參與分配印結費，如姚學塽不納印結費，但這被認為「自開事例以來，所希見也」[4]。

出結京官所得印結費處於變化之中，不能視為穩定的收入來源。儘管如此，印結費仍有助於改善同鄉京官生活。印結費能在多大程度上改善同鄉京官生活，需要在朝廷俸祿制度的變遷之中加以體會考察，才能看出其重要性。從雍正二年（1724）起，外省官吏耗羨歸公之後，加給養廉。乾隆元年（1736）起，京官照原俸加倍發放。原額稱為正俸，加俸稱為恩俸。當時五品京官俸銀為一百六十兩，俸米為八十斛，六品京官的俸銀為一百二十兩，俸米為六十斛。[5] 有時因為財政困難，俸銀和養廉銀都減折發放，不能獲得足額，致其俸薪常常不能滿足生活需要。薪俸不能維持體面生活，京官往往要靠所分得印結

1　《己酉等年印結簿》，《清代吏部檔案》卷七一，中國第一歷史檔案館藏，轉引自伍躍：《中國的捐納制度與社會》，南京：江蘇人民出版社，2013 年，第 151-156 頁。
2　張德昌：《清季一個京官的生活》，香港：香港中文大學出版社，1970 年，第 48 頁。
3　（清）李慈銘：《越縵堂日記》，揚州：廣陵書社，2004 年。亦見張德昌：《清季一個京官的生活》，香港：香港中文大學出版社，1970 年。
4　徐世昌等編纂：《清儒學案》卷一二四，《鏡塘學案》，北京：中華書局，2008 年。
5　（光緒）《欽定大清會典》卷二一，《戶部·陝西清吏司·文職官之俸·京官的俸銀》。

費以改善生活。若出結的五六品京官每月分印結費為二十兩，每年將達兩百多兩，則其印結費多於俸薪收入。下面以李慈銘、劉光第等人為例考察印結費對京官生活的影響。

李慈銘的收入包括印結費、養廉銀、塾師束修、餽贈、潤筆等名目，光緒九年（1883）開始有天津問津書院聘金、束修等。多數年份俸銀、俸米、養廉銀、印結費四項收入中，其印結費所占比例在百分之八十以上。而印結費在總支出中所占比例多在百分之三十以上，有的年份僅印結費一項收入即可滿足支出需要（詳見表3-1）。

表 3-1　李慈銘印結銀與官職收入表[1]

年代	俸銀（兩）	俸米（石）（斗）	養廉（兩）	印結銀（兩）	共計（兩）	支出（兩）	印結銀占收入比例	印結銀占支出比例
同治二年			8.8	143	151.8	598.4	94%	24%
同治三年			8.8	257.2	266	868.57	97%	30%
同治四年			4.4	119.1	123.5	839.55	96%	14%
同治十年			11.08	118.88	129.96	410.43	91%	29%
同治十一年			32.32	155.93	188.25	98.5	83%	158%
同治十二年			40	159.57	199.57	243.9	80%	65%
同治十三年			41.8	134.1	175.9	425.26	76%	32%
光緒元年			42.06	126.5	168.56	155.6	75%	81%
光緒二年			43.7	172	215.7	214.8	80%	80%
光緒三年			18.6	162.19	180.79	343.32	90%	47%
光緒四年			25.1	133.1	158.2	456.1	84%	29%
光緒五年			24.5	386.86	411.36	381.8	94%	101%
光緒六年	16	7石8斗	28	306.9	350.9	756.06	87%	41%

1　（清）李慈銘：《越縵堂日記》。據張德昌：《清季一個京官的生活》，南京：江蘇人民出版社，2013年，第65頁。「表3-1」計算相關比例。
2　只記載了一、二、三、五、六、十、十一月的印結銀，其他月份缺。
3　只記載了二、三、十月的印結銀，其他月份缺。

年代	俸銀（兩）	俸米（石）（斗）	養廉（兩）	印結銀（兩）	共計（兩）	支出（兩）	印結銀占收入比例	印結銀占支出比例
光緒七年	32	7石8斗	37.3	163.4	232.7	406.96	70%	40%
光緒八年	32	7石8斗	40.5	119.8	192.3	397.35	62%	30%
光緒九年	32	7石8斗	18.8	284.13	334.93	936.13	85%	30%
光緒十年	16		12	50.7	78.7	801.83	64%	6%
光緒十一年[1]				182.2	182.2	364.4		
光緒十二年[2]				119.8	119.8	239.6		
光緒十三年	125	15石6斗	10	337.6	472.6	1943	71%	17%
光緒十四年	160	15石6斗	90	72	322	1156.21	22%	6%

　　劉光第於一八八八年入京後，致其族叔的信函中，對在京生活費用做了描述：「留京有家眷，每年非六百金不可，除去俸銀五十餘金（米數百斤），印結開時長扯不過百餘金，賢叔俠助二百金外，尚須二百金之譜。」[1]劉光第所列開支中印結費所占比例約六分之一。事實上，印結費對他生活的影響至巨，若無印結費，其日常生活難以維持。一八八九年的六、七、九、十月因為沒有印結費，劉光第請不起廚師，由婢女與其妻一起做飯。[2]一八九二年，感嘆「結費太壞，用頗不敷」。[3]

　　國家低俸制度造成京官清苦，印結費是部分京官生活的重要支柱，因此它也是國家默許存在的陋規。印結費某種程度上緩解了財政支出的困境，但它也影響財政收入。

　　捐納不是印結費的唯一來源，由於捐納花樣繁多，所需印結甚多，故捐納成為印結費最為重要的來源。捐納是明清財政收入的來源之一，過高的印結費有時影響報捐的積極性。道光年間，謝榮埭奏稱

1　（清）劉光第：《自京師與自流井劉安懷堂手札》，收入劉光第集編輯組：《劉光第集》，北京：中華書局，1986年，第194頁。
2　同上書，第207-208頁。
3　同上書，第232-234頁。

印結費多於報捐正項，以「直隸省印結公局而論，如捐一從九未入之微職，自初捐並分發指省遞捐至遇缺前註冊止，共需結費一百七十餘兩。查定例從未雙月捐銀一百四十兩，今此結費一宗轉浮於報捐之正項」。[1] 喚醒夢夢子指出其弊端：「司理者不顧大局，止計目前，不獨使結局所入日少，並使戶部捐輸日稀，朝廷之捐價日減，印結之陋規日加，是不僅與捐生為難，直與朝廷為難也。」[2] 為鼓勵捐納，有人主張減少或者裁去印結費。清末因海防籌餉復議開捐，然而報捐並不踴躍，因是「諸富紳之裹足不前者皆因費多款巨，致生吝心……擬定將各省結局由官酌定結費，俾各減成，是亦為開源節流之一道也」。[3] 光緒十二年（1886），李慈銘指出：「近日戶部百計求利，謂捐例既開，而無來者，由印結之費太重，因議裁此費。」[4]

　　清後期關於減少甚至取消印結費的討論引起對京官生活的擔憂。光緒七年（1881），李慈銘在日記中對停發印結費一事發表評論：「直隸、江蘇、湖北、浙江、貴州久停分發。近日廣東、廣西、雲南、湖南、江西、福建亦皆停結。此事將絕，吾輩首陽之期至矣。」[5] 光緒十二年（1886），他又聲稱：「凡戶部上兌者概不須結，於是京官之恃此為命者，皆當立槁牆壁矣。」[6]《申報》記載：「京官向借印結費為養贍資，自光緒五年停捐後，分發既少，印結無多，京員苦甚，或請假或請回籍措資者不一而足」[7]；「京官一年之中不過數斛老米，此外別無

1　《奏為密陳收取捐生印結時有借端勒索事》（道光二十九年九月初十日），中國第一歷史檔案館藏，03-2783-033。
2　（清）喚醒夢夢子：《揭廣東雲南印結之弊》，《申報》1875年11月25日，第1版。
3　《申報》1885年3月23日，第2版。
4　（清）李慈銘：《越縵堂日記》卷一一，第8966頁。
5　同上書。
6　同上書。
7　《津貼京員》，《申報》1884年6月2日，第2版。

進項,所恃者京官結費,而停捐之後,每月所入能有幾何」。[1]

印結費有利於改善部分京官清苦生活,這成為其長期存在的理由之一。御史謝榮埭認為,捐生取同鄉京官印結是為京官設一謀利之途。[2]一位江蘇武官也有類似看法。他指出:「文員印結銀兩本非國家例定,不過以其宦途清苦,借此以謀饔飧。」[3]喚醒夢夢子認為:「始以為捐官者家必富,出結官住京貧苦,各捐生力能報效國家,盡分餘潤以恤同鄉,此亦親親仁民之理。」[4]一位掌河南道監察御史分析:「各省京官索取結費,虎視眈眈,雖清班亦加收津貼,結局必以進士出身者管,遂為進士部員壟斷之藪,徒以京官清苦,相沿已久,受之者眾,未便議裁。」[5]

儘管出現過關於印結費存廢的爭論,印結費的收取一直持續到清末。以印結費的收取與分配為紐帶,將聚結同鄉和出結京官等聯為一個整體,促使同鄉意識的凝聚。

(二)出結與同鄉博弈

取結者與同鄉出結京官之間直接的糾葛涉及出結的規則問題。兩者的衝突有時比較激烈,以致於取結者起訴出結官。如咸豐年間,大興縣監生孫啟盛等呈訴京官劉岱駿等十二人把持印結,阻撓考試。[6]刑

---

[1] 《官祿篇》,《申報》1887年10月6日,第1版。

[2] 《奏為密陳收取捐生印結時有借端勒索事》(道光二十九年九月初十日),中國第一歷史檔案館藏,03-2783-033。

[3] 《申報》1887年9月26日,第3版。

[4] (清)喚醒夢夢子:《揭廣東雲南印結之弊》,《申報》1875年11月25日,第1版。

[5] 《掌河南道監察御史崇侍御奏劾吏部假公濟私片》,《申報》1905年1月20日,第2-3版。

[6] 《呈為訴直隸京官劉岱駿等人把持印結阻撓考試事》(咸豐元年),中國第一歷史檔案館藏,03-4524-005。

部郎中劉岱駿等申訴，由於孫啟盛等貢監籍貫於例均有違礙，是以未曾出結。[1]咸豐皇帝派順天府會同直隸總督查明核議。咸豐元年（1851）八月初六日，大學士管理兵部事務卓秉恬等奏稱：「緣禮部條例於籍貫案件間有前後寬嚴未能劃一者，臣等未便率行引斷，致有畸重畸輕，相應請旨飭下禮部將此案折中情法之平，秉公辦理。」[2]九月二十八日，大學士管理禮部事務杜受田等共同酌議：「嗣後順天考試出結不必限定人數，凡係土著俱准出結，並令該鄉會試年春初，將土著京官職名呈明禮部、順天府、國子監備查。如有寄籍未滿年限，及已滿年限而未經呈明，同鄉官濫為出結，廩生濫為出保，地方官濫為送考者，日後自行查明檢舉，照失察公罪例議處，如或別經發覺，即照徇庇私罪例議處。」[3]

印結費源於取結者，取結者與出結者圍繞印結費等展開博弈。當印結費成為取結者的負擔後，取結者在有限的範圍內進行抗爭。改籍他省捐納，回原籍辦理相關事宜，以規避較高印結費就是策略之一。清末從雲南到京驗看、引見，其結費張數多於貴州兩倍，因此雲南捐生多冒籍貴州，或冒籍大興。[4]有的取結者以行賄降低印結費，有的則不歡而散，「有軍功保舉福建某道到京引見，始則索結費三千兩，再三央求，且私賂當時用事者，始允一千五百兩。又有某太守到京引見，索結費二千兩，許以一千五百兩，仍不允，遂至角口大罵而散」[5]。

1　《呈為聲明順天辛亥恩科鄉試遵例嚴發印結意在防止冒籍跨考事》（咸豐元年），中國第一歷史檔案館藏，03-4524-006。

2　《奏報遵旨查明大興縣監生孫啟盛等呈控京官劉岱駿等把持印結一案情形事》（咸豐元年閏八月初六日），中國第一歷史檔案館藏，03-4524-020。

3　《奏為遵議直隸京官與貢監生為考試印結互稟一案事》（咸豐元年九月二十八日），中國第一歷史檔案館藏，03-4524-073。

4　（清）喚醒夢夢子：《揭廣東雲南印結之弊》，《申報》1875年11月25日，第1版。

5　同上書。

取結者的抗爭，有時會促使印結局進行改革。一八八八年，直隸印結局發現直省報捐教職或佐雜者，因所交結費過多，避回原籍，由本籍州縣辦理赴選申文，詳請順天府轉咨吏部，結費減省較多。直隸同鄉京官經協商，不得不酌減結費，「擬自十一月為始減為三分之一，以廣招徠」[1]。

出結同鄉京官內部圍繞印結費的分配時有紛爭。同鄉京官組成的印結局中有查結官與出結官。同鄉京官的紛爭有時圍繞查結官的推選而展開。

光緒年間直隸同鄉京官為公舉查結官而發生矛盾。[2]更換查結官時通常由京官聯銜向吏部等衙門呈報一次，以憑查核。圍繞查結官孫承烈病故後由誰接任問題，不同的直隸京官出面先後四次向吏部具呈。[3]親歷事件的唐烜認為：「通省京官分結者，常百三四十人，一人歲計二百金上下，管局官已獲萬金之利矣。是以往往前後瓜代，輒起爭端，以餘利太厚也。去冬捐道府者，無月無之，而州縣正印官，月輒十餘人，約略計之，月可入萬金或逾之，而眾人所得僅二十金上下。局中按四五千金分賬，所□（原文缺）沒亦甚矩矣。方□□（原文缺）之後，京宦大半窘迫，唯持此以餬口，乃壟斷先登蠅欲分潤，人言嘖嘖，固其宜也。曩年李慕皋太守、劉耀庵比部，相繼為之，皆擁厚資以去。」[4]

光緒四年（1878），浙江印結局圍繞印結費的分配發生內部紛爭。李慈銘評論道：「吾浙印結局以部曹之進士出身者輪管，朋占漁利，出

---

1 《申報》1888年2月6日，第2版。
2 這次直隸管結官之爭的具體過程見王雁：《晚清直隸印結局管理機構研究——以唐烜〈留庵日抄〉為中心》。
3 《申報》1896年9月29日，第2版。
4 （清）唐烜：《留庵日抄》第三冊，第24頁。

入不謹……自丙子冬季,忽議進士月增四分之三,而京官之告假出京者,又私侵蝕之,至三四十分。去冬又議定:凡入銀者每百兩,外加十二兩為盈餘,而分給同人,則不足京平之數。」[1]

無論是直隸還是浙江,同鄉京官圍繞查結官而出現的糾紛,其矛盾主要因由印結費分配不均所致。

出結官之間因利益而互控。如光緒四年(1878),四川同鄉京官的出結官之間因印結而發生糾紛。四川京官刑部主事童華國向都察院呈稱,刑部郎中劉正品竊其印結,串通和泰銀號嚴震,捏名淮商陳仁熙在戶部遞呈願捐賑銀,請頒准引私賣,得印結銀四百兩,並私取該員印結七十張。很快,四川省京官戶部郎中陳南等聯名向都察院呈稱,陳仁熙捐助山西賑銀取結赴戶部具呈,四川京官公同商議,將童華國印結填給陳仁熙,戶部未經准行。陳仁熙因同鄉有修補義園會館等事,自願捐銀四百兩,經戶部傳訊,陳仁熙並無欺蒙等情事。光緒皇帝派都察院堂官會同刑部查辦。刑部等衙門當即遴選人員會同查辦,訊明後奏稱,童華國控劉正品竊結得賄,是懷疑畏累所致,且於未經傳訊之先,即具呈首悔到案,應免坐誣,不先詳細確查,遽行控告,究有不合;劉正品未向童華國商說輒將其印結填用,亦屬非是,應均照不應律各擬笞四十。[2]

取結者與出結官、出結官與查結官,以及出結官內部時有分歧與衝突,導致了同鄉京官之間的分化。

藉助同鄉京官印結保障官僚制度的運行,至遲在明中葉已經開始了。清代,同鄉京官印結涉及的部門和群體更多,相關規定更加細密。官僚制度運作的眾多環節都需要提供同鄉京官印結,辦理捐納所

---

1 (清)李慈銘:《越縵堂日記》卷一一,第 7751-7752 頁。
2 《題為刑部主事童華國妄控劉正品竊伊印結得賄依律分別議處事》(光緒五年正月二十五日),中國第一歷史檔案館藏,02-01-03-11914-063。

需同鄉京官印結常源於此。

官僚制度運作接納同鄉介入，意圖利用都市社會熟人網絡以保證出仕人員籍貫、家庭狀況和經歷的真實性。一省同鄉之間空間距離往往小於京師與各省的距離，同鄉之間的熟悉度通常超出非同鄉，藉助同鄉京官印結有利於京師衙門瞭解、核對各省出仕人員的情況。有時取結者利用同鄉京官印結代替其他證明文件，也可解決京師與各省往返不便等問題。明清時期，出仕人員尚無大規模的區域性流動，藉助同鄉京官為出仕人員保證，不失為保障官僚制度運作的有效途徑之一。近代社會流動增強，現實社會的誠信問題日益嚴重，人們不斷探索各種保證方式來解決誠信問題。因此，同鄉京官印結的歷史，雖然隨著清朝的滅亡而終結，但其替代品仍影響著當代生活，如介紹信、證書、證明等都屬於其衍生品。官僚制度運作接納同鄉介入，又對其加以防範。即使同在京師，亦有同鄉互不相識，更何況同鄉之間空間距離有時超出其交往圈。因此，取結者與出結者可能互不相識，同鄉保證的基礎並不總是牢固的。加之人情、利益等因素或多或少影響其出結的真實性。鑑此朝廷採取種種措施以限制出結官，對出結過程進行管理，懲罰失誤的出結官。

朝廷接納同鄉京官參與保證，而同鄉京官卻在出結過程中逐漸發展出一套印結費制度。印結費改善了部分京官生活，然而，印結費過高，或多或少影響取結者捐納的積極性。時人據此力主減少印結費，甚至提出廢除同鄉京官印結。朝廷意圖藉助同鄉京官印結以保障官僚制度運行，收取和分配印結費卻成為一部分出結官員矚目的焦點，朝廷與同鄉京官之間出現些許對焦錯位。

同鄉介入官僚制度運作，在同鄉官參與保證的過程中，同鄉群體與同鄉觀念又不斷被形塑。

同鄉之間頻繁地、源源不斷地取結與出結，加強了出結官與取結

者之間的交往與關聯。不少取結者來自故鄉，緣於出結，京官與家鄉的聯繫增多。為了便於出結，出結官結成了同鄉群體的組織——印結局。推選查結官，制定、修改印結局章程，收取與分配印結費等活動密切了同鄉京官之間的交往。同鄉京官印結凝聚了同鄉群體，增強了同鄉觀念。明清時期，同鄉京官印結在官僚制度運作中的瀰散促成了同鄉觀念和同鄉群體的勃興。出結官對印結費的索需過度，勢必導致出結官與取結者之間的緊張乃至衝突。京師同鄉中五六品官具有出結資格並獲分印結費，其他人不得均霑利益。查結官與普通出結官之間存在巨大的利益差距，同一省份不同地域同鄉京官之間也存在競爭。這些因素又使同鄉群體內部時有張力與博弈，敦睦鄉誼亦非一貫常態。

第二節　會館稟請與衙門給示

在地方層級，鄉誼流動與官府治理的互動過程中出現了會館稟請和衙門給示曉諭，它們共同參與構建了清朝基層社會法秩序。

清朝的律例對戶婚田土這類民間細故規定極少，然而因民間細故而起的糾紛卻又紛繁複雜，那麼基層社會法秩序的維護何以可能呢？[1] 對這個問題的回答路徑之一是圍繞官府如何處理糾紛進行。其中關於官府處理糾紛的依據又存在三種意見：有的認為官府處理糾紛沒有確定的規則。滋賀秀山以「情、理、法」——即「人情」、「天理」、「國法」——來概括地方官員的考慮因素。其弟子寺田浩明進一步指

1　《現代漢語詞典》中的「法律」定義如下：由立法機關或國家機關制定，國家政權保證執行的行為規則。然而國家不是從人類出現就開始有的，那麼沒有國家的社會裡靠什麼維持秩序；立法機關是西方近代逐漸出現的，沒有引進近代立法權概念的社會靠什麼維持秩序；人類學家霍貝爾認為，特殊的強力、官吏的權力和規律性是構成法律的因素。本書借鑑了法人類學對法律的看法，為了區別於現在通用的法律概念，權且把由民眾稟請與官府給示所構成的規範稱之為法秩序。

出，針對圍繞民事利益而發生的爭執進行裁決時，能夠作為一整套具有具體內容且在程序上得到了實定化的規則而被予以適用的實體規則本身，無論在國家還是在民間都是不存在的。[1]有的認為國家依據法律審判。黃宗智與滋賀秀山、寺田浩明等學者針鋒相對，反對「教諭式調停」的說法，認為「聽訟」是依法保護權利的審判，無論援用律例與否，判決的法律依據都是無可懷疑的。他僅僅揭示出律例中隱含的法律原則在事實上得到了體現，對「聽訟」的依據仍然沒能給出令人滿意的答案。有的認為官府處理民間細故時常以民間法為據。朱勇指出，地方官吏處理各類案件過程中，常常首先考慮宗族法處理這一環節，或者維持宗族法的處理意見，或者批回由宗族重新處理。[2]陳亞平認為，州縣官員在審理「州縣自理詞訟」案件時採納行會條規、慣例為裁量準則，而不是依據只有原則精神意義的國家法，這成為清代基層司法審判中的常見現象。[3]以上學者主要圍繞基層官員解決糾紛過程中的依據進行討論，這當然是非常必要的。然而，法律一方面可以作為解決糾紛的依據，它通常侷限於那些已經發生了的糾紛；另一方面，因為法律的存在可以使糾紛不發生或少發生。由此看來，僅僅從審判領域著手討論秩序的維護還不夠，於是，從如何構建法秩序的角度進行探討便尤為重要。相關研究通常採取兩分的策略，或從朝廷法典的制定，或從鄉規民約、家法族規以及行規的形成進行探討。[4]構建法秩序時真的那麼公私分明嗎？是否存在既不完全屬於官，也不完全

---

1 滋賀秀三等：《明清時期的民事審判與民間契約》，北京：法律出版社，1998 年，第 194 頁。
2 朱勇：《清代宗族法研究》，長沙：湖南教育出版社，1987 年，第 175 頁。
3 陳亞平：《清代法律視野中的商人社會角色》，北京：中國社會科學出版社，2004 年，第 97-98 頁。
4 梁治平、朱勇、馮爾康、陳亞平等研究了習慣法、家法族規、鄉規民約以及行規，不計其數的學者探討了朝廷正式頒佈的法典。

屬於民，而是既屬於官又屬於民的法秩序呢？[1]

　　一些學者已經注意到了會館與官府關係，如王日根強調會館的社會整合功能，邱澎生認為會館館產在官府立案過程中是由下而上的制度創新，而商會是知識菁英鼓吹的外來模式，與中國生活現實脫節。還有不少學者從會館、商會等團體出發討論公共領域。陳偉等根據同治六年新會知縣聶爾康所作《岡州再牘》中關於會館的記載，論證了晚清地方官府與會館之間的關係。隨著地方政府對會館的依賴性加強，會館成為具有某些行政性功能的結構，彌補了地方政府職能上的缺陷，政府甚至將會館納入官方軌道。但晚清商人團體實力急遽增強，會館希望擺脫政府的控制，由此形成會館與地方政府之間衝突與合作並存這樣一種獨特的互動，即超出法律框架之外的控制與反控制。[2]事實上，討論這些模式的前提是會館與官府在哪些方面發生了關係。官府與會館發生關係可能是以官府的名義，也可能是以一些官員個人的名義進行。同樣，會館與官府發生關係時，他們找的對象也可能是官員，或者是衙門。與會館發生關係的官員有同鄉官與非同鄉官之分，同鄉官又可細分為轄區官府中的同鄉官與其他地區、其他衙門的同鄉官。

　　本節將嘗試利用北京、江蘇和上海的會館碑刻資料以及會館志書等材料對上述問題進行探討。限於篇幅，此處僅對會館稟請和衙門給示比較集中的兩個領域進行考察，主要討論館產備案和榜示規則。

1　與黃宗智討論司法過程中的第三領域不同，本節力圖展現基層法秩序的形成。
2　陳偉、樂洋：《晚清的會館與地方政府——咸同年間新會葵扇會館的個案研究》，《重慶社會科學》2007 年第 11 期。

一 恆久與損益

　　會館作為對異地同籍商人管束的社會組織，其創立須向官府申請批准，「凡創設會館公所，先由知縣衙門許可」。[1]會館館產糾紛與館產保護是會館中最經常的事件之一。順治年間上湖南會館（北京）就曾發生館產失而復得的事件。湖南人駱思恭於明季錦衣衛掌印時捐銀同諸鄉紳創設了上湖南衡永郴二府一州會館，坐落北京草廠十條胡同。不意之後數年，上湖南並無一人到京。該會館最初被一個叫王肇慶的官員占住。順治九年，湖南舉人李熙明等提起訴訟，官府將會館斷回上湖南。李熙明斷回會館後，費用殆盡，由於曾借鑲黃旗蔣某銀兩，遂將旁館交付旗人收租，致使黃岡王澤宏翰林於順治十三年正月強據正館。王澤宏以守館長班勾引旗人霸占會館等情況，呈送南城察院，希圖驅逐賃住旁館之人。審斷稱，王翰林係湖北人，住不得上湖南會館，旗人不許取討房錢，待上湖南人來交付與其管理。後來駱思恭的後代駱祚昌自南回京具呈領館未果。湖南中試舉人王家玨等到京後，於順治十五年三月二十三日當堂力爭，將會館退回衡永郴三屬。王翰林同意至秋退館。後又幾經交涉，該年冬天上湖南會館才回到上湖南人手中。自順治九年提起訴訟，至順治十五年冬，相持七年之久，始復故業。[2]類似上湖南會館館產失而復得的故事，版本眾多，主角頻換，這也是令無數會館揪心之事。眾多的會館文獻都稱：「自古創業難，守業更難，而保守公業尤難」[3]，「從來最難經理者莫如公產。」[4]會館設計了各式各樣保護館產的方案。將館產稟請官府備案即為其一。

1　彭澤益：《中國工商行會史料集》，北京：中華書局，1995年，第92頁。
2　《上湖南會館傳書・呈約書札》卷二，中國社會科學院近代史研究所藏，第1-3頁。
3　《北平涇縣會館錄》卷一，中國社會科學院近代史研究所藏，第1頁。
4　同上書，第23頁。

邱澎生指出，十八、十九世紀蘇州、上海等地逐漸出現將會館、公所這類商人團體公產予以立案的一種法律規範，這種過程猶如法律規範的一種「由下而上的演化」，是一種出現在傳統中國的特殊「制度變遷」模式。[1] 邱澎生所提出的「公產立案」說給人以啟發，但仍有不少問題需要進一步考察，如會館稟請與官府給示保護館產是如何鑲嵌在一起的，又怎樣促成地方社會法秩序的構建？

邱澎生主要考察蘇州、上海等地的「公產立案」。從現在發現的資料來看，會館稟請官府給示保護館產的事例多發生在蘇州、上海等地。但我以為這絕非一個地方性現象，因為在北京的會館也曾有類似事件發生。蘇州的一塊碑上有下面一段文字：「乃乾隆四十六年期終滿，照簿點交，計買置沈明佩、沈詔安、沈際昌南濠三處行房絕契八紙，遺逸無交。經董事進士馬登雲、客長洲同姚振宗呈明江蘇臬憲秦批：仰吳縣立案。郡憲胡批準據情立案各在案。今議將所有前後置買祀產，一概詳鐫於石，以當契據。」[2] 這是潮州會館稟請官府給示保護館產的事例。而時間更早的事例，如北京的涇縣會館在雍正八年即獲得順天府宛平縣保護會館館產的告示。[3] 漢口山陝會館所在地的後堤外，有大量屬於會館地權的空地，被附近居民「任意搭建篷屋，希圖獨占」，會首上書湖北督糧道張公，該道專門出示告示：「嗣後如有無知棍徒在於隙地搭蓋篷屋，企圖侵占並有作賤廟宇情事，許即扭赴地方官稟究，毋得殉隱並干咎究」，並勒石警示「各宜凜遵毋忽，特示」[4]。

---

1 邱澎生：《公產與法人：綜論會館、公所與商會的制度變遷》，朱英、鄭成林主編：《商會與近代中國》，武漢：華中師範大學出版社，2005 年，第 54-82 頁。

2 蘇州歷史博物館等合編：《明清蘇州工商業碑刻集》，南京：江蘇人民出版社，1981年，第 340-345 頁。

3 《北平涇縣會館錄》卷二，中國社會科學院近代史研究所藏，第 2 頁。

4 《漢口山陝會館志》，第 1 頁，轉引自宋倫：《明清工商會館的產生及其社會整合作用——以山陝會館為例》，《蘭州商學院學報》2003 年第 5 期。

會館館產主要為會館房屋與義冢田地。買賣房屋與田地一般立有契約，即房契與田契。契約分白契和紅契。民間未鈐印的契約為「白契」。訴訟時，白契的產權證明效力將受到影響，甚至被否定。紅契是到官府納稅，官府蓋印的田契、房契。紅契具有法律效力，得到國家法律承認。會館置辦館產，常赴官府投稅領取紅契。如咸豐元年的《重修長春會館碑》（北京）載，乾隆五十四年，工部侍郎德某施助空地一塊，在北京城地面沙土園、四至分明。報明批准。所蓋殿宇房間、遵例赴縣投稅、過民紅契紙一張。[1]按說，將所置房屋，土地到官府納稅領取紅契，即算是在官府備案了，然而會館不滿足於此，它還拿紅契等去官府稟請立案，官府則給示曉諭，會館通常將給示曉諭刻碑以垂久遠。

會館稟請官府給示保護館產是擔心館產歸屬權的變動，追求館產的恆久。為此，他們主要考慮了哪些影響館產歸屬權的因素呢？上述涇縣會館館產「事隔年湮，乏人祭掃」而被人侵占，後經訴訟才由宛平縣官府判歸會館管業。其他會館稟請給示保護館產的理由如下：「誠恐日久廢弛，業經呈縣勒石在案」，[2]「商民偶聚萍蹤，往來無定，誠恐印契歷久朽爛，且或流傳失落，難保無失管被占情事」，[3]「歷年久遠，經理館務之人，紛紛更易，遂致所置業產各契，全行散失，所存何處，無從追溯」，[4]「生等均在客旅，未便私執公據」，[5]「將來事經眾手，時閱多年，誠恐契據失憑，占侵不免，恐日久無案可稽，稟請備

1　〔日〕仁井田陞等：《北京工商ギルド資料集》第1輯，第11頁。
2　上海博物館編：《上海碑刻資料選集》，上海：上海人民出版社，1981年，第256-257頁。
3　同上書，第249-250頁。
4　同上書，第233頁。
5　同上書，第335-336頁。

案給示勒石」。[1]會館的憂慮主要基於兩個因素，即時間流逝與人員流動。所謂「日久廢弛」、「歷年久遠」、「歷久朽爛」、「時閱多年」、「日久無案可稽」，以及「不意歷年以來」等都是在講時間流逝。而「上湖南並無一人到京」，「商民偶聚萍蹤，往來無定」，「經理館務之人，紛紛更易」，「生等均在客旅」，「將來事經眾手」則與會館的特點緊密相關，因為會館人員流動大。至於印契「流傳失落，難保無失管被占」，「所置業產各契，全行散失」，「契據失憑，占侵不免，恐日久無案可稽」等都在講館產恆久的問題，多為時間流逝與人員流動帶來的後果。利用碑刻等載體記錄館產，在會館看來不失為解決時間流逝與人員流動的一個好方法。涇縣會館館產糾紛，數載以來，懸案未結，最後解決懸案的關鍵證據就是找到了義冢碑記：「今已親至地界查勘，而涇川義冢碑記二座現存冢墓。纍纍拋殘枯骨猶在，是誠涇邑義冢，希圖奸占無疑。」可見碑刻在保護館產中所起作用非同小可。會館完全可以自行將館產等內容刻於碑上，為何要稟請官府給示呢？另一方面，官府為何樂於給示呢？從稟請的具體目標與官府的回應中似乎可以發現一些端倪。

嘉慶九年秋，上海潮州會館董事孝廉陳玉暨糧戶萬世豐等請於官，將祭業存券勒石，上海縣知事給諭勒示。嘉慶十三年秋，碑石毀。嘉慶十五年春，新館落成，萬世豐等復謀覓工刊刻，以垂久遠。[2]嘉慶十六年五月，潮州會館糧戶萬世豐等稟請官府核明印契、著房造冊、蓋印存卷，仍於會館勒石。上海縣正堂蘇一一滿足了潮州會館的稟請，將據呈印契、照單核明造冊、用印備案，合行給諭勒示。官府同意將會館館產備案，館產產權歸屬便得到官府的確認。官府給示共

---

[1] 同上書，第344-345頁。
[2] 上海博物館編：《上海碑刻資料選集》，上海：上海人民出版社，1980年，第250-252頁。

有三層意思，第一層意思是要潮州會館董事糧戶人等「嗣後永準成規，恪守祭業」。潮州會館最關心的是官府用印備案，本來想得到權利，給示在賦予他們權利的同時，附加了一些他們應當履行的社會責任。第二層意思是告訴潮州會館「如能再有營積，契買市房，以充祭業，仍仰赴縣呈明造冊備案」。官府的著眼點不僅在此時的造冊備案，他還對將來的事情進行規範。第三層意思是向潮州會館許諾，館產「倘或失管被占，以及不肖盜賣情事，許即指名稟候……宜凜遵毋違」！[1]會館擔心的館產安全問題，官府也同意給予保障。會館稟請與官府給示所確定的秩序因此有了官府強制力的保證實施，與那些僅僅屬於會館或其他民間團體的內部規範相比，其效力是不可相提並論的。

官府並不一味對稟請呈文做加法，即在同意稟請的基礎上附加別的給示內容，有時它也做減法。

切協盛等商號，均籍隸福建泉州漳州兩郡，在上海貿易。歷年久遠，經理館務之人，紛紛更易，遂致所置業產各契，全行散失，所存何處，無從追溯。慮及泉漳兩郡來上海貿易人數眾多，良莠不齊，難保無從中覬覦，藏匿原契，私行盜賣情弊，不可不預為防範。道光十一年，泉漳會館司月金協盛號等公議將會館所置房屋、田地，查照底簿，照錄清冊，呈案備考。他們向上海縣稟請「俯念福建泉漳會館業產，各契散失無存，叩賜給示勒石，永為會館香火公產，不准盜賣。如日後查出原契，一概作為廢紙，不得藉詞爭執，以杜後患」。上海縣正堂溫同意了給示勒石的稟請。給示內容僅僅承認「所有後開房屋、田地，永為會館公產，不准盜賣，以垂久遠」。對稟請中的內容「如日後查出原契，一概作為廢紙，不得藉詞爭執，以杜後患」卻不置可否。[2]

1　同上書，第 249-250 頁。
2　同上書，第 233-235 頁。

溫知縣的給示其實很謹慎，也很微妙。因為原契是否會被找到，尚不能肯定，如果原契出現並有人據以爭奪產權，該如何處理呢？溫知縣對此點稟請不置可否，實際為自己和後任留有一定餘地。

會館向官府稟請館產備案，其目標相對單一，主要指向館產的歸屬權，官府的給示大體承認會館對館產的所屬權並承諾給予保護。會館稟請榜示的規則各式各樣，官府的給示又將如何呢？

嘉慶二年的《上海縣為錢業晴雪堂房產諭示碑》講述了錢鋪稟請官府將房租永作修葺之資事。錢鋪魏廷鈞等向松太兵備道李道員呈稱：「上邑城隍廟創建西園之後，東園欠打理而傾倒。」乾隆四十一年，經方維馨、王聚安同魏廷鈞議定，同業公捐修理，並絕買晴雪堂房屋一所，以作修費。因公費浩繁，租息不敷，墊銀興修。後因西園已經闔邑行鋪捐造齊全，是以魏廷鈞等會議，將此房租（未）敷，隨時捐補，眾議一致同意，並呈請一體繳縣勒石。松太兵備道的批示為：「合亟據詞轉飭，仰縣即便查明此案，買房出租契據，原議永作邑廟之產，清（查）存案，（以）垂久遠，仍取碑摹送查。」上海縣湯知縣查明吳沛思、魏廷鈞等呈出的晴雪堂房契。他的批示為：「除出示曉諭外，合行勒石。為此仰邑廟主持、甲鄰……悉聽錢業吳沛思等將晴雪堂房租永作修葺之資。如有地方好事之徒，借……隨時稟縣拿究。」[1]

魏廷鈞等稟請目標是希望官府同意把他們會議的決定勒石。松太兵備道同意魏廷鈞等刻碑請求，不過要上海縣查明具體情況。官府的處理方案可以分為三項，其中有兩點與稟請目標是一致的。上海縣查明館產後，同意勒石，此其一。給示內容從正面強調聽任錢業吳沛思等將晴雪堂房租永作修葺之資，此其二。警告地方好事之徒不要侵犯

---

[1] 上海博物館編：《上海碑刻資料選集》，上海：上海人民出版社，1980年，第256-257頁。

會館，許諾如有侵犯隨時稟縣拿究，此其三。這第三項是稟請中沒有的內容，是官府主動加上的。將自置的晴雪堂房租永作修葺之資，原本錢業會館內部決議，官府給示在承認這個決議的同時，還牽涉邑廟主持、甲鄰以及地方好事之徒等，甚至要求這些人共同維護會館的上述決議。稟請與給示的過程，不僅使一個會館的規則具有了官府的權威，而且實際上還將它擴大到社會層面。從官府的角度看，這也並非難以理解。官府原本就是一個全能的管理機構，動用其強制力保護會館規則的實施，無非在行使其錢穀職能時，兼及刑名而已。這與館產備案時的給示大同小異。同治九年，與上海縣的鄰府蘇州府為嗶布染坊業建立公所議定章程辦理善舉的給示曉諭，與上海縣為錢業晴雪堂房產所作諭示結構相似。

　　蘇州府元和縣的浙紹公所建立後規定，將嗶布染酒錢內，每匹提取二文，交公所暫為收存，「自立之後，倘有失業諸司，報明姓氏，竟向公所內寄寓。或有年老病故等情，絕無親友依賴者，查明之後，買棺成殮，安送歸鄉」。浙紹公所擔心改易前章，向蘇州府稟請「示諭勒石，以垂久遠」。蘇州府給示曉諭，要各該地保及嗶布染坊同業人等知悉：「所有職員□（原文缺）開設嗶布染坊，邀集各坊在於元邑蓮花兜建立公所，議於嗶布染酒錢內，每匹提出二文，交存公所，以作經費，辦理前項同業善舉。」[1]官府對稟請中所提出的規則基本沒作任何改動，給示複述了該規則並強調「務各遵照，妥為經理，以垂久遠」。[2]給示另外還對該規則實施提出保障措施：「如有地匪棍徒阻擾滋擾，許即指稟拿究。地保徇縱，並懲不貸。」[3]這裡很明確地提到了地匪棍徒

1　蘇州歷史博物館等合編：《明清蘇州工商業碑刻集》，南京：江蘇人民出版社，1981年，第 83-84 頁。
2　同上書，第 83-84 頁。
3　同上書，第 83-84 頁。

以及地保，他們並非會館中人，卻被要求配合會館規則的實施。會館規則經官府的給示而成為該地的一項規範。

　　下面這個故事發生在上海縣，又是關於房租的使用規則。我們將看到，官府給示並不總是允諾給會館以保護，有時它還給會館提些要求。嘉慶十二年，浙紹士民顧其祥等到上海縣衙稟稱：「浙紹公捐，將房召租，除完糧白之外，餘為中秋酬願之用，源源承理。同業終有廢興，是舉可隨永久。除將契據投稅外，理合呈請給示勒石，謹豎邑廟，以昭善後。」顧其祥等人的稟請目標在於官府同意房租為中秋酬願之用，並給示勒石，為達此目標他們又特意表明態度，房租將完糧白和契據投稅，這可以保證官府的收入。上海縣正堂蘇首先肯定了顧其祥等人的稟請，同意給示勒石：「據稟置房取租，以作邑廟酬神公用，殊甚嘉尚；准即給示勒石可也。」他的給示還提出兩點要求，一是要求「浙紹各士民等遵照，即便公舉誠實董事一人，經理收納房租」；二是「每歲酬神，務其誠敬，慎毋始虔終怠」[1]。這兩點給示顯示官府似乎管得很寬，連會館如何收納房租，酬神態度是否誠敬都要管。房租不僅關乎會館的中秋酬神，而且官府也有收益，他自然要關心董事是否得力。官府的職能之一在於教化，對會館酬神的指導不正是在履行教化職能嗎？

　　當然，一些官府給示並不改變稟請要求。

　　光緒己丑，祝其公所紳士花翎一品封職許恩普赴京祝嘏，合鎮紳董信寄上海坐莊字號，央請許恩普就便整頓公所。許恩普至申，適屆萬壽期近，無暇及此。一八九九年復奔京祝嘏，因義和團事件，滯留上海。許恩普等公議，仍照舊規，頭門樓上下十間，准妥人看門，以住散客。而二門以內，不准再住散客，以免擾累。坐莊字號，全行搬

1　上海博物館編：《上海碑刻資料選集》，上海：上海人民出版社，1980年，第207頁。

進公所，以房租作公積。以後管理各事，均歸南莊字號值年，輪流商辦，別人不得過問。許恩普等「再四籌議，准情酌理，為公起見，為呈碑文，稟乞恩准，賞示刊碑，以垂久遠，並檄縣同示勒石」。光緒二十年十二月八日，道憲要縣知事查明並給示：「據稟祝其公所二門內房屋不准再住散客，俾坐莊字號搬進，以房租作公積，歸南莊字號值年輪管，眾情是否允洽，仰縣查明給示。」上海縣正堂汪接到道臺批示後，認為許恩普等所議，「係籌裕公積，修理公所起見，揆厥輿情，應無不洽」。於是對該青口號幫人等合行給示曉諭：「嗣後該公所二門內房屋，由坐莊字號搬入，務各照輸租金，作為公積正用，仍歸南莊字號值年輪管，以昭公允，各宜遵照，毋違。」[1]這個故事中，會館準備好了碑文請官府給示刊碑，官府的給示基本採納了會館的意見，未做別的改動。看來，官府並不一定要對稟請內容進行增減。

現在所見碑文中，如祝其公所那樣主動呈碑請示的占絕大多數。許多會館的稟請是否應官府要求而來，我們不得而知，不過，我們還是發現一些稟請是遵官府諭令而呈送。

上海縣的蔡長發等係專做舊花，黃戀記等係半做舊花。蔡長發等與黃戀記等互控，爭管清芬堂舊花公所。上海縣正堂裴斷將清芬堂專歸蔡長發等經管。嗣據黃戀記等以司董陳秋浦等經收房租，不辦公事，且無賬目繕清等情況，控經裴知縣復斷，新舊花業輪當，但雙方沒同意甘結。後來上海縣正堂陸蒞任，蔡長發等以被串冒奪，黃戀記等以曾輸公捐，控爭到縣。光緒十六年，陸知縣提兩造集訊，認為蔡長發等十一家舊花是其專業；黃戀記等七家舊花是其兼業，清芬堂向為舊花公所，裴前縣原斷清芬堂應歸專業舊花者經管，最為平允。仍

---

[1] 上海博物館編：《上海碑刻資料選集》，上海：上海人民出版社，1980 年，第 306-307 頁。

斷令將清芬堂仍照向章，歸專業舊花者經管。陸知縣指出，黃懋記等七家既係兼業舊花，之前有五家輪過廟捐，諭令「陳建勳等於每年敬神之期，准兼業者一體入所拈香」。最後，陸知縣令蔡長發等遵照堂諭，繕就章程，呈候給示曉諭，俾免爭執，而息訟端。蔡長發等接受了陸知縣的諭令，擬就章程，呈請給示勒石遵守。陸知縣的給示與此前的堂諭相呼應。他除批示外，合開章程，給示勒石曉諭。他的給示重申了此前的斷案要點，要舊花專業暨兼業舊花人等知悉：「爾等須知清芬堂系舊花公所，現經本縣斷令，仍照向章，歸專業舊花者經管。並准兼業者一體入所禮神。嗣後務須各照堂斷及後開章程，恪守遵辦，以垂久遠，而聯友誼。公所創業維艱，毋再爭執營私，是為至要。」[1]官府公佈的章程共十條，第一條即規定「清芬堂係舊花公所，應歸專業舊花司年經管」；第八條規定「閉歇改業或兼業，及不入行者，一概不准干預公所事宜。如其有心敬神，許一體入所拈香」。章程與前述堂諭、給示一脈相承。舊花公所向官府稟請給示的章程出臺頗為複雜。首先是舊花專業暨兼業舊花人之間互控，爭管清芬堂舊花公所，經裴知縣兩次斷案而未結。接著是陸知縣照顧了爭控雙方的利益和要求，要他們雙方定出章程，當然，章程的最重要內容是陸知縣所定。蔡長發等人的稟請到縣後，陸知縣同意了稟請，以官府的名義公佈了章程。我們看到，章程是會館和官府互動中產生的。在注意民間團體的規則被官府採納公佈的同時，還要注意到官府在規則產生過程中曾起到的重要作用。章程的內容採納了公所和官府雙方的意見，綜合了上海縣的前後任知縣的意見，遵照了向章，也考慮了新情況。因此，這是爭執雙方和官府都認可的一個方案，有利於建立起相對穩定

---

[1] 上海博物館編：《上海碑刻資料選集》，上海：上海人民出版社，1980 年，第 360-362 頁。

的社會秩序。以上觀察可以發現，館產備案與榜示規則的過程中，會館稟請與官府給示存在不少相似之處。會館的稟請意在藉助官府的力量保持館產或規則的恆久。給示對稟請內容所做損益則反映了官府對自己職能和利益的整體考慮。官府承諾對館產或規則的保護使稟請與給示所構建的法秩序具有了官府的強制力。

二 舊章與成案

通過稟請與給示，構建了一種規範。很明顯這種規範是建立在一個個具體的案例之上的，那麼這種規範的效力是否僅僅侷限於這個案例呢？對舊章與成案的討論也許可以幫助我們找到答案。

會館館產代代有興廢，新置館產後再去官府造冊備案也是常事。

吳興會館（江蘇）於光緒十八年間，將房屋契照並繕冊二本，稟請知縣「分別存儲蓋印，當蒙批准，並給示曉諭」，又將抄冊一本蓋印給發會館。光緒二十三年十二月，吳興會館續置金綏若祖遺市屋一所。所有都圖、間數，載明大契。旋於光緒二十四年將大契呈請官府照章完納稅銀，官府鈐印。吳興會館於光緒二十五年遵照舊章，「將續置金綏若出售印契一紙，並上首廢契六紙，舊印照一紙，連同印冊，呈請憲臺大人分別存儲，並請注入檔冊，仍將印冊一本鈐印給領，俾資執守，以昭慎重」。吳縣知縣驗明加印。[1]光緒十八年將館產到官府存儲蓋印，官府給示曉諭。到光緒二十五年吳興會館「遵照舊章」而稟請館產備案時，光緒十八年的案例便成了「舊章」。新置館產不斷備案成了「舊章」，一系列「舊章」逐漸形成了慣例。可見「舊章」具有

---

1 蘇州歷史博物館等合編：《明清蘇州工商業碑刻集》，南京：江蘇人民出版社，1981年，第 48-52 頁。

一定約束性，使館產備案具有一定延續性，成為一種制度。另外，還須注意吳興會館的稟請其實還隱含另一個「舊章」，即契紙須先完納稅銀，才能稟請將館產契紙到官府存儲，注入檔冊，將印冊鈐印給領。吳興會館光緒二十四年將契紙完納稅銀，官府鈐印，實際是舊有制度中的領取紅契。先領紅契，才有光緒二十五年的館產備案。新的備案制度實施時，並沒有廢除舊有紅契制度，而是以舊制度為前提，新舊並存。

會館稟請館產備案時常借鑑其他會館和團體保護契據的經驗。換言之，其他會館或團體保護契據的方式也成了舊章，並被援引。光緒十八年，吳縣為蓋印給發吳興會館（江蘇蘇州）公產照契抄冊給示曉諭時便借鑑了上海、江西等會館和義莊的經驗：「蘇州府吳縣正堂凌，為蓋印給發執守事。據該董稟稱云……現聞上海、江西等會館，所有產業契據等項，皆因公產，係輪流經管。恐難一律慎密，均須稟繳縣庫存儲。另錄置產簿二本，呈請蓋印。一存縣檔，一存會館，永遠執守，歷無貽誤。今吳興會館產業，事同一律。既查存上海、江西等會館成案，並核與義莊公產契據，可以存司蓋印，例章大略相同。合將所業各契照繕二本，稟乞分別存儲，鈐印給領，俾資執守。並請給示曉諭，以昭慎重，等情。並呈契照八張，抄冊二本到縣。據此，除批示給示曉諭，並將呈到契照儲庫，抄冊存案外，合將抄冊一本蓋印給發。」[1]

在吳興會館看來，他們的產業應該與上海、江西等會館成案事同一律：產業契據等項繳縣庫存儲，另錄置產簿二本，呈請蓋印，一存縣檔，一存會館。同時與義莊公產契據保存方式例章大略相同，可

---

[1] 蘇州歷史博物館等合編：《明清蘇州工商業碑刻集》，南京：江蘇人民出版社，1981年，第45-46頁。

以存司蓋印。吳縣正堂凌的處理方式正如吳興會館所認為的那樣，與上海、江西等會館成案事同一律，契照儲庫，抄冊存案，將抄冊一本蓋印給發；這當然也與義莊公產契據保存方式例章大略相同，存司蓋印。當時存在上海、江西等會館成案，又有吳興會館援引成案，表明像上海、江西等會館這樣保存會館館產的方式已經被會館和官府認同，成為一種慣例了。義莊公產與會館館產保存方式的通用，則反映了官府對契據保管的給示已經模式化、制度化，它已不侷限於某個會館，或是義莊公產。邱澎生指出，會館公產立案借鑑了官府處理家族義莊、善會善堂公產的經驗。[1]實際上，當時社會上類似的事例比比皆是[2]，看來一種新的產權保護制度已經從社會中生長出來[3]。

新的館產備案制度的形成不僅依賴已有產業契據保管的舊章、慣例，而且與當時官府處理會館的其他類型稟請所積累的經驗有關。道光十六年，上海縣徽寧公堂分立思恭堂局，捐置二十五保十三圖，麋字圩各號田二十九畝八分二釐四毫，作為義冢。董事職員葉承修等將地繪圖造冊稟請官府「查勘通詳，將田撥入官字圖承糧」。上海縣正堂黃親詣勘丈，通詳各憲批准立案。並諭飭該堂董等豎石釘界，將埋葬事宜次第舉行外，合行給示勒石。給示內容在稟請中似乎找不到相關字眼，它主要針對該地保鄰、看管人等：「如有棍徒在於冢地，縱放

---

[1] 邱澎生：《公產與法人：綜論會館、公所與商會的制度變遷》。
[2] 見蘇州歷史博物館等合編：《明清蘇州工商業碑刻集》和上海博物館編：《上海碑刻資料選集》等。
[3] 另外值得注意的是，正如邱澎生所指出的那樣，有些會館、公所在將公產立案時，已演變出不需發還公產契據的辦法，而是將契據等項繳縣庫存儲，另錄置產簿二本，呈請蓋印，一存縣檔，一存會館。這與道光二十一年上海的江西會館「一併發還」公產契據的辦法不同，也與完稅領取紅契不同。從領取紅契到稟請館產備案加印，再到契據等項繳縣庫存儲，另錄置產簿二本，呈請蓋印，一存縣檔，一存會館，是否成了館產保護，或者說是產權保護的演化趨勢？尚待進一步研究。

牛羊馬匹踐擾,以及砍伐柴草樹木,侵削地畝者,許即指名稟縣,以憑嚴拿究辦。該保鄰等如敢徇庇滋事,定幹察究,均各凜遵毋違。」[1] 不過,這倒和十四年前另一個告示內容很接近。道光二年,上海縣有一個為徽寧公堂冢地不得作踐的告示。根據徽寧公堂董事胡案源等稟請,上海縣許知事除諭飭外,合行示禁。為此示仰該堂董事及地保人等知悉:「嗣後如有地方奸徒,縱放牛馬羊只,在冢作踐,盜伐樹枝,以及竊毀堂路石料,並讓腳伕把持勒索,違議留難情事,許堂董事分別指名稟縣,以憑嚴拿究辦,決不姑寬!該地保等徇隱,一經訪聞,定即照究。各宜凜遵毋違。」[2] 兩個給示的差別很小,竊毀「堂路石料」換成了「侵削地畝者」,「腳伕把持勒索,違議留難」一項被去掉。道光二年的稟請意在「勒石示禁」,而道光十六年的稟請主題詞則是「置田作義冢」。不同的稟請,相似的給示耐人尋味之處在於,館產歸屬權方面的給示可以用禁示的方式來表達。官員用同一套語言來處理不同的稟請,說明他們關心的問題可能是一致的,他們把館產歸屬權這樣的經濟問題歸入治安之類的社會問題上來思考。

會館館產主要是一個產權歸屬問題,但並非不涉及社會治安等。不少會館都為館產的事稟請官府示禁。如積善堂公所這樣稟請示禁的例子比比皆是。戴鼎昌等籍隸浙江金華府,建有積善堂公所。他們誠恐事經創始,或有阻擾情事,環求曉諭等情到縣。光緒六年八月二十九日,上海縣正堂莫除批示外,合行出示曉諭。為此示仰該地保田鄰人等知悉:「積善堂公所繫職監戴鼎昌等集資建造,停厝棺柩,餘地為

---

[1] 上海博物館編:《上海碑刻資料選集》,上海:上海人民出版社,1980 年,第 231-232 頁。
[2] 蘇州歷史博物館等合編:《明清蘇州工商業碑刻集》,南京:江蘇人民出版社,1981 年,第 230-231 頁。

義冢，事屬善舉。自示之後，毋許無知之徒，借端滋事。」[1]稟請館產備案是保護館產的方法，稟請官府給示示禁也意在保護館產。稟請館產備案時，會館通常沒有明言請官府示禁，但他們未嘗不想官府在給示中加上一些示禁的內容。官府在給示時順便示禁，對會館而言可謂一舉兩得：一個稟請使館產得到雙重保護。

以上考察了館產備案的舊章與成案，那麼，會館將一些規則向官府稟請勒石給示後，稟請和給示是否會傳播開去呢？

清代，浙江人在江蘇經營燭業者頗多。下面故事中的主角即為在蘇州府和松江府經營燭業的浙江人，其中道光三年，浙江燭業人士在蘇州府的吳縣創建東越會館。松江府上海縣的陽仁泰等燭鋪於同治六年五月向王知縣稟請禁辦需索，王知縣同意給示禁辦。但行頭名目，當時未請禁除。同治七年陽仁泰等又聯名稟請上海縣朱知縣禁除行頭名目。他們在稟請中稱：「前聞省城紹幫燭業行頭陳□（原文不清晰）等，已蒙□□□（原文不清晰）會同拿辦，其行頭名目並奉勒石永禁。又經紹幫燭業瑞豐泰等，及會館司董職員潘義昭同稟長洲縣，移請葉升憲一體示禁在案。為敢抄案，環求一體給示永禁。」[2]

上海燭業的陽仁泰等所聞省城之事，當指同治六年元長吳三縣禁革借稱行頭名目聚眾勒詐燭鋪做手。同治年間，蘇州府元和縣、長洲縣、吳縣等地燭鋪一業，每被陳老七、王阿五等借稱行頭名目，擾索店鋪做工，聚眾勒詐。燭業做工杜季魁等喊控陳老七等自稱行頭，向杜季魁等做手索貼錢文，供他們食用。一不遂意，即肆凶詐駭。官府為此提訊禁革，枷責遞籍，出示諭禁。蘇城燭鋪紹成等擔心陳老七

---

[1] 蘇州歷史博物館等合編：《明清蘇州工商業碑刻集》，南京：江蘇人民出版社，1981年，第386-387頁。

[2] 上海博物館編：《上海碑刻資料選集》，上海：上海人民出版社，1980年，第131頁。

等人復萌故態，另生波端，稟請給示勒石永禁。同治六年十二月十九日，江南蘇州府元和縣正堂歷、長洲縣正堂蒯、吳縣正堂田除詳明府憲立案外，合行給示勒石永禁，令葷素燭業並店伙做工人等知悉：「所有該業行頭名目，現已永遠禁革。嗣後如再有人混稱，仍向該燭業並工伙人等勒索凶擾，許即指名具稟，或拗獲解縣，以憑分別嚴究，決不寬貸。」[1]

上海縣朱知縣收到陽仁泰等稟請後，認為：「燭業行頭名目，前准長洲縣移請示禁，當經前出示禁革在案。」並於同治七年六月合行給示勒石永禁。為此示仰寧幫燭業並作內做工人等知悉：「嗣後該業如有混稱行頭名目，向該燭業並工伙人等需索詐擾，許即指名具稟，或拗獲解縣，以憑分別嚴究。決不寬貸。」[2]

上海燭業的陽仁泰等稟請中，援引了所聞省城之事。而上海縣朱知縣明確提及長洲縣示禁一事，他的給示與同治六年十二月十九日，江南蘇州府元和縣正堂歷、長洲縣正堂蒯、吳縣正堂田的給示不僅內容基本一致，而且連字句也極其相似。上海的寧幫燭業把發生在蘇州府的案例援引到上海，上海縣的知縣竟然做出了與蘇州府同行類似的給示，表明禁止行頭名目向燭業並工伙人等需索詐擾不再屬於蘇州府下某個縣的規則，它已經成為更大地域的規則。這一規則的擴散在不斷重複的會館稟請和官府給示中得以實現。

館產備案和榜示規則或沿襲舊章慣例，或借鑑其他會館經驗以及其他類型稟請的給示，舊章與成案的效力已經超越了個體經驗，在更大範圍裡發生影響。

1　蘇州歷史博物館等合編：《明清蘇州工商業碑刻集》，南京：江蘇人民出版社，1981年，第275-276頁。

2　上海博物館編：《上海碑刻資料選集》，上海：上海人民出版社，1980年，第131頁。

三　斷裂與延續

　　舊章與成案表明一些規則在延伸,然而現在所見資料講述會館稟請館產備案和榜示規則,官府給示的故事多發生在蘇州、上海等地。我們不禁要問,這些規則僅僅是地方性的嗎?其他地方情況如何呢?換言之,稟請與給示所構建的規範在地域上是斷裂的,還是存在延續?
　　我們首先來比較在北京和上海發生的兩個稟請與給示。
　　安徽涇縣旅京人士擔心旅櫬無歸,於是立冢瘞葬,以為久遠之舉。不料事隔年湮,乏人祭掃,佃戶任天爵等拋毀墳塋。雍正五年,涇縣舉人吳嶺來京赴選。訪知冢跡,欲復義舉,提起控訴。任天爵等因事敗露,勾結旗人劉起鳳堅稱,涇縣義冢是撥補旗地。順天府正堂孫嘉淦受理此案後,咨查廂(鑲)藍旗復稱,並無該地檔案。孫嘉淦親至地界查勘,在冢墓發現涇川義冢碑記二座,纍纍拋殘枯骨猶在。他認定,此地確為涇縣義冢,希圖奸占無疑。於是除將任天爵、劉起鳳等鞭責發落,盛雲舉飭遞原籍安插,並追任天爵折賣墳屋價銀給還吳嶺外,應將此地斷歸吳嶺管業,仍為涇川義冢,以結此案。宛平縣知縣王國英接到孫嘉淦的牌示後,出面嚴飭曉諭:「所有涇邑義冢遵照憲斷,給與舉人吳嶺查照舊碑界址清理管業,如有不法奸徒仍行侵地占房,阻擾違斷,該地方並吳嶺立即稟報,以憑按法重懲。毋違。特示。」[1]一百多年後,地處上海的劉知縣對江西會館的給示與宛平縣知縣王國英對涇縣會館的給示有驚人的相似之處。
　　道光二十一年,江西會館在上海設立時,也將其館產向上海縣立案。江西商人袁章熙等,勸捐購基,起造會館,並將所有上首原契及田單共拾紙,並馬姓賣據一紙,前後十一紙,稟請上海縣知事「恩賜

---

[1]　《北平涇縣會館錄》卷二,中國社會科學院近代史研究所藏,第2頁。

飭房立案，永遠備存，以杜後無更變之虞」。而上海知縣曾承顯的給示為：「准於存案，買契一紙，候發房收稅，粘尾蓋印，飭回；各契單一併發還。」之後數年，江西會館湊捐置買店棧田地數處。咸豐九年，職員袁章熙等再度稟請將原契底簿存案，求賜給示，勒石久遠。如同上述吳興會館稟請中隱含的那個「舊章」，袁章熙的稟請也強調「均經稟明稅契」。上海縣劉知縣差不多同意了所有稟請內容，除將呈到原契發房存案，並將底簿印發外，合行給示勒石。劉知縣如同其他許多官員一樣，在對會館的給示中講述了一番保障會館館產的措施：「為此示仰該地甲人等知悉。此係江西會館職董湊捐置買店棧田地，自示之後，毋許侵占，倘敢故違，許即指名稟縣，以憑提案究治！決不姑寬，各宜永遵，毋違。」[1]

雍正年間的北京和咸豐年間的上海，官府對會館館產的給示有以下相似之處：首先，強調了館產歸屬。一為「所有涇邑義冢遵照憲斷，給與舉人吳嶺查照舊碑界址清理管業」；一為「此係江西會館職董湊捐置買店棧田地」。其次，提出了如果發生侵犯館產事件的相應處理措施。一為「如有不法奸徒仍行侵地占房，阻擾違斷，該地方並吳嶺立即稟報，以憑按法重懲。毋違」；一為「自示之後，毋許侵占，倘敢故違，許即指名稟縣，以憑提案究治！決不姑寬，各宜永遵，毋違」。最後，值得注意的是，兩個給示使用的術語也很類似：「如有……立即稟報」、「倘敢……許即指名稟縣」；「以憑按法重懲」、「以憑提案究治」等。看來，這些術語通行於各地官府的給示中。

會館稟請館產備案時，官府給示甚至在全國範圍都可能存在一致。這不難理解，因為給示通常都是在衡量是否承認會館對館產的歸

---

[1] 上海博物館編：《上海碑刻資料選集》，上海：上海人民出版社，1980年，第344-345頁。

屬權，答案一般都是肯定的。規則就不一樣了，改動餘地很大，而且各地規則完全可能不一樣。下面將考察全國範圍內都存在的牙行規則，看看稟請與給示所構建的同一類規則在不同地方是斷裂還是延續？

明清時期，會館，特別是那些同鄉同業的會館，與牙行糾紛不斷，時有對簿公堂之事。牙行又稱牙行經紀，無論是在中介買賣雙方完成交易、評定商品成色與價值，以及換算各地度量衡等方面，牙行都提供了重要的中介服務功能。牙行還代替官府徵收營業稅和契稅，並從中抽取一部分佣金。

乾隆十八年所立《公建桐油行碑記》（北京）載有會館與牙行糾紛，獲官府牌批事。[1]

山西的桐油行因牙行捏詞疊控，捲入一場官司之中。會館是否動用了官府中的同鄉關係，文獻沒有予以說明，不過他們還是比較滿意官府的判決，盛讚都憲大人「執法如山，愛民如子，無事聽斷之煩，而宵小之奸洞悉」。牌批顯示了官府的態度：「凡一切不借經紀之力者，俱聽民自便，毋得任其違例需索，擾索鋪戶。」官府強調了兩點：一、會館是否需要經紀，俱聽民自便；二、牙行毋得任其違例需索，擾索鋪戶。官府之所以做出此判斷，大約與其兩項最主要的職能有關，即錢糧與刑名。會館稱他們做買賣，「必本客赴通自置，搬運來京，報司上稅，始行出賣」。「報司上稅」對於官府是個關鍵，這是錢糧的保障。官府需要牙行的一個重要因素，就是牙行可以幫官府收稅。既然商人們自己能保障官府的稅收，那麼，滿足他們的稟請，做出「不借經紀之力者，俱聽民自便」的批示也是理所當然了。「至於久而相安，人人稱便之事，更不容平地生波，以滋擾累也明矣」的說法頗能打動官府。「相安」是每個官府治理的目標，「平地生波」則屬於

---

[1] 〔日〕仁井田陞等：《北京工商ギルド資料集》第2輯，第316-317頁。

官府所管「刑名」範圍內之事。於是禁止牙行違例需索，擾索鋪戶成為官府的必然選擇。

　　牌批顯然有利於會館，根據第一條，會館可以選擇不要牙行，從而使交易秩序回歸到以前的狀態。根據第二條，牙行違例需索，擾索鋪戶是違背官府意志的，將受到官府的制裁。牙行會館之所以立碑就是要向世人展示官府的牌批，甚至有向牙行示威的意味：官府的判決保護會館的利益不受侵犯！

　　上述桐油行與牙行的糾紛發生在北京，那麼其他地方情況如何呢？乾隆五十三年的《江南海關為商船完納稅銀折合制錢定價告示碑》（上海）載有閩廣會館稟請監督江南海關兼管銅務分巡松太兵備道張榜示事。[1]

　　乾隆五十三年，閩廣會館董事陳切錦等向松太兵備道衙門稟請榜示不久之前官府對他們所呈違稅銀一稟所確定的規則。當時官府的批示為「著照前稟，夏稅每兩作七百二十文，冬稅每兩作六百一十三文完繳」。可知是衙門照會館的稟請，確定了冬夏稅額。會館本次稟請的要點在於獲得官府的「榜示」。會館要求官府「榜示」的理由從兩方面予以說明，針對眾商稱：「雖蒙批定，未奉明文，眾商難以周知，數目不能劃一。」針對稅牙道：「恐商船入閩抵次，稅牙陽奉陰違，留難捏報，致使舡不得驗貨，貨物發黴，商人坐困。」道衙門對會館這次稟請做出處理意見。官府同意了會館的請求，為會館出示曉諭。該曉諭確認商船完貨稅應通過牙行：「爾等進口商船，應完貨稅，將錢交牙易銀代繳」，同時規定了具體完稅標準：「除免加一之外，七折稅銀，每兩給足錢七百二十文；五折稅銀，每兩給足錢六百一十三文；畫一辦理。」曉諭的這部分內容對官府而言意味著通過牙行可以收取到商船

---

[1]　上海博物館編：《上海碑刻資料選集》，上海：上海人民出版社，1980年，第68頁。

的貨稅。為保護船商利益，維護交易秩序，道衙門的曉諭又警告牙行等「倘敢任意多索，留難捏報，擾累客商，一經察出，定行重究」。與此同時，官府要求船商等「不得再行折扣短少」。給示對船商折扣短少和牙行任意多索這種破壞市場交易規則的行為提出警告，看來前述具體完稅標準很可能是官府折中了船商和牙行雙方利益的一個方案。

乾隆十八年所立《公建桐油行碑記》和乾隆五十三年的《江南海關為商船完納稅銀折合制錢定價告示碑》中，官府的給示曉諭基本上同意了會館的稟請內容，並且對牙行擾累客商的行為提出警告，極力維護市場交易秩序的穩定。官府兩個給示曉諭也存在不同之處，即對於牙行制度的態度上，一個認為是否需要牙行聽民自便，一個強調必須通過牙行完稅。

下面我們再看另一組事例。

道光十五年的《新建靛行會館碑記》（北京）載：「念我行坊鋪，從無取牙用之說……自乾隆庚戌，有外牙索詐，滋擾誣控成訟之由。是以我行公議，派人充當靛行經紀四名。凡有自置自用之靛，每車僅取用銀數錢，聊充輸納國課。應如敬神之需。」[1]靛行會館與牙行發生糾紛，官府如何處理沒有明確記載，不過一個結果是靛行會館公議後派人充當靛行經紀四名。可見衙門處理會館與牙行糾紛時，對牙行進行了改造。

道光年間，上海泉漳會館的福建船戶陳振盛、金源豐等裝載棉花回閩，遵列入港擇牙保稅，出港則具艙單請驗給牌。一月兩潮，順水行舟。不料稅牙顧誠信、李裕昌、鄭同興「把持私創，不遵古則，所有船牌投行，乃自粘鬮分派，客主莫悉，且久不報驗，必匯十號，方肯請驗。各客船裝貨請驗出口，而牙行攔不報關。即報驗掛發，又兜

---

[1] 〔日〕仁井田陞等：《北京工商ギルド資料集》第2輯，第362-363頁。

留照牌不交,必等皆報皆發,方肯給付。一行未報,則三行不舉;一牌未出,則眾牌不交。若向領牌則捏掛號未發」。泉州會館向官府稟請:「隨客擇主,(先報先驗),□□(原文不清晰)即交。恩准示飭各稅行,遵例隨船投行報驗。」道光二十年八月十四日蘇松兵備道給示發泉漳會館:「為此示仰各稅牙知悉:嗣後凡遇該商船戶等進口,隨客投行,先報先驗,毋得仍前匯報。如有裝貨出口,一經掛號發出牌照,應即隨時交給,不得稍有留難,致該船戶等守候滋累。自示之後,如敢故違,定提嚴懲不貸。」[1]官府的給示基本滿足了會館的要求。對牙行不遵古例的企圖加以遏制。

　　道光年間,北京的例子在說明如何改造牙行制度,上海的例子則講述了怎麼維護牙行制度的「古例」。

　　縱觀各色會館稟請與官府給示曉諭,我們似乎看不到官府對牙行制度統一的規定。衙門在處理會館與牙行糾紛時對牙行制度有三種態度。一是如乾隆十八年對桐油行的批示,會館是否需要經紀,俱聽民自便;二是像道光十五年對靛行會館的給示,對牙行制度在一定程度改動;三是如道光二十年泉漳會館所收到的給示,各守舊章。就地域而言,無論是乾隆時期還是道光年間的例子,北京和上海官府給示對牙行規則的態度都有不一致的地方。從時間看,在北京,乾隆十八年和道光十五年稟請與給示所構建的牙行規則有不一樣的地方;在上海,乾隆五十三年和道光二十年也不一樣。

　　稟請與給示雖然有以上種種不同之處,然而,同大多數其他稟請與給示一樣,給示通常都承諾對社會秩序的保護。這種承諾有什麼淵源呢?大清律例有幾處針對牙行埠頭的規定,分別散見於「市司評物

---

[1] 上海博物館編:《上海碑刻資料選集》,上海:上海人民出版社,1980年,第71頁。

價」[1]、「把持行市」[2]、「私充牙行埠頭」[3]等條。「私充牙行埠頭」的「條例」便規定：「旗、民遇有喪葬，聽憑本家之便，僱人抬送。不許仵作私分地界，霸占扛抬，分外多取雇值。如有恃強攙奪，不容本家僱人者，立拿，枷號兩個月，杖一百」；凡在京各牙行「若有光棍頂冒朋充，巧立名色，逼勒商人，不許別投，拖欠客本，久占累商者，問罪，枷號一個月，發附近充軍。地方官通徇縱者，一併參處」；各處關口地方，有土棍人等，開立寫船保載等行「合夥朋充，盤踞上下，遇有重載雇覓小船起剝，輒敢恃強代攬，勒索使用，以致擾累客商者，該管地方官查拿，按律治罪」。[4]以上律例的基本精神在於防範牙行埠頭擾累客商。以上「恃強攙奪」、「逼勒」、「累商」、「恃強代攬」、「擾累客商」等字眼正是基層官員們給示中時常出現的詞語。給示原來在貫徹大清律例的精神。由於律例的效力是全國性的，即使在牙行制度這個充滿地域性、充滿斷裂的領域內，斷裂的底部也存在延續，那就是防範牙行埠頭擾累客商，保障商人的正常貿易秩序和執行官府的稅收、治安秩序職能。

稟請與給示所構建的規範一方面在傳播中延續，另一方面傳播也存在斷裂，這是維護社會秩序為前提的斷裂。

會館中立有一座座碑刻（或是會館其他文獻），碑文的前面部分刻著會館的稟請，後面部分則是官府的給示，稟請與給示結合在一起便構成一份完整的文件，勒一塊碑無疑宣示了一項法秩序的誕生。無數這樣的碑刻連接起來，不就構建出了基層社會的法秩序嗎？這樣的法

---

[1] 田濤、鄭秦點校：《大清律例》卷一五，《戶律》，北京：法律出版社，1998年，第268-269頁。
[2] 同上書，第269-271頁。
[3] 同上書，第267-268頁。
[4] 同上書，第267-268頁。

秩序，既不同於國家正式頒佈的律例，也不同於基層社會內部的各色規範。與國家正式頒佈的律例相比，其構建不需要那麼複雜的程序，會館稟請加上官府給示合在一起便成了一項新的法秩序；其內容更接近社會生活本身，它具體地規範了戶婚田土等民間細故。同基層社會內部的各色規範相比，它又多了官府的給示，甚至國家律例的內容也貫穿其中，從而具備了特殊的強力、官吏的權力和規律性這些構成法律的因素。正因為這樣的法秩序結合了基層官員與民間團體的意見，官員在處理相關糾紛時常以之為判斷依據，民眾才能更好地遵循與自己生活息息相關的成文規範。無論是不斷提到的遵照舊章，還是異地援引成案，都說明了在不經常使用國家成文法的情況下，會館稟請和官府給示構建的法秩序，成了基層社會秩序得到維護的重要工具。

官府和會館對這個法秩序既有共識，也存在分歧。會館稟請館產備案或榜示規則，官府給示，對會館、對官府而言是互惠互利的事情。

會館稟請將館產在官府備案或是榜示規則，意在強調館產所有權的恆久和規則的持續有效。如果官府同意給示勒石，不僅證明了會館對館產的所有權或是會館曾經制定了某項規則，更重要的是使會館的主張具有了官府的背景。光緒年間的一個《糖幫章程》對此有很好的說明：「竊以法之自上立者曰禁曰防，而自下擬者曰規曰約，其名異其實同也。然下擬之規約，非儷以上出之禁防，壟斷之夫，終必有冒不韙而逾之者，其何以計久長而昭炯戒。我幫同志諸人，鑑前車之屢覆，翼後效之可圖，爰議定章，請官核准給示刊碑，是蓋取諸禁防之嚴，以助夫規約之行者。」[1] 隨著會館稟請與官府給示的互動，自上所立禁防之法與自下所擬之規約結合在一起，於是一個新的社會秩序被構建出來。會館利用官府的強制力量，增強了其權威，從而使館產或

---

[1] 彭澤益：《中國工商行會史料集》，北京：中華書局，1995 年，第 582-583 頁。

規則更能得到制度性保障，免受侵犯。它利用官府的象徵意義增強會館的誠信，吸引人們出錢出力支持會館運作，促進會館的穩固發展。這恐怕是不少會館熱衷稟請將館產備案或榜示規則的重要意圖。這裡存在與寺田浩明所揭示的結構很不一樣的情形。寺田浩明在《權利與冤抑》一文中指出，清代衙門的訴訟往往開始於為了「聳動」地方官「視聽」的所謂「驗傷訊究」請求，而一旦訴訟走上軌道，暴行傷害的側面就被推向後景，而最初似乎只是作為背景情況的經濟性爭議則逐漸成為訴訟的中心，爭執的焦點於是發生了推移。[1] 寺田浩明認為，通過冤抑的主張，意在權利為民眾在訴訟中的策略之一。而會館稟請館產備案或榜示規則中，我們可以看到民眾對維護自己經濟利益毫不掩飾。官府的給示通常對稟請內容做出損益。館產的歸屬權涉及經濟利益，官府對館產備案的稟請通常還許諾要採取措施保障館產不受侵犯。榜示規則的稟請中，多數例子也是會館力圖維護經濟秩序，而官府給示除了承認規則、修改規則外，也加入以強制力保護規則實施的承諾。表明地方官心目中維護會館經濟利益與維護社會秩序掛上了鉤。面對館產備案或榜示規則的稟請，官員所扮演的角色是全能的，既管錢穀，又管刑名和教化，而非專業化的財產登記官員或規則記錄員。官府給示一再強調保護會館館產和規則不受侵犯，不僅是其角色使然，而且其優勢地位正是由於它所具備的強制力，因此它樂於展示這種強制力，也不得不靠展示這種強制力來維護自己的權威，維護一方平安。然而，官府並非不關心自己的經濟利益。會館稟請館產備案的前提就是完納契稅。不僅如此，對館產備案或榜示規則的給示可能還需繳納一定費用。光緒三年三月十三日，靛業公所的支出賬目中有

---

[1]〔日〕滋賀秀三等：《明清時期的民事審判與民間契約》，北京：法律出版社，1998年，第217-218頁。

一項是「付請示建造（又具詞請永禁白拉）」，他們為此花費了洋銀三十六元正。[1]光緒二十一年所立《蘇城燭店助款借款及抽收油資數目碑》上也記載，燭店「立案請示」等總共支用洋銀三百七十六元六角。[2]官府給示費到底按照什麼標準收取，尚未見到明確數據，不過官府收取給示費當無疑。

　　一些研究者已注意到宗族和行會為加強其權威和在遇有爭訟時易於獲得官府支持，屢有將已經制定的族約、行規呈官憲驗明批行者。[3]朱勇指出，嘉慶以後，普遍出現州縣衙門批准宗族法的現象。宗族組織將制定通過的成文宗族法送交州縣衙門，正印官閱後即發文批示，以官府名義承認該宗族法的效力，並保證其執行。[4]陳亞平也認為，國家基層政權在法定權限內將商業行幫的條規和慣例備案，使之合法化，結果是大量的民間商業慣例上升為地方性和行業性的法規，民間商業行為的制度化過程得以迅速實現，並且這種制度得到了國家權力的認可和支持，制度化成果得到有力的保障。[5]就會館館產立案而言，邱澎生認為主要都是商人自行摸索或是倣傚其他既存社團組織得來，地方政府大都只是被動因應。陳亞平等學者的看法不無道理，但他們對會館這類民間團體與官府的互動過程觀察並不太仔細，沒看到官府在和會館共同構建這些制度時的豐富面向。他們既沒有仔細分析官府對會館所稟請內容的損益，也沒看到官府對一些稟請規則的重要指導

1　上海博物館編：《上海碑刻資料選集》，上海：上海人民出版社，1980年，第371-373頁。
2　蘇州歷史博物館等合編：《明清蘇州工商業碑刻集》，南京：江蘇人民出版社，1981年，第275-276頁。
3　梁治平：《清代習慣法：國家與社會》，桂林：廣西師範大學出版社，2015年。
4　朱勇：《清代宗族法研究》，北京：法律出版社，2017年，第174頁。
5　陳亞平：《清代法律視野中的商人社會角色》，北京：中國社會科學出版社，2004年，第99頁。

作用，更沒充分論證民間商業慣例如何上升為地方性和行業性的法規。稟請與給示中的恆久與損益，舊章與成案，斷裂與延續正是對以上不足的彌補。

稟請背後可見會館活躍的身影，此乃毋庸置疑之事。實際上官府的立場也十分靈活，官府的給示有時對稟請並不改動，有時順便加入了自己的諸多意見，或承諾採取措施保障稟請的執行，或對稟請的實施提出要求。更有甚者，會館稟請的規則竟然根據官府的諭令而呈請，規則內容根據官府諭令而擬就。官府在給示中所做的損益，分明是他們在用心參與創造一種新制度，構建一種新秩序，並非只是被動因應。稟請與給示所建構的規範可以說不完全屬於官，也不完全屬於民，也可以說它既屬於官又屬於民。最後所固定下來的規則中，官與民誰的因素多，誰的因素少，已經不太重要了，關鍵是，官府的深度參與，使會館規則打上官府的烙印，從而具有了官方的權威，並成為社會遵行的規則。

構建基層社會法秩序的過程中，會館和官府都參與其中，雙方都力圖實現自己的主張，最後的方案常常是綜合了官民雙方的意見。這樣的法秩序是社會生活的產物，而非由專門的律學人才構想出來；它由基層官員和民眾創造出來，而非專門的立法機構制定。在沒有近代憲政觀念的社會裡，法秩序自有其產生方式，那些按照西方近代法學概念討論，諸如中國傳統社會秩序的學者似乎該反思一下自己的討論前提。官民合作創造法秩序的方式即使在現代社會也未嘗沒有可借鑑之處。

稟請與給示所構建的法秩序還有一個重要特點，即會館稟請多涉及自己的經濟利益，官府給示通常把錢糧、刑名、教化等當作一個整體加以考慮。在今天這樣一個強調科層制，強調分工的社會裡，批評清代社會裡官員給示的牛頭不對馬嘴，批評民刑不分的整體性思考，

看似理直氣壯，其實並沒有太多的說服力。基層社會法秩序的構建很重要的一環就是官府及其強制力的介入，所謂「取諸禁防之嚴，以助夫規約之行者」便深深地道出了禁防的價值所在。給示內容通常一是承認稟請內容，二是宣佈採取嚴禁措施保護稟請。僅僅承認稟請，無非確認產權歸屬或是會館的某項規則，而官府對這些稟請內容考慮似乎不夠。糾紛不多的情況下這些規則還應付得過來，如果隨著場域進一步擴大，是否需要一些比較完善的規則呢？嚴禁需要官府的強制力和地保等社會力量支持。官府的強制力和地保等社會力量的能力到底有多大，如何發揮保障作用呢？從這些角度反思稟請與給示的不足恐怕比單純批評民刑不分、以刑名方式處理錢糧更有意義。

第三節　政府對會館的管理、改造與接收

　　政府建立對會館等同鄉群體的管理制度存在一個漫長的過程。明初以來近五百年的時間裡，會館等同鄉組織活躍於眾多的城鎮。明清以來，會館等同鄉組織不僅實現了自我管理，建立起內部管理制度，成為城鎮社會治理的重要力量，也逐漸被納入治國範圍。不過，直到民國時期國家對會館等同鄉群體才開始建立起比較規範、完備的管理制度，會館等同鄉群體內部制度也做出調適。探討歷史上國家如何治理會館等民間團體，不僅可以推進會館史、政治史研究，而且對處理當今民間團體與政治的關係具有借鑑意義。

　　以會館等同鄉群體為中心的研究亦有部分論著討論國家如何整頓、接收會館等同鄉群體。王日根、張宗魁描述了一九一五至一九五六年北京會館的整頓歷程。[1] 國家政權建設是觀察、解釋近代中國的

1　王日根、張宗魁：《1915-1956 年北京會館的整頓歷程略論》，《中國社會經濟史研究》2010 年第 2 期。

一個重要路徑。杜贊奇等討論了國家政權向鄉村的滲透擴張,會館等同鄉群體研究採取了類似的視角,圍繞會館等同鄉群體在內的上海舊式社團探討國家政權對城市社會的控制也取得了一些研究成果。郭聖莉指出,新中國成立初期中國各類舊式社團的湮滅過程展現了中國共產黨獨特的國家政權建設邏輯以及新的國家政權對城市社會的重構進程。[1]阮清華、陳彬認為,新中國成立初期中共通過接管上海的社團實現了對城市社會強有力的控制。[2]楊麗萍指出,新中國成立前後通過對上海舊式社團的清理整頓,基層社會的統治權威全面實現了從民間統治菁英向平民階層和中國共產黨組織的轉換。[3]本書試圖以北京、上海等地的會館為基礎,觀察政府對會館等同鄉團體的管理到底發生了什麼樣的變化,會館等同鄉團體又是如何因應這種變化的。

一 維持秩序

(一)清代官府通過會館維護秩序

尚少見明清時期官府制定專門的法律條文對會館進行管理,不過官府在管理各項事務過程也會涉及會館。維護秩序是官府管理會館的主要內容。清代官府通過會館維護秩序主要圍繞會館的館所與同鄉群體而展開。

清代官府將會館的館所納入監管範圍。清代,時有無業游棍、

---

[1] 郭聖莉:《革命與國家的雙重邏輯:城市社會空間的嬗變——解放初期上海社會團體的湮滅考察》,《華東理工大學學報(社會科學版)》2010年第1期。
[2] 阮清華、陳彬:《中共對城市社會的控制分析——以解放初期上海的社團工作為例》,《蘭州學刊》2006年第12期。
[3] 楊麗萍:《建國前後上海舊式社團的清理整頓——兼論基層社會統治權威的轉換》,《江蘇社會科學》2012年第5期。

役滿書辦、訟師等藏身會館，會館成為治安防範的重點區域之一。雍正五年，令步軍統領等部門，訪察各會館等處的無業游棍，及役滿書辦：「凡係無業游棍，及役滿書辦，令步軍統領，都察院，順天府，嚴飭所屬地方文武各官，將各會館、廟宇及幽僻胡同等處，實力訪察，盡行驅逐回籍，毋許一人潛跡京城。」[1]

嘉慶二十年，嘉慶皇帝令步軍統領衙門等部門密訪嚴拿城外各會館廟宇中藏匿的訟棍：「御史孫升長奏嚴拿訟師以儆刁風一折，所奏是。獄訟之繁，多由訟師從中構釁，播弄愚民，拖累良善，並或句通胥吏，把持官府，種種鬼蜮伎倆，為害滋甚，如該御史所奏，來京上控各呈詞，字跡語句，如出一手，是其明證。朕聞都察院衙門附近，即有山東訟棍窩留其間，包攬詞訟，城外各會館廟宇中，亦有藏匿者，著步軍統領衙門順天府五城，一體密訪嚴拿，獲犯即交刑部嚴審重懲。」[2]

為了加強對會館的控制，道光二十八年，御史程德麟奏請京城各省會館一體編查保甲。都察院、順天府等遵旨議准：「各省會館，其現有京官在館寄居者，即與官宅無異，仍宜遵照舊定保甲章程，令本官自行嚴查。」[3]此後，會館照客店廟宇之例，編查保甲，添設門牌。官府對會館如何管理投寓之人、看館之人等也進行了比較詳細的規定。第一，各省投寓士子，候補候選官員，僕從人等，均由看館人詢明來歷，填注循環簿，每月送官府查驗一次。第二，如有無籍之徒，冒充職官生監，匿名混跡，看館人應查不查，應報不報，一經發覺，從重治罪。第三，看館之人，責令各省掌館官紳，慎擇老成，不得以無業遊民，濫充斯役。第四，倘有聚賭販煙等弊，即將該館主事人治以失

1　（雍正）《大清會典》卷一五五，《刑部律例六（戶律一）‧戶役》，第35頁。
2　（光緒）《欽定大清會典事例》卷一一二，《吏部九十六‧處分例‧嚴禁訟師》。
3　（光緒）《欽定大清會典事例》卷一〇三三，《都察院三十六‧五城‧保甲》。

察之罪,仍嚴飭五城司坊大宛兩縣,無分畛域,逐館稽查,以杜混淆而免遺漏。

另外,會館還承擔一些臨時事項。咸豐三年,北京的會館被要求接送湖北會試舉人。該年,太平軍占領湖北大部分地區,湖北巡撫關防下落不明。各省舉人赴禮部參加會試,向例在省起文,入京城時驗文放行。於是,有人奏稱:「現在湖北巡撫關防,尚未查出,恐有匪徒冒充該省舉人,假造文書入城者,請旨嚴查。」咸豐皇帝諭軍機大臣等,「派委妥員,於入城時,查明湖北舉人,如有執持該省巡撫公文,赴部會試者,即令指出素識之同鄉京官,或居住之會館,派役妥行送往,仍不得稍滋擾累,並不得因有此旨,致將各省會試車輛概行搜查,致啟胥役刁難訛索之弊,倘有情節不符,或實在情形可疑者,即著嚴行究辦,以杜假冒而戢奸宄」[1]。

不僅官府對會館治安加以防範,會館本身也非常重視館舍的安全。乾隆時期,河間會館(北京)就規定,來客要登記,而且「或容留匪人,或郡屬書手潛入會館客寓,冒充謄錄,招搖撞騙,或藏設戲具,及家人賭博、酗酒等事,值客查明通知值年,即照例辭去;同居之人,如有循隱,一併辭出」[2]。「會館乃冠裳之地,不得蓄藏賭具、招引優伶及喚入縫衣婦女,約束家人不得酗酒生事,違者,不敢留主人寓館」[3]。涇縣會館(北京)[4]、績溪會館(北京)[5]、上湖南會館(北京)

---

1 《大清文宗顯皇帝實錄》卷八三,咸豐三年正月下,第 10-11 頁。
2 《河間會館值年值客規條》,北京市檔案館編:《北京會館檔案史料》,北京:北京出版社,1997 年,第 68-70 頁。
3 同上書,第 71-72 頁。
4 《涇縣會館新議館規》,北京市檔案館編:《北京會館檔案史料》,北京:北京出版社,1997 年,第 280-282 頁。
5 《績溪會館規條》,北京市檔案館編:《北京會館檔案史料》,北京:北京出版社,1997 年,第 283-286 頁。

均有類似的規定。[1]很難確定會館受官府之命而制定這些規定,還是官府受會館的啟發而提出上述治安防範措施。不過,可以肯定的是,無論會館還是官府都希望會館這個城市中的重要空間場所沒有匪人、賭博、酗酒、嫖娼、招搖撞騙。

除了作為城市的物質空間,會館還是聯繫同鄉群體的紐帶。官府利用會館管理與之密切相關的同鄉群體,要求會館董事協助清查沿海不安本分者。廣東潮州等府的失業遊民,多覓食外省,千百成群。咸豐年間,以充當潮勇為名,紛紛航海,由乍浦、上海等處登岸。其中良莠不齊,往往聚眾滋事。咸豐五年,蘇州發生潮勇搶奪行李之案。咸豐皇帝認為:「雖將該犯馬泳風等拿獲正法。而現在寄食遊民,尚復不少。」令怡良等:「嚴飭地方官查明此項廣勇內,有並非官雇,不受約束,或私販違禁貨物,不安本分者,責成地方各官,督同會館董事清查懲辦。」[2]

官府利用會館管理同鄉群體,進而維持進出口貿易的秩序。嘉慶十一年,兩江總督鐵保等議奏防海章程中要求上海所設閩廣浙江會館董事審辦商船進出口:「上海地方,設立閩廣浙江會館,各有董事多人,凡商船到口,先令董事審辨。果係真商出具保結,准其進口。迨銷變完竣,置貨而回或商民雇募出口,何省之船,即由何省會館出結,計口酌給米糧,然後放行。倘有假冒進口私運出口等事,該董事一併治罪。」[3]天津海關也由會館董事出具保單、查驗放行。道光年間,山東樂昌縣知縣廖炳奎,充當天津閩粵會館董事,私行出具保單,給

---

1 《上湖南會館新議章程》,北京市檔案館編:《北京會館檔案史料》,北京:北京出版社,1997年,第544-546頁。

2 (光緒)《欽定大清會典事例》卷七七四,《刑部五十二・兵律關津・私越冒度關津》。

3 《大清仁宗睿皇帝實錄》卷一六七,嘉慶十一年九月下,第21-22頁。

付閩粵商民，令經過關津海口查驗放行，並於雙峰等棧，容留煙販及吸菸人犯。拿獲廖炳奎後，處以杖一百，流兩千里。為此，道光十八年諭：「閩粵會館董事，有稽查約束之責，嗣後著責成天津府，飭令閩粵商民公舉老成公正之人，報明承充，取具甘結存案。如有販賣鴉片煙土煙具者，該董事不行舉首，或竟通同舞弊，即著照例加等治罪。」[1]

清末民國時期，政府對會館的管理更加系統化。一九〇五年，清朝民政部民治司對會館進行了調查，這是官府對北京會館較早的一次調查，為進一步加強對會館等同鄉群體管理提供了基礎。[2]

（二）民國時期維護會館秩序

為維持公安，保護公產起見，一九一五年，京師警察廳頒佈了《管理會館規則》。[3]京師警察廳的告示指出：「近年以來各省人士之來京者日見增多，而各會館居住之人亦逐日形複雜，揆厥情形幾於雜同無異，若不訂立規則，俾各館皆有任事負責之人，不獨影響於地方治安，亦與各館之整理進行至有關係。」[4]

1　《大清宣宗成皇帝實錄》卷三一五，道光十八年十月，第13-15頁。
2　《清末北京外城巡警右廳會館調查表》，北京市檔案館編：《北京會館檔案史料》，北京：北京出版社，1997年，第798-818頁。
3　二十世紀以前，北京沒有正式的市政管理機構，清朝時期，北京市政屬於順天府所管轄的宛平、大興兩縣縣令共同負責管理，清廷的步軍統領衙門、刑部、工部也聯合參與管理。一九〇二年成立內城工巡局，一九〇五年成立了外城工巡局，很快兩個機構合併成「內外城巡警總廳」，巡警總廳對民政部負責。一九一一年，民政部改為內務部，京師警察廳（民國初年巡警總廳改為此名）仍然直接隸屬於內務部。至一九一四年市政公所成立之前，京師警察廳是北京的管理機構。一九一四到一九二八年，北京由兩個機構進行管理，市政公所與京師警察廳，前者負責城市的總體規劃和基礎設施，後者集中負責維持秩序、徵收捐稅、人口調查、消防和商業管理。1928年，設北平特別市，成立了社會局、公共安全局、財政局、公用局和衛生局五個局，京師警察廳改組為公共安全局。
4　《京師警察廳頒佈管理會館規則》（1915年），北京市檔案館編：《北京會館檔案史料》，北京：北京出版社，1997年，第1頁。

該規則要求各地在京會館由旅京同鄉人員在京同鄉中公舉董事、副董事進行管理。各會館推舉出董事後，將人員名單送至警察廳備案。為加強對住館人員的管理，該規則將七種人作為應禁止住館並報警察局的對象，即「攜帶違禁品及槍枝子彈者」、「語言動作形跡可疑者」、「違犯煙賭等禁令者」、「招致娼妓到館住宿或侑酒彈唱」、「患傳染病者」、「審知為未發覺之匪人或犯罪之在逃者」。此外，對於會館館役、董事及住館人員違反規則的處罰，京師警察廳也在《管理會館規則》的第十一條、第十二條、第十三條、第十四條分別作了具體規定。規則要求會館董事將有妨礙地方治安行為的人向警察署報告。備案和報告是京師警察廳管理會館的兩個切入點。

至一九一八年三月，京師警察廳決定對《管理會館規則》進行修正，將原來第二條增加「但各省省館因有特殊情形認為必要時，得酌添董事」一句，以此來協調有特殊情形之省館各地區的不同利益。同時，將原第三條中董事的任期改為兩年，並且可以連選連任。這在一定程度上為董事處理館內事務提供了有效的時間保證。一九一八年三月，京師警察廳修正《管理會館規則》，改變的僅僅是會館董事人數和任期，並不涉及政府與會館的關係。

一九一五年《管理會館規則》出臺後，部分會館隨即制定了新的管理章程，如福建的邵武會館（一九一五年五月）、仙溪會館（一九一五年六月），廣東的嘉應會館（一九一五年八月）、番禺會館（一九一七年五月）、安徽的望江邑館（一九一五年五月）。一九一八年，京師警察廳對《管理會館規則》修正後，各地在北京的一些會館也做出了反應：如安徽的涇縣會館在一九二一年、一九二六年，休寧會館在一九二二年，江蘇的江陰會館、武進會館在一九二九年制定了新的規章制度。

《管理會館規則》要求各會館公舉董事和副董事，作為會館的負責

人，管理會館，並向警察廳備案，則直接影響了管理會館制度的變革。

一九一五年八月一日，《嘉應會館規約》（北京）規定，董事副董事如因事不克擔任時，應另行公舉，並遵照管理會館規則第四條（各會館推舉出董事後，將人員名單送至警察廳備案）稟報警廳備案[1]。旅京山東同鄉會於一九二五年八月在山左會館開會，改選呂海寰為該會會長，之後呈報警察廳核準備案。[2]一九二九年六月，《江陰會館為改訂會館規約致社會局呈》（北京）中寫道：「本館於四月二十一日報准開會，旋於五月四日復請開會各節在案……自應呈報備案。為此，具文呈請，並檢粘江陰會館規約二十條一紙，並乞飭存備案。」

《江陰會館規約》載明，會館「除遵照北平市公安局現行管理會館規章辦理外，另訂本規約以資遵守」，「本規約於大會議決後施行，並呈報公安局備案」。[3]

一九一七年五月制定的《番禺會館章程》（北京）規定，「本館照警察廳所頒管理會館規則第二條，公舉董事副董事一人」，「董事副董事對於本館一切事務應照警察廳管理規則第四條擔負完全責任」，「違背本章程第四、五、六、七條者，得查照警察廳管理規則第十二條辦理」，「本館對於住館人遇有違犯警察廳管理規則第八、九、十等條事項時，應由董事查照警察廳管理規則辦理」，「館役遇有違犯規則所規定者，應由董事查照警察廳管理規則辦理」，「本館章程如有未盡事宜得隨時修正續報警廳備案」。[4]番禺會館把會館內部的很多事項都與警

---

1 《北京嘉應會館規約》（1915年），北京市檔案館編：《北京會館檔案史料》，北京：北京出版社，1997年，第580-583頁。

2 《京師警察廳關於呂海環確為山東族京同鄉會會長的覆函及直隸、熱河廣西教育廳廳長北京教育會會長等就職致京師學務局的函（附：教育會職員名單）（第33頁）》（1925年），北京市檔案館藏，J004-001-00254-A-P1-5。

3 北京市檔案館編：《北京會館檔案史料》，北京：北京出版社，1997年，第161-163頁。

4 《番禺會館章程》（1917年），北京市檔案館編：《北京會館檔案史料》，北京：北京出版社，1997年，第584-585頁。

察廳聯繫在一起。

　　一九一五年以後，北京的會館住館規約多數添加了一條禁約，禁止有以下行為者住館：有妨礙同寓安寧之舉動者；攜帶違禁物品及詭秘之行為者；吸食鴉片、聚賭及其他不正當之行為及營業者；招致娼妓到館住宿，或侑酒彈唱者；有傳染病者。這些禁約主要是根據京師警察廳一九一五年的管理會館規則而制訂。會館住館的上述規定反映了政府對會館管理規則在實踐中得以貫徹執行，也展現了會館對政府管理制度的積極應對，通過改善本身的規則來適應新局面、新形勢。

　　不僅在各會館的章程、規約中看到「管理會館規則」的影響，而且實際辦理相關事項時，「管理會館規則」也已經成為辦事必備依據。

　　不過，一些會館等同鄉群體也並未嚴格執行京師警察廳所頒布的修訂規則。此外，有的會館在新修訂的規定頒佈十年後，方制定新的管理規則，這反映出一些會館對待政府加強會館管理的消極態度。

　　一九二八年，國民政府定都南京，北京改名北平市。於是政府機關紛紛南遷，商業隨之蕭條，大批政客、商人等在京人士也都撤離北京，會館內所剩人員寥寥無幾，甚至無人看管，有的還出現盜賣館產的情況。北平市政府出臺了一些措施加強管理北京的會館等同鄉群體。

　　一九三〇年三月二十六日，經北平市政府批准，北平市公安局發佈了《北平市公安局管理會館規則》，共十六條，主要內容與一九一八年的《修訂管理會館規則》大體相同。此次修訂對會館之管理組織形式有所調整，規定由各會館公舉董事或委員負責，管理體制由原來的董事會制變成了兩種。將會館同鄉內的公舉人連同被舉人一起納入公安局的管理範圍，均要經過公安局的核準備案。市政府擴大了對會館內部人員的管理範圍，進一步加強了對會館內部人員的瞭解和管理。

　　政府法規公佈後，一些會館對簡章等進行相應修改並向公安局備案。一九三二年三月，「江蘇旅平同鄉會為報規約致社會局呈」中寫

道：「繕具名單，檢附規約，備文呈懇鑑核，准予備案。」[1]一九三二年七月，「吉林旅平同鄉會簡章」規定：「查照公安局十九年四月佈告會館規則，參酌修訂之」，「本簡章經會員大會通過後，由本會呈請社會局核準備案施行之」。該簡章還附註：一九三二年七月十二日，「奉北平市社會局批，呈暨附件均悉，應準備案」[2]。一九三六年八月三日，「遼寧旅平同鄉會為改組並報會章草案致社會局呈」中寫道：「擬定會章草案三十二條，理合連同會章，具文呈請鑑核，准予備案，以便進行，實為公便。」[3]一些同鄉組織把規約、章程向社會局呈請備案，並在規約、章程中明確寫道，是查照會館規則而修訂的。雖然如此，一些同鄉組織的規約、章程中並不完全貫徹政府所頒佈管理會館規則的有關內容。如一九三六年二月的《灤密二十二縣旅平同鄉會簡章》除了第二十二條規定「本簡章自呈准主管官署立案後施行」外，沒有一條內容直接涉及主管官署。[4]

一九三七年盧溝橋事變後，日本侵略者占領北平，對北平控制長達八年。在此期間，在北平先後建立了「中華民國臨時政府」、「華北政務委員會」等偽政權，也成立了「新民會」等漢奸組織。「新民會」成立後，於一九三八年十月發出通知，飭令各社會團體向偽政府當局的社會局、警察局登記，「詳細填明各項，並要將各館的組織章程送達審核，以便派員輔導」。[5]

日本控制北京時期，多次頒佈會館等同鄉群體管理方面的法令。這個特殊時期的特點是偽政權和日本的機關介入了會館的管理。一九

1　北京市檔案館編：《北京會館檔案史料》，北京：北京出版社，1997年，第166-169頁。
2　同上書，第149-152頁。
3　同上書，第123-127頁。
4　同上書，第73-75頁。
5　同上書，第11頁。

三七年十月十二日,「滿洲同鄉會籌備代表郭湛清等為組織滿洲同鄉會並報會章致社會局呈」(北京)中便指出:「籌備一切除呈北平維持會,北平市政府,日本陸軍機關,北平市警察局外,所有擬組織滿洲同鄉會各理由,理合檢同會章一份,具文呈請鑑核,俯準備案。」[1]滿洲同鄉會申請備案的機關除了偽「北平市社會局」外,還有「北平維持會」,偽「北平市政府」,日本陸軍機關等。一九四二年十二月二十八日,「江蘇旅京同鄉會為修正章程致社會局呈」稱:「八月十一日接奉鈞局第九十七號令開,案奉市公署訓令,內開,准內務總署咨,查近來呈請立案之民眾團體,其機關及人員名稱,與現行之官制,每相混淆。茲為明定標準,借杜冗濫起見,制定劃一民眾團體機構及人員名稱辦法,除呈華北政務委員會備案外,相應檢同該項辦法,咨請查照,轉飭所屬,遵照辦理。」[2]江蘇旅京同鄉會備案涉及的機關除了偽社會局外還包括偽「華北政務委員會」等。

一九四一年,吉州二忠祠(北京)向警察局申請舉行同鄉大會稱:「吉州二忠祠舉行同鄉大會,仰屆期派警監視具報,並通知日憲隊。」而偽「北京特別市」市長余晉龢令警察局傳知特務股屆時派員前往監視照料具報,並通知日憲兵隊。在會後所派人員的報告中:「奉此遵於本月六日當派巡官松林,帶同長警前往監視,自十一時十五分開會,計到會彭鶴鳴等七人,因到會人數不足,並未討論會務……除已通知日憲隊外,理合呈報。」[3]一九四二年,吉安縣旅京同鄉會董事彭鶴鳴為召開同鄉大會,舉行祭祀,討論會務,改選職員,懇請偽「警察局」核准派員監視。而偽「警察局」聯絡日本憲兵隊一同前往監視:「准予開會,並通知日本憲兵隊外城隊,本月四日當派警官于德海,特務系

1　同上書,第128-131頁。
2　同上書,第175-179頁。
3　北京市檔案館館藏,J184-002-00142,第24頁。

股員周維廉帶同長警前往監視。」[1]

一九四三年十月八日，偽「北京市特別市」警察局發出通告，制定了《北京各省會館整理要綱》十四條。[2]與一九三〇年三月二十六日北平市公安局發佈的《北平市公安局管理會館規則》相比，該要綱特意強調是依據偽內務總署監督民眾團體辦法制定。公舉人、被舉人都要呈報偽「北京特別市警察局」核准備案。各會館應先組織同鄉會，縣館之同鄉會由旅京之本縣人組織之；府館之同鄉會，由舊時同府各縣館之同鄉會各選二人組織之；省館之同鄉會，由同省舊時各府館之同鄉會，各選一人組織之。各省館同鄉會成立後，由省館同鄉會公舉董事若干人負責整理該省會館；府館同鄉會公舉董事負責整理該府的會館；縣館同鄉會公舉董事負責整理該縣的會館。

一九四三年，偽「北京特別市」政府還出臺了《北京各省會館管理機構整理辦法》。該整理辦法規定：「各會館選舉董事、副董事，應先擬具章程，分報社會、警察兩局批准後，先選評議，由評議選出新董事、副董事。票選同鄉會職員或會館董事、副董事時，均應呈請區分局派員監視。同鄉會職員及會館評議、董事、副董事舉定後應將名單分報社會、警察兩局核准備案。」[3]

有關會館整理的文件頒佈後，北京各省會館為適應當局的政策，有同鄉會進行組織管理的，根據整理綱要進行修正，如吉林旅平同鄉會、遼寧旅平同鄉會、江蘇旅平同鄉會、南通旅平同鄉會、江西省的上新旅平同鄉會、江西南豐旅京同鄉會、江西同鄉會等等；無同鄉會

1　北京市檔案館館藏，J184-002-01531，第 5 頁。
2　《北京各省會館整理要綱》，北京市檔案館編：《北京會館檔案史料》，北京：北京出版社，1997 年，第 16-18 頁。
3　《各省會館管理機構整理辦法》，北京市檔案館編：《北京會館檔案史料》，北京：北京出版社，1997 年，第 21 頁。

的會館，紛紛成立同鄉會，向警察局、社會局申請核准備案。

　　抗日戰爭勝利後，北京再次改稱北平。由於日本人的投降，北平的社會權力再次面臨重組。加之各色人士進入北平，導致社會人員成分更加複雜。因此，北平市政府、警察局加強了對各社會團體的監視。作為社會人員流動住所的會館，更是政府嚴密監視的對象。

　　一九四六年八月，北平市市長熊斌簽發了《北平市會館管理規則》。[1] 該規則要求會館均須組織理事會管理。組織理事會須呈報警社兩局核準備案；選舉理事時，須報由警、社兩局派員監視。政府與會館關係方面，該規則出現了一些新的變動。如會館每年一、七兩月將會務報告分呈警、社兩局備查；會館如違反一些規定，將由警社兩局會同宣告封閉；會館集會時，均應由理事會先期呈報警局等。對住館人員的防範仍然存在。理事會對於住館人，有下列各款之一者，應隨時報告該管分局核辦：妨礙同居人之安寧不服管理人之勸告者；言行可疑者；攜帶違禁物品者；吸售煙毒者；招致娼妓或賭博者；患急性傳染病者；發覺犯罪有其他犯罪行為者。

　　會館可分為同鄉會之會館與無同鄉會之會館二種，會館管理規則內對於此點未能明白指出，以致時有同鄉會與會館爭執糾紛，纏訟經時，無法核辦。為此，一九四七年五月，社會局向市政府呈文，擬將會館管理規則加以修正。修正案主要增加第五、六兩條。第五條規定，凡在本市組有同鄉會者，其會館登記選舉事宜即由同鄉會依規定辦理；如同鄉會會員大會議決由該會理事會自兼者，應即視為該會館之理事，但不得由該同鄉會理事會職員個人名義處理會館事務。第六條規定，凡綜合各縣之同鄉會，不得以該理事會兼管單獨性之會館；單獨一縣之同鄉會，不得超越範圍，代理非本縣之會館或與他縣合組

---

[1] 北京市檔案館館藏，J002-003-00589，第 47-50 頁。

之會館。含有全省性質者亦同；省同鄉會不得管理非全省性之單獨各縣會館。北平市政府同意了社會局的修改意見。[1]

　　一九四七年，北平市社會局、警察局鑒於「會館名稱、地址及管理人姓名等，均無法查考，指導方面不無困難」[2]，故通知北平市各會館必須填寫登記表，進一步對會館的情況進行核查。針對會館管理中遇到的一些具體問題，一九四八年三月，市政會議通過了《修正北平市會館管理規則》。在一九四七年五月頒佈的《北平市會館管理規則》基礎上，對同鄉登記等方面進行了規範。第一，登記同鄉手續，在每次選舉之先，在報章通告登記，至少連續三日，於開會選舉前檢同該項報章及登記名冊分呈警、社兩局備查。第二，在平同鄉登記後，如人數過少，或者無同鄉在本市，委託省同鄉會代管會館。代管之會館，如有收益，代管人不得動用，應存儲市銀行生息滾存，每六個月連同代管情形，呈報警、社兩局備查。如有工程修理，應由代管人呈請警、社兩局會查核准，方得辦理，事竣並應報請驗收。第三，會館理事會依該會館原有之名稱刊製篆文方形圖記，正面長寬各四公分，邊緣寬三公釐，拓具印模，呈報警社兩局備查，其由同鄉會直接管理之會館，即用該同鄉會之圖記。第四，北平市政府對會館住館人員的控制有所加強。《規定》要求各會館住館人員有人事異動時，理事會要按住館人的異動性質，依照警察機關與戶政機關查報戶口要項八點之規定，分別報告該管警察分局及戶籍機關，進一步對人口的流動進行嚴密的監視，加大了對社會秩序的整治。[3]

　　各個會館對會館管理規則做出不同的應對。一些會館條文中關於

1　同上書，第 51-58 頁。
2　北京市檔案館館藏，J002-002-00268，第 1 頁。
3　《修正北平市會館管理規則》，北京市檔案館編：《北京會館檔案史料》，北京：北京出版社，1997 年，第 32 頁。

政府所頒佈會館管理規則的新精神著墨較少，甚至沒有。如一九四七年十一月十八日的《汾城試館同鄉理事會章程草案》[1]，一九四七年十二月十七日的《正定會館章程》[2]，一九四七年十一月的《晉翼會館簡章》[3]，一九四八年二月四日的《津南試館理事會簡章》等，除了在結尾處規定「本章程自呈請警社兩局核准後施行」外，主要內容沒有一條涉及主管官署[4]。

更多的會館將政府的會館管理規則劃入自己制定的各種章則、章程、簡章之中。一九四六年十月二十九日製定的《洪洞會館管理章則》（北京）遵照「北平市會館管理規則」第二條之規定組織理事會管理。會館理事會應於每年一、七兩月，召開理事會全體會議，並呈報警、社兩局備查。住館人員有人事異動時，應由理事會常務理事依照戶口調查，隨時轉報警察分局，不得任意增減。有左列各款之一者，不得寄住本館：妨礙同居人之安寧不服管理人之勸告者；「言行可疑者」；攜帶違禁物品者；吸售煙毒者；招致娼妓或賭博者；患急性傳染病者；發覺有其他犯罪行為者。違反前條之規定者，由理事會報告本區分局勒令遷出。[5]一九四八年四月一日的《深縣旅平同鄉會為報管理細則》規定，集會呈報警局批准，始得舉行。強行居住，或限期屆滿，藉故拖延不遷者，皆得由本會報告警局，勒令遷出。人員有異動時，轉報警察局備案；有左列情形之一者，本館得隨時報告警察局核辦；呈請主管機關批准後，公佈施行。[6]一九四八年一月二日的《蒲州會館

1　北京市檔案館編：《北京會館檔案史料》，北京：北京出版社，1997 年，第 102-103 頁。
2　同上書，第 76-78 頁。
3　同上書，第 104-106 頁。
4　同上書，第 79-80 頁。
5　同上書，第 99-101 頁。
6　同上書，第 81-83 頁。

管理簡章》（北京）規定，人員有異動時，轉報警察局備案；有左列情形之一者，本館得隨時報告警察局核辦；呈請主管官署核準備案後施行。[1]

首都由北京南遷至南京，日本控制北京，抗戰勝利後國民政府重新掌控北京，北京市每次重大變動，政權對各個同鄉組織加強管理的措施之一就是登記備案。抗戰勝利國民政府重新掌控北京後，同鄉組織登記備案過程可以仁錢杭州等會館為例加以說明。

仁錢杭州兩會館（北京）均曾於一九四八年元月底接到社會局的批示：「茲檢發會館管理規則一份，仰即遵照擬具章程呈候核辦。」仁錢杭州同鄉會公議：「當應遵所發之會館管理規則辦理。」一九四八年十月二十五日，將擬訂的仁錢杭州兩會館章程各一份，具文一併匯呈社會局鑑核。[2]

一九四八年十一月九日，仁錢杭州兩會館接到社會局第二三九一號批示：「呈件均悉，茲檢發修正會館核示單一份，仰即遵照繕正具保，並即分別登報，登記同鄉，造具名冊，連同報紙呈核。」一九四八年十一月十六日，仁錢杭州兩會館將館章暨抄呈，同鄉登記人名清冊，以及登報報紙各一份，一併呈送社會局，請准予備案，並呈報開會選舉理事日期。兩會館已擇於十一月十八日下午一時，在前外虎坊橋杭州會館內舉行。除分呈警察局外，請社會局委派人員到場監視選舉。[3]

社會局派職員王立勳到場監視選舉。王立勳參加完仁錢杭州兩會館的選舉會後所遞「簽呈」指出：「十一月十八日下午一時，赴前外虎坊橋杭州會館監視仁錢、杭州兩會館同鄉大會選舉職員……」[4]十一月三十日，仁錢杭州兩會館也將是日選舉投票得票人數情形分別開列清

1　同上書，第 107-109 頁。
2　同上書，J002-002-00261，第 13-14 頁。
3　同上書，J002-002-00261，第 25-26 頁。
4　同上書，J002-002-00261，第 42 頁。

單,備文具報社會局,請求鑑核備案。理事會已於是月二十八日在各該會館開成立會,並啟用圖記,也一併呈報。¹十二月十四日,社會局局長批示:「准予備案。」²

一九四七年十月六日,雲龍會館(北京)在給北平市政府社會局的呈文中這樣寫道:「本會籌備會前奉鈞局八月二十九日崇三(36)字第一一三三號批示,飭組織理事會管理雲龍會館,並呈准召開成立理事會在案。遵於本年十月五日午後二時,假前外抄手胡同十二號,召開成立會,蒙鈞局派王科員立勳蒞會指導,並監視選舉,當修正通過雲龍會館章程,並票選理事會理事。開票結果劉紹濂、廖大淵、劉國鈞三人當選為理事,並選舉理事廖大淵為常務理事,均各記錄在卷。除分呈警察局及各本縣有關機關核備外,理合檢同章程、名冊及刊用之圖記式樣,呈請鑑核,准予備案,實為公便。」附呈包括會館章程一份,理事名冊一份,圖記式樣一份。³

一九四七年十一月六日,《陝西省商雒鎮山南等五縣旅平同鄉會為報商山會館管理章程草案致社會局呈》指出:「敝會於十月十九日召開成立大會,蒙鈞局代表王君立勳及市黨部代表趙君冠五蒞會指導,相繼致辭……並有南城稽查處及外四警察分局派員監視。理合檢同……呈請鈞局准予備案。」⁴一九四八年一月二日的《蒲州會館為籌組管理委員會並擬具簡章致社會局呈》(北京)寫道:「擬具北平蒲州會館管理委員會組織簡章及籌備人名單一份,呈請鑑核示遵。」⁵一九四八年四月一日的《深縣旅平同鄉會為報管理細則致社會局呈》指出:「依據

1　同上書,J002-002-00261,第 48-51 頁。
2　同上書,J002-002-00261,第 55 頁。
3　《雲龍會館理事會為報會館章程致社會局呈》,北京市檔案館編,《北京會館檔案史料》,北京:北京出版社,1997 年,第 405-407 頁。
4　北京市檔案館編:《北京會館檔案史料》,北京:北京出版社,1997 年,第 671-672 頁。
5　同上書,第 107-109 頁。

本市政府頒佈北平市會管理規則，擬訂本會會館管理細則一份……呈請鈞局鑑核，施行，准予備案。」[1]一九四七年十二月十七日的《正定會館理事會為報組織章程致社會局呈》（北京）寫明：「理合檢同章程及理事名冊備文呈請鈞局鑑核，備案。」[2]

不僅北京的同鄉組織如此，在雲南等地的同鄉組織亦然。如在雲南等地的同鄉組織開會選舉理事，當地政府要派員監視，需要履行一些備案手續。一九四三年一月十日，為了遵照新制，湖南旅滇同鄉會在湖南會館永和禮堂開會，將同鄉會會長改為理監事制，並選舉第一屆理監事。指導員楊蔚軍在所呈《改制報告表》中描述了開會經過及結果：「由大會臨時主席團依次輪充主席，並由主席團推薦理監事之名單，逐一介紹於大會，並由大會補充人選，即開始選舉潘遠暄、張默濤等為理監事，組織理監事會。及會後複選常務理事、理事長。乃由我監視宣誓後，該理監事繼開聯席會議，商討會務。」指導要項為：「經省黨部代表李干指導，選舉合法手續，並將改選結果宣佈被選人及票數依次選為理監事，繼由我指導，由理事選出常務理事，再選理事長，由監事選常務監事。」在附記中指出：「該同鄉會第一次大會簽名出席人數約共二百多人；該同鄉會於事前一禮拜曾在各報登載一禮拜之久，召集各同鄉開緊急大會登事。」[3]一九四三年一月，湖南旅滇同鄉會致昆明市政府的立案申請與楊蔚軍所呈《改制報告表》對會議過程的描述大體相似。[4]

1　同上書，第 81-83 頁。
2　同上書，第 76-78 頁。
3　《昆明市政府社會局奉派出席指導各團體開會報告表》，昆明市檔案館，32-3-244，轉引自胡月紅：《「湖南旅滇同鄉會」檔案資料整理》，《西南古籍研究》，2011 年。
4　《湖南旅滇同鄉會呈請准予立案示遵事》，昆明市檔案館，32-3-244，轉引自胡月紅：《「湖南旅滇同鄉會」檔案資料整理》，《西南古籍研究》，2011 年。

仁錢杭州等會館的備案過程大體是：社會局檢發會館管理規則給各會館，各會館準備備案的各種材料，社會局再批示，各會館開會，社會局委派人員到場監視選舉，監視人員回去寫「簽呈」，各會館匯報開會情形並遞交新的備案材料，社會局批準備案。

二　管理社團

（一）明清官員對會館的規範、引導

明清時期，官府對會館並沒有一個十分明晰的政治定位，也沒有把會館作為社團或者社會組織專門制定法規加以管理，同鄉官參與倡建、管理會館卻是一個很普遍的現象。很多時候，參與會館創建、管理的同鄉官本身就是當地職官，他們的言行某種程度上反映了官府對同鄉群體、同鄉組織的規範、引導。

中國不少會館由同鄉官員倡導建立。通常是一些比較重視鄉誼的官員到某處做官，召集旅居該處同鄉聚會，士商一唱一和，常常有創建、重修會館之議。且不論北京的大多數試館，即使是那些主要由商人參與其間的會館，也往往離不開官員的參與。

陳嘉言在《湖廣會館經過事略總序》（北京）中說：「京師為首善之區，四方仕宦萃集於此，故各直省會館林立，省館而外，又分設郡館邑館，皆自其鄉人之有力者發起之。」誰是鄉人之有力者？以湖廣會館為例：「湖廣會館者，南北兩省聯絡而成，規模闊達，創建於嘉慶丁卯年劉雲房相國、李小松少宰兩先達。至道光十年庚寅，蔣丹林尚書、何仙槎侍郎重修之……光緒十八年壬辰歲，譚文卿侍郎、張次

珊京卿二次重修。」[1]他所列舉的這些創建者、重修者均為官員。如果說京師為首善之區，四方仕宦萃集，官員參與倡修會館極其自然，但是在南方的商業發達地區又如何呢？道光二十一年，上海縣事虞南曾承顯撰寫了《創建豫章會館勸疏碑》。得知各省棧商如福建、廣東、山東、山西等都建設會館，曾承顯「訝吾鄉之躬是業者偏天下，而於此獨缺然建造，心實異之」。同鄉商人道出了未建會館的原因：「吾鄉人之業於是者有年矣。數十年來，蓋未嘗遇鄉之先達官是邑也。今欣奉嘉庇，適購館基……」[2]可見官員對於創建會館的重要性。

眾多的會館碑刻都記載了官員參與建造會館。光緒三十二年，創修山東會館的過程近似江西會館。《創修山東會館碑記》記載了眾多官員一起修建會館。呂海寰撰文稱：「余自光緒甲午，承乏鎮道，丙申權攝滬關，則常進吾鄉之商於斯者，詢以利弊。既稔知來者之多，與旅居之不易，每思闢地為館，以生合群之力，而聯渙散之情。」「汪瑤廷觀察時宰上海……汪君謀立會館，眾以為然。王瑞芝君等首倡……適今江西巡撫海豐吳公仲懌，以管電政駐節斯土，聞之亦樂觀厥成。」[3]可見上海的山東會館也是官員倡導，商人響應而建。

同鄉官員在許多會館的創建過程中往往起到了關鍵性的作用，一些會館在同鄉官員的直接倡導下建成。不僅倡導修建會館，在修建會館的過程中不少官員還給會館捐銀施地。

康熙六十年《正乙祠公議規約》（北京）載會中諸友有出仕者要捐銀：「吾行公所，敬神以聚桑梓。有聯絡異姓以為同氣之義……會中諸

1　北京市對外文化交流協會、北京市宣武區地方誌編纂委員會編：《北京湖廣會館志稿》。
2　上海博物館編：《上海碑刻資料選集》，上海：上海人民出版社，1980年，第333-334頁。
3　同上書，第195-196頁。

友有出仕者，捐銀十兩。如不給者，量力捐助。」¹乾隆八年，重修北京臨襄會館時有官員施銀：南城兵馬司正堂李元龍佈施銀二十四兩。²光緒十四年重修北京臨襄會館亦然，翰林院陳積德堂施銀二十兩，戶部主政曹施銀二十兩。³咸豐元年《重修長春會館碑》（北京）記載工部德侍郎施助空地一塊。⁴

會館建成後通常要舉行一個重要的儀式——立碑。今天我們能瞭解會館，很大程度需依賴忙碌於會館碑刻的各色官員，透過他們撰寫的碑文我們瞭解了會館的歷史和它所處的時代。

很多會館碑記由官員撰寫。嘉慶十四年《重建仙城會館碑記》（北京）由都察院副都御使順德溫汝適撰。⁵道光年間的《泉漳會館興修碑記》（上海）由知江南建平縣事裡人林謙晉撰。⁶光緒二十年的《重修玉行長春會館之碑記》（北京）由巡視南城事務掌山東道監察御使孟繼壎撰並書。⁷

康熙五十一年的北京《正乙祠碑記》請同鄉官賜進士出身翰林院檢討浙江諸起新撰寫。正乙祠修成後，同鄉請諸起新撰寫會館的本意在於：「恐其始末之不彰，經界工費之弗詳而悉，或至久而不可問也。」諸起新卻大加發揮，講了一通故舊之思，懷土戀本之情：「然而吾鄉之人，去其族里而居於是者，有歲時，有伏臘。少者、壯者、老者、悵悵然失所依附。而苟得一地焉、釃酒酬神、敦枌榆之好、而因以追

1　〔日〕仁井田陞等：《北京工商ギルド資料集》第 1 輯，第 95-97 頁。
2　〔日〕仁井田陞等：《北京工商ギルド資料集》第 2 輯，第 154、172 頁。
3　〔日〕仁井田陞等：《北京工商ギルド資料集》第 2 輯，第 172 頁。
4　〔日〕仁井田陞等：《北京工商ギルド資料集》第 1 輯，第 11 頁。
5　李華：《明清以來北京工商會館碑刻選編》，北京：文物出版社，1980 年，第 15-16 頁。
6　上海博物館編：《上海碑刻資料選集》，上海：上海人民出版社，1980 年，第 235-238 頁。
7　〔日〕仁井田陞等：《北京工商ギルド資料集》第 1 輯，第 14-18 頁。

溯其宗黨里族。曰某山某水某之所居與游也。某田某裡某之所生與長也。因而屈指其人、孰在孰亡、孰得孰失、豈不肫肫乎生故舊之思而動其懷土戀本之情也哉。莊子云：『故國故都，望之暢然。』而況見見聞聞者乎。余是以重鄉人請，而為文以記之，以見吾鄉人之所以為此者，非徒為客居之觀美，以見居於是者之不可忘所自來也。詩曰：『維桑與梓、必恭敬止。』余於斯祠，見之矣。」[1]

北京正乙祠有多塊碑皆由官員所撰。如乾隆四十八年的《重修正乙祠碑記》由順天府尹胡寶撰文[2]，同治四年的《重修正乙祠整飭義園記》由翰林院編修徐昌緒撰並書。徐昌緒所撰碑文繼承了諸起新的寫作意圖，強調「國家盛時，賈者尚敦於義，士大夫可知矣」。[3]

會館請官員撰寫碑文，而官員借題發揮，闡述會館的文化意蘊不僅僅是正乙祠特例。康熙五十四年《創建黃皮胡同仙城會館記》（北京）由都察院左僉史張德桂撰。商業活動中的牙行是插在買賣雙方中間的機構，它常常在買賣雙方謀得利益，對外地的客商苛刻的勒索時有發生。客商們為了保護自己的利益，往往組織會館，以團體的力量反抗牙行。張德桂首先追溯了仙城會館的建立原委：「始裡之輻輳京師者，則有若挾錦綺者、紈者、絹縠哆囉苧葛者，莫不曰：吾儕乃寄動息於牙行，今安得萃處如姑蘇也。既爾裹珠貝者，玻璃翡翠珊瑚諸珍錯者，莫不曰：吾儕久寄動息於牙行，今安得若處如湘潭也。既爾蕐藥之若桂若椒者，果核之若檳若荔者，香之若速若檀若美人選若鷓鴣斑者，莫不曰：吾儕終寄動息於牙行，今究安得萃處如吳城也？幾數十年，是圖會館也。」[4]接著張德桂開始講述會館與利、義、牙行的關

1　〔日〕仁井田陞等：《北京工商ギルド資料集》第 1 輯，第 94 頁。
2　同上書，第 97 頁。
3　李華：《明清以來北京工商會館碑刻選編》，北京：文物出版社，1980 年，第 14-15 頁。
4　同上書，第 15 頁。

係:「惟有斯館,則先一其利而利同,利同則義洽,義洽然後市人之抑塞吾利者去,牙儈之侵剝吾利者除。」[1] 在張德桂的筆下利、義與會館、牙行開始聯結在一起。

同治元年正月《重建仙城會館碑記》(北京)載:「翰林院編修順德李文田,字仲約,時官京師,嘉其美舉,書之於右,並為銘辭。」[2] 乾隆三十七年《吳閶錢江會館碑記》稱:「堂之中祀神,以義合者宜有所宗也,封疆大吏暨藩伯監司,咸書額以張其事,蓋體聖天子通商惠旅之至意。」[3]

官員介入撰寫碑文賦予了會館立碑的多重意義。首先,會館的碑由官員撰寫,使會館似乎與官府建立某種聯繫,從而可以藉助官府的名頭保護自己。其次,官員提升會館的文化價值,使會館存在具有更多的正當性、合法性。同鄉官撰寫碑文在盡同鄉之情、收取一定錢財的同時,使官方的意識形態得以宣揚。

會館建成後,會館的日常運轉與官員是否有關係呢?官員通常會出面幫助解決會館遇到的問題,不僅如此,有些官員還親自主持會館的館務。

道光十五年《(浙江)鄞縣會館碑文》(北京)稱:「(會館久經頹廢)國初時,吾鄉大理卿心齋陳公,始力整理,闔邑賴之。」[4] 宣統元年陝西揀選知縣陳鳳標撰並書《重建臨汾會館碑記》(北京)稱:「推余主是館,兼委序於余。」[5] 前者的口氣似乎是官員主動參與整理會館館務;

---

[1] 同上書,第 15-16 頁。
[2] 同上書,第 21-23 頁。
[3] 蘇州歷史博物館等合編:《明清蘇州工商業碑刻集》,南京:江蘇人民出版社,1981 年,第 19-20 頁。
[4] 李華:《明清以來北京工商會館碑刻選編》,北京:文物出版社,1980 年,第 96 頁。
[5] 同上書,第 108-109 頁。

後者則有會館請託於官員，官員出面管理會館的意味。當然，這兩種情況都存在於會館的管理之中。

　　道光二十六年，上海縣知事定海人藍蔚文撰並書《四明公所義冢碑》。藍蔚文在公事之暇，詳詢上海四明公所的條例情況，四明公所隨即請文於藍蔚文，藍蔚文允其立案，並為之志，以鐫諸石。[1]光緒二十六年，《上海縣為祝其公所事務歸南莊值年告示碑》講述了花翎一品封職許恩普整頓祝其公所之事。[2]祝其公所的這個故事，是全鎮紳董信寄上海坐莊字號，央請官員許恩普就便整頓該鎮的公所。許恩普聯絡了其他同鄉官員，如花翎浙江候補知府龍錫恩、安徽司刑部主事程應闓、河南候補縣丞謝顯忠等，提出整頓公所的意見，並請道憲賞示刊碑，以垂久遠，並檄縣同示勒石。道、縣均同意了許恩普的請求。

　　四明公所和祝其公所整頓會館館務的起因略有不同，一為官員主動關心會館館務，一為會館請官員整頓會館館務，然而提議一起，之後發生的諸多事情無論是會館還是官員，都互相配合，積極互動，促成會館管理的改善。值得注意的是，上海縣知事藍蔚文在公事之暇，詳詢上海四明公所的條例情況，後來藍蔚文允其立案則成了公事；許恩普滯留上海，順便整頓會館，當請道憲和縣知事「賞示刊碑」，無疑利用了其公職身分。官員與會館發生關係最初基於私的同鄉關係，當會館與官府發生關係時，由於當事人具有官府中人的身分，使公事下面鑲嵌了私的同鄉關係，也使私的同鄉關係以公事面目示人。

　　官員參與修建、管理會館，在為會館提供方便的同時，也在改造會館的精神和理想，推動會館朝組織化、社團化方向邁進。

---

[1] 上海博物館編：《上海碑刻資料選集》，上海：上海人民出版社，1980年，第259-260頁。

[2] 同上書，第306-307頁。

（二）民國時期會館作為社團予以管理

一九一五年，京師警察廳頒佈的《管理會館規則》對會館有了一個比較明確的定義：「凡在京城建有館舍，用各省及各郡縣名義，為旅京同鄉集會之所，均為會館。」此時，更多強調的是會館的物質空間性質，而不是其社團性質。管理會館等同鄉群體有其獨特性，與國家的轉型和整個社會團體的管理密切相關。

南京國民政府建立後，開始系統進行社會團體立法，對原有社會團體法律進行改組，會館等同鄉群體的社團性質被凸顯。國民政府加強對社會團體的改組與法令建設有其很深的政治背景。在國民黨由革命黨向執政黨轉型以後，黨民關係由動員體制轉變為控制體制，國民黨從而由一個動員型革命黨蛻變為一個以政治控制為主的執政黨。

一九二八年十月，國民黨制定了《中國國民黨訓政綱領》，規定了訓政時期以黨治國的原則，確立了國民黨一黨專政的訓政政治體制。在這一制度背景下，國民黨對包括商會、同業公會在內的民眾團體重新進行了制度建構。一九二八年八月召開的國民黨二屆五中全會和一九二八年三月召開的三大進一步從制度層面改變和調整了大革命時期國民黨民眾運動的指導方針。國民黨要重新建立「黨群」關係，由過去的重動員、破壞改為重引導、建設。因此，國民政府建立後，立即開始對社會團體進行整頓，出臺了一系列法律。包括《人民團體組織方案》、《修正人民團體組織方案》（一九三〇年七月十七日）等眾多法規。對社會團體進行系統整頓，對人民團體的組織原則、組織程序、訓練計劃以及與國民黨、國民政府之關係均作了明確規定，確立社團在國家體制中的地位是構建國民政府黨國體制的重要內容。

對於人民團體的設立程序，國民黨三屆二次全會通過了《人民團體組織方案》規定，「凡欲組織職業團體」和「欲組織社會團體者」，「先

向當地高級黨部申請許可」。「接受申請之黨部，應即派員前往視察。如認不合，當據理駁斥；認為合法時，即核發許可證，並派員指導。」許可證內載明將來組織之團體，必須遵守下列事項：「接受中國國民黨之指揮。」、「除例會外，各項會議須得當地高級黨部及主管官署之許可，方可召集。」、「發起人領得許可證後，得組織籌備會，推定籌備員，並呈報主管官署備案。」籌備會「擬定章程草案，呈請當地高級黨部核准，並呈報政府後，始得進行組織」。「團體組織完成，其章程經當地高級黨部覆核後，呈請政府備案。凡人民團體，應在黨部指導、政府監督之下組織之」。[1]

各地政府不久便開始貫徹執行國民黨中央對社團管理的要求。如一九三一年九月，上海市社會局訓令紹興七縣旅滬同鄉會：「奉市政府令發中央執行委員會常會通過人民團體之改組或組織有未盡依照法令規定者，及未能依照規定期限改組或組織成立者辦法兩項，飭即轉飭所屬一體遵照。」[2]

會館等社會團體的活動多按照人民團體組織方案進行。紹興七縣旅滬同鄉會一九三三年九月二十四日呈請市黨部於大會開會時派員出席指導，二十五日函請市社會局派員監視選舉大會開會時派員出席指導。十月十三日社會局批：「來函已遲，不及派員。仰將開會情形及當選委員姓名履歷列表具報候核可也。」十月十六日，紹興七縣旅滬同鄉會向上海市社會局呈報了執監委員會成立、正副委員長及常務監察就職等事。十月二十五日社會局批：「呈悉。」一九三四年十月，紹興七縣旅滬同鄉會向中國國民黨上海特別市執行委員會呈稱，定於本月七

---

[1] 參見馮靜：《中間團體在現代國家形成中的政治功能研究》，博士學位論文，復旦大學，2007年。

[2] 《上海市社會局訓令第15207號》（1931年9月23日），上海市檔案館藏，《紹興七縣旅滬同鄉會檔案》，Q117-5-1。

日下午二時舉行常年大會。十月六日,中國國民黨上海特別市執行委員會覆函:「本會特派趙爾男同志出席指導。」[1]

有時同鄉會等社團對《人民團體組織方案》的規定理解不准確,相關部門還予以糾正。灤密二十二縣旅平同鄉會呈請備案過程,公安局特意指出,應遵照《人民團體組織方案》,在社會局查核立案。一九三六年二月二十八日的「為組織灤密二十二縣旅平同鄉會並報簡章致社會局呈」講述了同鄉會向社會局呈請備案的緣由和經過。灤密二十二縣旅平同鄉會先是繕具簡章,呈請北平市公安局備案。

北平市公安局批示稱:「呈暨簡章名單均悉,飭查該會宗旨與簡章所定,尚無不合,應准予籌備,除令區外,仰仍遵照人民團體組織方案,另行呈請社會局查核立案,以符定章。」根據北平市公安局批示,灤密二十二縣旅平同鄉會才向社會局備案。[2]

一九四二年二月十日,國民政府公佈了《非常時期人民團體組織法》。[3]該法律第二條規定:「人民團體之主管官署在中央為社會部,在省為社會處,未設社會處之省為民政廳。在院轄市為社會局,在縣市為縣市政府,但其目的事業應依法受該事業主管官署之指揮監督。第十二條規定,人民團體之章程應載明左列事項,名稱、宗旨、區域、會址、任務或事業、組織、會員入會出會及出名、會員之權利與義務、職員名額權限任期及選任解任、會議、經費及會計、章程之修改。」[4]

各地會館等同鄉群體呈報手續多遵照當地政府的會館管理規則,

---

1 《1932年10月2日開第22屆常年大會記事》,上海市檔案館藏,《紹興七縣旅滬同鄉會檔案》,Q117-5-6。
2 北京市檔案館編:《北京會館檔案史料》,北京:北京出版社,1997年,第73-75頁。
3 北京市檔案館館藏,J002-002-00191,第22-25頁。
4 北京市檔案館館藏,第22-25頁。

其實當地政府的會館管理規則多根據國家的社會團體管理規則而制定。一些會館等同鄉群體明確指出，依照政府的會館管理規則及人民團體組織法而草擬會館的簡章。如一九四八年三月二十五日，安徽旅平潁州同鄉會呈文北平市政府社會局稱：「依照會館管理規則及人民團體組織法草擬理事會簡章十條，是否能行，敬祈鑑核示遵。」[1]

一九四八年七月一日，北平市社會局頒發的《社會團體組織須知》等文件對社會團體組織的呈報手續、章程的主要內容以及注意事項等都有詳細的規定。呈報手續是，備具呈文附帶髮起人或籌備人名單及組織章程，向社會局呈請候調查核准後，再舉行成立大會，選舉職員。章程內容包括：名稱、宗旨、區域、會址、任務或事業、組織、會員入會出會及出名、會員之權利與義務、職員名額權限任期及選任解任、會議、經費及會計、章程之修改等。[2]注意事項如下：一、團體經核准後召開成立選舉職員大會，應先將日期地點呈報社會局，請派員監選；二、章程及會員名冊、職員略歷等應於成立後呈報社會局，以便轉送目的事業主管官署備查；三、團體圖記由社會局刊發，自備刊資繳領，會員證，旗幟，會牌等式樣成立後由社會局頒發自行照制；四、立案證書由社會局彙案頒發。[3]各會館等同鄉群體的具體操作大體依據政府的會館管理規則、社會團體管理規則而展開。

（三）中華人民共和國對會館的政治定位

民國時期會館等同鄉群體被納入社團予以管理，中華人民共和國建立初期，北京市人民政府民政局認為「會館本不屬於社團性質」。不過，事實上，會館等同鄉群體又被納入了社團管理範圍之內。

1　北京市檔案館館藏，J002-002-00266，第 115-117 頁。
2　北京市檔案館館藏，J002-002-00191，第 10-11 頁。
3　同上書，第 10-11 頁。

新政權從革命立場、階級立場定位過去的同鄉社團，認為它們是封建組織，為一般沒落官僚、失意軍閥以及占有權力地位的少數人們所把持。北京市民政局的會館工作總結報告指出，會館「也係封建社會的產物……其內部雖有董事會理事會的組織，只是負責保管原有財產，並無其他作用。會館本不屬於社團性質。不過在調查瞭解當中，多數會館在過去為一般沒落官僚、失意軍閥以及占有權力地位的少數人們所把持。解放後一些反動分子或難逃或隱蔽，以致會館形成無人負責狀態，房屋年久失修，坍塌倒壞，無人過問，我們今後主要方針，是為了保持會館財產不致遭受破壞，並擬定會館財產暫行管理辦法，以期不使會館房屋坍塌破壞損傷社會財富，同時也為了解決市民的住房問題。」[1]同鄉會「在解放前有一百三十七個單位，其中大多數為日本投降後，各地逃亡地主所組成，在解放後大多數地主返回原籍，多自行解體。現在所存在的為數很少，純係地區性的封建組織，是同鄉聚會的一種場所，多半為過去沒落的官僚或失意軍閥所把持，一般均需要改組」。[2]

　　會館等同鄉組織在社團中占有重要地位，社團管理對此也不能視而不見。北京市人民政府民政局指出，「自四月九日開始至今已申請登記者三百七十一單位……偽政府時總計六百一十三個單位。據瞭解這次登記減少的主要原因，不外乎解放後，因社會情況不同，反動的、違反新民主主義政策的各種社團，不敢申請登記，也有的因負責人逃避自行解體了。如同鄉會原一百三十七單位，現在已申請登記者十三單位，占總數百分之十。會館據統計三百九十一單位，申請登記的只有四十個單位，占總數百分之十二。兩者尚未申請登記的共四百七十

1　北京市檔案館編：《北京會館檔案史料》，北京：北京出版社，1997 年，第 40-45 頁，第 54-57 頁。
2　同上書，第 40-45 頁。

五個單位」。會館和同鄉會共五百二十八個,在六百一十三個社團中占百分之八十六,可以說,同鄉社團是民政局管理的主體。

北平解放之初,恢復和維護北平市的社會秩序迫在眉睫。為防止反革命分子破壞,保障人民民主權利,一九四九年三月二十五日,北平市軍管會發出佈告:「本市社會團體甚為龐雜,並有少數團體為反革命分子所利用,進行各種破壞活動。茲為保障人民民主權利,特頒布《北平市軍事期間暫行登記辦法》,並指定本市人民政府民政局進行審查登記。」[1]在佈告的附件中,北平市軍管會制定了《社會團體暫行登記辦法》,要求所有已成立或將成立的一切社會團體,均須依照該辦法,向民政局申請登記。經審查合格,發予臨時登記證後,方為合法存在之團體,並享受法律之保護。

已成立的各種社會團體,必須填寫申請書。要真實詳細地填寫名稱、宗旨、組織章程等;發起人及主要負責人的姓名、住所、過去和現在的職業、過去和現在的政治主張、政治經歷及其與各黨派團體的關係,各級負責人的姓名、簡歷及會員人數與名單,經濟來源與經濟狀況。新成立的社會團體申請登記發給臨時登記證後,始得成立。

申請登記過程如有含混隱瞞或重要變動而隱瞞不報者,一經察覺,即撤銷其登記證,並視其隱瞞的內容如何,依法予以懲處。取得臨時登記證的社會團體,不得有違反人民政府法令及反對人民民主事業的活動,違者撤銷其登記證,並依法予以懲處。

四月,北平市人民政府民政局局長史懷璧根據北平市軍管會的要求發佈通告,要求各社會團體應於期限內進行登記,否則皆以非法社團論處。會館等作為社團,被通知到民政局進行審查登記。民政局第一次辦理各種社團申請登記的時間為四月九日至五月十五日。原在

---

[1] 北京市檔案館編:《北京會館檔案史料》,北京:北京出版社,1997 年,第 37 頁。

國民黨統治時期成立的各種社會團體應於期限內去民政局申請登記，逾限未登記或未批准其為合法團體者，一律禁止活動，並以非法社團論處。新中國成立後新成立的各種團體，應於期限內去社會局申請登記，經審查合格發給證明後，始得在社會上開始進行活動，否則也一律以非法社團論處。[1]

北平市軍管會對社團發起人及主要負責人過去和現在的政治主張、政治經歷及其與各黨派團體的關係，十分關注，而且要求取得臨時登記證的社會團體不得有違反人民政府法令及反對人民民主事業之活動，逾限未登記或未批准其為合法團體者，一律禁止活動，並以非法社團論處，把社團的政治性放在一個比較高的位置。

會館等同鄉群體的規則中開始強調政治性。一九四九年四月二十五日《番禺會館為報會館規章致民政局呈》（北京）中規定：「董事等為會館負責人，當以人民政府為依歸，對於住館同鄉，有領導及監視之責。如有反動派及不良分子當報告人民政府處理之。」[2]對住館同鄉的治安防範中出現了「反動派」這樣帶有政治性的字眼，為過去規章所少見。

一九五一年八月，北京市民政局強調，要肅清存在於會館內部的封建殘餘；把營私舞弊的舊機構，改造成真正的社會公益團體；整理會館的舊組織，是一場消滅少數人操縱、貪污、剝削的鬥爭。民政局採取的會館工作措施隱約可見當時國內形勢的變化。中華人民共和國成立初期，對舊政權下的機構、人員進行改造。一九五〇年發生了大規模的「鎮壓反革命」運動。對會館等同鄉群體進行改造，是對全國舊政權下的機構、人員改造的一部分，多少也能感受到「鎮壓反革命」運動的影響。發動廣大同鄉來組織管委會是群眾動員方式在會館等同

1　同上書，第 39 頁。
2　同上書，第 606-608 頁。

鄉群體整頓中的運用。一九五一年下半年，全國開始了反對貪污、反對浪費、反對官僚主義的「三反」運動。北京市民政局會館整理中提出杜絕貪污浪費等話語適逢「三反」運動的前夜，大有山雨欲來風滿樓之感。

為了響應政府號召，各省還成立了省會館財產管理委員會，會館財產管理委員會特別強調政治秩序的維護。

北京會館財產管理委員以民政局為主管機關，由中國人民救濟總會北京市分會領導。一九五一年十一月二十一日製定的《熱河省會館財產管理委員會籌備會簡章》（北京）規定，「本會以北京市人民政府民政局為主管機關，在業務上並受中國人民救濟總會北京市分會之領導」，「本會應將會館財產收支狀況，每月向旅京同鄉公告，並匯報民政局救濟分會備查」，「本會對會館財產，如有營私舞弊情事，得由旅京同鄉檢舉，報請主管機關依法懲辦」。[1]一九五二年九月三日的《貴州省會館財產管理委員會章程（草案）》（北京）規定，該委員會以民政局為主管機關，由中國人民救總會北京市分會領導。[2]會館財產管理委員會的任務之一是傳達並執行政府的法令及政策。一九五一年六月十二日製定的《河北省會館財產管理委員會簡章》（北京）規定，其任務之一是「傳達並執行政府法令」。[3]一九五一年十月十一日制定的《廣東省會館財產管理委員會章程》（北京）規定，其任務之一是「傳達並執行政府之法令及政策」。[4]

各會館財產管理委員對會員有政治要求。一九五二年九月三日的《貴州省會館財產管理委員會章程（草案）》（北京）規定，無政治問

---

[1] 同上書，第 95-96 頁。
[2] 同上書，第 647-648 頁。
[3] 同上書，第 92-94 頁。
[4] 同上書，第 609-613 頁。

題者，均可登記為本會會員，享有權利和盡義務。[1]一九五一年十月十一日製定的《廣東省會館財產管理委員會章程》（北京）規定，政治清白，無反革命行為者才有代表資格。[2]

政治立場成為會員是否具有選舉權和被選舉權的先決條件。一九五〇年十月制定的《湖南省會館財產管理委員會章程》（北京）規定：「具備左列四項資格中第一項及其他三項資格中之任何二項者，並有被選舉權。一、政治關係清白，思想前進者。二、從無貪污浪費，能與貪污分子做鬥爭者。三、對辦理會館業務有貢獻或有興趣。四、信孚素著，熱心公益願為人民服務者。」[3]該會委員「如有貪污瀆職情事，經組成分子檢舉，查明屬實後，得呈報民政局除名議處」[4]。一九五二年九月二十六日的《成潼敘夔瀘會館財產管理委員會為報組織章程草案致民政局呈》（北京）指出，該章程是根據中央人民政府公佈之社會團體登記暫行辦法等擬定。反革命分子被政府管制者，在「三反」、「五反」中有嚴重貪污行為者均無選舉權及被選舉權。[5]

三　保護館產

從政權建設、革命角度觀察政府與會館等同鄉群體的關係往往更多關注治安防範、政治秩序的維護，對館產保護不夠重視。從明清直至二十世紀五〇年代，會館館產保護都是政府治理會館的重點。而且一九四九年之後，會館等同鄉群體舊有管理者逃亡，通過社團登記和

1　同上書，第 647-648 頁。
2　同上書，第 609-613 頁。
3　同上書，第 574-577 頁。
4　同上書，第 574-577 頁。
5　同上書，第 644-646 頁。

鎮反運動基本解決了會館等同鄉群體管理人員的政治身分，所以政府治理會館等同鄉群體是以館產管理為主。這是政權建設、革命角度難以觀察到的面相。

（一）民國對館產的保護與整理

清代，通過會館稟請與衙門給示使官府介入會館的館產保護。（詳見第三章第二節）進入民國之後，政府採取了多種措施對會館等同鄉群體的館產進行保護與整理。會館等同鄉群體到政府主管機關備案是保護會館館產最基本的措施，這和清代會館稟請與衙門給示一脈相承。

一九一五年，京師警察廳頒佈《管理會館規則》，其目的之一是保護公產。《管理會館規則》規定，對於無法確定董事及責任人的會館，由警察廳進行管理或暫予封鎖，等舉定董事後再行發還。

一九三七年盧溝橋事變後，旅京人員流動加速，會館管理混亂。會館館產糾紛增加，引起旅京人士的關注。旅京江西人范尚公等注意到，全國各省縣在京會館公產多經主持會館之人私行典賣。他擔心，「似此等事層出不窮，一經同鄉中有人質問，則房已處分，款已用罄，亦莫可如何。有時口角爭毆，警署無從調解，甚至訴訟於法院，亦未能徹底判決執行，及至最後結果不過以不了了之」。[1]他於一九三九年四月三十日向偽北京市長余晉龢呈請專設保管機關以保公產而免後患。

余晉龢將范尚公呈件交偽「北京特別市」警察局、財政局、社會局辦理。七月五日，偽警察局、財政局、社會局向偽市長余晉龢報告稱，范尚公所陳各節，不無理由，「擬先由警察局詳查本市會館共計若干處，開列財產清單，分交各局存查，如遇館產轉移並由財政局加以

---

[1] 北京市檔案館館藏，J001-002-00117，第 13-18 頁。

制止，似較組設保管機關輕而易舉」。¹

此時，偽「北京特別市」公署接到了偽「內政部」來咨，囑即切實奉行會館管理規則，以重公產。一九三九年六月二十八日，偽「內政部」總長王揖唐咨偽「北京特別市」公署。偽「內政部」針對北京各省會館出現盜賣和侵占會產情形，提出將管理會館規則，逐條切實奉行，嚴禁盜賣。該咨指出，「據報京市各省會館管理廢弛，時有不法情事，推原其故，大抵由於近十餘年來，京市屢經事變，各省會館所公舉董事、委員不免因事離京，或雖有董事、委員而不克盡其保管之責任，以致被人盜賣、侵占之事不一而足，甚至甲省人士盜賣乙省會館，若不亟申禁令，甚非所以保全各省公產之道也」。²

偽「內政部」來咨與范尚公所呈內容相關，於是偽「北京特別市」公署指令偽「北京特別市」警察局、財政局、社會局，併案辦理。「關於詳查財產、開列清單，存查並擬制止轉移各節。核屬可行，應即併案辦理」。³

一九三九年七月八日，偽「北京特別市」公署向警察局、社會局發出「關於修正管理會館規則的訓令」。偽「北京特別市」公署認為，管理會館規則仍然有修正必要，尤其要將「會館公產登記」補充到新的規則之中。⁴對會館公產進行登記，是偽「北京特別市」強化會館管理的重要措施。偽「北京特別市」公署制定了各省省館府館縣館調查表令警察局，「遵照限於文到一個月報齊呈報備核」⁵。警察局抄錄原表分令各區分局遵照詳查，依限填報。有會館各區分局先後查明填

1　同上書，第 20 頁。
2　同上書，第 5-7 頁。
3　同上書，第 22 頁。
4　同上書，第 8-11 頁。
5　同上書，第 52-53 頁。

表陸續呈報。一九四〇年五月二十四日，警察局彙總造冊報請市長鑑核。[1]就在《修正管理會館規則》的訓令頒佈不久，就發生了潁州會館財產被盜賣的事件。一九四〇年十一月二十二日，偽市長余晉龢專門與偽財政、社會、警察三局局長聯名發出佈告，嚴禁盜賣會館公產。[2]

為了保護公產，一九四一年十月十四日，江朝宗發起組織「北京各省會館調整會籌備處」。江朝宗指出：「近來以各省會館負責管理之人往往回籍他適，以致館務稍有廢弛，或發生糾紛情事，同人等深以各省公產亟宜維護，古蹟古物尤應保存，用特發起設立北京各省會館調整會。唯事先應粗為籌備，方便推行，故特商借北海團城古學院房屋三間作為臨時辦公地點，即定名為『北京各省會館調整會籌備處』。俟將來調整會成立，即行結束。」他除了分函偽「內務總署」及偽「北京特別市」公署及警察局外，將發起設立北京各省會館調整會籌備處緣由，相應附具章程，請偽「北京特別市」社會局核準備案。[3]十二月十日，社會局准予備案。

偽「內務總署」指出：「該項章程大致尚屬妥實，惟調整會並非常設機關，無設評議員之必要……原第六條甲項載明，各省有急待整理者，由本會擬定辦法交由各省旅京人士組織整理會整理之。查各省會館系財團法人，自不應將調整會館之責畀諸廣泛之各省旅京人士，應將此條甲項修正為（甲）各省有急待整理者，由本會擬定辦法交由北京各省會館調整會整理。」[4]偽「內務總署」等部門收到江朝宗相關函件後，同意備案，並咨偽「北京特別市」公署。一九四二年十一月十日，偽市長余晉龢給社會局的訓令指出：「近年北京各省會館，館務

---

1 同上書，第 58-63 頁。
2 北京市檔案館編：《北京會館檔案史料》，北京：北京出版社，1997 年，第 13 頁。
3 北京市檔案館館藏，J002-002-00129，第 1-6 頁。
4 同上書，第 9-18 頁。

廢弛，及發生糾紛之事。本署前據調查報告，業已粗知梗概。茲准函稱前由江紳朝宗等久在北京，均負鄉望，且其中多有曾經管理會館之人，見聞較確，自應亟予調整，以維護各省之公產文物。至江紳等擬組織北京各省會館調整會，先行暫設籌備處，以為事前準備辦法，亦屬適當。」[1]北京各省會館調整會籌備處於一九四二年十二月四日召開北京各省會館調整會會議，公舉偽「內務總長」王督辦為會長。[2]在余晉龢等人的大力支持下，江朝宗、傅增湘、袁乃寬、周肇祥等成立了北京各省會館調整會。此後公佈的《北京各省會館整理要綱》規定，由同鄉會公舉董事負責整理會館，組織館產管理委員會，負清理保管館產之責任。[3]

（二）中華人民共和國對會館財產的管理

中華人民共和國成立初期，政府對會館的工作主要圍繞會館財產管理而展開。一九五〇年九月十二日，北京市人民政府公佈了《北京市會館財產管理暫行辦法》。各種會館財產，由各該地旅京同鄉組織會館財產管理委員會負責保管經理。管委會以省為單位，聯合各該省之郡縣等會館組成。管委會之籌備及管委會成立時，須報經民政局核準備案。申請時，須將負責人姓名、經歷、現在與各黨派團體的關係，已登記同鄉清冊、組織章程、財產清單及收支概算書各二份，一併呈送備查。管委會負有清理保管所屬會館財產、修建房屋、舉辦公益事業及納稅之責，對會館財產不得出賣、轉贈、典當、抵押及其他變相的處分。管委會對該會館財產之收支，每年應按期向旅京同鄉公告，

---

1 北京市檔案館館藏，J002-002-00115。
2 北京市檔案館館藏，J002-002-00129，第 9-18 頁。
3 《北京各省會館整理要綱》，北京市檔案館編：《北京會館檔案史料》，北京：北京出版社，1997 年，第 16-18 頁。

並呈報民政局備查。管委會改選或有更替時,應呈報民政局備查。管委會對該會館財產有營私舞弊情事時,由旅京同鄉檢舉報由民政局依法懲處。某會館財產如已無人主持者,由政府代管。各省市縣人民政府,如願管理其在北京市而屬於該省、市或縣籍之會館,與北京市主管機關洽商辦理。[1]

一九四九年和一九五〇年,北京市民政局從每個會館的建館時間、歷史沿革、管理組織、財產狀況、經營情況、經濟收入以及機構、人員、財務等方面做了比較詳細的調查。一九五一年,北京市民政局的會館工作總結報告指出,北京市各區會館共四〇一處,房屋約計二一〇〇〇餘間[2],省、府、郡、縣等地區性會館,占百分之九十八以上。各地商人,為經商而集資籌建的行業性會館,占百分之一強。管理權多操縱在少數失意軍閥、反動官僚等手裡,他們視會館為私產,利用職權公開竊奪館產,管理十幾年從未公佈過賬目。北京解放後,這些會館負責人有的南逃,有的隱避,形成無人管理的狀態。房屋使用極不合理,租賃關係不正常,房屋年久失修,會館拖欠房地產稅也極普遍。[3]北京市民政局認為,會館工作應以保護會館財產(主要是房產)為中心內容。

為了保護會館財產,需要採取一些有效的措施。首先,整理會館舊組織,變少數人的封建把持為多數人的民主管理,先解決誰去管理的基本問題,以達到保護會館房屋的目的。其次,發動旅京同鄉組織管委會,是最好的管理會館辦法。整理會館的舊組織,是一場消滅少數人操縱、貪污、剝削的鬥爭,是一件細緻的群眾工作,必須發動廣大同鄉來做,才能徹底的肅清存在於會館內部的封建殘餘,產生一

---

[1] 北京市檔案館編:《北京會館檔案史料》,北京:北京出版社,1997年,第46-47頁。
[2] 一九五一年與一九四九年統計的會館數略有出入。
[3] 北京市檔案館編:《北京會館檔案史料》,北京:北京出版社,1997年,第54-57頁。

個真正為大眾辦事,為群眾所擁護的會館財產管理委員會,加強每個同鄉對會館的關心,把營私舞弊的舊機構,改造成真正的社會公益團體。最後,以省為單位聯合省、府、郡、縣會館,共同組織管委會統一管理,較為合適。這樣可以使沒有能力修繕房屋的會館,在總的機構下,由於調劑使用租金,修好了房屋,達到以房養房的目的。同鄉少的會館,單獨組織不起來管理機構,即使組織起來,仍多為舊人把持,而聯合組織便可避免這一缺點,將分散的房屋統一經營後,才有力量設脫產的工作人員,既節省人力減少開支,又可實行正規化的管理,同時政府領導也比較方便。第四,會館的租金收入委託人民銀行辦理,對杜絕貪污浪費起到了很大的作用。會館中可逐漸實行企業化的管理辦法,其正當利潤是可以運用到公益事業中去。[1]

會館也將重心轉移到了保護館產上。一九五〇年十月制定的《湖南省會館財產管理委員會章程》(北京)遵照「北京市會館財產管理暫行辦法」草擬。其宗旨是「為響應政府號召,節省人力財力,實現省、郡、縣館合併管理,藉以保護房產」[2]。一九五二年九月二十六日的《成潼敘夔瀘會館財產管理委員會為報組織章程草案致民政局呈》(北京)指出,成潼敘夔瀘會館財產管理委員會以響應政府保護城市房屋的號召,加強管理五屬在北京之會館財產,及辦理社會福利事業為目的。[3] 一九五一年六月十二日製定的《河北省會館財產管理委員會簡章》(北京)規定,「本會響應政府之號召,管理、清查、整頓本省在京各會館之財產、債務,以發展生產,並倡導公益、文教、福利、救濟等社會事業為目的」[4]。一九五一年十月,廣東省會館財產管理委員會(北京)

---

1 同上書,第 54-57 頁。
2 同上書,第 574-577 頁。
3 同上書,第 644-646 頁。
4 同上書,第 644-646 頁。

給自己定的任務是:「管理北京市廣東省各會館之全部財產。執行代表會議之決議。傳達並執行政府之法令及政策。計劃並推進會務。編造並執行預決算。向代表會議報告工作及經費收支概況。發展生產事業與倡導社會福利事業。聽取與蒐集同鄉意見,負責改進會務。」[1]

　　北京市民政局在調查的基礎上,依據《北京市會館財產管理暫行辦法》等文件採取三種辦法整理會館組織。首先是領導旅京同鄉,自願地聯合省、府、郡、縣館,建立以省為單位的財產管理委員會。一般通過登報、登記同鄉,選舉代表,召開代表會,選出委員組成管委會等步驟。一九五一年,已組織起來的有湖南、陝西、山東、吉林、河南、福建、江蘇、浙江、江西、湖北等十個管委會,包括兩百四十七個會館,占全市會館總數的百分之六十一強。其次,舊有組織瓦解,確已無人主持或同鄉不願管理,經過同鄉請求政府處理的會館,均已由政府出面代管,共十四個。第三,由各省、縣人民政府申請自行管理了一部分會館。以上已經整理組織的共三百個會館,占全市會館總數的百分之七十五,尚待整理的有一〇一個,占百分之二十五。

　　一九五二年六月二十九日,鑒於不少省份已經成立財產管理委員會,中國人民救濟總會北京市分會召集十九省管委會,組織成立了「北京市各省會館財產管委會、管委會籌備會籌備改選委員會」,推選常委七人,下設工作組,經常置工作員二人,由各省管委會輪流調用,辦公地點原附於分會,很快根據上級指示,移設浙江管委會,專雇工作員一人辦理日常事務,所需薪資連同其他必要費用,由各省管委會分擔,事忙時得向省管委會輪調協助。[2]一九五三年,又開始籌設各省會館管理委員會聯合會。

---

[1] 同上書,第 609-613 頁。
[2] 同上書,第 58 頁。

各省會館財產管理委員會經歷了籌備處、籌備會、管委會幾個階段。一九五一年十月,《廣東省會館財產管理委員會籌備處工作概況報告》(北京)指出,廣東省會館財產管理委員會的設立,依照領導機關「北京市救濟分會」的指示,是需要分作籌備處、籌備會、管委會三個階段來辦理的。[1] 一九五四年一月,《湖廣會館管委會第二屆委員會一九五三年工作總結報告》(北京)指出,湖廣是湖南、湖北兩省合管的財產,應當利用它作為湖北湖南兩管委會的一個橋樑,將來在條件許可下,進一步聯繫三個機構合併管理,配合總路線,作為會館財產統一管理試驗點。[2] 北京市的會館財產管理委員會,基本完成了修房、納稅任務。

　　不過也存在一些問題。各省的財產管理委員會在實際工作中出現了相互攻擊、爭奪管理權,委員與委員之間以及與工作人員之間搞小集團、鬧派別。不服從政府領導,有的抱對立情緒,佈置任務也不徹底執行,許多決議與政府政策有牴觸,經政府批駁後,仍維持原議執行。如拖欠房租及同鄉低租情況,相當嚴重,並有部分同鄉尚未議租,使人民財產遭受嚴重損失。北京市民政局一九五四年三月九日發布了《關於改進會館管理與修訂會館管理辦法的報告》,提出了三條改進辦法。

　　首先,根據中國人民救濟總會全國城市救濟工作會議所確定的關於調整舊社團的方針,以及北京市會館具體情況,採取逐步接管的方針。對組織不健全、管理不善或不能完成管委會任務的會館先行接收,其他辦理有成績的會館仍尤其自行管理。其次,會館財產,本屬

1　《廣東省會館財產管理委員會籌備處工作概況報告》,北京市檔案館編:《北京會館檔案史料》,北京:北京出版社,1997 年,第 1247-1251 頁。

2　《湖廣會館管委會第二屆委員會 1953 年工作總結報告》,北京市檔案館編:《北京會館檔案史料》,北京:北京出版社,1997 年,第 1243-1244 頁。

於人民公產性質。由於封建地域性關係,便不能合理調整租金與大力催繳欠租,因而不能使人民財產起到更大的作用和得到應有的保護,是個不應該的損失,故對組織比較健全不準備接管的會館,加以整頓。先令其在人事上予以調整,並健全其內部制度,使之做好納稅、催租、議租、修房的工作。最後,原會館財產管理暫行辦法是根據當時情況制定的,幾年來已將長期為少數人所把持的會館財產變成財產管理委員會來管理,對其封建地域性的觀念已予以很大削弱,如同鄉住房也繳納租金。現在情況既已變化,因此原管理辦法中的許多條文,已不適合目前情況與需要,為了因時制宜,擬將原辦法加以補充與修訂。

一九五四年八月九日,民政局通知正式施行《修正北京市會館財產管理暫行辦法》。[1]從修正後的管理辦法來看,北京市民政局加強了會館財產管理委員會的領導和會館財產的管理。明確規定市民政局為管委會的領導機關,並由民政局委託中國人民救濟總會北京市分會,具體領導管委會的業務。管委會委員的變動,須報經民政局審查批准。管委會舉辦其他事業,須先報經民政局批准。管委會應建立各種必要的制度,並根據具體情況制訂章程,報經民政局備查;民政局得隨時檢查管委會的工作和收支情況;無人管理或管理不善的會館,得由政府代管或接管。[2]這些新的規定,不僅使民政局成為各省會館財產管理委員會的領導機構,且為政府取得會館的實際管理權奠定了基礎。

四 接收會館

會館為民間所建,館產本不屬於官府。會館代有興衰,一些會館

---

[1] 北京市檔案館編:《北京會館檔案史料》,北京:北京出版社,1997年,第64頁。
[2] 同上書,第64-65頁。

無法擺脫破敗湮沒的命運，大量的會館經歷了重建而延續。二十世紀五〇年代，政治經濟形勢發生變化，大量的會館難以為繼，政府接受了會館館產，會館也終結了其歷史。中華人民共和國成立後，一些會館提出將館產交政府接收，政府針對不同情況做出不同的應對。

中華人民共和國成立後，有的會館存在無暇管理、不願意管理、無同鄉、無力交納地產稅等問題，請求政府接收。一九四九年十一月十五日，《北京市人民政府民政局會館調查工作報告》指出：「本市會館有 391 處之多，而能辦理公益事業僅占 5%。」[1]不少會館難以繼續辦理各項公益事業，請求政府接收。一九四九年十二月十四日，《調查江蘇吳縣會館擬將房產獻給政府一案的報告》指出：「該館主要負責人王臻善，於去年十二月間因故急於回南，擬將館務交由理監事王碩輔、王琴希、彭心如等代理，而這三個人均年已七十餘，不願負此責任，其他同鄉又無聯繫，因此由他們四個議決，共同署名，將館產獻與政府，並登報聲明，同鄉亦無反應，於是將契紙、房折等存入西交民巷大陸銀行保險箱內，準備政府接收。」[2]一九五〇年三月二十七日，《福建延平郡館調查報告》指出，請求代管的原因是無暇管理、無同鄉、無力交納地產稅。調查意見認為：「這種請求代管的情況，我們是可以接受的，因為不代管，就乏人管理，房屋自然日漸坍壞，對居民和市容都有影響。」[3]一九五三年一月八日，《中國人民救濟總會北京市分會關於調查奉天會館情況的報告》講述了奉天會館的王化一等請求接管的動機與目的。奉天會館認為，自己組織管委會管理，只能做到小修小補，對房屋的保護，不可能到達理想的目的；這部分會館財產是人

---

[1] 同上書，第 1066-1076 頁。

[2] 《調查江蘇吳縣會館擬將房產獻給政府一案的報告》，北京市檔案館編：《北京會館檔案史料》，北京：北京出版社，1997 年，第 1133-1134 頁。

[3] 《福建延平郡館調查報告》，北京市檔案館編：《北京會館檔案史料》，北京：北京出版社，1997 年，第 1165-1166 頁。

民的，應該交給人民政府管理，交給政府後，政府能更好地利用，公產公用是應該的，同時感到市政建設沒有適當的地址，奉天會館地勢很好，又是繁華區域，政府接管後，有力量擴展；大光明電影院戲樓建築年限較久，已過保險期間，需要翻修沒有力量，交給政府，由公家建築，既有力量，將來可多給群眾謀些幸福。[1]面對會館的困境，政府同意接收、代管一些會館。

一些會館存在種種問題，政府不同意接收會館，主張健全其管理組織。一九五〇年一月一十六日，《調查吉林會館概況報告》（北京）指出，會館暫時負責人遇到兩個問題：一、新中國成立後，主要負責人均已逃走，同鄉會的組織無形解散，館務無人管理，形成一種無政府的狀態，以致房租無人負責徵收，房屋塌漏無人負責修補。二、會館原為便利同鄉住宿而設，現在有很多的非同鄉住著，既不肯增加房租，亦不搬出，且多有不給房租者。政府處理意見為，健全會館的管理組織，確定會館的房租，增加經濟來源。[2]

第七區公所匯報內稱：山西平介會館無人修理，亦無人收租，館方提出，如政府出資而修理該房，可無償借給政府使用，或由政府接收。一九五〇年二月二十四日，《山西平介會館調查報告》（北京）認為這與事實頗有不符之處。事實上該館除范光祖一人之外，他人並不知悉此事，且亦從無此意。該館本來由張吉山與范光祖兩人共同負責館務。北平解放後，張吉山被送受訓，責任即落於范光祖一人肩上。范光祖在一九四九年七月以後進入華北局醫療室工作，對於館務已無力分心兼顧。在十一月左右，三晉戲院負責人又來表示，因生意不

---

[1] 《中國人民救濟總會北京市分會關於調查奉天會館情況的報告》，北京市檔案館編：《北京會館檔案史料》，第 1126-1127 頁。

[2] 《調查吉林會館概況報告》，北京市檔案館編：《北京會館檔案史料》，北京：北京出版社，1997 年，第 1129-1132 頁。

振,虧累太多,要求退租。范光祖感到館務管理棘手,請第七區中共區委會副書記沙曉樓徵求政府意見是否可予接收(但僅限於戲院房產),或由政府租用,月給租金。沙曉樓遂將這個意見反映於第七區公所,要區公所轉達。這時三晉戲院方面經重新改組整頓後,新掌櫃復要求續租,范光祖見沙曉樓處無消息,也就答應了。

《山西平介會館調查報告》提出處理意見是:「該館現有既有委員會負責管理,並無獻給政府之意,僅係范光祖個人意見,不足代表全體同鄉,政府當然不應予以代管或接收,應將具體情況,備文報府。」[1]

也有部分會館不願意被接管,不願意上交會館財產給省會館財產管理委員會和政府。

一九五一年七月二十七日,《江蘇省會館財產管理委員會籌備會組織情況報告》(北京)指出,全省所屬會館共有二十六個單位,除吳縣和長吳會館已由清管局接管外,現有二十四個館。原有各館負責人,很多是把持會館多年,一旦組成管委會,統一管理,就直接影響了他們的不正當權益,因此他們對籌備管委會工作,有的表現為觀望拖延,不肯積極推進。[2]

一九五二年,《湖北省會館財產管理委員籌備會一年來的工作報告》(北京)指出,會館新的組織出現了,但個別人的思想上存在著舊的觀點,特別是一向靠會館吃飯的人,還企圖繼續把持,不甘放手;有的則怕清算新中國成立前的舊賬,思想有顧慮。他們造出一連串「集中管理不好」、「前經手人沒有賬怎麼辦?」、「經手修理房屋,欠債未清,誰負責?」以及「各館的收益要用於各館的修繕」等理由,引

---

1 《山西平介會館調查報告》,北京市檔案館編:《北京會館檔案史料》,北京:北京出版社,1997年,第1120-1121頁。

2 《江蘇省會館財產管理委員會籌備會組織情況報告》,北京市檔案館編:《北京會館檔案史料》,北京:北京出版社,1997年,第1136-1139頁。

起同鄉中思想上的紊亂，給接管工作增加了困難。針對這種情況，湖北省會館財產管理委員籌備會採取突破一點的方針，決定：一、移交什麼接什麼，不追舊賬。二、修理房屋欠債有據者，負責代為償還。三、移交可先可後，不限定時間。以耐心說服、協商和等待的精神來進行。有的經協商動員，首先就移交了，有的說服解釋仍延宕不交，到「三反」、「五反」運動時，始行交出。也有因急需修繕，臨到不能維持才交的。[1]

一九五三年初，《江蘇省會館財產管理委員會籌備會工作報告》（北京）指出，正如與其他各省管委會一樣，在一開始做接管工作時，首先遇到了思想上的困難。會館認為，過去在封建傳統及反動統治下，雖然會館曾或多或少做過若干為同鄉謀福利的事業，但一般為少數人所把持，形同私產，怕清算新中國成立前的賬目，或被人揭露假慈善的面目，思想上有顧慮，於是提出一系列「統一管理就是政府接收」、「前經手人沒有賬怎麼辦」等理由。[2]

一九五〇年九月十三日的《關於湖南會館的調查報告》（北京）注意到，各個會館的財產是很不平衡的，懸殊極大，多數會館均已無法維持，但有少數會館財產還相當多，能夠維持。因此，不能維持者希望政府接管，或者合併於總館，而能夠維持者，則不太願意，有些顧慮，或者認為合併技術上有困難。[3]政府對於湖南所屬各會館的處理意見是：一、無實際負責人，同鄉在此地的很少，或者是要想召集大會也召集不起來，即改選無法進行，而會館經濟困難，無法維持者，可

---

1 《湖北省會館財產管理委員籌備會一年來的工作報告》，北京市檔案館編：《北京會館檔案史料》，北京：北京出版社，1997 年，第 1216-1220 頁。
2 《江蘇省會館財產管理委員會籌備會工作報告》，北京市檔案館編：《北京會館檔案史料》，北京：北京出版社，1997 年，第 1140-1145 頁。
3 《關於湖南會館的調查報告》，北京市檔案館編：《北京會館檔案史料》，北京：北京出版社，1997 年，第 1225-1228 頁。

以由市政府試行接管。二、有負責人，會館經濟還不困難，能夠維持者，將這些會館合併到湖南省館裡去，組織成一個總的湖南會館。其組織形式是：各分館負責人加入到總館內，組成一個會館財產整理委員會。這種集中管理，不但可以節省許多開支，而且可以集中力量來解決一些困難問題，因為統一管理能夠照顧全面，不致頭痛醫頭，腳痛醫腳，同時合併成一個總館，政府也容易管理。此外，集中管理，可以合理調整租金，解決租佃糾紛，有重點地修理房屋，同時還可以集中力量舉辦一些有益於人民的生產事業（這些事業非單獨一個會館所能舉辦者），更可以避免一些貪污現象。集中管理時要注意兩個原則，同鄉與非同鄉的待遇應有區別；貧苦戶與非貧苦戶應有區別。[1]

　　北京解放後，政府並沒有打算接管所有會館財產。隨著社會主義改造的開展，改變會館財產的性質也提上了議事日程。如一九五五年四月二十日，《山東省會館財產管理委員會四年來工作報告》（北京）指出：「政府為了適應社會發展的趨勢與需要，又於一九五四年七月公佈《修正北京市會館財產管理暫行辦法》，對會館財產的管理，在各該省未進行處理前，須加強領導關係，健全組織，實行改選，明確任務，建立必要制度，規定納稅、修房、議租、收租等工作，使會館的財產，在原有民主管理的基礎上，更能夠得到相應的發展，逐步地把會館半社會主義的財產改變為社會主義性質即全民所有制的財產，明確了今後會館財產發展的方向。」一九五四年之後兩三年，政府陸續接管大量會館。各省管委會已開始把會館移交政府接管，情形各有不同。山東省會館財產管理委員會（北京）於一九五四年十二月二十一日接到北京市人民政府民政局通知稱：「前接山東省人民政府魯民字（54）第一五○二號函稱：關於我省在京會館，同意由你市處理，即希

1　《關於湖南會館的調查報告》，北京市檔案館編：《北京會館檔案史料》，北京：北京出版社，1997年，第 1225-1228 頁。

於文到五日內，將所管全部財產造具清冊分交房地產管理局、財政局接管，登萊膠小學校由教育局接辦。」山東省會館財產管理委員會於同月二十二日舉行全體委員會一致表示，「幾年來我會在政府領導之下根據政策法令開展業務已為政府接收打下一定基礎，創造有利的條件，現山東省府同意市府接收我會財產，自當竭誠擁護」。山東省會館財產管理委員會除了報告省政府，於十二月二十七日開始進行移交，由民政局派員進行監交，將全部房地產、修繕材料以及租金，有關房地產權文件卷宗與各處義地墳墓、賬冊、領穴證等移交房地產管理局接管。各種家具用品文物字畫佛像五供祭品等動產部分全部移交財政局接收。所屬登萊膠小學交由教育局接辦。最後，山東省會館財產管理委員會也委婉地請政府安排相關工作人員：「工作人員在移交當中堅守崗位，發揮了高度的工作積極性，並能安心靜待，聽候政府指示，相信領導機關對於工作人員幾年來的勞績，必能照顧，安排適當工作，不致失業。」[1]

一九五四年五月十九日，民政局接管了貴州會館（北京）財產。貴州省會館財產於五月十九日宣佈接管時，由該會召集全體委員及住館同鄉開會，經主委楊季霄報告請交政府接管後，即由民政局的白堅副科長正式宣佈接管。並說明接受該會的請求，主要是為了保護這部分人民財產和保障住戶的安全，同時需要調整不合理的房租，以便進行修繕。[2]一九五四年，北京市安徽省會館財產管理委員會籌備會[3]，四川省成潼敘夔瀘會館財產管理委員會籌備會等向北京市人民政府房地產管理局移交了房地產，監交機關為北京市人民政府民政局。[4]一九五

---

[1] 《山東省會館財產管理委員委員會四年來工作報告》，北京市檔案館編：《北京會館檔案史料》，北京：北京出版社，1997年，第1192-1204頁。

[2] 北京市檔案館編：《北京會館檔案史料》，北京：北京出版社，1997年，第1294頁。

[3] 同上書，第764頁。

[4] 同上書，第792-793頁。

五年五月五日，吉林省會館財產管理委員會（北京）[1]，黑龍江固山會館財產管理委員會（北京）等向北京市人民政府房地產管理局移交了房地產，監交機關為北京市人民政府民政局。[2]

由政府接管後，原規定其房屋由房管局管理，其工作人員能工作的也應由該局負責安置。到了一九五五年四月，房管局接管了十個省的會館房屋之後，強調因編制所限，對會館工作人員無法安置，接管工作無法繼續進行。

在這個時候，各省會館財產管理委員會紛紛要求政府接管會館財產。同時，管委會內部也存在許多難以解決的問題，如爭權奪利、互相攻擊、貪污浪費，而且房租高低不一、入不敷出，有些危險房屋得不到修繕以致幾次發生塌房傷人事件。為保護房屋，維護住戶的生命安全，當即報請北京市副市長批准，繼續接管會館財產，房屋則由民政局暫時管理。從一九五五年五月至一九五六年五月，民政局共接管了十個省的會館財產，房屋一四四三○間（還有臺灣會館和玉行會館尚未接管）。接管後，對工作人員分別做了處理，計留做工作者三十六人，資遣還鄉者十五人，對危險房屋都做了修繕，對於不合理的房租，按照公房租金標準做了調整。每月所收房租，不僅人員修繕開支足夠，而且還有節餘。

但是，民政局不是房產管理部門，管理這一部分房屋有許多困難。首先，不懂建築技術，不能正確鑑別房屋破舊程度，以致有時發生該修未修，不該修而修的現象。其次，這部分房屋租金，雖然是按公產標準定立的，但是許多住戶總懷疑比公產租金高，有部分住戶並藉故拖不交租。為此，常常鬧糾紛，影響不好。為了解決以上問題，使這部分房屋得到更好的管理，擬將上述一四四三○間房屋全部移交

---

1 同上書，第708頁。
2 同上書，第709頁。

房管局統一管理。[1]到一九五六年六月，北京市民政局將在北京的各省市縣會館房屋一四四三〇間，全部移交市房地產管理局，各會館的工作人員也做了安置處理。於是，會館完全轉化為人民政府的公有財產。

上海與北京的接收會館過程大體相似。

中華人民共和國成立不久，上海一些會館面臨著經濟困難。一九五〇年五月二十日，歙縣旅滬同鄉會開會指出，現在「支出極感困難」，決議「職工薪資方面，追認七折照付，其他開支盡量節省」。又議決「本會經費困難已達極點，對於同鄉救濟一項，一律停止」[2]。一九五二年三月八日，歙縣旅滬同鄉會認為會中經濟非常困難，議決「在困難期間，每人每月照定數減半支給，以維職工生活」[3]。

會館經濟困難，政府介入討論其去留。在一九五二年底，人民救濟分會曾約歙縣旅滬同鄉會進行一次談話，並指示三個今後的辦法：「一、同鄉會應該繼續集資辦理人民福利事業。二、如同鄉會本身無力繼續辦理人民福利事業，就應該會合其他慈善機構共同辦理救福事業。三、如前兩項辦法都不能辦到，就可以進行要求人救會代管。」一九五三年三月一日，歙縣旅滬同鄉會開會討論今後的去留。該會職工小組組織員杜樹模提議意見：「根據目前情況，似以採用人救分會第三項指示進行辦理為適宜。」決定一致通過。[4]

一九五三年四月，歙縣旅滬同鄉會致函人民救濟分會稱：「我會因解放後會務停頓，經濟困難，無法維持，經上月決議，遵區政府政策，宣告結束。呈請你會代管，並將房屋租給上海郵局使用，以預收租金為發給職工欠薪及欠地租之用，並由郵局汲取職工轉業，解決職

1　北京市檔案館編：《北京會館檔案史料》，北京：北京出版社，1997年，第66-67頁。
2　《歙縣旅滬同鄉會會議錄》，上海市檔案館藏，《歙縣旅滬同鄉會檔案》，Q117-27-6。
3　同上書。
4　同上書。

工工資問題。」¹一九五三年五月四日，同鄉會宣告結束。

歙縣旅滬同鄉會的命運與上海社團整頓接收的整體局面密切相關。從一九五二年開始，上海市民政局與中國人民救濟總會上海市分會配合，首先著手整頓舊有公益團體，「將對新社會起不良影響的，並擁有大量房地產而沒有葉（業）務的單位，如會館、公所、同鄉會等地域性的封建組織，分別不同情況，結合社會需要，採取動員結束和聯合開辦業務的辦法，陸續處理了兩百三十三個單位」²。其中一百六十二個被要求結束，十二個被取締，另外四十九個單位聯合舉辦了六個殘老院（即救濟福利界第一至第六殘老院），三個醫療機構和一個殯葬服務站。在這一過程中，市政府共接收了土地三千一百二十畝，大樓八座，樓房四千八百四十三幢，廠房兩百六十一座，平房一千三百九十八間。³另外一些社團迫於形勢，申請停辦。歙縣旅滬同鄉會正是在政府整頓舊有公益團體的過程中宣告結束的。

一九五四年，上海市民政局向市政法委員會提交了《上海市社會團體工作綜合報告》，提出一九五五年工作計劃大綱是開展社會團體的全面整理工作：對組織不健全的團體進行整頓，對作用不大的團體進行整理改造；對有反動實跡或對國家建設來說起著破壞性的團體進行取締或清查、解散處理。⁴會館等同鄉團體面臨全面整理，不過並沒有

1　《致人民救濟分會》（1953 年 4 月），上海市檔案館藏，《歙縣旅滬同鄉會檔案》，Q117-27-1。

2　《上海市社會團體登記工作方案（草案）》，上海市檔案館藏，B168-1-802，轉引自阮清華、陳彬：《中共對城市社會的控制分析——以解放初期上海的社團工作為例》，《蘭州學刊》2006 年第 12 期。

3　《關於社會團體登記和舊社會團體處理工作的意見報告》，上海市檔案館藏，B168-1-817，轉引自阮清華、陳彬：《中共對城市社會的控制分析——以解放初期上海的社團工作為例》，《蘭州學刊》2006 年第 12 期。

4　《上海市社會團體工作綜合報告》，上海市檔案館藏，B168-1-806，轉引自阮清華、陳彬：《中共對城市社會的控制分析——以解放初期上海的社團工作為例》，《蘭州學刊》2006 年第 12 期。

被馬上接收、取締。

　　為適應社會主義改革、改造高潮的新形勢，一九五六年上海市對舊社團的處理發生轉折。一月十六日，民政局向上海市人民委員會提出報告，擬對已經經過一九五二年改組、改造的舊有慈善團體進行接收、改造。[1]在社會局的安排下，各單位都在一月十八日、十九日兩天分別提交申請政府接辦的報告，一月二十一日，民政局高效完成了接收工作。[2]與此同時，其他許多社團也紛紛申請結束或由政府接辦。[3]一九五六年，政府完成了對上海會館的接收。

　　新中國成立初期武漢市整理會館工作與北京、上海也比較相似。一九五〇至一九五二年間，武漢市人民政府對善堂會館進行了初步清理和整頓。新中國成立前夕，據武漢市民政部門的不完全統計，僅漢口一地即有善堂六十四家，會館（公所）一百九十八家。[4]一九五〇年六月，在成立善堂聯合會籌委會的同時，武漢市成立了會館公所聯合會籌備委員會（簡稱會聯）。《武漢市會館公所聯合會籌備委員會組織章程》規定，會聯成員由市政府民政局聘請社會民主人士及各會館公所推選若干人組成，其主要任務為：一、組織武漢市會館公所聯合

1　《民政局送人民委員會報告》，上海市檔案館藏，B168-1-959，轉引自阮清華、陳彬：《中共對城市社會的控制分析——以解放初期上海的社團工作為例》，《蘭州學刊》2006 年第 12 期。

2　《關於接辦的十一個兒童殘老單位整頓工作計劃》，上海市檔案館藏，B168-1-959，轉引自阮清華、陳彬：《中共對城市社會的控制分析——以解放初期上海的社團工作為例》，《蘭州學刊》2006 年第 12 期。

3　《民政局送人民委員會報告》，上海市檔案館藏，B168-1-959，轉引自阮清華、陳彬：《中共對城市社會的控制分析——以解放初期上海的社團工作為例》，《蘭州學刊》2006 年第 12 期。

4　《關於處理武漢市善堂、會館聯合會現存問題的建議》，1953 年，武漢市檔案館藏，134-1-87，轉引自陳竹君、胡燕：《解放初期武漢市整理善堂會館工作述略》，《蘭臺世界》2016 年第 11 期。

會；二、進行整理武漢市原有會館公所所屬之現有及漏報財產；三、舉辦社會救濟及生產福利事業；四、整理各會館公所附設學校與公益機構。[1]

善堂聯合會的一份報導稱，會館的財產，在過去反動政權之下，歷來為少數惡霸、流氓、會痞所操縱把持，狼狽為奸，有著成種種不可告人的罪行。[2]新中國成立後，武漢市對善堂會館進行了分階段整理。

這次整理的會館公所共一〇一個，主要分為兩類：一類系由各省市旅漢商人捐助成立，主要是為照顧過漢的困難同鄉，這類會館有五十六個；另一類會館，因經營的商業不同，一個會館又分出若干個幫口，另組同業公所，各不相顧，此類會館（公所）約四十五個。整理工作的重點有兩個，一是清查房屋地皮財產，二是合併學校。整理過程也分為三大步驟進行：第一步調查研究，整理人員深入會館公所內部進行調查；第二步確定典型，選擇較大的會館做典型整理，總結經驗；第三步全面登記審查、清查丈量、整理組織、統一人事機構、建立制度。[3]

對會館的整理是在人民法院、稅務局、房地產委員會、教育局、公安局等行政機構的緊密配合下進行的，各會館的群眾對整理工作起了很大的推動作用。如覃懷藥商會館的進步群眾在接到政府整理會館

---

1 《武漢市會館公所聯合會籌備委員會組織章程》（1950 年 6 月），武漢市檔案館藏，134-1-185，轉引自陳竹君、胡燕：《解放初期武漢市整理善堂會館工作述略》，《蘭臺世界》2016 年第 11 期。

2 《善堂聯合會呈送給市救濟分會的新聞報導稿》（1952 年），武漢市檔案館藏，134-1-187，轉引自陳竹君、胡燕：《解放初期武漢市整理善堂會館工作述略》，《蘭臺世界》2016 年第 11 期。

3 《民政局社團科會館同鄉會整理工作材料》（1953 年），武漢市檔案館藏，134-1-184，轉引自陳竹君、胡燕：《解放初期武漢市整理善堂會館工作述略》，《蘭臺世界》2016 年第 11 期。

的命令後，當即組織籌委會並擬標語：「本會館的財產是覃懷人民捐助的，不是私人所有的；此次整頓會館要徹底廢除封建組織的把持操縱；打破少數人的封建觀念；選舉好人不要選舉壞人；我們要大膽發言大膽提意見等等。」[1]

各會館公所原有職員一百四十一人，調整後有的申請受訓，有的自願轉業，有的申請返鄉，有的自動離職，留用者四十五人。整理後的善堂會館由過去的帶有「封建性」的慈善組織轉變成為人民政府領導下的救濟福利性群眾團體。

最遲在清代前期，官府已經將國家的權力滲透到會館，對會館住戶採取了一些治安防範、維持秩序的措施，加強對會館的館所以及同鄉群體的管理。會館本身也通過館規防止其住戶發生賭博、嫖娼等妨礙治安、有違道德之行為。清代官府在維護秩序等方面采取了種種措施。這些措施在民國乃至中華人民共和國成立初期仍能見到其蹤跡。民國各個時期政府頒佈的管理會館規則，以及會館所制定的會館章程等都禁止在會館發生賭博、嫖娼等行為。民國與清代所列禁條的內在精神在延續。時代在變遷，政府對會館採取治安防範、維護秩序措施的具體內容有差異，一些新的措施不斷出現。如一九一五年，被舉為董事者，應報明警察廳備案。二十世紀三〇年代，公舉人、被舉人，均應呈報公安局核準備案。二十世紀四〇年代，董事投票公選前須報由警、社兩局派員監視，選定後呈報警社兩局核準備案。中華人民共和國成立後，政府對會館等同鄉群體的管理不僅要求登記備案，而且在業務上、政治上都有更為直接、緊密的領導。清代，通過會館稟請

1　《武漢市會館公所聯合會籌備委員會工作概況》（1952年），武漢市檔案館藏，134-1-87，轉引自陳竹君、胡燕：《解放初期武漢市整理善堂會館工作述略》，《蘭臺世界》2016年第11期。

與衙門給示使官府介入會館的館產保護。[1]民國時期政府頒佈各種管理會館規則的動因之一便是會館的館產保護與整理。中華人民共和國成立初期，政府對會館的工作主要圍繞會館財產管理而展開。會館到政府主管機關備案是保護會館館產最基本的措施，這和清代會館稟請與衙門給示一脈相承。由政府管理會館財產並不是一九五〇年才開始做出規定的。然而大量會館被政府接收卻是二十世紀五〇年代的事。二十世紀五〇年代政府接收會館館產並非一蹴而就，而是經歷了一個複雜的過程。

　　政府逐漸加強了對會館等同鄉團體的管理，建立起越來越嚴密的管理制度。中華人民共和國成立之後，會館等同鄉團體應對政治活動的自主空間越來越小。從變的角度看，這個過程體現了國家政權建設中國家權力不斷向社會滲透。國家政權建設和革命大體發生在二十世紀上半葉。如果把二十世紀之前國家治理會館納入觀察範圍，國家政權建設、革命等表面變化之下的潛流，卻是館產保護與治安防範等老問題。

　　需要注意的是，不同於西方近代民族國家產生過程中國家權力與市民社會的角逐，中國的國家權力很早就滲透到社會。無論是維持秩序還是管理社團，無論保護館產還是接收會館，會館等同鄉群體與政府配合都是主流，而反抗是支流。不僅如此，國家法規往往內化為會館等同鄉群體的簡章，會館等同鄉群體不斷模仿國家制度而改造自己的內部管理制度。

1　唐仕春：《清朝基層社會法秩序的建構：會館稟請與衙門給示》，《中國社會科學院近代史所青年學術論壇2007年卷》（論文集），北京：社會科學文獻出版社，2009年。

第四章
鄉誼流動與政治的互動

　　鄉誼流動不僅參與了京師和基層一些制度的建立和運作，還介入了其他多種多樣的政治活動。鄉誼流動與政治時而保持一致，時而衝突。保持一致主要是鄉誼流動對政治的順應與協作；衝突則表現為鄉誼流動對政治的挑戰與抗爭。鄉誼流動與租界當局既有協作，又有衝突。在鄉誼流動與政治的合作、衝突中，一些社會問題得以解決，而同鄉流動所起作用的限度也不斷呈現。

第一節　鄉誼流動對政治的順應與挑戰

一　鄉誼流動對政治的順應

　　長期以來，中國地方政府配備的正式行政人員較為簡約，自由支配的經費少。在治理過程中，不得不依賴會館等同鄉群體。

　　會館等同鄉群體有時為地方政府提供經費。同治六年的《上海縣為興建大碼頭官廳等各業自願捐款一年貼費告示碑》載，典當、錢莊、豆行、花糖行等各業聯名稟稱：「上海五方雜處、公務繁多，身等各業，每年向有津貼公費銀兩，按季呈繳，歷年已久。」從這條資料記載中可以看出，至少在十九世紀六〇年代中期前，上海各會館公所每年都向上海縣衙捐納一定數量的銀錢，以補充行政經費的不足，此乃延續多年之事。此項公費津貼被地方知縣禁革之後，上海縣衙為興建

黃浦灘大碼頭以及官廳等遇經費不敷時，又不得不需要各會館公所的經費支持。會館公所、各業董事聯名稟稱，「願照向年津貼銀數，報效一年，以資工費。此後不援為例，永遠革禁」。費用無從出的知縣接受了各會館公所的捐納，還特此勒石告示，「自茲以往，此項貼費名目，永遠禁革，不必再行呈繳。倘有託名苛斂，肥己病商，許各業指名稟縣，以憑提案訊明。從嚴懲處，不稍寬貸」。[1]各社會團體以前向政府繳納「津貼公費銀兩」，後有上述臨時報效項目。重要的會館常向本地官府提供捐助，如向道臺衙門、知縣衙門和會審公廨支付例行費用。[2]

這些款項以不同的形式一再出現，直至民國時期也未絕。一九二〇年，上海縣糧食歉收，米源日漸枯竭，米價高漲。上海縣知事沈寶昌倡議設平價局，調劑米價。他向各團體求助捐款。上海潮州會館接到上海縣知事沈寶昌公函後，覆函：「今送上敝會館各商號捐資大洋四百元，捐冊一本同附上。」沈寶昌收到捐款後十分高興，一九二〇年六月他特地派人到會館遞交他的親筆信：「承貴會館慷慨捐資平價局大洋四百元，已交正和銀行匯收。除登報鳴謝外，茲將收條一票函送，敬請察收。」[3]這裡我們又看到了會館給官府提供經費。

政府在維護地方治安等方面對同鄉團體存在某些依賴。多數會館與官府配合，參與同鄉糾紛的調解。一九二一年，上海廣肇公所對調解糾紛的程序進行了一次認真討論，並做出規定。[4]該規定提出一個問

1　上海博物館編：《上海碑刻資料選集》，上海：上海人民出版社，1980年，第78頁。
2　〔美〕顧德曼：《家鄉、城市與國家——上海的地緣網絡與認同（1853-1937）》，上海：上海古籍出版社，2004年，第92頁。
3　周昭京：《潮州會館史話》，上海：上海古籍出版社，1995年，第29-30頁。
4　「本公所有為同鄉排難糾紛之責，時有投詞到所，請求調處，一經兩造到所，自當秉公辦理。惟其中情節未明真相，或因賬目交葛等事，為審慎計或舉員調查，或舉員算賬，原被告應於查明後第二次到所聽候公判。但有原被告隨後因知理屈而不到者，應如何辦理？公議公所為公判性質，如原告投訴，被告到所願受理處，自應判

題：有原被告隨後因知理屈而不到者，應如何辦理？會館給出了三種答案。第一，被告不到，可另向司法衙門起訴。被告不願意在會館調解，會館對這類被告沒有強制力，但司法衙門有，因此原告可以到司法衙門起訴。第二，原告不滿意會館的公斷，如果他再向司法衙門控告，被告可以出示會館的公斷證明。言下之意，司法衙門是重視公所的公斷證明的。第三，被告不滿意會館的公斷，不接受會館的公斷，如果原告再向司法衙門控告，原告可以出示會館的公斷證明。這三種答案包括了三個原則，一是糾紛雙方在選擇去公所還是去司法衙門解決糾紛是自由的。二是公所受理糾紛採取自願原則，而司法衙門具有強制力。三是公所的公斷或多或少會影響司法衙門的判斷。

會館等同鄉群體常去縣署保釋同鄉。一九一四年，漢口嶺南會館致函上海廣肇公所稱，同鄉柯進、黃送崧、曾調現押上海縣署，請查明保釋。廣肇公所開會公議：「俟查明案情，如係無辜被累再當具保。」[1] 漢口嶺南會館的信函和廣肇公所的會議記錄對漢口嶺南會館請廣肇公所去縣署保釋同鄉，以及廣肇公所決定去縣署具保同鄉都沒有表現出十分驚訝。潮惠會館請上海潮州會館救出在通州被拘留的同鄉許錫之，漢口嶺南會館請北京的廣東會館保釋鄧吉符等事件都表明，會館去縣署保釋同鄉是常態。

會館等同鄉群體協助辦理地方自治。早在二十世紀三〇年代就有

斷。倘被告不到，可另向司法衙門起訴，如原告到過一次，下次不到，被告到是願受理處，可由事實上查辦，再通告原告到所，如不到，則照判，即知照原告再到，倘復不到，又不詳明其一時不能到之充分理由，可給一據與被告，如原告向司法衙門控告時，被告可持據陳明此案經本公所公斷。如被告到過公所一次，願受理處，下次不到，其辦法亦同。」《第 2 期會議記錄》（1921 年），上海市檔案館藏，《廣肇公所議案部》，Q118-12-103。

1 《2 月 22 日第 4 期會議》（1914 年），上海市檔案館藏，《廣肇公所議事部》，Q118-12-112。

學者認為:「清末上海地方自治的發端,事實上就賴此種廣大雄厚的會館公所。」¹清末上海地方自治始於一九〇五年,會館公所對地方自治的參與最主要的是通過其領袖人物進入自治領導機構來實現。一九〇五年九月,上海地方自治選舉第一屆領導機構,呈報上海道臺的有七十六名總董、議董候選人。道臺最後圈定一人為領袖總董,四人為辦事總董,三十三人為議事總董。在這入選的三十八名自治機構領導成員中,半數以上都是具有會館公所背景的工商界人士。在最重要的四名辦事總董中,郁懷智、曾鑄、朱葆三都與上海最重要的同鄉組織福建籍商幫、浙江寧波籍商幫關係密切。正如蔣慎吾所指出的那樣:「看看該局(即上海城廂內外總工程局)職員名單,我們可以發現,不但大半都是商界領袖,並且很多是當時會館公所的董事。」²同時,在上海城廂內外總工程局最初稟報的《上海城廂內外總工程局簡明章程》以及以後的《總工程局議會章程》中也都規定,自治機構領導成員均「由本地紳士及城廂內外各業商董秉公選舉」;《總工程局贊助員章程》也規定,各區贊助員由「各該區地方紳董及各業商董中有相當之資格,堪充贊助員者得公舉選任」。這裡的所謂「各業商董」實際上也就是各業、各幫會館公所領袖人物的代名詞。清末上海地方自治從其開始之日起,會館公所的領袖人物就進入了其領導機構,並成為其中的中堅力量,起著其他社會階層不可替代的重要作用。

　　會館有時支持政府鎮壓反叛者。光緒九年,上杭曾愛仁所撰《創修建汀會館始末碑》載:「咸豐癸丑,紅巾難作。蘇君航海旋故鄉,先兄捐巨資團義勇於此,與官軍相犄角,會館得無恙……歲辛酉,『發逆』

1　蔣慎吾:《清季上海地方自治與基爾特》,《上海研究資料續集》,上海:中華書局,1939 年,第 153 頁。
2　同上書,第 155 頁。

犯境,李爵相奉命統兵來滬,假會館作帥府。」¹建汀會館不僅捐巨資團義勇,而且把會館作為清軍將領李少荃的帥府,積極配合清政府鎮壓太平天國軍。

會館等同鄉群體在慈善救濟方面常協助官府。無論是明清時期,還是近代,會館等同鄉群體都支持或者親自操辦一些慈善救濟事業,如育嬰、掩埋、救生、濟貧、管理善堂等。一九二五年元旦,閩人集於福建會館(北京)討論本省賑災辦法。福建沿海一帶颶風為災,船舶漂流,無數漁民生計斷絕。北京設有華洋賑災委員會,由海關附加稅款,按各省災情輕重,酌量分配。「閩省約可得二十萬金,然須以災情之照片為憑,而風災一過,渺無蹤跡,且被災當時,雖有扶木翻船之慘,事隔數月,追攝何從?卒以同鄉會議之請求及列席委員會同鄉黃厚誠漪午之諒解,免提證明,如數助賑,最後賑款寄交民政廳長蔡鳳機查收,酌量配給」²。藉助鄉誼,福建「免提證明」獲得了賑款,幫助了民政廳開展救災。一九二一年八月,浙江奉化等縣遭遇洪水,同鄉會組建了以朱葆三為首的寧波水災集賑會,照管難民,掩埋死屍。該會募集了約七萬四千元,大部分捐給了組織當地救濟的寧波道尹。³一九一六年,安徽發大水,旅京安徽同鄉於七月十七日在安徽館籌劃賑捐,九月二十四日開籌賑之會,十月十七日在湖廣會館演戲籌款賑災,十八日又請派曾任北京步軍統領的江朝宗為籌賑督辦。十九日,下大總統令:「派江朝宗督辦安徽籌賑事宜。」⁴賑災過程旅京安徽

---

1 上海博物館編:《上海碑刻資料選集》,上海:上海人民出版社,1980 年,第 275-276 頁。
2 《閩中會館志·福建會館》,中國社會科學院近代史研究所藏。
3 〔美〕顧德曼:《家鄉、城市與國家——上海的地緣網絡與認同(1853-1937)》,上海:上海人民出版社,1980 年,第 176 頁。
4 見《晨報》,1916 年 7 月 17 日,9 月 24 日,10 月 17、18、19 日。

同鄉與政府一起，運用會館等同鄉群體的社會資源籌劃了賑捐事項，並開籌賑之會，演戲籌款賑災，最後促使大總統下令派官員督辦安徽籌賑事宜。會館等同鄉群體成了各個環節的連接點，起到組織者的作用。會館等同鄉群體在慈善救災中扮演的角色通常都是受歡迎的，這種鄉誼流動介入地方治理得到了地方政府的接納。

二 鄉誼流動對政治的挑戰

　　鄉誼流動對政治並不全都是順應與協作，時有異議、衝突。當對既有治國政策、措施有異議時，同鄉組織採取的較為消極的應對方式之一是十九世紀後期上海盂蘭盆會遊行那樣的我行我素。一八六〇年代後期，丁日昌在上海當政，他努力壓制民眾的宗教遊行儀式的做法為以後數十年的道臺和上海縣知縣效仿。官府發出佈告，允許商人設壇祭鬼，但禁止他們組織盂蘭盆會遊行，以免「引起人群騷亂」。中國巡捕、地保得到通知，干預儀式遊行，任何玩忽法律的人都將受到警告。中國官府也要求租界當局幫助取締遊行儀式，道臺要求公共租界總領事發出佈告勸告會館和旅居團體。然而遊行依然繼續，甚至在丁日昌嚴厲的條規之下也沒有停止。[1]當時政府制定禁止組織盂蘭盆會遊行的規定考慮到的主要是治安問題，在文化方面的考慮不是那麼周全。盂蘭盆會遊行這個文化傳統在時人的心目中占據著重要的地位，以致於會館等同鄉群體置既有制度於不顧。遊行中沒有出現治安問題時，官府也就聽之任之。會館對政府提出的維護社會秩序的做法並不全都遵守。

1　〔美〕顧德曼：《家鄉、城市與國家——上海的地緣網絡與認同（1853-1937）》，上海：上海古籍出版社，2004年，第69頁。

會館等同鄉群體對政府的籌款請求並不總是積極解囊相助。一九二〇年，陳炯明致電上海潮州會館，請同鄉「解囊相助」。八月二十三日，上海潮州會館召開大會。到會人數甚少[1]，可見旅滬同鄉對陳炯明籌款的消極態度。一九二二年，陳炯明拒絕孫中山的北伐計劃，並於該年夏天發動兵變，炮轟總統府。一九二三年初，陳炯明被滇、桂、粵聯軍擊敗。二月九日，孫中山致函上海潮州會館諸董事，委任陳简民等為駐滬籌餉局局長，辦理籌餉事宜：「所有籌備善後，需用浩繁，不得不望我同鄉父老兄弟顧念桑梓，鼎立贊助，以竟全功……頃已將此中情形分函勸告，並委陳君简民、江君少峰、黃君少岩為駐滬籌餉局局長，辦理籌餉事宜……是以敢請諸執事速就貴會館召集潮屬同鄉開會，協同陳局長等衡情酌量，商榷妥善之方，則事半功倍，早安粵局，幸何如之。」[2]

陳简民以廣東駐滬籌餉局局長名義，於二月二十二日、二十五日、二十六日，先後致上海潮州會館三函，陳述了奉孫中山命令，向上海潮幫商號借款事宜。二十五日，上海潮州會館召開大會，討論孫中山向潮商各商號借款事宜。上海潮州會館遵照孫中山指定的一百餘家商號名單通知其到會，然而實際到會者僅二十五家。不料會議召開不久，法捕房派來巡捕干預並稱，按照新規定，凡開會，須在四十八小時前函告捕房，因這次集會事先未通知捕房，遂來干涉。又由於到會人數不多，遂散會，未及提議。[3]借款事宜以後是否落實，在潮州會館會議記錄中未見下文。

---

1 《8月23日大會》（1920年），上海市檔案館藏，《潮州會館議案備查（1916年）》，Q118-9-6。
2 郝盛潮主編：《孫中山集外集》，上海：上海人民出版社，1990年，第407-408頁。
3 《1923年2月25日第一期大會》，上海市檔案館藏，《潮州會館議案備查（1922-1923）》，Q118-9-8。

一九二三年，孫中山設上海同鄉籌餉局引起了同鄉組織的異議。潮州會館中只有少部分人支持為孫中山籌款，大部分持消極態度。一九二三年孫中山設上海同鄉籌餉局暴露了同鄉組織內部意見的不統一。同鄉的消極應對，化解了政治行動帶給他們的壓力，同時也使政治行動不盡如人意。

一九一九年，欽廉割棣桂省事件則可看到鄉誼流動如何迫使政府的變革回到原來的軌道上去。

一九一九年四月二十日，北京欽廉會館通過閱報得知欽廉割棣廣西省的消息，當即於四月二十二日集議，一致反對，誓不承認此變動。北京欽廉會館一方面急電兩粵當局暨省議會請順民意，取消該案，同時分電上海、廣州、漳州、廉州、欽州、雲山、防城、北海、東興、香港、澳門等處軍政紳商報學各界團體，請協同力爭。欽廉會館又於五月在廣東新館開旅京全省同鄉大會。到會者千人，一致反對欽廉割棣廣西省。全粵旅京軍政紳商學報各界代表葉公綽、王寵惠、江天鐸、朱汝珍等列名電至兩粵當局，請即撤銷原議以順輿情，並電廣東省議會予以否決及分呈府院內務部。旋接廣東省莫督軍來電，否認有廉欽割棣桂省之議，同時接到上海廣肇公所、潮州會館各團體抄寄廣東督軍覆電，均稱欽廉並無割棣桂省之事，此事暫告一段落。五月二十七日北京《順天時報》載，陸榮廷於十八日至二十一日迭致四電於莫督軍，稱楊永泰已為廣東省長，排桂風潮當可緩和，欽廉改棣應速履行。於是北京欽廉會館寄給上海潮州會館的快郵，稱：「敬希諸君就近嚴查，設法懲辦。毋畏強禦，勿受逼協。務須固結團體，協力同心維持桑梓。」[1]

---

1 《北京廉欽會館來快郵》，上海市檔案館藏，《潮州會館往來電報（1914年）》，Q118-9-9。

北京欽廉會館十分重視運用輿論武器。他們通過集議、在廣東新館開旅京全省同鄉大會，通電全國請各地軍政紳商報學各界團體，協同力爭，抄送京津各報登載通電等方式，有效地達到組織輿論、形成輿論的目的。四月電兩粵當局暨省議會請順民意，取消該案，五月又由葉恭綽、王寵惠等同鄉列名電至兩粵當局，請即撤銷原議。他們以通電的方式向當局反映輿論，施加輿論壓力。

　　政府十分重視各地廣東會館的輿論壓力。一九一九年欽廉割隸桂省事件中，五月全粵旅京軍政紳商學報各界代表電至兩粵當局後，很快接廣東省莫督軍來電，可見廣東督軍對輿論反應之快。陸榮廷於五月十八日至二十一日電於莫督軍，認為楊永泰已為省長，排桂風潮當可緩和，也說明陸榮廷對「排桂風潮」不得不做出讓步。

　　該事件中，鄉誼流動於全國，採取了各種各樣的方式來阻止既有行政版圖的改變。政府迫於鄉誼流動形成的壓力而做出一些調整，然而陸榮廷十八日至二十一日重提「欽廉改隸應速履行」，又表明這些調整往往是暫時的。

　　一九一九年，鄉誼流動解決廣東米荒過程中，可以觀察到鄉誼流動如何影響中央政府和異地政府。

　　一九一九年，廣東米荒，百年未見，「一般貧寒社會多借薯芋或薄粥度活，慘難言狀」。「本屆五穀奇荒，實為百年所未有，省垣大地已將數米而炊，僻壤窮鄉，更有絕糧之厄」[1]。雖然南洋兄弟菸草公司簡照南兄弟與陳廉伯集資創立有糧食救濟會，但是，米源缺乏，廣東政府多次電各部處，打算到安徽和江蘇買米五十萬石，江蘇省沒有允許，而安徽又只同意採辦五萬石。廣東省回電財政部稱，已經由駐蕪湖採辦員將五十萬石如數採購好了。財政部電詢安徽省，李省長

---

[1] 《粵僑籌辦梓鄉平糶》，《申報》1919年3月3日。

回電稱，電詢蕪湖關米釐局。該處回答稱，廣東派人購買五十萬石米一事，並沒有到關局具報，無從證實，應該仍指定蕪湖一埠賣五萬石米。於是廣東政府繼續推動鄉誼流動來擺脫米荒困境。

在政府請求到外地買米的同時，廣東民間社團如廣東自治社也積極地活動，他們發電報給北京的中央政府各負責部門和廣東會館說明情況，請同鄉梁燕孫、梁崧生、蔡耀堂、麥敬興等同鄉京官，轉求國務院再准赴蕪運米五十萬石，仍免關稅。

於是在粵省政府、商團、善堂、自治研究社和他們所請託的廣東會館的敦促下，財政部提出處理方案請求國務會議決議，國務院同意了財政部提出粵省採米平糶擬仍由蘇皖兩省接濟請付公決一案，決定江蘇運出米二十萬石，安徽連同以前批准的五萬石共運出三十萬石，除前准五萬石外，一律暫免關稅，仍令完蘇皖釐捐。

最後，由財政部電江蘇督軍、省長說明在兩省運米接濟廣東的原委，「查粵省請在鎮江蕪湖一帶采米五十萬石運粵平糶一事，上月有日曾准電稱，米禁未弛，礙難通融。皖省來電亦以收成歉薄，只認接濟五萬石。經部轉知去後，旋接粵省覆電，以哀鴻三千餘萬，杯水車薪無裨於事，懇請仍按五十萬石迅賜核准，並迭接粵中善堂商會來電及旅京粵紳來部聲稱，粵省向來產米有限……」財政部下達了從江蘇省運米接濟廣東省的決定：「務祈按照院議二十萬石之數准予採運以示救恤」；同時給安徽省長、督軍內容相似的電報。財政部還一併回覆廣東翟代省長、九善堂、商會、旅京粵紳、告知國務院的決議。[1]

從財政部給江蘇、安徽兩省督軍、省長的電文可知，在京的廣東會館，接到來自他們家鄉的請託後，即派人去財政部據理力爭，正是由於粵省覆電和粵中善堂商會多次來電及旅京粵紳去部直接請求，才

---

[1] 北京市檔案館藏，《會館檔案》，J19-1-264。

促使財政部、國務院作出決議從蘇皖運米五十萬石接濟廣東省。

上海的廣東會館在家鄉米荒發生後，組織籌款、購買、運輸等事宜。上海粵幫米號穗生源決定做出平糶米無利可圖的犧牲，令其在蕪湖的聯號利源長承擔購辦米糧任務。

經過努力，得知平糶米即將運至廣州，廣東糧食救濟會向外界宣佈：「圖南米石二月十七日到省，並聲明滬上粵僑籌有現款四十餘萬，聯同運米源源接濟。風聲所播，人心大安，影響所及，米市日跌。」二月十七日，招商局圖南輪裝運的第一批平糶米二萬包運抵廣州，「大局更定，十九、二十、二十一等日米價大跌」。第一批平糶米運抵廣州後，廣東糧食救濟會迅速組織發售，每天發出約二千擔，「足敷十日應付」。銷售中虧損二萬餘元，但其產生的抑制米價效能十分可觀，「無形已受數百萬元平價之利益」[1]。上海粵僑聯合會先後組織了十四批平糶米運粵，總計在三十四萬擔以上。廣東糧食救濟會憑藉雄厚的借款和捐款，也從越南、泰國等地輸入數十萬擔大米。

解決廣東米荒行動顯示，對廣東地方政府而言，它正是藉助鄉誼流動之力才保證了廣東米荒時政府行動的順利運作。對中央政府和安徽、江蘇政府而言，廣東的鄉誼流動迫使他們改變了既有方案。

二十世紀三〇年代，成都湖廣會館館產糾紛中可以看到會館等同鄉群體與旅居地多方政治勢力衝突、角逐的複雜面相。[2]

劉文輝一九二八年擔任四川省長一職，不久便侵占了成都湖廣會館。兩湖旅蓉人士義憤填膺，立即採取了一些保護措施。一是將湖廣會館呈請華陽縣公產清理處備案，並請求華陽縣公產清理處「出示保護」。於是華陽縣公產清理處據此張貼告示，明確宣佈湖廣會館乃兩湖

---

1 《粵僑籌辦梓鄉平糶之近巡》，民國八年4月11日，《申報》複印本（157）第679頁。
2 該事件經過參見汪海清：《1930年代成都湖廣會館之爭》，《求索》2008年第10期。

人士所有,如有覬覦會館並企圖出賣者,一經發現,嚴懲不貸。[1]二是將兩湖人士置辦湖廣會館產業之艱難過程以及劉氏侵占湖廣會館之經過刊登報端,予以公佈,並鄭重聲明湖廣會館「係兩湖旅川人士所共有,無論何人不得私相授受」。[2]三是以成都慈善救濟會之名義致函二十四軍軍部,嚴正聲明湖廣會館首事中並無王鼎成、張之繼、黃遠峰三人,並聲稱湖廣會館早已歸併慈善救濟會,根本不存在會館負責人變賣會館之事。希望二十四軍軍部撤回駐守湖廣會館的部隊。

為達到霸占會館的目的,劉文輝等人將湖廣會館出賣給了劉文成及張新源。後來,隨著四川政治格局的變化,兩湖人士才獲得了追回成都湖廣會館的契機。一九三三年,劉文輝戰敗,退駐雅安。後來,蔣介石派國民政府軍事委員長行營參謀團來川。一九三五年一月,鄂人賀國光率領行營參謀團進駐重慶。一九三五年十一月,行營參謀團改組成為國民政府軍事委員長重慶行營,賀國光任行營參謀長,一九三七年,又升任行營副主任兼代理主任。一九三九年一月,賀國光被任命為軍事委員長成都行轅主任兼四川省政府秘書長,同年五月,賀國光奉蔣介石之命赴渝,兼任重慶特別市市長、重慶防空司令及衛戍副總司令等職。賀國光不僅自己久駐四川,而且參謀團中兩湖職員頗多。[3]賀國光剛一入川即被選為兩湖旅蓉同鄉會監事長,而國民政府軍事委員長重慶行營中將參議、行營駐蓉辦事處處長湖南人雷颷,則擔

1　《照抄華陽縣公產清理處出示保護本會房屋地址一案》,成都市檔案館藏:《各種旅蓉同鄉會》,3 全宗-目錄 1-69 卷,轉引自汪海清:《1930 年代成都湖廣會館之爭》,《求索》2008 年第 10 期。

2　《兩湖旅蓉同鄉會致「委員長行營委員長蔣」之快郵代電》,成都市檔案館藏:《各種旅蓉同鄉會》,3-1-69,轉引自汪海清:《1930 年代成都湖廣會館之爭》,《求索》2008 年第 10 期。

3　《照抄胡揚猶等報告調查會產經過》,成都市檔案館藏:《各種旅蓉同鄉會》,3-1-69,轉引自汪海清:《1930 成都湖廣會館之爭》,《求索》2008 年第 10 期。

任了兩湖旅蓉同鄉會理事長。賀國光和雷飈力謀收回湖廣會館。兩湖旅蓉同鄉會即刻選派同鄉人士胡揚猶等四人組成調查組，著手調查湖廣會館被強占一事。根據調查報告，兩湖旅蓉同鄉會著手函告劉文成及劉文輝，協商解決湖廣會館被侵占一事，請他們將改造的湖廣館各房屋退還給兩湖旅蓉同鄉會。但是，劉文成、劉文輝卻虛與委蛇。兩湖旅蓉同鄉會向成都地方法院、行營駐川軍法處呈送狀文，詳細說明了劉氏侵占湖廣會館的前後經過，要求成都地方法院和軍法處宣判劉文成退還所占房屋，並賠償一切損失。又呈請國民政府軍事委員會委員長蔣介石，請求他主持正義。同時電請湖北綏靖公署主任何成浚（湖北籍）、湖南省政府主席何鍵（湖南籍）、成都剿匪督辦公署督辦劉湘等人，請求他們出面主持公道，以推動當局採取果斷措施，勒令劉氏兄弟交還湖廣會館。四川督辦公署將此案推給四川省政府辦理，後來沒有下文。兩湖旅蓉同鄉會再次採取行動，一面將收回湖廣會館之決議呈送國民政府軍事委員會委員長行營立案備查，一面請四川省政府及督辦公署出示公告，予以保護。[1]

　　劉氏兄弟向地方法院起訴兩湖旅蓉同鄉會，而地方法院以兩湖旅蓉同鄉會侵犯劉氏兄弟的合法權益為由，拘傳同鄉會理事長雷飈。兩湖旅蓉同鄉會起而向地方法院反訴，地方法院屈於事實，放棄了對此案的受理。賀國光出於種種考慮力主退讓，兩湖同鄉人士只好做出讓步，遂將湖廣會館的十個獨院與劉氏平均分配，得以收回湖廣會館部分財產。[2] 會館等同鄉群體有時完全站在官府的對立面，雙方激烈衝突。

　　會館等同鄉群體不總是能確保社會秩序，會館等同鄉群體董事

1　《兩湖旅蓉同鄉會函》，成都市檔案館藏：《各種旅蓉同鄉會》，3-1-69，轉引自汪海清：《1930成都湖廣會館之爭》，《求索》2008年第10期。

2　《兩湖旅蓉同鄉會概況》，成都市檔案館藏：《各種旅蓉同鄉會》，3-1-24，轉引自汪海清：《1930成都湖廣會館之爭》，《求索》2008年第10期。

也並非總是站在社會秩序一邊。當他們無法控制衝突時，就會置身事外，而不是空耗精力。有時，他們甚至為牟取私利，煽風點火，唯恐不亂。

十九世紀中後期上海小刀會事件中，會館與地方政府衝突的一面暴露無遺。面對祕密結社力量的暴露和叛亂逼近的傳言，上海地方當局開始加緊籌建防勇。上海道臺吳健彰求助李少卿。身為嘉應公所董事的李少卿便招募了一批廣東鄉勇。福建興化會館董事李仙雲如法炮製，組建了一群福建鄉勇。八月中旬，迅速壯大的祕密會黨引起上海知縣袁祖德的警覺，他出示指責賊黨，並指明李仙雲為賊黨之魁。一星期後，知縣的差役把李及其他十四個人抓了起來。然而，知縣在受到恐嚇後，不僅馬上放人，而且還付給李一大筆賠償金，作為對「誤捕」的補償。聽到有祕密搶劫自己的消息，吳道臺也害怕局勢失去控制。吳道臺與會館董事們商議驅散祕密會黨。會館董事們與本幫討論局勢後，提出了相反的建議，即化祕密會黨為鄉勇，導之以維持治安。其間，吳也賄賂過李仙雲，以平息事態。會館董事們鄭重其事地用稟帖提出了他們的要求，道臺和知縣正式批准。為護衛城市而建立新武裝的稟帖原文見於一八五三年八月三十一日上海知縣的告示，「現奉諭：著廣安會館董事，傳集各幫董事，籌設更練，以資保衛等因，具見除暴安良至意。遵即傳集閩、廣、寧、上各幫紳董籌設，皆欣然樂從」[1]。在同意這項計劃之後，知縣責成會館董事從當地紳士募集經費以支付勇餉。除了估計每年支出的三萬元經費外，知縣還同意募集經費，以開支會館董事的薪水、七個會館合用的總局經費和六個分局的經費。[2]告示貼出不久，會館所組織的團勇卻集合到小刀會的旗幟

1　〔美〕顧德曼：《家鄉、城市與國家——上海的地緣網絡與認同（1853-1937）》，上海：上海古籍出版社，2004年，第49頁。

2　同上書。

下，他們一起攻進了上海縣縣城。會館的負責人如李少卿、李仙雲等成了造反者的領導人。城裡至少有兩個會館成了造反者的指揮機構。

在外國軍隊的幫助下，清軍收復了上海縣城。清朝巡撫頒佈了防止小刀會的十條善後措施。雖然寧波人、本地人也參加了造反，但受到嚴懲的是廣東人和福建人（及其會館）。善後措施要求對閩廣會館董事的選舉進行監督；禁止在縣城內重建閩廣會館；禁止重建任何「賊巢」；驅逐並監督安置閩廣遊民；對外國人僱用的中國人（主要是廣東人）進行稽查和登記；禁止閩廣船隻；船上遊民不得離船上岸。

鄉誼流動能為政治活動提供一定的經費用以補充行政經費的不足，改善地方市政建設，實施慈善救濟等。它也可以協助地方政府的司法，維護地方治安，辦理地方自治，支持政府鎮壓反叛者。

鄉誼流動對政治活動中的籌款請求常持消極態度，反對政府及其行政人員霸占館產、敲詐勒索、收取苛捐雜稅、出賣國家利益，有時對政府機構設置及人員配備、市政建設、司法、行政、經濟與教育措施等提出各種反對意見，偶爾也如小刀會事件那樣與官府激烈衝突。

第二節　鄉誼流動與租界當局的協作與衝突

一　鄉誼流動與租界當局的協作

鄉誼流動對中國政府的順應與挑戰，反映了中國社會的特徵。中國境內的租界當局貌似具有較多西方社會的特徵，那麼中國特色的鄉誼流動如何面對租界當局呢？上海的租界中，一八四五年英租界正式形成，一八四九年法租界開闢。美租界於一八六三年與英租界合併，形成公共租界。本節即以上海為例，討論鄉誼流動與租界治理。

會館等同鄉群體與租界當局在司法領域關係密切。最初，租界內的華人犯罪，交給中國官員審訊。一八六四年設立會審公廨，由上海縣知事派員主持。違警事件，由該員獨自審訊，刑事案件，華人為被告者由領事派員會審；民事案件純屬華人間者，由該員獨自審訊，其華人為被告，外人為原告者，領事也派人會審。上訴案件由道臺審判，領事為會審員。後來，西人以種種藉口，一切案件都由領事派員會審。一九一一年辛亥革命時，法院人員逃走，領事出面維持，並派華人充當審判官，費用由工部局出。司法權全部落入外人之手。一九二七年將會廨收回，設臨時法院。一九三〇年設特區法院，司法權開始逐漸收回。[1]

十九世紀晚期以來，會館等同鄉群體與會審公廨廣泛地合作。當案卷遞交會審公廨時，會審公廨有時把案件退給會館等同鄉群體處理，而會館等同鄉群體則將處理結果向會審公廨匯報。

會審公廨根據案情或者糾紛當事人的請求，將一些案件請會館等同鄉群體理處。清末，嚴煥之與盧達卿互控，會審公堂「經訊，發廣肇公所理處」。光緒二十八年，廣肇公所公議，商討將此案稟復會審公堂。[2] 王姚氏控上海廣肇公所董事譚幹臣。王姚氏以案懸數載，急求了結，請求會審公廨照會上海廣肇公所值年領袖公董出為和平理處。會審公廨據情致函廣肇公所稱：「即祈貴公所邀集兩造，速為和平理結。案懸已久，幸勿任聽各執纏訟。」[3]

會館等同鄉群體接到會審公廨函件，出面邀集糾紛雙方或多方進行理勸，有的能平息糾紛，如果不能平息糾紛，案件就會繼續回到會

---

1 徐公肅、丘瑾璋：《上海公共租界制度》，上海：上海人民出版社，1980 年，第 37 頁。
2 《光緒二十八年三月二十二日》，上海市檔案館藏，《廣肇公所集議簿》，Q118-12-137。
3 《十一月五日》（1911 年），上海市檔案館藏，《廣肇公所議事簿》，Q118-12-138。

審公廨繼續審理。方漢臣、方達材等與鄧顯臣訴訟。一九一一年十二月二十三日，會審署致函上海廣肇公所，懇請邀集雙方理處。十二月二十四日，廣肇公所開會稱：「茲經邀到理勸，兩造情詞各執。」[1]此案理勸似乎不易解決糾紛。另外的案件則看到上海廣肇公所成功解決了同鄉糾紛，並到會審公廨銷案。一九一七年，廣綸祥綢緞莊股東陸蔚蓀訴股東兼經理黃梓藩經營不善，積欠各號往來貨銀二千餘兩，要求廣肇公所斷處。廣肇公所通知黃梓藩將全部賬簿交出，由公所賬房稽查後，再作裁決。陸蔚蓀與黃梓藩都承認廣肇公所的核查結果。經公所調解，雙方訂立協議，其中第六條協議規定，此案解決後，由雙方律師呈請會審公廨將案註銷。原來雙方此前曾向會審公廨提出受理請求，會審公廨無暇釐清頭緒繁多、糾纏不清的賬目，拖延了很長時間，萬般無奈，當事人才要求廣肇公所充當調解人，使此案得到解決。[2]

會館等同鄉群體有時將調處結果報告會審公廨，以期對審判產生影響。廣東人鄭洽記號主鄭正卿聲稱，其弟鄭幹卿忽來鄭洽記糾纏以致涉訟。法公廨傳訊審斷。一九一五年一月十二日，鄭正卿以所斷未盡平允，遍邀同鄉開會請求上海潮州會館秉公調處。潮州會館致函法公廨稱：「鄭洽記在南市因華界禁煙歇業。所遺賬目兄弟四房均已分撥清楚。正卿乃用洽記牌號由華界移設法界，確正卿一人出資獨立經營，同鄉皆知。既奉示翌日復訊，敝會未便擅分曲直，應請秉公判決，以期和平了結。」[3]潮州會館的函件為法公廨的審判提供了證據。

---

1 《十二月二十四日》（1911年），上海市檔案館藏，《廣肇公所議事簿》，Q118-12-138。

2 《2月4日第二期會議》，上海市檔案館藏，《廣肇公所議事草冊（1917年）》，Q118-12-93。

3 《致法公廨轟函》，上海市檔案館藏，《潮州會館往來函件（1914-1923年）》，Q118-9-15。

馬如龍等人糾紛,上海潮州會館將理勸雙方經過致函會審公廨則試圖改變開庭時間。廣東人馬如龍因其妹馬克佑獨占馬盈昌號營業盈餘事控告於英會審公廨,英會審公廨飭傳在案。後來,雙方邀請鄉親秉公理勸。一九一五年十二月二十九日,潮州會館為此特致函會審公廨稱:「請展限一星期到庭。俾公正人得以從容排解。如屆限理勸不明,再行函覆。尚祈俯念事起家庭,純屬民事範圍,准予展緩之處。」[1]

會館等同鄉群體協助會審公廨查糾紛雙方的賬目。一九一六年,廣東商人林亦秋等控告袁炳文、林芸秋不分餘利一案,經雙方請求,將該店賬目送上海潮州會館核算明確再行呈請法租界會審公廨核訊。十二月,法租界會審公廨函送原被告賬目糾葛案至上海潮州會館。[2]一九一七年二月十一日,上海潮州會館第一期會議議決:「法公堂送到林姓賬目多本,一時尚難核算。而公堂來信已久,應先將兩造到會情形函覆法公廨。」三月十二日,潮州會館第二期會議上,公推卓建候等四人,星期三起每日兩點鐘至四點會同查賬。[3]五月二十日,潮州會館第九期會議上,「公同決定三條,雙方均願簽字和平了結」[4]。會館等同鄉群體的一些條規往往成為法官斷案的依據。一個推事回憶道:「中國的行會(會館和公所)不是在得到政府准許後成立的,但政府早已認識到他們的力量,通常儘可能避免與之發生公開衝突。就我們看到的雙方衝突,往往是政府方面受到挫折。」、「行會……有自己的法庭和審判員,通常,他們避免上官方法庭,儘管有時不得不這樣做。

---

1 《致英公廨》(1915年?),上海市檔案館藏,《潮州會館往來函件(1914-1923年)》,Q118-9-15。

2 《2月11日第一期開會》,上海市檔案館藏,《潮州會館議案備考(1917年)》,Q118-9-18。

3 《3月12日第二期開會》,上海市檔案館藏,《潮州會館議案備考(1917年)》,Q118-9-18。

4 《5月20日第九期》,上海市檔案館藏,《潮州會館議案備考(1917年)》,Q118-9-18。

如果行會外當事人控告行會成員，在過去，政府法庭做出的裁決，也與行會的相關條規相一致。」、「寓居上海時，我是會審公廨的美方推事……法庭審理各種各樣的民事訴訟時，照例也要先查尋與行會有關的條規。」[1]

審判過程，會館等同鄉群體常出面保釋同鄉。光緒年間，發生了木匠停工糾紛。光緒二十八年四月八日，上海廣肇公所就木匠停工糾紛一案復會審公堂。[2]光緒二十八年四月二十三日，廣肇公所公議，由木行匠頭盧文記等出具保結投交公所，由公所代赴會審公堂具保。會審公廨發交廣肇公所當堂保釋。[3]如果適合保釋條件，會審公廨通常同意會館等同鄉群體的保釋請求。會館等同鄉群體的保釋同鄉通常根據糾紛當事人的請求而開會討論做出決定。楊俊基的妻子次球因糾紛被關押兩年，請上海廣肇公所函致公廨准其覓保出外。宣統三年四月初二日，廣肇公所公議：「原告朱氏屢邀不到，次球久押兩年餘，實在無力償還，應函致公廨，准其覓保出外，自向原告理處。」[4]一九〇二年，耶松船廠木匠罷工事件中會館與會審公廨保持一致，協調解決糾紛。一九〇二年耶松船廠木匠舉行了罷工，四名廣東木工因恐嚇一名寧波包工頭被租界當局逮捕。廣東木工認為包工頭對廣東木工罷工期間廠方僱用寧波人負有責任。為解決罷工風潮，在調查過程中，會審公廨與上海廣肇公所進行接觸，董事傅木工首領說服他們復工，公所董事答應就四位被捕木工的釋放進行斡旋，同時為罷工工人的損失提供補償。調查這些情況後，會館董事與外國船廠老闆接觸，要求對方確保

---

[1] 衛理：《中國的昨天和今天》，1923年，第203-204頁，轉引自顧德曼：《家鄉、城市與國家——上海的地緣網絡與認同（1853-1937）》，上海：上海古籍出版社，2004年，第112頁。

[2] 《光緒二十八年四月八日》，上海市檔案館藏，《廣肇公所集議簿》，Q118-12-137。

[3] 同上書，Q118-12-137。

[4] 《宣統三年四月初二日》，上海市檔案館藏，《廣肇公所議事簿》，Q118-12-138。

释放被捕木工。當最初的調解失敗以後，會館向道臺尋求幫助，同時挑選公所成員作為擔保人，到法庭為木匠的利益進行活動，最終確保了他們的釋放。[1]

在涉及同鄉人和非同鄉人的案件中，會館等同鄉群體則充當法定的顧問和代表。一八七三年，楊月樓案中，上海廣肇公所便代表同鄉充當了原告。

廣東旅滬商人韋某是個茶商和買辦。其妾王氏酷愛京劇，經常觀看楊月樓的演出。趁韋某在福州處理商務時，王氏將繼女阿寶許配給了楊月樓。韋某的兄弟到上海聽說這事後，就求助在上海的廣東會館。會館董事討論了此事，議定廢除這一婚約。他們把這個決定通知了楊月樓。楊月樓得到同鄉的支持，堅持履行婚約，與阿寶祕密商議後完婚。韋某的朋友對這種祕密結婚極為憤怒，在廣肇公所召集會議。會館向會審公廨請願，要求逮捕這兩名女子和楊月樓，指控楊涉嫌綁架、強姦和盜竊。據此，知縣迅速委派捕快，沖進楊月樓的屋子，逮捕了韋氏及韋阿寶。由於韋家財物在楊家院子中被發現，會審公廨法官斷定這案子超出了會審公廨司法權的范圍，他向上海縣知縣發出了廣肇公所的指控書。上海知縣葉廷眷是廣肇公所的董事，葉廷眷給楊月樓施重刑，判決其流放。

儘管上海廣肇公所的行為引起了爭論，批評者對會館所扮演的上訴者的角色是接受的，也承認由會館向法庭起訴楊月樓的有效性。[2]

會館等同鄉群體為同鄉到租界法院備案。一九二九年，上海潮州會館發生德安輪匯票遺失案，會館一再開會議決登報存案，以免糾

---

1 〔美〕顧德曼：《家鄉、城市與國家——上海的地緣網絡與認同（1853-1937）》，上海：上海古籍出版社，2004年，第65頁。

2 同上書，第76-79頁。

紛。[1]四月十一日，上海潮州會館給租界法院的報告稱：「本會館入會商號春記新等報告，本年夏曆正月十二日德安輪船到申，有由汕頭各號寄申之匯票被益興信局遺失無著，委託代表分登中外各報並赴各法院呈案聲明作廢無效，以免發生糾葛等情。除登報外為特開具各票號碼銀數票價日期清單，並檢呈中外報紙各一份請求鈞廨（院）准予照章備立案。」[2]

在司法過程中會館等同鄉群體協助租界法院調處同鄉糾紛，清查賬目，保釋同鄉，做同鄉的代理人。會館等同鄉群體與會審公廨的協作關係從十九世紀後期一直延續到二十世紀上半葉。會館等同鄉群體除了在司法領域協作租界法院外，還與租界當局在許多方面合作。

會館等同鄉群體在資金方面給予了租界各項事業一定支持。十九世紀七〇至八〇年代，會館等同鄉群體為公共租界救火聯合會提供資金。工部局一八七五年報告中登載了主要捐助者的名單。公共租界兩千五百兩，法租界一千兩，會館和公所一千一百二十兩，中國政府四百兩。這些捐助者中，會館在數量上排在第二位。一八七三至一八七四年上海廣肇公所的賬簿列出了向租界巡捕房資助的兩類款項，一年在兩百五十兩以上。[3]這僅僅是一個會館資助的數目，上海會館等同鄉群體林立，他們對租界巡捕房資助的款項總數相當可觀。

會館等同鄉群體協助租界當局維持秩序。中法戰爭期間（1883-1885），上海知縣黎光旦和道臺邵友濂號召商人招募武裝。[4]一八八四

---

1 《己巳年3月17號第3期》，上海市檔案館藏，《潮州會館議案備考（1917年）》，Q118-9-18。
2 《4月11號第5期》，上海市檔案館藏，《潮州會館議案備考（1917年）》Q118-9-18。
3 《廣肇公所徵信錄》，1873、1874年，轉引自顧德曼：《家鄉、城市與國家——上海的地緣網絡與認同（1853-1937）》，上海：上海古籍出版社，2004年，第112頁。
4 《上海縣續志》卷一三，第13頁。

年，工部局收到的請願書顯示了中國商人組織武裝的辦法：「我們虹口粵商代表聯名……要求市政當局授權……在危機結束前，商民人等可自保安全，不致因恐慌而遷離上海。虹口鋪戶擬每戶出二至三人為義勇，合總千人……義勇兵械則由廣東會館供給。」[1]該請願書要求市政當局授權給廣東會館，組織義勇維持租界的秩序。

一九〇〇年義和團運動時期，大量中國居民因恐慌而遷出公共租界。工部局對決意要走的人，簽發印有兩種文字的通行證以控制人口流動。他們寫道：「上海租界保衛事宜業經工部局和各會館董事妥籌，告示公佈。本會知悉該中國居民亟需遷居，為免阻止，特頒此證，巡捕妥予保護。」[2]這裡指出了通行證的辦理實際是工部局和各會館董事協商的結果。工部局承認，重要會館和外國當局之間的諮詢和協作已成為慣例：「過去只有涉及華人群體的重大問題，工部局就要向本地行會機構或領導人諮詢，以便採取有益於相關團體的措施，這已經成為一種慣例。」[3]

一九一〇年上海的瘟疫更加強了租界與會館等同鄉群體的合作。

一九一〇年秋，上海出現了淋巴鼠疫，這為工部局制定特殊的公共衛生條例細則、擴大外國殖民當局對中國居民的管轄範圍提供了藉口。

十月底，公共租界出現一例因染鼠疫而死亡的報告後，工部局立即制定了緊急防疫措施。這些措施在華人群體中引起了嚴重不安。十一月十二日，聽說租界當局為了不可告人的目的而捕殺婦女和兒童

1　《上海工部局年報》，1884 年，第 58-59 頁，轉引自顧德曼：《家鄉、城市與國家——上海的地緣網絡與認同（1853-1937）》，第 93 頁。

2　《工部局年報》，1900 年，第 81-82 頁，轉引自顧德曼：《家鄉、城市與國家——上海的地緣網絡與認同（1853-1937）》，上海：上海古籍出版社，2004 年，第 112-113 頁。

3　《工部局年報》，1904 年，第 25 頁，轉引自顧德曼：《家鄉、城市與國家——上海的地緣網絡與認同（1853-1937）》，上海：上海古籍出版社，2004 年，第 113 頁。

後，一夥中國人用石塊攻擊外國人，用竹竿猛擊衛生檢查員，搗毀消毒車輛和裝備。此時，工部局發出佈告，宣佈將於十一月十四日實施新的衛生細則。十一月十三日，上海商會總理、副總理會同會館、公所董事的頭面人物致函工部局總董戴維·蘭代爾，表示願意幫助當局阻止鼠疫，但以採取溫和的防疫措施為前提。工部局試圖在十一月十六日的公眾大會上直接向中國居民解釋，以使他們相信衛生措施的必要性，但宣告失敗。十一月十七日，工部局總董戴維·蘭代爾通知上海商會總理周晉鑣和重要會館、公所的董事，條例細則僅針對鼠疫暴發的特殊情況。為爭取他們的同意，他轉交一份修訂的法規，表達了工部局希望得到幫助的願望。十一月十八日，工部局與華人群體代表討論了防疫方案，出席的有重要會館、公所的董事。討論持續了六個小時，其間中國代表爭取到了對防疫程序做出重大修改：除了限制瘟疫的規章制度外，就華人病例的檢查應由獨立的中國瘟疫防疫醫院的中國醫生操作達成了一致意見；檢疫僅限於虹口（鼠疫區域）；最後，病人如果因染疫而死亡，所有安放、埋葬的事宜均按照中國的風俗習慣辦理。在處理這一危機事件中，儘管中國官府提出了各種各樣反對意見，但會館等同鄉群體比中國政府更有效地代表華人出面調解。[1]

二 鄉誼流動與租界當局的衝突

會館等同鄉群體與租界當局除了協作，還時有衝突。會館等同鄉群體與租界衝突的一個焦點是會館地產。上海最重要的幾個會館與租界當局都為此而衝突。

---

[1] 〔美〕顧德曼：《家鄉、城市與國家——上海的地緣網絡與認同（1853-1937）》，上海：上海古籍出版社，2004年，第114-115頁。

早在一八五一年七月，福建興安會館強烈反對英國人購買一塊葬有同鄉屍身的土地。他們被英國人計劃在上面建一個公園的想法所激怒，一大批福建人帶著棍棒、石頭攻擊了前來交易的英方人士，還抓了安排這宗買賣的華人巡捕。[1]

　　上海潮州會館與法租界圍繞會館館產發生了數次衝突。廣東潮州海、澄、饒等商人於乾隆四十八年買地修造了會館。同治元年四月間，法國火輪公司忽然聲稱，洋行街為奉准租買地界。廣東商人等因該地為公產，不準備賣給法國公司，於是呈請上海道照會制止。到同治二年，法國公司迫賣日甚。會館將備價贖回海、澄、饒萬世豐會館地基畝數銀兩，呈請「申詳撫憲達部存案，並乞出示嚴禁。日後無論中外人等，不得再生枝節，藉詞侵占」。同治二年七月十日，蘇松太兵備道黃批示：「除飭上海縣將租地原案勘明詳辦，並將潮州會館贖回緣由，隨案詳咨總理衙門立案外，合行給示遵守。為此示仰潮州會館董事及號商人等知悉：此次贖回並巷路地基一畝七分一釐，永為海、澄、饒萬世豐會館之業。中外人等不得再有強占硬買，以垂久遠，而安商旅。」潮州會館為此事而立碑《蘇松太兵備道為贖回法人強占之地永為潮州會館產業告示碑》。[2]

　　一九一七年，法租界越界築路擴展租界範圍，擬將上海潮州八邑山莊所在的八仙橋墓地開闢馬路。一九一七年五月三十日，上海潮州會館開會商討對策，決定要求法租界賠償遷墳費用。在洋律師古沃的辯護下，法租界同意採取贖買方式，答應了潮州會館索賠要求。潮州會館因為舊墓地八仙橋地價隨著城市的發展而高漲，於是準備出賣舊

---

[1] 同上書，第 44 頁。
[2] 上海博物館編：《上海碑刻資料選集》，上海：上海人民出版社，1980 年，第 425-426 頁。

墳地，而到遠郊購買新墳地，並將舊墳地的遺骨遷入新墳地。如此一來，不僅獲得了可觀的地價差額，而且取得了法租界公董局的遷墳賠償費。

較之福建興安會館與英國人，潮州會館與法國人的地界衝突，四明公所與法租界幾次地界衝突更為激烈，聲勢更為浩大。

十九世紀六〇年代，法租界謀求第一次擴展，兩次準備買下四明公所地皮，平去墳冢後闢為馬路。四明公所與之力爭暫停。一八七四年，法租界當局決定強行動工築路。四明公所致函反對，希望法租界改變路線，並表示願意分擔改變路線所需費用。面對法租界的一意孤行，四月二十六日，四明公所董事開會討論此事。號召舉行罷工罷市，向法國領事請願。會館董事派出六名成員與法國領事談判。他們還說服沈秉成為四明公所向公董局說情。五月四日，總領事宣佈：根據會館董事的要求及道臺和上海知縣的請求，已指示公董局改變計劃，保存四明公所建築和墓地。一八七八年，北京總理衙門與法國公使達成協議，中國賠償法國三七六五〇兩，法國給被殺的七名華人家屬恤銀七千兩；法租界放棄原築路計劃；四明公所仍維持原狀。

一八九七年，公共租界和法租界禁止租界內存放棺柩。法國禁止的主要目標是四明公所。一八九八年一月，法國總領事白藻泰指示巡捕六個月後執行條例。當時英法兩國正與中國當局進行談判以擴展租界邊界。一八九八年春，道臺拒絕了他們的要求。五月底，法國領事通知寧波會館董事，法國打算徵用四明公所墳地和存放棺柩的土地建造一所中國醫院、學校、屠宰場以及一八七四年耽擱的馬路。會館儘管將兩千五百副棺材運回寧波，但在中國官府的支持下，拒絕承認法方有此權力。七月十六日，法國發出最後通牒的第二天，水手從法國砲艦登陸，監督勞工搗毀三處墳地圍牆。四明公所領導人號召寧波商人停止營業，約定第二天早晨集會。當圍牆被法國水兵推倒時，大批

人群圍困並襲擊了進犯者。隨著夜幕降臨，手持磚塊和竹竿的人群充斥了街道，他們砸碎路燈，推倒燈桿，指責外國人。騷亂持續到第二天上午，期間一小群廣東人襲擊了法國巡捕房。法國軍隊開槍打死了二十至二十五名中國人，重傷四十人。第二天，所有的寧波人都罷工了，並開始抵制法貨。下午，寧波幫的主要領導人與法國總領事進行談判。法國總領事向寧波群體代表允諾延長三個月，以便會館搬遷墓穴，激烈的敵對行動得以停止。沈洪齎和虞洽卿一起組織了罷工。四天後，華洋當局通過談判與沈洪齎達成了協議。兩江總督劉坤一得知此事，任命一個中國官方班子（包括上海道臺和江蘇布政使）進行調查，並與法國總領事談判。一八九八年九月，法國駐華公使與清政府達成協議，在承認法租界擴張的條件下，維持四明公所土地權，規定公所墳地不得停放新棺，公所的地面也可以開築交通所需的道路。

會館等同鄉群體與租界衝突的另一焦點是租界司法權。其中以一九〇四年周生友事件和一九〇五年十二月大鬧會審公廨事件最為著名。

周生友事件源於寧波人周生友被俄國水兵砍死。一九〇四年十二月十五日，兩個醉醺醺的俄國水兵在江邊雇了兩輛人力車回船。下車後他們拒絕付錢，其中一個人力車伕堅決索要車費，便發生了爭執。名叫亞其夫的水手大怒，從附近一位正在修繕堤岸的木工手中奪了一把斧頭，砍向人力車伕，斧頭沒有砍到人力車伕，卻把一位行人周生友砍倒在地，砍碎了他的頭顱。俄國水手回船途中被聞訊而來的巡捕逮捕，隨後把他們交給俄國領事。

周生友是寧波人。第二天，大約三萬名寧波手工業者、人力車夫、漁民集會抗議，四明公所及時出面撫慰抗議者，會館董事當即宣佈，堅決要求將亞其夫交給中國官方審訊。在談判中，會館不斷散發傳單。十二月十八日，會館領導人向清廷請願，外務部和總督周馥抗議俄國領事沒有與上海道臺協商就處置了拘留者。一九〇五年一月十

四日,俄國軍事指揮官以亞其夫因疏忽殺人,做了輕判,處以八年勞役。但特別法庭認為這起案子「非常意外」而把判決改為四年。寧波領導人召集全市所有行業和同鄉團體的領導人,在滬北商業公所商討對俄國當局施加壓力的辦法。首先,由各省商界領袖發電呼籲外務部、商部和政府官員的支持。其次,向道臺施加壓力,與外國當局在上海進行談判,使外國當局瞭解公眾對判決不滿的程度。最後,各幫董事決定抵制俄國商品和盧布。在各方的壓力下,俄國領事將亞其夫的判決延長為八年。周生友事件到此告一段落。

　　一九〇五年十二月的大鬧會審公廨直接源於中外對領事裁判權爭議。設外國陪審員並不意味著他可以干預純屬華人的案件。西方當局在二十世紀初的干預不斷加大。派巡捕監督會審公廨的運作。一九〇五年間,中方讞員關絅之一再抗議外國對中國主權的侵犯和對中國人案件由中國司法裁判原則的踐踏,但作用不大。最後,在處理一個案件時引發了激烈的衝突。一位廣東寡婦黎王氏攜帶十五名婢女及丈夫靈柩從四川回老家,租界巡捕懷疑其誘拐並轉賣女童而將其逮捕。案子調查期間,圍繞黎王氏的看押問題,中方讞員關絅之與英國陪審員德為門之間發生尖銳對立。關絅之下令差役把黎王氏關進會審公廨的牢房,陪審員德為門則下令工部局巡捕房巡捕把她看押在新的西牢。英國巡捕和中國差役間發生了衝突。巡捕占了上風,幾名中國差役受了傷,中方助理員金紹成在混戰中挨了打。為了防止巡捕帶走黎王氏,差役關閉了院子。法官關絅之退到院內,聲言巡捕如想開門,最好先把他幹掉。但巡捕還是強行打開了門鎖,帶走了黎王氏。接下來兩天（12月9、10日）上海廣肇公所等組織了抗議。廣肇公所召集同鄉舉行大會,與外務部和商部接洽,要求幫助。他們發出電報為黎王氏辯護,並指控租界當局非禮中國官方,干擾中國司法審判的行使權。

　　徐潤是上海廣肇公所的董事,他領導了在商會的抗議集會,抵

貨運動領導人曾少卿和四明公所董事虞洽卿也加入了這次抗議。集會中，一千多名上海名流致電外交部、商部、兩江總督，列數英國陪審員和巡捕的無禮行徑，要求中國政府予以干涉，以及維持在公共租界工部局設立中國代表的權利。

十二月十日，在上海知縣和上海商人的壓力下，道臺袁樹勳向工部局和英國領事提出抗議，隨後召集旅居者紳士舉行會議討論西方巡捕對中國官方的侮辱。並以官商聯名的形式致電外務部，要求中國政府干預。過了幾天，學生或學商團體以及同鄉團體加入抗議行列。

接到上海商人發來的電報，外務部、商部和兩江總督要求外務部與駐京外交使節在北京開會，以阻止外國對中國司法主權的侵犯。在上海，道臺與總領事克萊曼紐會晤，轉達了商人提出的解決緊急狀態的條件：一、釋放黎王氏及其隨行人員；二、解除陪審員德為門的職務，懲戒巡捕；三、只能由會審公廨關押女犯。

總領事拒絕了這些條件，導致群情激昂，並增加了在工部局設華人代表的要求。數千寧波同鄉於十二月十二日在四明公所重新集會，發誓用團體的力量發動同鄉。最終迫於中國外務部的壓力，北京外交使團下令上海領事團釋放黎王氏。十二月十五日，英國領事放出黎王氏，直接把她交給了廣肇公所。黎王氏釋放後，民眾依然激憤異常，激進的公忠演說會號召罷工，拒絕向租界當局納稅。十二月十八日早晨，租界牆上貼滿了煽動性告示。租界不同地方的人群同時襲擊了最早開門營業的市場和糧店。接著，約有數千人放火焚燒巡捕房和市政廳。租界當局出動巡捕、水手和海軍以恢復秩序。罷市第二天結束。會館領導人介入隨後進行的租界當局與道臺的談判。談判過程中，工部局與會館領導人討論成立一個顧問委員會的可能性。該委員會將與工部局成員定期會面，以便工部局瞭解中國公眾的觀點。

納稅外人會為公共租界裡的議決機關。工部局為公共租界裡的

市政機關，又稱公董局、公局。一八六四年，北京公使團所定上海租界原則之一為工部局須加入華人。一八六六年納稅外人會通過，列入修改章程中。一八六九年北京公使團批准時將這條刪去。一九〇五年十二月，大鬧會審公廨，華人對工部局之設施，反對甚烈，提出了上述設立顧問委員會的議題。一九〇六年二月，工部局同意由七名成員組成華人顧問委員會，該委員會反映了上海最有影響力的三個同鄉團體的力量，在這個計劃中，代表上海社團的五名商界領袖有三名是浙江人，另外二名是廣東人和江蘇人。三月十三日，這個方案最終被納稅外人會否決。直到一九一四年四月八日，法租界才同意兩名中國代表以顧問身分進入法租界。一九一五年三月，領袖領事就公共租界增設華人顧問委員會一事向工部局遞交了一份協議草案，提出華人顧問會，由兩名寧波行會、兩名廣東行會被提名者及一名涉外事務特使組成。[1]納稅外人會一致接受了這些條件，但是這個新部門的建立陷入了列強外交部和中國政府之間的僵局。一九一九年巴黎和會時，中國政府提議上海租界未收回之前，應加入華董，報紙鼓吹甚烈，組成「各馬路聯合會」，其目的為修改章程，加入華董。針對華人在租界內無參政權，一九二〇年八月，寧波旅滬同鄉會致函上海總商會，進一步呼籲華人各界聯合組織「納稅華人會」，公舉華人擔任顧問參加工部局。在總商會、廣肇公所、寧波旅滬同鄉會等團體的共同努力下，「納稅華人會」最終成立。[2]新的納稅華人會選舉了顧問委員會，委員會於一九二一年成立。一九二五年五卅慘案發生，大家都認為只有加入華董，才能消除隔閡。一九二六年，馬路商界總聯合會為要求華洋平等選舉

---

1 〔美〕顧德曼：《家鄉、城市與國家——上海的地緣網絡與認同（1853-1937）》，上海：上海古籍出版社，2004年，第140頁。

2 郭緒印：《老上海的同鄉團體》，上海：文匯出版社，2003年，第548頁。

權，函請納稅華人會開委員大會，修改洋涇濱章程及納稅華人會章程，以為爭取華董之根據。[1]一九二六年四月十五日納稅外人會通過議案令工部局向中國建議早日加入三華董。華人方面嫌董事人員太少，經過兩年後才接受。一九二八年就職。另加入六名華人為委員會委員。

在同鄉群體等各方的努力下，成立了華人顧問委員會、納稅華人會，華董進入工部局，正是鄉誼流動推動了租界制度的改革。市政建設、司法、救災、經濟等活動中，鄉誼流動與租界當局有相當默契的配合。即便是具有一定西方色彩的租界對鄉誼流動也是包容的。中國政府與租界當局性質有很大的不同，但與鄉誼流動的關係上卻有許多相似性。

第三節　政府對鄉誼流動的響應及限度

近代以來的通訊設施、輿論環境、桑梓之情等因素為實現鄉誼流動提供有利條件。人們的大量請託信息得以及時傳遞，並為會館等同鄉群體所受理，最後不少請託者的願望在一定程度上變成了現實。

當會館等同鄉群體有求於政府時，政府有時也願意為會館等同鄉群體排憂解難。上海廣肇公所正是在處理糾紛中具有一定的影響力，因此同鄉往往請它出面解決糾紛。一九二五年，上海廣肇公所特別會議記載，漁船主馮成貴十一月十日駕船在汕尾海界遮朗海面燈塔附近，被法國郵船安得來朋號撞沉。船主估計損失總價值為六千七百元。請求廣肇公所代其向法國郵船交涉，索取賠償。廣肇公所以事關外交，十分慎重，函告總商會，請求它向交涉使磋商，然後致函法國駐滬總領事，轉飭郵船公司如數賠償。還派員赴交涉公署，會商索賠

---

[1] 同上書，第462頁。

對策。最後，該案由法國郵船賠償一千兩了結。[1]鄉誼流動將交涉公署捲入其中，交涉公署的介入促使糾紛得到解決。鄉誼流動促使政府和軍隊維護地方治安。一九二九年，徽州發生匪禍。三月三十一日，東流人朱富潤（朱老五）率部眾百餘人進入徽州，先後占領祁門、休寧、屯溪，焚燒縣署、警署，釋放囚犯，四月八日進入婺源界。四月七日，婺源同鄉會（上海）開緊急會議，到會百餘人，議決一致電省政府，火速派兵痛剿，一致電縣政府設法防禦。[2]徽寧同鄉會的反應極其迅速，他們分別向浙江省政府，南京國民政府提出請願，並請求駐皖軍隊派兵進剿。一些駐皖軍隊同意派兵進剿。[3]

歙縣旅滬同鄉會會員汪發達一九四八年六月十八日給同鄉會信。在信函中，汪發達詳細介紹了歙縣安定鄉鄉長韓榮輝毆打其父的凶橫劣跡，請求同鄉會發快郵代電轉請本縣縣政府趕緊遏止，或派員前往徹查。[4]在接信次日，歙縣旅滬同鄉會理事長方煒平便給歙縣王縣長、地檢處發去信函，依法嚴懲。[5]王縣長得信後於七月解除了鄉長韓榮輝的職務，令他「靜待司法裁判」。安定鄉鄉長一職另派人接替。在縣長的干預下，事情朝著有利於同鄉群體的方向發展。[6]

同鄉團體在與家鄉政府交涉過程中遇到阻礙後，便向上級部門反

---

1 《11月18日特別會議》，上海市檔案館藏，《廣肇公所議事部（1925年）》，Q118-12-128。
2 《皖人援救梓鄉匪禍》，《申報》1929年4月8日，第14版。
3 同上書，第14版。
4 《(會員汪發達來函)為父遭受該鄉鄉長韓榮輝毆打致傷已狀訴地方法院並請分別函請縣府及地院申援以維法紀而安民命由》（1948年6月19日），上海市檔案館藏，《歙縣旅滬同鄉會檔案》，Q117-27-10。
5 《(致歙縣縣政府王縣長地檢處首席代電)為安定鄉鄉長韓榮輝非法虐民，據情特請嚴懲以維法紀而安民命由》（1948年6月20日），上海市檔案館藏，《歙縣旅滬同鄉會檔案》，Q117-27-10。
6 《(歙縣縣政府來電)為準電以汪志浩控訴安定鄉鄉長韓榮輝一案復請查照由》（1948年7月），上海市檔案館藏，《歙縣旅滬同鄉會檔案》，Q117-27-10。

映，有時能得到解決。

　　軍隊的騷擾往往是家鄉的一個負擔。上海潮幫人士郭德順接到家人報告。一九二一年，舊曆九月二十一日，潮陽縣知事奉籌餉局訓令，派梁孟熊率兵一隊並由縣派兵三十二名，隨到郭唯一家勸餉二萬元。限五日交足。事實上，此前郭早已向粵軍捐款。會館等同鄉群體致電潮陽縣長和陳炯明省長，要求他們管束汕頭軍需局。[1]會館董事黃少岩和江少峰於十月十二日將此案提交給了孫中山、伍廷芳、唐紹儀等南方政府的領導人。孫中山接見了他們，聽取了他們的意見和要求。此後由重新組織的廣東護法軍政府指令粵軍總司令陳炯明負責解決駐軍向郭宅逼餉事件。十二月初，上海潮州會館接到了陳炯明的電報：「郭宅事已電汕籌餉局查覆核辦矣。」不久，郭德順得知駐軍「索餉如故」，致函上海潮州會館董事會「乞同鄉諸先生鼎立主持」。上海潮州會館董事會再次決議，「再分電省各總裁、陳省長及汕頭籌餉局」，並公舉范芝生為會館代表赴潮汕，向當局面陳一切。[2]十二月六日，再致電孫中山、伍廷芳、唐紹儀等，請他們對此予以關注。

　　一九二二年底至一九二三年底，陳炯明在潮汕一帶設立殷商捐。上海潮州會館的電文稱，當地的殷商捐隨意性極大，即便是巨富，只要肯賄賂政府派員下鄉抽勒的人員（付運動費），即刻減輕從半。如屬中富，交了運動費，則立予取消。上海潮州會館於一九二三年一月六日的第十五期董事會上討論決定：「電請汕頭籌餉局，將殷商捐名目取消。」為此堅持與當局交涉，採取和平的持續鬥爭措施，達一年之久，終於達到了取消殷商捐的目的。[3]

　　一九二三年，歙縣旅滬同鄉會收到會員蕭道之來函，訴說歙縣琳

1　1920 年 11 月 11 日，上海市檔案館藏，《潮州會館議案備查（1916 年）》，Q118-9-6。
2　1920 年 12 月 4 日，上海市檔案館藏，《潮州會館議案備查（1916 年）》，Q118-9-6。
3　郭緒印：《老上海的同鄉團體》，上海：文匯出版社，2003 年，第 160 頁。

村遭到土匪洗劫，縣府追緝月餘毫無蹤影，請求援助。該同鄉會將此情況致函縣政府，並代電省政府民政廳。後接縣府函覆，將漁梁公安分所所長遊觀撤職，並拘獲客民王春應等，正在研訊中。九月四日，致縣府函中指出了有關公安公所所長的失職行為。九月二十日，致省政府民政廳函中，揭發了縣長周某的失職行為。而該同鄉會在「呈電交馳，縣長概置不理」的情況下，致電省政府和民政廳，尖銳地指出了縣長不負責任，要求「徹查」、「詳查」。[1] 歙縣鄉誼流動通過影響省一級政府運作解決縣裡的問題。

一九一三年，江海關監督及稅務司改訂關棧新章的過程，我們將看到鄉誼流動影響政府的限度。一九一三年，江海關監督及稅務司改訂關棧新章，將原來貨物存放關棧的期限兩個月改為十五天，超過期限者即受到罰款。上海潮州會館聯絡廣肇公所致函上海總商會，請其轉達海關監督、稅務司援照舊章辦理，准將新章取消。[2] 總商會復函稱：「已分函海關監督、稅務司，請其體恤商艱取消新章以順輿情。」[3] 上海潮州會館致函各輪船公司：「貴公司獨操勝算，良忻加貝，又何必絢棧租之小利以致牽動全局，使兩方面受此無窮之虧耗也。」[4] 上海潮州會館致函汕頭六邑會館和潮州六邑會館呼籲維護華商共同利益。潮州會館還聯絡泉漳、漢口、煙臺等商幫一致請願要求改訂新章。

六月二十二日，北京稅務處復上海總商會電稱：「新章如果不便商情，本處決不意存袒護，惟並非實有不便，斷難朝令夕改，貴商會固應維持商務，亦宜顧全國課，當望切實開導，令其遵照新章辦理，以

---

1 《歙縣旅滬同鄉會為琳村盜竊事與政府交涉》，上海市檔案館藏，《歙縣旅滬同鄉會檔案》，Q117-27-3。
2 《廣肇、潮州會館全體商會致上海總商會函稿》，上海市檔案館藏，Q118-9-32。
3 上海市檔案館藏，《潮州會館》，Q118-9-32。
4 同上書。

維大局。」[1]此後潮州會館等繼續反對新章，使海關監督和稅務司表示了一定的讓步。江海關墨稅務司表示：「已屆十五天之限，該貨主不來完稅者，則應令該進口之船公司代為報完關稅並須遵限於四十八點鐘內將該土貨一併提清，現在本稅務司為格外通融起見，設或商家遇有一切為難緣故譬如連日天雨等情，則亦不妨於原限四十八點鐘外再予寬展數日，以便商家。」[2]北海關施監督來函稱：「惟將來各幫商家如有於墨前稅務司任內單列粗貨之外，尚有價賤笨重粗貨不便其入專棧者，仍應准其通融來關聲明情形，以憑核辦。」[3]經過會館等同鄉群體的努力，改訂關棧新章中多少爭取到一些通融。

會館等同鄉群體與相關部門在改訂關棧新章交涉時，鄉誼流動的範圍在擴展，上海潮州會館先後致函汕頭六邑會館和潮州六邑會館、泉漳、漢口、煙臺等商幫一致請願要求改訂新章；他們交涉的對象涉及上海總商會、各輪船公司、北京稅務處、北海關監督、江海關稅務司等多個部門；鄉誼流動由上海擴展北京、漢口、煙臺等地。從結果看，會館等同鄉群體參與了改訂關棧新章，此項制度的改革融合了會館等同鄉群體的些許意見。

除此之外，還有無數事例顯示，請託者得到了實質性的幫助，或是取得了階段性的勝利。當然，鄉誼流動在人們的社會生活中的作用也有一定的限度，不可過高地估計它。

一九二三年，歙縣旅滬同鄉會援助汪胡氏事件顯示，地方政府並非一味遷就同鄉會的意見。一九二三年七月，歙縣旅滬同鄉會接到歙縣陳家蔭等十位鄉紳來函，附送有歙縣琶村民婦汪胡氏三月間失竊事

1　同上書。
2　同上書。
3　同上書。

件的冤狀。三月間，汪胡氏發生失竊事件。次日，汪胡氏在路上遇到曾經在她家做過工的汪月明，恰巧汪月明腰間纏有汪胡氏所失竊的麵袋。在汪胡氏的追問下，汪月明承認贓物藏在董小洪（紅）家。汪胡氏由汪月明帶路到董小洪家查詢。董小洪惱羞成怒，痛打汪月明，並將汪月明拉去。過了兩天，張得才等忽向汪胡氏敲詐，說汪月明被打死，要汪胡氏出錢私了。汪胡氏被逮捕到縣，嚴刑逼供，掌頰八百。歙縣旅滬同鄉會開評議會討論此案，認為「詞出一面，難資徵信，議決函請本縣紳耆查復」。不久接到該縣士紳方在民復函稱：此案是由於貪污的官吏希望得到汪胡氏的親戚吳守坤的私產而鼓動起來的。另外，汪筱溪、許恆仁回信語意略同。此時，歙縣知事陳炳經，因其他案件被撤職，歙縣旅滬同鄉會即致函請安徽省長、高等檢察長查究前知事陳炳經違法責任；並請令行新任知事秉公徹究。同時函請新任汪知事將汪氏停止刑訊，交保釋放。八月，汪知事覆函稱，汪月明無論被何人所毆，汪胡氏家被竊究為其致死之由，該氏實為重要嫌疑犯，未便保釋。歙縣旅滬同鄉會一面去函駁斥汪知事，一面函請徽寧旅滬同鄉會協同呼籲，還函請縣紳吳瀚雲等向縣方聲請保釋。在致縣署函中稱：「應請縣長垂憫孤孀，勉為湔雪，先將汪氏停止刑訊，交保釋放，一面嚴緝負有傷人致死重大嫌疑之董小洪，程佛才等到案，秉公訊辦，期成信讞。」[1]

一九二三年，歙縣旅滬同鄉會援助汪胡氏事件顯示，同鄉團體面對兩屆地方政府，試圖介入一起司法案件，影響政府，但都無功而返。由此看來，政府偏移了原有的軌道，鄉誼流動也有抑制不住政府出軌的無奈。

---

[1] 《援助歙縣冤婦汪胡氏事件》，《歙縣旅滬同鄉會第一屆報告書》，上海市檔案館藏，《歙縣旅滬同鄉會檔案》，Q117-27-3。

二十世紀二〇年代，潮州商號之間的糾紛，鄉誼流動至軍政府總裁也沒有很好解決。一九二三年九月，汕頭的雜糧商源來號托上海聚成和林成記兩號向上海潮幫長泰號代辦麵粉。長泰發貨後，聚成、林成記按例向汕頭源來號收款，但對方遲遲不予理睬，屢催不應，實際上是拒絕兌付，聚成、林成記代付的四萬二千元打了水漂。後據上海潮州會館調查，源來號拒兌上海潮幫的應付款達十餘萬元。源來號的東家林少梅在潮汕獨立後，趁亂當上了軍政府的軍餉籌餉員。他通過向政府報效軍餉，獲得地方軍閥的信任和支持，遂大肆鯨吞旅外商家的匯款。長泰號店主周松舟親往汕頭索債，林少梅恃強呈蠻，圍毆債主，還把周松舟扭送進當地警局。上海潮州會館派董事黃少岩前往汕頭處理，林少梅有恃無恐，避而不見。潮州會館聯合廣肇公所逐級上告，最後向軍政府總裁都司令岑春煊求助，要求嚴懲林少梅。岑下令逮捕林少梅。由周松舟與林少梅當面對質，證實潮州會館對林的控告情節和數額完全屬實。岑將此案轉給廣東省政府處理，但在押往廣州途中，林被押送人釋放。潮州會館的檔案中，沒有發現聚成、林成記以及長泰索回欠款。[1]具備條件的一部分個人和團體能夠請託於北京、上海等地同鄉群體，會館等同鄉群體從請託中選擇一部分內容予以受託，並有可能使受託按照請託者的願望方向發展，說明人們利用會館等同鄉群體的資源可以解決一些問題，滿足一些需求。

　　但是，能夠發出請託信息的個人和團體畢竟只是社會中的一小部分個人和團體；會館等同鄉群體受理的請託多是那些與會館等同鄉群體關係密切、符合會館等同鄉群體利益的請託；會館等同鄉群體受託之後，在處理請託的過程中，會館等同鄉群體僅僅是推動事件發展的合力中的一種，它在合力中的大小是相對的，有時顯得很大，甚至起

---

[1] 多封往來函件涉及該案，上海市檔案館藏，《潮州會館往來函件》，Q118-9-4。

決定性作用,有時則顯得微不足道。於是,事情有時朝著會館等同鄉群體的願望發展,有時也可能不為會館等同鄉群體所左右,脫出會館等同鄉群體的控制,甚至與會館等同鄉群體的願望相左。

結論

　　從無數京官、地方官、出仕人員、商人、學生、教員、會館、同鄉會等團體匆忙奔走的身影，從同鄉京官印結、稟請、給示、立碑、法律規章、通電、信函、報刊、集會，從辦理出仕手續、政治事件、訴訟糾紛、市政建設、教育政策、慈善救濟、經濟措施、軍事行動與軍隊騷擾、維護國家主權等行動可以看到鄉誼流動如何創建、激活同鄉網絡並參與政治。明清時期的同鄉京官印結，會館稟請和衙門給示曉諭等可以看到鄉誼流動「名正言順」、「正大光明」介入官府制度的構建與運作。近代中國，鄉誼流動越來越多地「名正言順」、「正大光明」參與政治活動，政治亦深刻地影響鄉誼流動，二者糾纏在一起難分難解。[1] 明清時期鄉誼流動的網絡雖然也遍佈全國，不過其流動並不如近代那樣頻繁，像近代這樣的城際，乃至全國鄉誼聯動更少。近代鄉誼流動的參與者中各種公團越來越多。明清時期鄉誼流動與政府間的互動主要限於旅居地，而近代除了旅居地，家鄉、城際的政府都捲入鄉誼流動。相比明清，近代鄉誼流動參與政治的領域更為廣泛，不過，民國之後同鄉京官印結已經不存在，會館稟請和衙門給示曉諭之類也在改換新形式，甚至被新的法律所代替。這種變動深受交通通訊設施、輿論環境、政治制度與政治思想、社會結構與社會意識變遷的影響。

　　鄉誼流動為何可以「名正言順」、「正大光明」的介入政治？鄉誼

1　晚清湘軍、淮軍的各種活動使鄉誼「名正言順」、「正大光明」地流動於軍事、財政、政治等諸多領域。通過湘軍、淮軍等觀察鄉誼流動與治國無疑是個很好的視角，不過此等問題過於複雜，留待將來深入探討。

流動參與政治的正當性與以下問題相關。

　　第一，鄉誼流動對政治是必須的嗎？推動鄉誼流動的主體很多，政府即為其一。明清時期圍繞同鄉京官印結的鄉誼流動持續了數百年，官府需要同鄉京官印結以保持官僚人事制度運作的靈活性及增強擔保係數。會館稟請，衙門給示曉諭是官府需要構建地方法秩序。清末民國時期，國家政權常常藉助鄉誼流動解決司法、軍事、政治等領域遇到的問題。一九二一年，上海廣肇公所對調解糾紛的程序規定，十九世紀晚期以來，會館與會審公廨廣泛地合作等則可以看到鄉誼流動與司法制度運作配合相當默契。鄉誼流動還在救災、市政建設、經濟、教育等方面給予了政府較大支持，在全國性事件中給政府以聲援，支持政府鎮壓反叛者。鄉誼流動對政治的順應與協作在某些方面是經常性的，但更多如一九〇〇年義和團運動時期，鄉誼流動與工部局管理制度協作等是為了應付臨時性的事件。這些經常性和臨時性協作非鄉誼流動參與不可嗎？鄉誼流動是否具有不可替代性，我們不得而知。然而，政府選擇了鄉誼流動卻是事實，至少說明它在一定程度上是需要鄉誼流動的。

　　第二，鄉誼流動妨礙政治活動的正當性嗎？鄉誼流動對政治的挑戰和抗爭中，我們看到了二者的不協調之處，如小刀會事件中，會館與地方政府衝突的一面暴露無遺。還有不少的事例能顯示這種挑戰和抗爭的非正當性。然而從鄉誼流動對政治的挑戰和抗爭中，卻也可以看到挑戰和抗爭在當時並未完全失去正當性。如一九一九年政府做出欽廉劃棣桂省的決定很難說有多大的正當性，而鄉誼流動的抗爭可以促使政府重新考慮其政策。一九〇四年周生友事件和一九〇五年十二月大鬧會審公廨事件中，鄉誼流動挑戰了不合理的審判。在政治行動不合理、不完善的情況下，這些挑戰和抗爭遏制政治朝不正確的方向行進，恰恰從另一個側面維護了政治的正當性。

第三，鄉誼流動改善政治嗎？在鄉誼流動對政治的挑戰和抗爭中，政治行動往往發生變化。這種變化因為有了鄉誼流動參與其中，使制度變遷考慮了更多的緯度，吸納了更多的意見，從而更加完善。有時鄉誼流動對政治的抗爭卻可以從正面加以理解。鄉誼流動推動華人參與租界管理符合中外雙方的利益，鄉誼流動迫使其他地方的政府改變政策從而解決米荒造福一方，鄉誼流動促成撤銷不稱職地方官員是保證地方制度的順利運作，鄉誼流動導致取消股商捐是舒民困……。

　　且不論公民、社團是否有權藉助鄉誼流動參與政治，即便從政府的立場觀察，政治本身需要鄉誼流動來協作，鄉誼流動不僅維護政治，而且還改善政治。因此，只要政府允許，鄉誼流動介入政治便可以「名正言順」、「正大光明」。

　　政治並不總是受鄉誼流動的影響，鄉誼流動與政治互動有一定的限度。

　　第一，政府掌控著鄉誼流動與政治互動的命運。會館等同鄉群體面對強勢的政府常常無能為力。明清時期的同鄉京官印結，在民國建立後政府即廢除了該制度。民國時期政府加強了對會館的管理，中華人民共和國成立後對會館進行改造與接收，在此過程中，會館等同鄉群體基本比較順從地接受了政府的安排。鄉誼流動與政治抗爭的每一步都邁得十分沉重，取得的成果有限。一九二三年，歙縣旅滬同鄉會援助汪胡氏等事件顯示，同鄉會並不能改變地方政府的決定，鄉誼流動對中國政府及租界的抗爭並不經常有效。近代社會裡，政府仍居主導地位，基本上左右著鄉誼流動對其影響，這在鄉誼流動對政治的挑戰與衝突中表現尤其明顯。

　　第二，鄉誼流動的擴展與分化。清末民國時期，鄉誼流動的擴展與分化過程加劇。許多政治事件的臺前幕後都閃動著鄉誼流動的痕跡。鄉誼流動的活躍期，其衰落跡象也隱約可見。有的會館、同鄉會

等由專人在負責館務、會務,但多數情況下是人們在從事本職工作的同時參與其事。同鄉資源頻繁地流動無疑增加了其負荷,他們不堪重負之時也就是鄉誼流動衰退之期。會館等同鄉群體越來越多地顯示出參政議政的社團性質。近代以來,眾多的民間社會菁英介入了鄉誼流動,以社會公團名義推動鄉誼流動。上海的會館以商人為主體,但在近代也逐漸轉向關注社會政治問題,其功能發生了與北京會館趨同的轉變。圍繞北京、上海等地同鄉群體進行的鄉誼流動具有濃厚的政治性。近代社會狀況使鄉誼流動不可避免要打上政治性的烙印。隨著其他關注政治的團體的湧現,會館等同鄉群體逐漸淹沒在有類似關懷的團體裡,成為千千萬萬的社團之一。鄉誼流動的分化使其要麼化入其他組織的活動之內,要麼與其他組織一起活動。久而久之,鄉誼流動亦將被其他組織的活動所掩蓋。那些本身以關注政治為目的的團體、黨派逐漸走向前臺,會館等同鄉群體則終究要隱退幕後。

　　第三,鄉誼流動與政治互動難以形成有效機制。空間距離和捐納中銀號包攬代人取結上兌等因素不斷瓦解同鄉京官印結擔保的真實性。會館稟請和衙門給示曉諭難以克服其地域性。近代中國,鄉誼流動並不像專職參政議政機構那樣與政治發生經常性的關係。鄉誼流動的長期作用會促使一些政治行動與之保持相對固定的關係,比如鄉誼流動與政治在某些領域的協作,但這些協作並沒有有效的機制保障,它十分脆弱,雙方隨時可能使之終止。鄉誼流動與政治在協作與衝突中扣合在一起。縱觀近代以來二者扣合的歷程,無論是衝突還是協作,多是臨時性的,還沒有形成一個經常性的作用機制。

　　近代社會的大舞臺上,鄉誼流動與政治上演了一幕幕多姿多彩的悲喜劇,熱烈之餘,幕後的種種限制也飄浮於眼前。

　　鄉誼流動既影響了治國方式,也改變了同鄉觀念和同鄉群體,更讓同鄉觀念、同鄉群體與政治連為一體,實現了多方聯動。同鄉觀念

在社會生活、政治生活中傳承、流轉，從而改變了社會生活和政治生活。同鄉觀念促使同鄉群體之間逐漸形成同鄉網絡，也是影響鄉誼流動啟動的重要因素之一。同鄉觀念推動了各種同鄉活動的展開，其中一些活動參與了政治。明清時期，官府引入同鄉京官印結解決京師官僚人事制度的信任危機，在出仕諸多環節需要同鄉京官印結擔保，同鄉觀念介入京師政治制度的運作。清朝會館稟請和衙門給示曉諭建立起一些基層社會法秩序，同鄉觀念又向基層制度創制和運作滲透。無論鄉誼流動與政治是合作還是衝突，近代諸多政治活動之中均能看到會館等同鄉群體的身影，同鄉觀念的流淌，它們推動著政治活動前行。

　　社會生活、政治行動又推動了同鄉觀念的嬗變。同鄉觀念隨著鄉誼流動而延展到同鄉網絡的各個角落，鄉誼流動擴展與分化也造成了同鄉觀念發生相應的變遷。而頻繁地辦理同鄉京官印結，同鄉加強了交往，凝結、擴散了同鄉觀念。會館稟請和衙門給示曉諭維護了同鄉利益，加深了同鄉情感。參與諸多政治行動使同鄉觀念有了新的內涵，鄉誼流動關注的問題日益寬泛，同鄉觀念加入了越來越多的社會性、政治性因素。

　　同鄉觀念與同鄉群體、同鄉群體與政治之間不僅僅是靜態的，而且時常處於動態過程中，不僅僅存在雙向互動，而且還發生多方聯動。鄉誼流動使觀念、社會、政治的因素交織在一起，頻繁互動，彼此滲透、交融。由此，在觀念史、社會史、政治史之間似應架起一座座橋樑，不再壁壘森嚴。

參考文獻要目

一 資料部分

（一）檔案性資料

第一歷史檔案館館藏檔案案卷號：
  02-02-028-002032-0020。
  02-01-03-05703-023。
  02-01-03-07572-005。
  02-01-03-10167-017。
  02-01-03-11112-011。
  02-01-03-11320-048。
  02-01-03-11828-003。
  02-01-03-11914-063。
  02-01-03-12535-040。
  03-1567-001。
  03-1640-018。
  03-2459-031。
  03-2783-033。
  03-3669-049。
  03-3788-023。

03-4431-084。

03-4524-004。

03-4524-005。

03-4524-006。

03-4524-020。

03-4524-073。

03-7195-007。

04-01-12-0004-072。

北京市檔案館館藏檔案案卷號：

J19-1-125，257，259，260，262，264，265，268，269，271，272，273，274，275，276，279，280，282，283，284，323，325，326，327，330，331，332，333，334，339，387，446。
J002-002-00115，00117，00129，00136，00191，00261，00266，00268。
J184-002-00142，01531。J002-003-00589。
J004-001-00254。

上海市檔案館館藏檔案案卷號：

Q118- 12- 93，102，103，104，109，112。
Q118-9-4，7，11，14，15，16，23，25，26，32，37，62，63。
Q117-27-1，3，5，9，10，12，13，20。
Q117-9-37。
Q6-5-1039。
Q113-5-9。Y4-1-304。

武漢市檔案館館藏檔案案卷號：
    134-1-87，184，185，187。

成都市檔案館館藏檔案案卷號：
    3-1-69，24。

廣州市檔案館館藏檔案：
    全宗號 4-01，目錄號 1，案卷號 263- 1，2。

（二）彙編資料

〔日〕仁井田陞等：《北京工商 ギルド資料集》（1-6），東京：東京大學東洋文化研究所，1975-1989 年。
李文治：《中國近代農業史資料》，北京：生活・讀書・新知三聯書店，1957 年。
江蘇省博物館編：《江蘇省明清以來碑刻資料選集》，北京：生活・讀書・新知三聯書店，1959 年。
彭澤益：《中國近代手工業史資料》，北京：中華書局，1962 年。
李華：《明清以來北京工商會館碑刻選編》，北京：文物出版社，1980 年。
蘇州歷史博物館等合編：《明清蘇州工商業碑刻集》，南京：江蘇人民出版社，1981 年。
上海博物館編：《上海碑刻資料選集》，上海：上海人民出版社，1980 年。
廣東社科院歷史研究所中國古代史研究室等編纂：《明清佛山碑刻文獻經濟資料》，廣州：廣東人民出版社，1987 年。
北京市對外文化交流協會、北京市宣武區地方志編纂委員會編：《北京

湖廣會館志稿》，北京：北京燕山出版社，1994年。
彭澤益：《中國工商行會史料集》，北京：中華書局，1995年。
彭澤益：《清代工商行業碑文集萃》，鄭州：中州古籍出版社，1997
　　　年。
北京市檔案館編：《北京會館檔案史料》，北京：北京出版社，1997
　　　年。
王國平：《明清以來蘇州社會史碑刻集》，蘇州：蘇州大學出版社，
　　　1998年。
王燦熾纂，北京市宣武區檔案館編：《北京安徽會館志稿》，北京：北
　　　京燕山出版社，2001年。
李金龍、孫興亞主編：《北京會館資料集成》，北京：學苑出版社，
　　　2007年。
寧波市政府文史委員會編：《〈申報〉寧波旅滬同鄉社團史料》，寧波：
　　　寧波出版社，2009年。
王日根、薛鵬志：《中國會館志資料集成》，廈門：廈門大學出版社，
　　　2013年。
周向華、張翔點校：《北平涇縣會館錄彙輯》，蕪湖：安徽師範大學出
　　　版社，2014年。
李緘：《社會變遷、城鄉流動與組織轉型：寧波旅滬同鄉會會刊文論
　　　選》，上海：上海大學出版社，2016年。
李家瑞：《北平風俗類征》，上海：商務印書館，1937年。
榮孟源、章伯鋒、顧亞主編：《近代稗海》，成都：四川人民出版社，
　　　1985-1988年。
《宣武文史》、《文史資料選編》。
《廣東文史資料》、《廣州文史資料》、《廣東辛亥革命史料》。
劉同鈞主編：《辛亥革命前萊海招抗捐運動》，北京：社會科學文獻出

版社，1989年。

錢實甫：《北洋政府時期的政治制度》，北京：中華書局，1984年。

錢實甫編著，黃清根整理：《北洋政府職官年表》，上海：華東師範大學出版社，1991年。

于彤、袁鳳華：《北洋政府時期北京社團一覽》，《北京檔案史料》1991年第2期。

吳江市檔案館：《江蘇吳江市盛澤鎮碑拓檔案中會館史料選刊》，《歷史檔案》1996年第2期。

吉林省檔案館：《王希天檔案史料選編》，長春：長春出版社，1996年。

諸葛立准、盧禮陽：《溫州旅滬同鄉會史料》，溫州：溫州市政協文史資料委員會，2007年。

（三）會館志、地方志、古籍

李景銘：《閩中會館志》（1943年）。

石榮嶂：《北平湖廣會館志略》（1945年）。

許其田：《北平福建泉郡會館志》（1937年）。

李景銘：《安徽會館志》（1943年）。

《越祠紀備》（1920年）。

《江西會館議事草錄》（1925年）。

《湖南長沙郡同鄉委員會記事簿》（1923年）。

《上湖南會館傳書》（近代史所藏）。

《北平涇縣會館錄》（近代史所藏）。

《漢口山陝會館志》。

《廣肇公所徵信錄》（1873、1874年）。

《上海工部局年報》（1884、1900年）。

光緒《漳郡會館錄》。

張爵：《京師五城坊巷胡同集》，北京：北京古籍出版社，1982年。

朱一新：《京師坊巷志稿》，北京：北京古籍出版社，1982年。

馬芷祥：《北平街巷志》，北京：北平經濟新聞社，1936年。

《最新北平全市詳圖》（1930），《北京市宣武區地名志》，《北京市崇文區地名志》。

余榮昌：《故都變遷記略》，北京：北京燕山出版社，2000年。

葉恭綽、張次溪編：《北京嶺南文物志》，1954年。

民國《蕪湖縣志》。乾隆《浮梁縣志》。

《上海縣續志》。民國《歙縣志》。

阮元等纂：《廣東通志》，道光二年。

李宗黃：《新廣東觀察記》，上海：商務印書館，1922年。

《大明會典》《大明實錄》。

（明）李默：《吏部職掌》，明萬曆刻本。

（明）陳有年：《陳恭介公文集》，明萬曆陳啟孫刻本。

（明）俞汝楫：《禮部志稿》，清文淵閣四庫全書本。

（明）嚴嵩：《南宮奏議》，明嘉靖二十四年刻本。

（明）施沛：《南京都察院志》，明天啟刻本。

（明）葛昕：《集玉山房稿》，清文津閣四庫全書本。

（康熙）《大清會典》。

（雍正）《大清會典》。

（乾隆）《大清會典》。

（嘉慶）《大清會典》。

（光緒）《大清會典》。

《大清世宗憲皇帝實錄》。

《大清高宗純皇帝實錄》。

《大清仁宗睿皇帝實錄》。
《大清宣宗成皇帝實錄》。
《大清德宗景皇帝實錄》。
《重訂浙江印結章程》，國家圖書館北海分館藏，光緒十一年重訂。
《結局現行章程》，京師京華印書局，宣統元年編訂，中國社會科學院近代史研究所圖書館藏。
《各省印結》，清光緒年間抄本。
唐烜：《留庵日抄》，近代史所圖書館藏。
李慈銘：《越縵堂日記》，揚州：廣陵書社，2004年。
劉光第集編輯組：《劉光第集》，北京：中華書局，1986年。
何剛德：《話夢集》，北京：北京古籍出版社，1995年。
徐世昌等編纂：《清儒學案》。梁國治：《欽定國子監志》。
趙映奎輯：《文廟備考》，德聚堂藏版，道光丁未年重刻。
《北大廣東同鄉會年刊》（1922-1923年）
《廣東旅京同鄉錄》（1918年）。
《永新旅京同鄉會會刊》（1916年）。
《旅京福建同鄉錄》（1915年）。
《旅京云間同鄉懇親錄》（1923年）。
《旅京安徽池屬六邑同鄉錄》（1923年）。
《吉州十屬旅京學生會概略》（1920年）。
《浙江旅京同鄉錄》（1914、1915、1922、1935年）。
《嘉興六邑旅京同鄉齒錄》（1927年）。

（四）報刊、畢業論文、年譜、傳記

《申報》，1872-1949年。
《晨鐘》（北京），1916-1918年。

《晨報》（北京），1918-1927 年。

《群強報》（北京），1912 年。

《政治官報》。

《時報》。

《民國日報》。

張孝欣：《北平會館調查》，學士學位論文，燕京大學法學院社會學系，1936 年，藏北京大學圖書館。

趙令瑜：《中國會館之社會學分析》，學士學位論文，燕京大學法學院社會學系，1937 年，北京大學圖書館藏。

孫益國：《中國郵政發展史》，本科學位論文，清華大學經濟學系，1937 年，清華大學圖書館藏。

《三水梁燕孫先生年譜》。

《葉遐菴先生年譜》（1946 年再版印行）。

楊萬秀主編：《廣州名人傳》，廣州：暨南大學出版社，1991 年。

二　研究文獻

（一）著作

馬士：《中國行會考》，1909 年。長野朗著，朱家清譯：《中國社會組織》，上海：上海光明書局，1931 年。

根岸佶：《中國ギルドの研究》，東京：斯文書院，1932 年。

全漢升：《中國行會制度史》，上海：新生命書局，1934 年。

竇季良：《同鄉組織之研究》，臺北：正中書局，1945 年初版，1946 年二版。

吳晗、費孝通等：《皇權與紳權》，天津：天津人民出版社，1948 年。

許大齡：《清代捐納制度》，《燕京學報》專刊之22，1950年。
根岸佶：《上海のギルド》，東京：日本評論社，1951年。
仁井田陞：《中國の社會とギルド》，東京：岩波書店，1951年。
加藤繁著：《中國經濟史考證》，吳傑譯，北京：商務印書館，1959年。
何炳棣：《中國會館史論》，臺北：臺灣學生書局，1966年。
張德昌：《清季一個京官的生活》，香港：香港中文大學出版社，1970年。
徐公肅、丘瑾璋：《上海公共租界制度》，原版於1933年，上海：上海人民出版社，1980年。
胡如雷：《中國封建社會形態研究》，北京：生活・讀書・新知三聯書店，1982年。
周宗賢：《血濃於水的會館》，臺灣文化建設委員會印行，1985年。
吳承明：《中國資本主義與國內市場》，北京：中國社會科學出版社，1985年。
社旗縣文化局編著：《社旗山陝會館》，北京：文物出版社，1988年。
章伯鋒、顧亞主編：《近代稗海》第9輯，成都：四川人民出版社，1988年。
陳運棟：《臺灣的客家人》，臺北：臺原出版社，1989年。
朱勇：《清代宗族法研究》，長沙：湖南教育出版社，1987年。
黃光國：《中國人的權力遊戲》，高雄：巨流圖書公司，1988年。
段本洛、張福圻：《蘇州手工業史》，南京：江蘇古籍出版社，1989年。
施堅雅著：《中國封建晚期城市研究》，王旭譯，長春：吉林教育出版社，1989年。
邱澎生：《十八、十九世紀蘇州城的新興工商業團體》，臺北：臺灣大

學出版委員會，1990年。

石錦：《近代中國社會研充》，臺北：李敖出版社，1990年。

郝盛潮主編：《孫中山集外集》，上海：上海人民出版社，1990年出。

韓大成：《明代城市研究》，北京：中國人民大學出版社，1991年。

朱英：《辛亥革命時期新式商人社團研究》，北京：中國人民大學出版社，1991年。

虞和平：《商會與中國早期現代化》，上海：上海人民出版社，1993年。

馬敏、朱英：《傳統與近代的二重變奏》，成都：巴蜀書社，1993年。

蔣兆成：《明清杭嘉湖社會經濟史研究》，杭州：杭州大學出版社，1994年。

李澤厚：《中國近代思想史論》，合肥：安徽文藝出版社，1994年。

胡春煥、白鶴群：《北京的會館》，北京：中國經濟出版社，1994年。

湯錦程：《北京的會館》，北京：中國輕工業出版社，1994年。

方漢奇主編：《新聞事業簡史》，北京：中國人民大學出版社，1995年第2版。

史明正：《走向近代化的北京城——城市建設與社會變革》，北京：北京大學出版社，1995年。

馬敏：《官商之間：社會劇變中的近代紳商》，天津：天津人民出版社，1995年。

周昭京：《潮州會館史話》，上海：上海古籍出版社，1995年。

張正明：《晉商興衰史》，太原：山西古籍出版社，1995年。

韓光輝：《北京歷史人口地理》，北京：北京大學出版社，1996年。

王日根：《鄉土之鏈——明清會館與社會變遷》，天津：天津人民出版社，1996年。

朱英：《轉型時期的社會與國家——以近代中國商會為主體的透視》，

武漢：華中師範大學出版社，1997年。

曹樹基：《中國移民史》第6卷，福州：福建人民出版社，1997年。

楊國楨、鄭甫弘、孫謙：《明清中國沿海社會與海外移民》，北京：高等教育出版社，1997年。

王先明：《近代紳士——一個封建階層的歷史命運》，天津：天津人民出版社，1997年。

彭曉豐、舒建華：《「會館」與五四新文學的起源》，長沙：湖南教育出版社，1997年。

吳建雍：《北京城市生活史》，北京：開明出版社，1997年。

范金民：《明清江南商業的發展》，南京：南京大學出版社，1998年。

滋賀秀三等：《明清時期的民事審判與民間契約》，北京：法律出版社，1998年。

劉志琴主編，羅檢秋著：《近代中國社會文化變遷錄》（三），杭州：浙江人民出版社，1998年。

劉志琴主編，李長莉著：《近代中國社會文化變遷錄》（一），杭州：浙江人民出版社，1998年。

河南省古代建築保護研究所，社旗縣文化局編著：《社旗山陝會館》，北京：文物出版社，1999年。

梁景和：《清末國民意識與參政意識研究》，長沙：湖南教育出版社，1999年。

陳清義：《中國會館》，香港：華夏文化出版社，1999年。

河南省古代建築保護研究所與社旗縣文化局編著：《社旗山陝會館》，北京：文物出版社，1999年。

郭緒印：《老上海潮州商幫》，香港：香港藝苑出版社，2001年。

周均美：《中國會館志》，北京：方志出版社，2002年。

王日根：《明清民間社會的秩序》，長沙：岳麓書社，2003年。

中國建築藝術全集編輯委員會編,巫紀光等主編,柳肅等攝影:《中國建築藝術全集・會館建築・祠堂建築》,北京:中國建築工業出版社,2003年。

馮驥才主編,王貴祥冊主編,王貴祥、賀從容著文,卞志武等攝影:《古風——中國古代建築藝術:老會館》,北京:人民美術出版社,2003年。

韓順發:《關帝神工:開封山陝甘會館》,開封:河南大學出版社,2003年。

郭緒印:《老上海的同鄉團體》,上海:文匯出版社,2003年。

〔美〕顧德曼:《家鄉、城市與國家——上海的地緣網絡與認同(1853-1937)》,上海:上海古籍出版社,2004年。

朱英主編:《中國近代同業公會與當代行業協會》,北京:中國人民大學出版社,2004年。

陳亞平:《清代法律視野中的商人社會角色》,北京:中國社會科學出版社,2004年。

茅海建:《戊戌變法史事考》,北京:生活・讀書・新知三聯書店,2005年。

羅威廉著:《漢口:一個中國城市的商業和社會(1796-1889)》,江溶、魯西奇譯,北京:中國人民大學出版社,2005年。

郭廣嵐、宋良曦:《西秦會館》,重慶:重慶出版社,2006年。

王熹、楊帆:《會館》,北京:北京出版社,2006年。

劉正剛:《廣東會館論稿》,上海:上海古籍出版社,2006年。

王日根:《中國會館史》,上海:東方出版中心,2007年。

李芳菊:《走馬飛舟賒旗鎮》,鄭州:鄭州大學出版社,2007年。

山西省政協《晉商史料全覽》編輯委員會編:《晉商史料全覽・會館卷》,太原:山西人民出版社,2007年。

梁連起主編：《保定會館志》，保定：河北大學出版社，2009年。
王雪梅、彭若木：《四川會館》，成都：巴蜀書社，2009年。
張明亮主編：《晉商會館》，太原：山西教育出版社，2009年。
姚洪峰、楊蔚青：《洛陽山陝會館保護與修復圖說》，北京：文物出版社，2009年。
宋鑽友：《同鄉組織與上海都市生活的適應》，上海：上海辭書出版社，2009年。
于珍：《近代上海同鄉組織與移民教育》，北京：社會科學文獻出版社，2009年。
河南省古代建築保護研究所、社旗縣文化局：《中國古代建築‧社旗山陝會館》，北京：文物出版社，2010年。
潘君祥：《上海會館史研究論叢》第1輯，上海：上海社會科學院出版社，2011年。
白繼增：《北京宣南會館拾遺》，北京：中國檔案出版社，2011年。
駱平安、李芳菊、王洪瑞：《商業會館建築裝飾藝術研究》，開封：河南大學出版社，2011年。
卞伯澤：《會澤文化之旅：會館文化》（上、下），昆明：雲南人民出版社，2011年。
袁德宣編纂：《湖南會館史料九種》，長沙：岳麓書社，2012年。
北京市臺灣同胞聯誼會編著：《臺灣會館與同鄉會》，北京：北京大學出版社，2012年。
唐凌、侯宜傑等：《廣西商業會館研究》，桂林：廣西師範大學出版社，2012年。
趙逵：《「湖廣填四川」：移民通道上的會館研究》，南京：東南大學出版社，2012年。
伍躍：《中國的捐納制度與社會》，南京：江蘇人民出版社，2013年。

孫向群：《近代旅京山東人研究》，濟南：齊魯書社，2013年。

重慶湖廣會館管理處編：《重慶會館志》，武漢：長江出版社，2014年。

王日根主編：《中國老會館的故事》，濟南：山東畫報出版社，2014年。

白繼增、白傑：《北京會館基礎信息研究》，北京：中國商業出版社，2014年。

葉宗寶：《同鄉、賑災與權勢網絡：旅平河南賑災會研究》，北京：中國社會科學出版社，2014年。

趙世學：《傳統會館建築形態比較研究——以重慶湖廣會館與河南山陝會館為例》，長春：吉林人民出版社，2014年。

趙世學：《傳統會館雕刻藝術研究——以山陝會館為例》，長春：吉林人民出版社，2014年。

劉成虎、韓芸編：《會館浮沉》，太原：山西教育出版社，2014年。

薛理勇：《老上海會館公所》，上海：上海書店出版社，2015年。

張宏傑：《給曾國藩算算賬——一個高官的收與支》，北京：中華書局，2015年。

白思奇：《地方在中央：晚期帝都內的同鄉會館、空間和權力》，秦蘭珺、李新德譯，北京：中國社會科學出版社，2018年。

（二）研究論文

白山反正：《中國行會和它的獨占政策》，《北海道學藝大學〈學藝〉》1951年第2卷第2期。

薄井由：《清末以來會館的地理分布——以東亞同文書院調查資料為依據》，《中國歷史地理論叢》2003年第18卷第3輯。

蔡鴻生：《清代蘇州的潮州商人：蘇州清碑〈潮州會館記〉釋證及推

論》,《潮汕文化論叢》(初集),廣州:廣東教育出版社,1992年。

陳連營:《客商與清代河南農村經濟》,《中州學刊》1992年第4期。

陳尚勝:《清代的天后宮與會館》,《清史研究》1997年第3期。

陳偉、欒洋:《晚清的會館與地方政府——咸同年間新會葵扇會館的個案研究》,《重慶社會科學》2007年第11期。

陳忠平:《宋元明清時期江南市鎮社會組織述論》,《中國社會經濟史研究》1993年第1期。

陳竹君、胡燕:《解放初期武漢市整理善堂會館工作述略》,《蘭臺世界》2016年第11期。

川勝守:《明清時期的北京、蘇州、上海之廣東會館》,葉顯恩主編:《清代區域經濟史研究》,北京:中華書局,1992年。

大谷孝太郎:《上海的同鄉團體及同業團體》,《中國研究》1929年第19期。

丁進軍:《宣統年間北京郵政概略》,《北京檔案史料》1991年第1期。

丁長清:《試析商人會館、公所與商會的聯繫與區別》,《近代史研究》1996年第3期。

杜春和:《李鴻章與安徽會館》,《安徽史學》1995年第1期。

范金民:《清代江南會館公所的功能性質》,《清史研究》1999年第2期。

方賢:《日本關東大地震期間溫州旅滬同鄉會的作為》,《溫州職業技術學院學報》2012年第3期。

馮筱才:《中國大陸最近之會館史研究》,《中國近代史研究通訊》第30期。

付海晏、李國濤:《團體認同——民初商人組織與糾紛的解決》,

《城市史研究》第22輯,天津:天津社會科學院出版社,2004年。

高洪興：《近代上海的同鄉組織》，《上海研究論叢》第 5 輯，上海：上海社會科學院出版社，1990 年。

宮寶利：《清代會館、公所祭神內容考》，《天津師範大學學報》1998 年第 3 期。

宮崎市定：《明清時代的蘇州和輕工業的發展》，《東方學》1951 年第 2 輯。

顧德曼：《新文化、舊風俗、同鄉組織和五四運動》，《上海研究論叢》第 4 輯。

韓曉莉：《新舊之間：近代山西的商會與行會》，《山西大學學報（哲學社會科學版）》2005 年第 1 期。

和田清：《會館公所の起源に就いて》，《史學雜誌》1922 年第 33 卷第 10 期。

賀海：《北京的工商業會館》，《學習與研究》1981 年第 5 期。

賀躍夫：《晚清廣州的社團及其近代變遷》，《近代史研究》1998 年第 2 期。

橫山英：《中國商工業勞動者的發展和作用》，《歷史學研究》1952 年第 160 號。

洪煥椿：《論明清蘇州地區會館的性質和作用——蘇州工商業碑刻資料剖析之一》，《中國史研究》1980 年第 2 期。

黃福才、李永樂：《論清末商會與行會並存的原因》，《中國社會經濟史研究》1999 年第 3 期。

加藤繁：《論唐宋時代的商業組織「行」並及清代的會館》，《中國經濟史考證》第 1 卷，吳傑譯，北京：商務印書館，1962 年版，原文發表於昭和 10 年（1935 年）4 月《史學》第 14 卷第 1 期。

加藤繁：《清代北京的商人會館》，《中國經濟史考證》第 3 卷，吳傑譯，北京：商務印書館，1959 年。

加藤繁:《唐宋時代の商人組合「行」》,《白鳥博士還歷紀念東洋史論叢》,1927 年。《中國經濟史考證》,吳傑譯,北京:商務印書館,1959 年。

姜曉萍:《明清商人會館建築的特色與文化意蘊》,《北方論叢》1998 年第 1 期。

孫紅梅、鄧學青:《河南明清時期會館及其建築特徵》,《中原文物》2007 年第 5 期。

蔣慎吾:《清季上海地方自治與基爾特》,《上海研究資料續集》,上海:中華書局,1939 年。

今堀誠二:《行會史》,《現代中國辭典》,1950 年。

今堀誠二:《河東鹽業同業公會的研究》,《史學雜誌》第 55 卷第 9、10 期,第 56 卷第 1 期。

今堀誠二:《中國行會商人的構造》,《近代中國的社會與經濟》,1951 年。

今堀誠二:《近代開封的商業公會——崩潰過程中的封建社會形勢》,《東洋的社會》,1948 年。

今堀誠二:《中國的自耕農基爾特的構造——小商品生產階段的歷史作用》,《社會經濟史學》第 18 卷第 1、2 期。

今堀誠二:《中國商工行會的素描——以內蒙古農村機構向行會過渡為中心》,《史學研究紀念論叢》,1950 年。

金耀基:《關係和網絡的建構:一個社會學的詮釋》,《二十一世紀》(香港),1992 年。

藍勇:《明清時期雲貴漢族移民的時間和地理特徵》,《西南師範大學學報》(哲學社會科學版)1996 年第 2 期。

李大釗:《新的!舊的!》,《新青年》第 4 卷第 5 號。

李剛、宋倫:《論明清工商會館在整合市場秩序中的作用——以山陝會

館為例》,《西北大學學報(哲學社會科學版)》2002年第4期。

李剛、宋倫:《明清工商會館「館市合一」模式初論——以山陝會館為例》,《中國社會經濟史研究》2004年第1期。

李剛、曹宇明:《明清工商會館神靈崇拜多樣化與世俗性透析——以山陝會館為例》,《西安文理學院學報(社會科學版)》2011年第1期。

李華:《明清以來北京的工商業行會》,《歷史研究》1978年第4期。

李廷發:《北京的廣東會館》,中國人民政治協商會議北京市委員會文史資料研究委員會編:《文史資料選編》第25輯,北京:北京出版社,1985年。

林國平:《福建科舉會館的興衰嬗變及其原因》,《福建論壇》1992年第1期。

劉鳳雲:《從清代京官的資歷、能力和俸祿看官場中的潛規則》,《中國人民大學學報》2008年第6期。

劉宏:《新加坡中華總商會與亞洲華商網絡的制度化》,《歷史研究》2000年第1期。

劉偉:《晚清「省」意識的變化與社會變遷》,《史學月刊》1999年第5期。

劉增合:《媒介形態與晚清公共領域研究的拓展》,《近代史研究》2000年第2期。

劉正剛:《清代四川的廣東移民會館》,《清史研究》1991年第4期。

劉正剛:《清代四川的廣東移民經濟活動》,《中國社會經濟史研究》1992年第4期。

劉正剛:《試論清代四川南華宮的社會活動》,《暨南學報》1997年第4期。

羅群:《從會館、行幫到商會——近代雲南商人組織的發展與嬗變》,

《思想戰線》2007年第6期。

呂作燮：《明清時期蘇州的會館和公所》，《中國經濟史研究》1984年第2期。

呂作燮：《明清時期的會館並非工商業行會》，《中國史研究》1982年第2期。

呂作燮：《南京會館小志》，《南京史志》1984年第5期。

馬斌、陳曉明：《明清蘇州會館的興起——明清蘇州會館研究之一》，《學海》1997年第3期。

馬敏、朱英：《淺談晚清蘇州商會與行會的區別及其聯繫》，《中國經濟史研究》1988年第3期。

瑪高溫：《中國的行會》，《亞洲文會雜誌》（上海），1886年。

彭南生：《1921年上海公共租界喬楊案抗爭的多重驅動——兼論近代上海馬路商界聯合會與同鄉會的關係》，《浙江社會科學》2010年第3期。

彭南生：《近代中國行會到同業公會的制度變遷歷程及其方式》，《華中師範大學學報（人文社會科學版）》2004年第3期。

彭澤益：《中國工商此行會研究的幾個問題》，《中國工商行會史料集》上冊，北京：中華書局，1995年。

邱澎生：《公產與法人：綜論會館、公所與商會的制度變遷》，《商會與近代中國》，武漢：華中師範大學出版社，2005年。

阮清華、陳彬：《中共對城市社會的控制分析——以解放初期上海的社團工作為例》，《蘭州學刊》2006年第12期。

寺田隆信：《關於北京歙縣會館》，《中國社會經濟史研究》1991年第1期。

寺田隆信：《清代北京的山西商人——附天津估衣街的山西會館》，吳廷璆主編：《鄭天挺紀念文集》，北京：中華書局，1990年。

宋倫、李剛：《明清工商會館「會底銀兩」資本運作方式探析──以山陝會館為例》，《江蘇社會科學》2007年2期。

宋鑽友：《從會館、公所到同業公會的制度變遷──兼論政府與同業組織現代化的關係》，《檔案與史學》2001年第3期。

宋鑽友：《民國時期上海同鄉組織與移民社會關係初探》，《上海社會科學研究季刊》1996年第3期。

宋鑽友：《南北對峙與上海廣東社會內的政見紛擾（1917-1927）》，《史林》2007年第5期。

唐力行：《徽州旅滬同鄉會與社會變遷（1923-1953）》，《歷史研究》2011年第3期。

田仲一成：《清代會館戲劇考──其組織‧功能‧變遷》，《文化藝術研究》2012年第3期。

汪士信：《明清商人會館》，《平准學刊》1986年第3期。

汪士信：《我國手工業行會的產生、性質及其作用》，《中國社會科學院經濟研究所集刊》（2），北京：中國社會科學出版社，1981年。

王笛：《清代重慶移民社會與社會發展》，天津社會科學院主辦：《城市史研究》第5輯，天津：天津社會科學院出版社，1993年。

王東傑：《「鄉神」的建構與重構：方志所見清代四川地區移民會館崇祀中的地域認同》，《歷史研究》2008年第2期。

王民、林國平：《明清兩代北京閩中會館的教育職能及其演變》，《教育評論》1991年第2期。

王日根、張宗魁：《1915-1956北京會館的整頓歷程略論》，《中國社會經濟史研究》2010年第2期。

王日根：《近代工商性會館的作用及其與商會的關係》，《廈門大學學報（哲學社會科學版）》1997年第4期。

王日根：《論明清會館神靈文化》，《社會科學輯刊》1994年第4期。

王日根：《論明清時期的商業發展與文化發展》，《廈門大學學報（哲學社會科學版）》1993年第1期。

王日根：《論明清文化的世俗化》，《社會科學輯刊》1993年第3期。

王日根：《明清基層社會管理組織系統論綱》，《清史研究》1997年第2期。

王衛平：《清代江南市鎮慈善事業》，《史林》1999年第1期。

王翔：《從雲錦公所到鐵機公會》，《近代史研究》2001年第3期。

王續添：《民國時期的地方心理觀念論析》，《史學月刊》1999年第4期。

王雁：《晚清直隸印結局管理機構研究——以唐烜〈留庵日抄〉為中心》，《歷史教學》2014年第22期。

吳惠：《會館、公所、行會：清代商人組織演變述要》，《中國經濟史研究》1999年第3期。

肖鴻：《試析當代社會網絡研究的若干進展》，《社會學研究》1999年第3期。

肖雲玲：《論明清會館的宗族性、地緣性、官府性及其他》，《江西師大學報》1989年第4期。

謝俊美：《清代上海會館公所述略》，《華東師範大學學報》2000年第2期。

徐鼎新：《舊上海工商會館、公所、同業公會的歷史考察》，《上海研究論叢》第5輯，上海：上海社會科學出版社，1990年。

許檀：《清代河南北舞渡鎮——以山陝會館碑刻資料為中心的考察》，《清史研究》2004年第1期。

許檀：《清代河南賒旗鎮的商業——基於山陝會館碑刻資料的考察》，《歷史研究》2004年第2期。

許檀：《清代河南朱仙鎮的商業——以山陝會館碑刻資料為中心的考

察》,《中國社會科學》2000年第3期。

許檀:《清代中葉洛陽的商業——以山陝會館碑刻資料為中心的考察》,《天津師範大學學報(社會科學版)》2003年第4期。

楊聯陞:《科舉時代的赴考旅費問題》,《楊聯陞論文集》,北京:中國社會科學出版社,1992年。

楊慶堃:《中國近代空間距離之縮短》,《嶺南學報》第10卷第1期,香港:嶺南大學中國文化研究室出版,1949年。

幼方直吉:《幫、同鄉會、同業公會和他們的轉化》,《近代中國的社會與經濟》,1951年。

虞和平:《清末以後城市同鄉組織形態的現代化——以寧波旅滬同鄉組織為中心》,《中國經濟史研究》1998年第3期。

虞和平:《鴉片戰爭後通商口岸行會的近代化》,《歷史研究》1991年第6期。

澤峙堅造:《北京市商會的同鄉性》,《經濟論叢》1941年第52卷第5期。

增井經夫:《會館錄數種》,《東亞問題》終刊號,1944年版。

張琳德:《上海的英國會館(1843-1854)》,《國外中國近代史研究》(24),北京:中國社會科學出版社,1994年。

張明富:《試論明清商人會館出現的原因》,《東北師大學報》1997年第1期。

張平榮、李秀樺:《樊城山陝會館碑刻及史料價值》,《湖北文理學院學報》2012年第12期。

張忠民:《清代上海會館公所及其在地方事務中的作用》,《史林》1999年第2期。

章志誠:《日本在關東大地震期間慘殺浙籍旅日華工與北洋政府對日本當局的交涉》,《浙江學刊》1990年第6期。

鄭鴻笙:《中國工商行業工會及會館、公所制度概論》,《國聞周報》1925年第2卷第19期。

莊澤宣、陳學洵:《中國職業團體的研究》,《嶺南學報》1947年第7卷第1期。

鄒怡:《善欲何為:明清時期北京歙縣會館研究(1560-1834)》,《史林》2015年第5期。

後記

　　步入學術之路第一個研究題目是關於會館的。此後,由於研究有所轉向及各種拖延症影響,直到如今,《近代中國的鄉誼與政治》才成小書,彈指間,春去秋來已二十載。

　　碩士論文選題時曾和導師李長莉先生討論了好幾個題目。在社科院、中華書局、北師大等機構的圖書館查詢、翻閱了一些勸善書、教科書……最後停留在北京市檔案館所藏會館檔案。二十世紀八〇年代中後期,對外開放影響到中國學界,各種理論蜂擁而至。世紀之交的中國史,學界仍有不少人熱衷理論,那個年代的我對各種理論也充滿了好奇之心。華中師範大學本科四年,耳濡目染,略知中國大陸史學界方興未艾的現代化理論。工作兩年後北上求學,始接觸社會學、人類學等,其時市民社會、公共領域等理論在中國大陸史學界已嶄露頭角。彼時,會館研究引入現代化理論,市民社會、公共領域理論似亦不算落伍。不過,如果陷入「傳統—現代」的二元框架之中,常常預設前提,忽視會館等同鄉群體形成、發展過程中的複雜性;套用「公共領域」理論時容易忽視中國本土的具體情境與西方世界的迥異。二十世紀八〇年代後期,劉志琴、李長莉等老師倡導社會文化史研究。一九九八年,我入近代史研究所攻讀碩士學位即獲贈出版不久的《近代中國社會文化變遷錄》。我體會到老師們倡導的社會文化史強調歷史上人們的社會生活方式與思想觀念之間的相互關係,特別注意揭示隱蔽在人們社會行為背後的精神因素。當時以此理念為指導的專題論著尚不多見,作為初入這個團隊的年輕人,我希望以自己的研究為探索社會文化史貢獻力量。

　　請託與受託作為一種社會生活方式,中國人耳熟能詳。北京廣

東會館檔案中恰巧保存了很多請託與受託的電報。以會館為載體，分析請託與受託，探究生活方式與同鄉意識的互動，豈不正是實踐了社會文化史的理念？於是，我的碩士論文試圖把北洋時期北京同鄉會館納入請託與受託的框架中進行研究。彼時，我剛剛接觸互聯網，會館檔案中的往來函電呈現了一個個同鄉網絡。現實與檔案的交匯，同鄉網絡、同鄉資源便成了論文的關鍵詞。為此，我開始查閱社會學中的網絡、社會資源等文獻。黃光國等從資源利用的角度研究了請託與受託，這種研究視角引起了我的興趣。

近年，我欲修改書稿，抬眼望去，中國大陸史學研究中各種社會文化「網絡」已經目不暇接，甚至有點氾濫。苦於難以超越社會網絡的論述，幾次動手又停頓。不過，目光所及，中國近代社會史領域內討論網絡與資源流動的專著仍有一席之地，二十年前碩士論文的一些想法似未完全失去價值。現在我們正在經歷人人都是自媒體的時代，因此對同鄉網絡及鄉誼流動有了一些新理解，越來越多地意識到請託與受託過程存在多主體，應該多向度觀察鄉誼流動，而不僅僅是單向或雙向。如果說請託與受託是將視角從同鄉組織內部轉向外部，可以更多討論同鄉會館與個人、其他團體、政府的互動關係，而鄉誼流動則是在請託與受託的基礎上實現從雙向互動轉為多向聯動，可以分析同鄉網絡中的多主體同時參與鄉誼流動。以會館為視點到請託與受託，再到鄉誼流動，實現了研究視角從個體、雙邊到網絡，從單向流動、雙向互動到多向聯動的轉換。鄉誼流動喚醒了同鄉意識，激活了同鄉網絡，可以展現歷史更為豐富，更為「活」的面相。

國家與社會理論幾乎主導了近一二十年來的社會史研究。以社團切入討論國家與社會關係的論著比比皆是。社會治理、中國政權建設視野下的社團研究也取得不少成果。具體研究和理論視野可以碰撞出火花，從而豐富、深化具體研究與理論。不過，過度醉心理論，具體

研究易淪為理論的註腳,如此,則有違初心。我們關注理論,更關注褪去理論的外衣之後,歷史學能呈現什麼。史學在社會科學化之路愈行愈遠,歷史終歸還是材料的、史實的、說明的。

　　我的碩士論文注意到,濃厚的政治性是在京同鄉會館請託與受託的重要特點。數年前,與茅海建老師討論書稿時,他提示京師的會館研究要注意政治性。何止京師的會館,各商業繁盛之地會館與政治亦有千絲萬縷的聯繫。絕大多數會館史研究以會館本身為視點來探討其起源、分佈、發展變化的過程及會館的性質與事功等。本書力圖跳出會館本身,側重分析鄉誼流動與政治的關係,特別是同鄉因素介入制度的構建與運作。如果說我最初接觸的社會文化史強調社會與文化的互動,那麼本書則將同鄉觀念、同鄉群體、鄉誼流動與治國理政納入同一框架中予以探討,凸顯了觀念史與社會史的結合,亦在社會史與政治史之間架起一座橋樑。所謂的觀念史、社會史、政治史……不過是研究中人為劃分的領域,歷史本身常常沒有涇渭分明的條條框框。明晰學科、研究領域界線有助於我們認識歷史,歷史研究還應回歸本真,而不是畫地為牢。

　　一位老師和我說,如果他來寫會館史,會寫成一部比較有趣的著作。至今,我還沒想明白,如何才能把這本書寫得有趣。成千上萬有名的、無名的主角與配角,演繹了無數個或平凡或驚心的大大小小的故事,試圖將這些人、這些事鑲嵌進一本中規中矩的學術專著之中,勾勒出一幅形形色色的同鄉奔走於政治之間的畫面,展現中國人的生活方式,反思政治對同鄉的容納與排拒。有趣的、清晰的畫卷似乎並沒有很好地在書中展現。雖不能至,心嚮往之。

　　正是在家人、親朋好友、老師、同學、同事、編輯的關心、支持和幫助下,本書才得以出版,冰天雪地裡特別感懷你們的溫暖。黃興濤老師是我碩士論文的評閱人。黃老師非常關心我的會館史研究,多

次和我聊起如何修改我的碩士論文。他甚至還在《文化史研究的省思》一文中提及了我的碩士論文，並提示了很好的修改方向。主題和精力所限，這次修改並沒有完全吸納黃老師的建議，希望以後能有機會彌補。寫碩士論文時初識唐立宗兄。至今猶記他回信告訴我，他和幾位臺灣學者討論了我的論文並提出一些修改建議。最近，我就書稿的部分內容向他請教，他一如既往的熱心。每念及此，感動不已。師弟譚君徐鋒素重鄉誼和同學之誼。我們同為川人，又先後同學於華中師大和社科院研究生院。多虧了他的不斷敦促，以至約稿、催稿，我才有了修改的動力。二〇一八年，受國家留學基金委的派遣和資助，再次踏上俄羅斯這片熱土。俄羅斯老師和朋友們的友誼、熱情和幫助讓我感覺特別溫暖。玉樹瓊花，故友新交，學習之餘修改書稿倍覺神清氣爽，身心舒暢。

　　一九九八年，我成為李長莉老師的第一個研究生，我的論文《北洋時期在京同鄉會館的請託與受託——以廣東會館為中心之考察》是她指導的第一篇碩士論文。本書以碩士論文為基礎，擴展、修改而成，在她榮休之際，謹以此書獻給她。雖不能報二十年培育之恩，但這是我能想到的最好方式。

　　感謝所有給予我幫助的人！

唐仕春
二〇一八年歲末，莫斯科

中華文化思想叢書・近現代中華文化思想叢刊　A0102019

近代中國的鄉誼與政治

作　　　者	唐仕春
責任編輯	李宜蓁
實習編輯	林　良　林佩萱　洪千華

發 行 人	向永昌
總 經 理	梁錦興
總 編 輯	張晏瑞
編 輯 所	萬卷樓圖書股份有限公司

臺北市羅斯福路二段41號6樓之3
電話 (02)23216565
傳真 (02)23218698

出　　版　昌明文化有限公司
桃園市龜山區中原街32號
電話 (02)23216565

發　　行　萬卷樓圖書股份有限公司
臺北市羅斯福路二段41號6樓之3
電話 (02)23216565
傳真 (02)23218698
電郵 SERVICE@WANJUAN.COM.TW

ISBN 978-986-496-619-6
2025年7月初版
定價：新臺幣520元

本書為110學年度、113學年度國立臺灣師範大學「出版實務產業實習課程」與2025年「圖書出版經營理論與實務暑期實習課程」成果。部分編輯工作由課程學生參與實習。

如何購買本書：

1. 劃撥購書，請透過以下郵政劃撥帳號：
帳號：15624015
戶名：萬卷樓圖書股份有限公司

2. 轉帳購書，請透過以下帳戶
合作金庫銀行 古亭分行
戶名：萬卷樓圖書股份有限公司
帳號：0877717092596

3. 網路購書，請透過萬卷樓網站
網址 WWW.WANJUAN.COM.TW
大量購書，請直接聯繫我們，將有專人為您服務。客服：(02)23216565 分機610

如有缺頁、破損或裝訂錯誤，請寄回更換
版權所有・翻印必究

Copyright©2025 by WanJuanLou Books CO., Ltd. All Rights Reserved　Printed in Taiwan

國家圖書館出版品預行編目資料

近代中國的鄉誼與政治 / 唐仕春著. -- 初版. -- 桃園市：昌明文化有限公司出版；臺北市：萬卷樓圖書股份有限公司發行, 2025.07
　　面；　公分. --（中華文化思想叢書. 近現代中華文化思想叢刊；A0102019）
ISBN 978-986-496-619-6（平裝）
1.CST: 社會史 2.CST: 地方政府 3.CST: 近代史 4.CST: 中國
540.92　　　　　　　　　　　111001811

本著作物經廈門墨客知識產權代理有限公司代理，由四川人民出版社授權萬卷樓圖書股份有限公司（臺灣）出版、發行中文繁體字版版權。